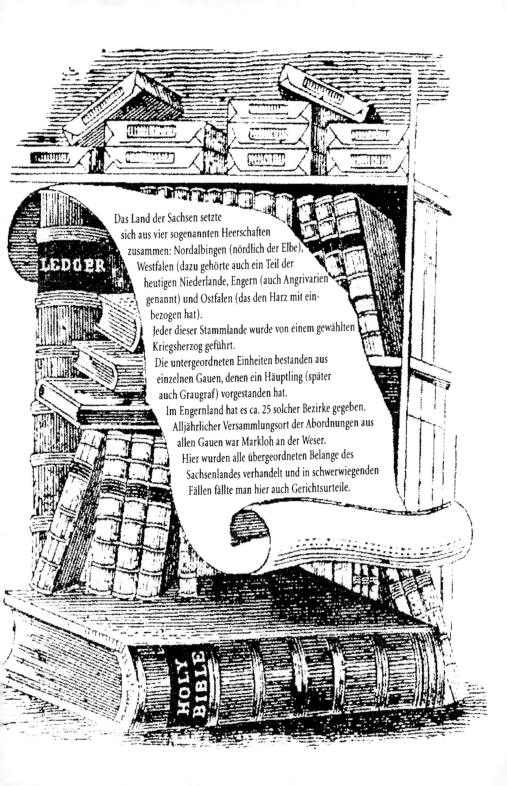

Das Land der Sachsen setzte sich aus vier sogenannten Heerschaften zusammen: Nordalbingen (nördlich der Elbe), Westfalen (dazu gehörte auch ein Teil der heutigen Niederlande, Engern (auch Angrivarien genannt) und Ostfalen (das den Harz mit einbezogen hat).
Jeder dieser Stammlande wurde von einem gewählten Kriegsherzog geführt.
Die untergeordneten Einheiten bestanden aus einzelnen Gauen, denen ein Häuptling (später auch Graugraf) vorgestanden hat.
Im Engernland hat es ca. 25 solcher Bezirke gegeben.
Alljährlicher Versammlungsort der Abordnungen aus allen Gauen war Markloh an der Weser.
Hier wurden alle übergeordneten Belange des Sachsenlandes verhandelt und in schwerwiegenden Fällen fällte man hier auch Gerichtsurteile.

Westsachsen
zur Zeit
Karls des Großen

Widukind zwischen Liebe und Kampf

von
Heinz Fielers

HEINZ FIELERS

WIDUKIND
ZWISCHEN
LIEBE UND KAMPF

JAHN&ERNST VERLAG

Impressum:

Jahn & Ernst Verlag
Knoopstraße 8
21073 Hamburg
Tel. 040 765 35 39

2. Auflage
Alle Rechte vorbehalten
ISBN 3-89407-268-7

Umschlagentwurf: Manfred Jahn, 21635 Jork

Inhalt

Prolog 7

Kapitel I 13
Kapitel II 25
Kapitel III 39
Kapitel IV 57
Kapitel V 83
Kapitel VI 99
Kapitel VII 259
Kapitel VIII 277
Kapitel IX 283
Kapitel X 309
Kapitel XI 315
Kapitel XII 321
Kapitel XIII 337
Kapitel XIV 369

Personenregister 459

Prolog

Den Morgennebel unserer Frühgeschichte möchte ich durchdringen, die Geschehnisse an der Schwelle der Entstehung von »Old Germany« genauer beleuchten. Jedoch nicht aus der Sicht, etwa des Mönchs Einhard, der »Karl dem Großen« mit seinen Schriftkenntnissen zur Seite stand. Also nicht von der Seite her, nach deren Vorstellung die einen die Guten waren, die den anderen, den Primitiven, den wahren Glauben und die Kultur brachten, mit welchen Mitteln auch immer. Ich möchte es mit den Augen derer sehen, die zu der Zeit den Schritt über diese Schwelle erst vollziehen und den Weg aus den heiligen Hainen ihrer Ahnen in die Dome der Christenheit noch finden mußten.

Leider hat man ihnen keine Zeit gelassen, diesen Weg zu suchen, allzuoft auch wurden sie durch rohe Gewalt auf diesen Weg gezwungen. Es gab, Gott sei es geklagt, außer Winfried-Bonifatius und Männern, wie den selbstlosen Mönch und späteren Abt namens Sturmius, auch andere, für die das Christentum Mittel zum Zweck war: nämlich um ihre eigene Macht, ihren eigenen Besitz auszudehnen. Zu der Zeit, als die Anulfinger, aus denen später die Karolinger wurden, sich anschickten, den ersten großen europäischen Staat zu schaffen, da waren sie nicht zimperlich in der Wahl ihrer Mittel, um unseren Vorfahren ihre Ideologie aufzuzwingen. Müßte nicht nach heutigen Wertvorstellungen ein Herrscher wie Karl d. Gr., den man als Vater Europas betitelt, obwohl der dieses kontinentale Großreich nur mit Gewalt schaffen konnte, von der UNO als Aggressor (ver-)beurteilt werden?

Aus dem Nebel der Geschichte heraus wird manches, was eigentlich nur rücksichtsloses Besitzergreifen war, in glorifiziertem Heroismus dargestellt. Anderes, das aus dem natürlichen Freiheitsdrang der Menschen heraus geschah und dem Fortbestand alter Traditionen diente, wurde zu verbrecherischem Handeln. Durch mancherlei Beispiele zeigt uns die Geschichte auf, wie schwer es ist, ein Riesenreich, das fast den gesamten europäischen Kontinent umfaßt, zusammenzuhalten. Auch wenn damals die Christianisierung keine Rolle gespielt hätte, konnte nur ein starker Herrscher wie Karl, dem die Nachwelt als Großen betitelte, dies über lange Zeit erreichen. Wie rigoros aber mußten er wie auch seine Vorgänger Karl Martell und Pippin III. dabei vorgehen? Die Schwerter seiner Sacra-francisca trieften oft genug vom Blut der Rebellierenden!

Immer wieder haben Machtbesessene versucht, dem Beispiel dieses Monarchen zu folgen, ein großeuropäisches Reich zu schaffen. Doch alle sind an den vielen unterschiedlichen Mentalitäten, denen man Rechnung tragen muß, gescheitert.

Männer wie Napoleon, und in jüngerer Zeit Monster in Menschengestalt namens Hitler und seine Genossen, mit denen ich keinen anderen Herrscher oder Staatsmann auf eine Stufe stellen möchte, scheiterten kläglich an ihrem Großmachtdenken.

Auch Politiker unserer Zeit, die den Sinn ihres Wirkens darin sehen, ein vereintes Europa, jedoch auf friedlichem Wege, zu schaffen, sollten bei ihren Bemühungen danach trachten, die Identität der einzelnen Völker zu erhalten. Nur dann könnte, meiner bescheidenen Meinung nach, ein politisch geeintes und wirtschaftlich Hand in Hand gehendes Europa Bestand haben.

Welche Ideen die Politiker unserer Tage auch immer zu verwirklichen suchen, eines scheint keiner Staatsführung zu gelingen, nämlich allen Menschen gleiche Rechte einzuräumen. Regierungsformen haben gewechselt, sie sind, jedenfalls bei uns, humaner geworden, und doch liegt auf dem Gebiet der Gleichberechtigung noch immer vieles im argen.

Ich kann bei dieser Gelegenheit nicht umhin, Tatsachen anzuprangern, die von Geschichtsschreibern nur wertfrei erwähnt werden, jedoch weder mit den Moralvorstellungen der damaligen Zeit zu vereinbaren sind noch mit denen heutiger Tage. Wenn beispielsweise ein normal Sterblicher, also ein einfacher Mensch, einen unmoralischen Lebenswandel führte, so wurde er damals bei günstigster Beurteilung an den Pranger gestellt. Sollte dann dieselbe unmoralische Art bei einem Fürsten, der sich Beschützer des Papstes und der römischen Kirche nennt, nicht mindestens ebenso angeprangert werden?

Dieses und manch ein anderes Beispiel könnte man auch auf die heutige Zeit übertragen, denn auch heute gibt es noch Fürsten des Geldes und der Macht, die der Meinung sind, für sie würden andere Gesetze gelten als für den Normalbürger. Seit es menschliche Gemeinschaften gibt, spielt der »Gott Mammon« die erste Geige, und in seinem Gefolge marschieren Neid und Gewalt mit. Sind Toleranz und gegenseitige Rücksichtnahme Attribute für Außenseiter und für die Großen dieser Welt nur leere Worte?

Und die christliche Kirche jener Zeit, hat sie ihre Sendung nicht völlig mißverstanden, als ihre Repräsentanten hingenommen haben, daß der Glaube an den einen Gott, an den Erlöser, mit Feuer und Schwert verbreitet wurde? Kann man so den Weg für den Gott der Barmherzigkeit und der Liebe ebnen? Ich bin der festen Überzeugung: Die ersten Christen mit den Aposteln und deren Nachfolger hätten keine Möglichkeit gehabt, ihren Glauben zu verbreiten, weit über die Grenzen des damaligen Judäa hinaus, wenn sie ihren Mitmenschen eben diesen Glauben nicht friedlich vorgelebt hätten.

Als die Leitung der christlichen Kirche von Rom ausging, haben ihre Repräsentanten, um auch weltlichen Besitz (weltliche Macht?) erwerben und erhalten zu können (Pippinische Schenkung), sich und somit ihre Religionsordnung dem jeweiligen Fürsten ihres Einflußbereiches ausgeliefert. Eben diese Fürsten sorgten dann auch für den nötigen Nachdruck bei der Verbreitung des Christentums. So verstrickte sich die hohe Geistlichkeit des beginnenden Mittelalters immer mehr in Machtbefugnissen weltlicher Art und mußte Entscheidungen über kirchliche Belange dem König überlassen. Mit Befremden nehmen wir heute zur Kenntnis, daß nicht nur der Papst, sondern beispielsweise König Pippin III. oder sein Nachfolger Karl bestimmten, wer in Mainz, Saint Denis oder Paderborn zum Bischof geweiht wurde. Einer der größten Missionare jener Zeit, der schon erwähnte hl. Bonifatius, suchte in Friesland den Märtyrertod, um wegen dieser mißlichen Situation der Kirche ein Zeichen zu setzen. Das jedenfalls ist meine bescheidene Meinung.

Leider sterben auch heute noch Menschen wegen ihrer Religion, was ich natürlich keiner kirchlichen oder religiösen Führung anlasten möchte. Diese Tatsache spricht eben für die Intoleranz der Menschen, die nach so vielen Jahren mit all den leidvollen Erfahrungen nicht ausgemerzt wurde. Gewiß, heute kann man sagen, daß die Kirche aus den Fehlern früherer Zeiten gelernt hat. Aber man erinnert sich noch sehr gut der schlimmen Tage in unserer Heimat, als Priester die Werkzeuge des Krieges, wie z.b. Kanonen und Kriegsschiffe, segneten.

Auf keinen Fall will ich behaupten, daß alles, was mit dem christlichen Glauben und der damit verbundenen Kultur in der Zeit der Entstehung unserer Weltordnung zu uns kam, von Übel war. Nein, ganz sicher hat die Gesamtheit der Menschen im Laufe der Zeit ihren Segen und ihre Vorteile aus dieser Entwicklung gezogen. Doch wie unsere Vorfahren in vielen Fällen damals zu ihrem Glück gezwungen wurden, da gibt es einiges an Negativem zu erwähnen und sei es auch nur um letztlich zu fragen: Hat denn die Menschheit in all den Jahrhunderten nichts hinzugelernt?

Der Tenor dieser vorangegangenen Ausführungen soll sich nach meinen Vorstellungen durch die nun folgenden Zeilen hindurch fortsetzen. In die Gedankenwelt des legendären Sachsen-Edlings Widukind und derer, die sein Leben teilten, will ich versuchen, mich hineinzuversetzen, den ›Freiheitskampf‹ dieses Germanenstammes nachzuvollziehen, dem es so schwer gefallen ist, den Naturgöttern ihrer Väter abzuschwören. Das ist mein Ziel.

Ich nehme mir die Freiheit, ein eigenes Bild jener Zeit in diesem Lande zu entwerfen. Da unsere Vorfahren damals des Schreibens, wie wir es verstehen, nicht mächtig waren, wissen aus der die Epoche vor der Christianisierung sehr wenig über unsere Heimat. Nur die einseitigen Berichte der fränkischen Mönche während der Umbruchphase stehen uns zur Verfügung. Davor gibt es nur kärgliche Erwähnungen einzelner schriftkundiger Männer aus sogenannten Kulturländern damaliger

Zeit, die von unseren Vorvätern als ›Barbaren‹ sprachen. Das sollte uns nicht genügen.

Die Zeugen der Vergangenheit, die unsere Erde uns zur Verfügung stellt und deren Bedeutung von geschulten Wissenschaftlern ausgewertet werden, mögen zwar über die Lebensweise unserer Vorfahren einiges aussagen, jedoch das Denken und Fühlen der früher hier lebenden Menschen werden sie dadurch nicht nachvollziehen können. Da kann uns nur die eigene Phantasie behilflich sein.

Meine Vorstellungswelt wird nun allerdings nicht so beflügelt, wie etwa die der Autoren des Nibelungenliedes. Ich will versuchen, ein etwas realistischeres Bild des Lebens vor rund 1.200 Jahren in diesem Land zwischen Nordseestrand und der Grenze, die zu ihrer Zeit die Römer mit ihrem Limes gezogen haben, wiederzugeben. Sicherlich wird manches, von dem ich schreibe, wissenschaftlichen Nachforschungen nicht standhalten, doch das ist auch nicht mein Bestreben. Der unterhaltende Aspekt soll in meinen Zeilen überwiegen. Alles was das Leben heute in unserer modernen Welt ausmacht, das prägte auch das Dasein unserer Vorfahren. Liebe, Leidenschaft, Freundschaft sowie auch Haß und Neid, eben alles was Freud und Leid mit sich bringt, das möchte ich in meine Geschichte einfließen lassen. Da ich ja so schreiben möchte, als wenn das Leben selbst ein Schicksalsbuch verfassen würde, wird auch von Begierden, Neid und Haß in diesem Buch die Rede sein. Ebenso von Höhen und Abgründen der menschlichen Psyche, denen heute wie damals an Lebensglück oder -unglück entscheidender Anteil zukommt, will ich schreiben.

So will ich das abenteuerliche Leben Widukinds und seines Umfeldes, wie es in meiner Vorstellung lebendig geworden ist, niederschreiben. Menschen, deren Namen in den Annalen der Geschichte jener Zeit eine Rolle gespielt haben, neben anderen, die in keiner Überlieferung Erwähnung finden, also von mir ins literarische Leben gerufen wurden, sollen in meiner Schilderung die Zeit zwischen Heiden- und Christentum durchleben.

Einen »Winnetou« der alten Sachsen will ich mit diesem Buch nicht entstehen lassen. Wichtiger ist es mir, zu verhindern, daß aus dem Helden meiner Geschichte eine Leitfigur für Germanischen Heroismus wird, wie es leider in unserer Vergangenheit geschehen ist. Auch in dieser Hinsicht muß man wieder einmal feststellen, daß es Menschen gibt, die aus der Geschichte, und mag sie noch so schlimme Beispiele aufzeigen, nichts gelernt haben.

Möge dem Leser nach Beendigung dieser Lektüre einmal mehr klar werden, daß auf die Weiterverbreitung einer Religion oder irgendeiner Ideologie kein Segen liegt, wenn dies unter Zwang geschieht.

»Du solltest ruhig jedem deine Meinung sagen, doch zwinge sie niemals jemandem auf, denn das kann keiner gut vertragen.«

Ich würde gewiß vielen Menschen Unrecht tun, die heute in selbstloser Weise ihren Dienst am Nächsten, auch im Namen der Kirche, verrichten, wenn ich das negative Erscheinungsbild der Vergangenheit so stehen lassen würde. So wie es damals Menschen gegeben hat, die ihre Berufung darin sahen, Not in allen ihren Erscheinungsformen zu lindern, ebenso gibt es sie auch heute noch. Gott sei's gedankt.

Es kann nicht jede Frau eine Mutter Theresa sein und nicht jeder Mann einem Albert Schweitzer gleich. Die vielen weiblichen und männlichen guten Geister, die oft kirchlichen Organisationen angehören und ohne großes Aufsehen zu erregen, nur, weil es eben sein muß, dort helfen, wo Staat und Politik versagen, beweisen uns täglich, wie wichtig auch heute noch Religion ist.

Doch Glaubensangelegenheiten, wie auch Politik haben in der Vergangenheit Unglück über die Menschen gebracht, wenn Fanatismus und persönliche Hab- bzw. Machtgier im Spiel waren. Leider gibt es auch in unserer aufgeklärten Zeit immer wieder Beispiele dafür.

KAPITEL
I

raue Nebelschleier liegen noch in den Niederungen des Berglandes, durch welches das Silberband des Weserflusses, jetzt nur schemenhaft sichtbar, seine Schleifen zieht. Das Bild des erwachenden Morgens in einer anmutigen Landschaft! Wenn dort in den Auen nicht flackernder Feuerschein, dessen dunkler Rauch sich mit dem steigenden Nebel vereint, das friedvolle Bild gestört hätte.

Zögernd, als dürfe die Sonne das grausige Bild der Vernichtung nicht sehen, dringt das Licht dieses neuen Tages im Herbst des Jahres 765 n. Chr. in die Niederungen vor. Dunkle Schatten huschen durch das Unterholz, den Berg hinauf. Sie suchen die Dunkelheit, meiden die Lichtungen, die durch immer wieder neu aufflammende Brandherde vom Tal her beleuchtet werden. Gleich dem Schein riesiger Fackeln frißt sich die Helligkeit durch die milchige Dämmerung und wirft bizarre Schatten an den Hang des Berges.

Fliehende Mütter mit ihren Kindern und alte Menschen versuchen hier, dem Chaos zu entfliehen, von der Angst ums nackte Leben vorwärts getrieben. Die Nachhut bilden etliche Krieger, einige von ihnen unterdrücken die Schmerzen einer frischen Verletzung. Ziel der Gehetzten ist die alte Fluchtburg auf dem Brunisberg.

Schon vor der Römerzeit, und später als die slawischen Horden über dieses Land herfielen, hatten die hier lebenden Menschen in dieser Volksburg Schutz und Trutz gesucht. Im Laufe der Zeit wurde die Anlage durch Umbauarbeiten den jeweiligen Gegebenheiten angepaßt. In Talnähe ist der eigentlichen Festung ein Erdwall vorgelagert, der zum Teil mit Baumstämmen befestigt ist.

Hier, hinter dieser Ersten Bastion, versammeln sich die noch kampffähigen Sachsenkrieger, um den etwa nachrückenden Feind, so gut es geht, Paroli zu bieten, und den Angehörigen Zeit zu geben, die schützende Burg zu erreichen. Ein Mann, etwa zwanzig Jahre alt, von hagerem, jedoch muskulösem und hohem Körperbau, ist durch sein Auftreten als Anführer zu erkennen. Während seine Mitstreiter fast alle Helme oder Lederkappen tragen, flattert die braune Mähne dieses Recken frei im Morgenwind, und in seinem vom gestutzten Vollbart eingerahmten Gesicht blitzt ein braunes Augenpaar. Er trägt nur eine abgeschabte Fellhose mit breitem Gürtel, in dem das wuchtige, einschneidige Kurzschwert steckt, das als Sax dem Germanenstamm der Sachsen seinen Namen gab. An einer Lederschnur hängt auf seiner behaarten Brust der Stoßzahn eines Keilers.

Während die anderen Männer hinter dem Wall Deckung suchen, bleibt der wie ein ehernes Denkmal wirkende Krieger im Schutz einer knorrigen Eiche stehen und schaut mit brennenden Augen zurück in das Tal des Weserflusses zu seinen Füßen; dort, wo lodernde Feuersbrunst, von plötzlich über sie herfallenden Frankenkriegern entfacht, Hab und Gut der hier friedlich lebenden Menschen verschlingt. Der Zorn darüber schnürt ihm das Herz ab.

Noch kann er nicht ermessen, wie viele von den Frauen, Kindern und alten Leuten, für die er Verantwortung trägt, die rettende Zuflucht erreicht haben. Wie viele sind, als das Inferno zur Mitte der Nacht losbrach, nicht mehr aus ihren brennenden Hütten herausgekommen? Wie viele der Krieger, die auf seinen Befehl hörten, liegen dort unten, irgendwo in ihrem Blut, oder sind, wie schon bei früheren Überfällen, in Gefangenschaft verschleppt worden. Dieses Los, so sinniert er unter quälenden Selbstvorwürfen, würden eventuell auch Frauen und Kinder mit ihnen teilen. Am schwersten lastet auf ihm die bange Frage nach dem Schicksal jener hochgestellten Persönlichkeiten, die unter seinem Dach Gastfreundschaft und Schutz gesucht hatten. Wo mag Warnekin, der mächtige »Herzog« aus dem Norden des Engernlandes jetzt sein, wo seine liebreizende Tochter? In den Nachmittagsstunden des vergangenen Tages war der hohe Gast in Begleitung seiner Tochter, der jungen Ravena, und eines kleinen Schutztrupps von acht Kriegern in der Pfalz an der Weser, welche sich seit der Zeit römischer Besatzung »Villa Huxoris« nannte, eingetroffen. Sie kamen vom Hohenstein und dem grünen Altar, diesem wichtigen Heiligtum der Sachsen im heiligen Hain, wo sein Freund Rother das Amt des Froste[1] ausübt. Bevor er von den irdischen Gefilden aus den Weg in die andere Welt antreten würde, wollte der Führer der Engern-Sachsen noch einmal die Stätte aufsuchen, die der germanischen Götterwelt gewidmet ist.

Bruno, so heißt der junge Herr dieses Gaues an der Weser (wo wir heute die Stadt Höxter und das Kloster Corvey finden), hatte gern die edlen Gäste in sein Haus aufgenommen, damit sie sich für die weite Heimreise zum fernen Wigaldinghus[2] rüsten konnten. Nicht nur die Aura des mächtigen Fürsten, nein, auch die herzliche Art, mit der die schöne Ravena ihn begegnete, hatten ihn tief beeindruckt. Eventuell galt dieser nächtliche Überfall eben diesen Gästen, und er, Bruno, war nicht in der Lage, seiner Aufgabe gerecht zu werden, so haderte er mit sich selber. Seine erste große Herausforderung als Pfalzgraf, und er hatte versagt?

Der Mond hat erst dreimal gewechselt, als er im Erntemonat[3] am Lager seines sterbenden Vaters gelobte, die seinem Schutz anbefohlenen Menschen in eine gesicherte Zukunft zu führen und ihnen ein guter Herr zu sein. Nun muß der junge Gaugraf mit ansehen, wie sein Erbgut in Schutt und Asche versinkt. Verglühen hier auch all seine Hoffnungen und Träume? Was würde man von einem Anführer halten,

---

[1] Opferpriester.
[2] heute: Wildeshausen.
[3] August.

der unter eigenem Dach seinem Fürsten und dessen Tochter nicht den notwendigen Schutz hatte bieten können?

Da der Kampflärm jetzt verhallt ist, überdenkt Bruno noch einmal das dramatische Geschehen. Als die Kriegshorde der Franken, verstärkt durch abtrünnige Sachsen, wie »Donars Fluch«[4] über das friedliche Dorf herfiel, hatte Bruno sich mit seinen Männern dem Feind entgegengeworfen. In der Hektik dieser Situation, der Anführer wurde ja überall gebraucht und konnte doch nur an einer Stelle zur Zeit sein, befahl er dem Schmied Dago, der einer der tapfersten und umsichtigsten Männer hier ist, mit einigen Kriegern den Herzog und Ravena zu schützen und in Sicherheit zu bringen.

Der Ort und das dazugehörige Haus des Pfalzgrafen sind auf einer Anhöhe hier im Flußtal gebaut. Zur Landseite, wo die Berge des Wesergebirges, von einigen Seitentälern durchzogen, den Blick gen Westen eingrenzen, ist die Ansiedlung von einem Palisadenzaun umgeben. Da die Weser, wie so oft zu dieser Jahreszeit, Hochwasser führt, war ein Herankommen der Feinde weder von der Flußseite aus Süd oder von Nord aus kaum möglich. Deshalb können die Verteidiger sich nicht erklären, woher die Franken so plötzlich gekommen waren. Die vereinzelt aufgestellten Wachen haben gewiß wegen Dunkelheit und Nebel zu spät reagiert. Ehe die Bewohner sich überhaupt zur Verteidigung formieren konnten, waren viele der Hütten, die durchweg aus Holz, Lehm und Stroh bestehen, von den Brandpfeilen der Feinde in riesige Fackeln verwandelt worden. Bruno hatte mit seinen Kriegern alle Mühe, den nicht kampffähigen Bewohnern einen Fluchtweg zum Brunisberg freizuhalten und konnte somit nicht in das Kampfgeschehen an der nördlichen Seite der Ansiedlung, wo auch das Haus seiner Familie steht, eingreifen. Die Nacht war kaum vorbei und der neue Morgen wollte noch nicht recht erwachen, als der Kampflärm verklungen war.

---

[4] Donar: Gott des Donners.

Nach und nach zogen sich die Angreifer aus dem brennenden Ort zurück, als seien sie der Ansicht, hier ihre Aufgabe erfüllt zu haben. Als der junge Anführer nun zu seinem Haus eilte, welches als Kern der Ortsbefestigung aus wuchtigen Sandsteinmauern mit einem Dach aus Steinschindeln unmittelbar an das Ufer der Weser gebaut ist, mußte er feststellen, daß seine Gegner auch hier eingedrungen waren. Durch Fensteröffnungen und Schießscharten wie auch vom Dach züngelte heller Feuerschein und beleuchtete in grausiger Weise die Kampfstätte im Bereich des trutzigen Baues.

Auf den Stufen zum Hauseingang lag mit dem Gesicht nach unten eine Gestalt mit langem weißem Haar, das vom Blut einer Kopfwunde verfärbt war. »Knut«, rief Bruno und ließ sich neben dem reglosen Körper auf die Knie fallen. Vorsichtig drehte er den Liegenden auf den Rücken, wobei er dessen Schulter umfaßte und den Kopf in seine Armbeuge bettete. Tränen des Zornes standen in seinen dunklen Augen, als er feststellen mußte, daß hier jede Hilfe zu spät kam. Mit einer Zartheit, die man diesem äußerlich so harten Krieger gar nicht zugetraut hätte, drückte der Pfalzgraf dem erschlagenen alten Mann im abgetragenen Leinenkittel, der von einer Hanfschnur zusammengehalten wurde, die starren Augen zu. Diese Augen, die schon so viel gesehen hatten, ja, die sein Leben von Geburt an miterlebt haben, mal mit dem Ausdruck der Freude, mal voller Sorge und oft auch verschleiert von Trauer.

Der alte Gaugraf, sein Vater, der wie er Bruno hieß, hatte bei einem mißglückten Überfall einer Feindeshorde aus dem Osten den damals jungen Knut gefangengenommen, ebenso den jetzt so treuen und zuverlässigen Schmied Dago. Wie damals üblich, wurden die Gefangenen bei den Sachsen wie Sklaven gehalten. Doch beide paßten sich den Gegebenheiten so gut an, daß innerhalb ihres Umfeldes der Sklavenstatus bald vergessen war, und die Bewohner hier behandelten sie wie ihresgleichen.

Mit den Jahren hatte sich Dago als Schmied und Knut als Hausverwalter für die Sippe des Gaugrafen und deren Umgebung unentbehrlich gemacht. Für den heranwachsenden Bruno war Knut zum weisen

Freund geworden, der ihm stets mit Rat und Tat zur Seite gestanden hatte. Jetzt lag der leblose Körper hier in den Armen seines jungen Herrn. Der Geist dieses Mannes war gewiß schon im Reich seiner Ahnen, dort im Land der aufgehenden Sonne, wo seine Heimat war, denn nach Vorstellung vieler Menschen kann ja die Seligkeit nur dort sein, wo sie wirklich Zuhause sind. Behutsam, als ob der Körper noch Schmerz empfinden könnte, legte Bruno den Leichnam auf den flachen Boden zurück und blickte sich suchend um. »Wenn wir nun auch noch die Leiche vom Schmied finden, dann haben die Franken den Herzog und Ravena verschleppt, wenn sie nicht auch schon tot sind.« Wie zu sich selbst fuhr er in aufkommender Verzweiflung fort, »dann wäre es besser, auch ich wäre tot.«

»Das mögen die Götter verhüten«, murmelte Wolpert, ein älterer Krieger, der sich ständig in der Nähe seines Herrn aufhielt. Seit Bruno reiten konnte und im Gebrauch der Waffen ausgebildet worden war, fungierte dieser als Schildknappe. Jetzt war er damit beschäftigt, abgebrochene Zweige einer nahen Hecke über den Toten zu legen, bis man Zeit fand, die Körper der Getöteten ihrer Bestimmung zu übergeben.

Hinter dem Wall, der das Areal vor dem Hochwasser des Flusses schützt, fand man die Leichen dreier feindlicher Krieger, von denen einer als besser gestellter Franke zu erkennen war, der offensichtlich bei einem Schwertkampf zu Tode kam, während die zwei anderen Männer wie Söldner niederen Grades ausschauten. Einer von ihnen war ebenfalls durchs Schwert getötet worden, den anderen hatte ein Pfeil ins Jenseits befördert.

Zorniges Entsetzen packte die Sachsen, als sie sich schon auf den Weg zum Brunisberg begeben wollten. Hinter Buschwerk, welches zum Garten von Brunos Haus gehörte, entdeckten sie den blonden Haarschopf einer Frau. »Diese reißenden Wölfe!« grollte Wolpert. Bruno preßte die Lippen zusammen, und mit ineinander verkrampften Fäusten nahm er dieses Bild in sich auf. Dort lag mit durchschnittener Kehle und zerrissenen Kleidern die junge Magd seines Hauses.

Kaum sechzehn Lenze hatte Klara, das immer fröhliche Mädchen aus dem Sundal[5], erlebt. Etwa acht Monate lang war sie seiner Mutter Stütze im Haus und Hof gewesen. »Die Frauen sollten doch gleich beim Beginn der Kämpfe mit den Alten und Kranken zur Fliehburg hoch! Wieso war Klara denn noch hier geblieben?« Der Gaugraf stellte diese Frage, wußte aber, daß es jetzt keine Antwort geben konnte. Einige Schritte von der Toten entfernt erblickten die Männer das zottige Fell eines Wolfshundes. »Mein treuer Jagdgefährte«, murmelte Bruno; der Bolzen einer Armbrust hatte ihn niedergestreckt. Kampfspuren im Gebüsch, vor dem das tote Mädchen lag, ließen Wolpert genauer hinsehen. »Da liegt der Vergewaltiger, einer der unseren hat ihn erwischt und erschlagen«, sagte er mit krächzender Stimme, in der Genugtuung mitschwang.

Der junge Herr dieser jetzt in Feuer und Rauch untergehenden Pfalz kämpfte seine Verzweiflung nieder. Noch einmal blickte er zum Eingang seines von innen her ausglühenden Elternhauses. Der Innenausbau, der ausschließlich aus Holz gefertigt war, stand in Flammen; somit war es unmöglich, in das Haus hineinzugelangen. »Hier können wir jetzt nichts tun.« Mit diesen Worten streifte er sich die Jacke aus grob gestrickter Wolle ab, neigte sich zu der toten Hausmagd nieder, breitete das Kleidungsstück über sie aus und bedeckte das auf so grausame Weise zu Tode gekommene Mädchen so gut wie möglich.

»Legt Zweige über die Leichen, so wie es Wolpert bei Knut gemacht hat, und dann folgt uns zum Berg«, lautete sein Befehl an die drei Krieger, die in seiner Nähe waren. Dann legte er die rechte Hand auf die Schulter seines Knappen, den er jedoch mehr wie einen Freund behandelt und deutete ihm an mitzukommen. Sie eilten, vorbei an verbrannte Hütten ihres Heimatortes, dem Zufluchtsort ihrer Leute entgegen. Würden sie dort endlich erfahren, was der Grund für diesen heimtückischen Überfall war?

Hier steht er nun am Fuße des Brunisberges, auf dessen Höhe die Fliehburg den noch lebenden Menschen zum Hort wurde. Nun, da es doch zögerlich heller wird, sieht Bruno von etwas erhöhter Position

---

[5] Süntel.

aus, daß in einzelnen Randgebieten des Talkessels noch gekämpft wurde. »Wolpert!«, rief er seinem Begleiter zu, »laufe nach oben zur Festung und stelle fest, ob der Herzog und Ravena, meine Mutter und die Mädchen ...«, dann stockte er, als wisse er nicht, welche von den genannten Personen ihm die wichtigste war, ja, um welche er am meisten zittern mußte. »Ach, du weißt schon, komm bald zurück und berichte mir, ich werde hier noch gebraucht.« Sprach's und eilte dann einer Gruppe entgegen, in deren Mitte zwei Schwerverletzte herangebracht wurden. Da hier keine unmittelbare Gefahr vom Feinde zu erwarten war, legte man die Verwundeten unter einen Baum auf langes trockenes Gras, um ihre Verletzungen zu versorgen - so gut es hier möglich war.

In einem von ihnen erkennt Bruno den Verwalter Hermann, dieser steht dem Bauerngut vor, welches zur Pfalz gehört und vorrangig für die Aufzucht bzw. Pflege der Pferde des Gaugrafen und dessen Umgebung zuständig ist. »Was ist bei euch passiert, wo sind die Pferde, kannst du reden?« So von seinem Lehnsherren gefragt, wollte sich Hermann aufrichten, was ihm jedoch nur zum Teil gelang, da er an Schulter und Hüfte verletzt war. »Die Franken haben versucht, die Tiere einzufangen, aber die meisten sind durchgegangen.« Nach diesen Worten blickte er zu einem seiner Knechte hinüber und nickte diesem zu, als wolle er ihn ermuntern zu sprechen. »Diese fränkischen Hunde haben nur zwei Pferde erwischt, die anderen konnten wir in den Wald treiben. Auch den Apfelschimmel des Herrn Warnekin. Euer Fuchs, Herr, hat einen, der ihn reiten wollte, abgeworfen und dann richtig mit den Hufen bearbeitet.« Ein leichtes Grinsen begleitete diese Ausführungen. »Na ja, die Tiere werden nicht weit laufen, wir werden sie dieser Tage wieder einfangen«, meinte Bruno. Da diese Ansiedlung auf begrenztem Raum in Flußnähe gebaut war, hat man hier für Pferde kaum Platz innerhalb der Befestigung. Deshalb hält man sie mit den Rindern auf den Gehöften in Ortsnähe. Nur in Kriegszeiten werden die Reitpferde weitestmöglich im Ort untergebracht. Diesen Überfall der Franken hatte hier jedoch niemand erwartet.

Fünf Sommer sind ins Land gegangen, seit der Frankenkönig Pippin mit seinem Heer das letzte Mal in sächsisches Gebiet vorgedrungen war. Er hatte damals sein Lager an der südlichen Grenze, dort, wo aus zwei Quellflüssen die Weser entsteht, aufgeschlagen. Von diesem Ort ausgehend, waren im Laufe der Zeit immer wieder Vorstöße in das Innere des Sachsenlandes unternommen worden. Bei einem dieser Gefechte, als Pippin bis zur westfälischen Pforte nach Norden vorgedrungen war, hatte sich Edelhard, der ältere Bruder von Herzog Warnekin, mit einer Sachsenschar dem Feind entgegengeworfen. Dabei wurde er vom Schwert eines Franken tödlich getroffen.

Danach war es in den Wesergauen ruhiger geworden. Nur vereinzelt kamen Abordnungen aus dem Reich der Franken, die jedoch keinen Kampf suchten. Auch bis Villa Huxoris war vor einigen Monden eine fränkische Gruppe in offensichtlich friedlicher Absicht gekommen. Ein Mann im fußlangen, braunen Leinengewand, von einer Kordel zusammengehalten, führte die Fremden an. Mit beschwörenden Gesten hatte er zu ihnen von seinem Gott, als dem einzig Wahren, gesprochen. Ein langer kreuzförmiger Stab und ein geschnitztes Kreuz, das an einer Schnur vor seiner Brust hing, unterstützten sein mystisches Aussehen. Doch zu tief sind die Menschen hier mit der Natur und den Göttern ihrer Heimat verwurzelt, als daß sie sich so schnell einem fremden Glauben zuwenden können.

Der Bote jenes geheimnisvollen Christen-Gottes war unbehelligt mit seinem Troß weitergezogen. Man hörte bisweilen von Kampfhandlungen zwischen Sachsen und Franken, hier jedoch nur aus der Ferne. In den sächsischen Gebieten an Pader, Lippe und Ruhr hatten schon einige Stammesfürsten dem Glauben ihrer Ahnen abgeschworen, auch wenn sie von dem Christen-Gott noch nicht viel wußten. Es spielte dann wohl Macht- und Gewinnsucht eine Rolle.

Wieso es zu diesem Überfall gekommen war, konnte Bruno sich nicht erklären. »Wir werden noch feststellen, wie es möglich war, daß die Franken unbemerkt hierher kommen konnten, um uns so hart zu treffen. Doch jetzt laßt uns das Wichtigste tun.« Damit wandte er sich an die hier verharrenden Ortsbewohner. »Ihr sorgt dafür, daß die Verletzten nach oben in die Fliehburg kommen. Dort werden unsere Frauen sich um die Wunden kümmern.« Damit waren vier ältere Männer gemeint. »Seht zu, daß ihr zu den Gehöften oben am Hang kommt, da wird anscheinend noch gekämpft.« Dies war seine Aufforderung an eine Gruppe von Kriegern und Knechten, die im Augenblick keine Aufgabe hatten.

Zwei seiner erfahrenen Krieger, die gerade wieder zu ihnen stoßen, befiehlt er: »Im Ort, bei der Pfalz und soweit wie möglich auch auf den Höfen außerhalb, müssen Wachen eingeteilt werden.«

So vieles ist in dieser Nacht geschehen. Jetzt, da er kurz verschnaufen kann, fragt sich Bruno, wie lange sich die Stämme, die auf Gedeih und Verderb mit den Sachsen verbunden sind, der drohenden Übermacht der Franken noch erwehren können. Diese und die vielen anderen offenen Fragen gehen ihm durch den Kopf, als er hier auf seinem Platz an der unteren Befestigungsanlage steht und wartet, weil er im Augenblick nichts anderes tun kann. »Es macht wenig Sinn für mich, jetzt durch die Gegend zu irren, um auf eigene Faust zu erfahren, was geschehen ist. Hier habe ich die beste Möglichkeit etwas zu erfahren.« Mit diesen Gedanken versucht er seine Ungeduld zu zügeln.

»Der Herzog und Ravena sind nicht oben.« Mit fast erstickender Stimme bringt Wolpert diese Worte heraus, und den jungen Gaugrafen treffen sie wie Keulenschläge. »Bei Irmin[6], wie ist das möglich, Ravena ist doch mit den anderen Frauen zusammen aufgebrochen, und Warnekin? Dago und vier gute Kämpfer waren bei ihnen.« Bruno schlägt verzweifelt mit der flachen Rechten gegen den Stamm der Eiche, neben der er steht.

Außer Atem und niedergeschlagen läßt sich der Knappe, der eigentlich der Freund seines Herren ist, auf einem bemoosten Stein nieder. »Die Frauen deines Hauses sind alle oben«, Wolpert schluckt, »außer Klara.« Einen Stecken, den der Mann in der Hand hält, stößt er zornig auf den Boden, so daß dieser zerbricht beim Klang dieses Namens, und die Knöchel der Faust treten weiß hervor. Der Anblick des vergewaltigten und ermordeten Mädchens läßt ihn nicht los. »Der Herzog wollte, wenn es sein müßte, kämpfen und nicht mit Frauen und Kindern flie-

---

[6] Auch Kriegsgott.

hen. Ravena habe zusammen mit den anderen Frauen, den Kranken und Hilflosen geholfen, zum Berg zu kommen. Dann sei sie zurück zur Pfalz gelaufen. Sie müsse zu ihrem Vater, habe sie gerufen. Dies hat deine Mutter Hiltrud mir gesagt.«

Nach einer kurzen Pause berichtet er dann mit leiser Stimme weiter. »Und Klara ist noch einmal zurückgelaufen, weil sie vergessen hatte, den Hund aus dem Zwinger zu lassen.« Bedrückendes Schweigen folgt diesen Worten. Beide Männer sehen sich einen Moment lang in die Augen, senken dann den Blick, und jeder für sich versucht, seine wirren Gedanken unter Kontrolle zu bringen.

Plötzlich schrecken beide aus ihrem Grübeln auf. Aus Richtung der überschwemmten Flußauen ertönt jetzt zum zweiten Mal der Schrei eines Uhus. »Wenn das nicht wirklich eine Eule ist, dann ist es Dago«, stößt Wolpert hervor. Oft schon haben die Menschen im Ort gestaunt, wenn der Schmied Tierstimmen täuschend echt nachgemacht hat.

Bruno, der gerade beschlossen hatte, nicht mehr zu warten, sondern versuchen wollte, irgendwie Spuren von seinen wahrscheinlich entführten Gästen zu finden, zögert nicht. Mit weiten Sätzen springt er auf das Buschwerk zu, das hier die Begrenzung zum Überschwemmungsgebiet der Weser bildet. Vorsichtig teilt er die Zweige und schaut auf die silbern im Licht des Morgens glänzende Wasserfläche. Einen guten Steinwurf vom Ufer entfernt stehen dort, zum Teil im Hochwasser versunken, einige Weidenbüsche. Dahinter kann man den Bug eines Kahnes ausmachen.

Die Hände als eine Art Trichter vor den Mund legend, versucht nun auch Bruno, den Ruf des Nachtvogels nachzuahmen. Augenblicke später sehen die gespannt wartenden Männer ein schwerfälliges Boot auf sich zukommen. Es handelt sich um jenes Wasserfahrzeug, das sonst in der Nähe der Pfalz an einem Steg festgemacht ist und zum Transport von Wirtschaftsgütern gebraucht wird. Eine hochaufragende Gestalt im Heck des Kahnes bemüht sich mit einem klobigen Paddel, aus der Strömung heraus ans Ufer zu kommen. »Dago«, entfährt es Bruno, und voll Ungeduld springt er dem Ankommenden entgegen, gefolgt von

Wolpert. Beide stehen bis zu den Knien im Wasser, um dem Schmied behilflich zu sein.

»Der Herzog!« rufen beide wie aus einem Munde, als sie in den Kahn hineinsehen können und dort die reglose Gestalt liegen sehen.

»Er ist schwer verwundet, wir müssen ihn vorsichtig an Land bringen.« Dagos Stimme klingt bei diesen Worten wie die eines uralten Mannes, und an seiner Körperhaltung ist zu erkennen, daß der sonst so robuste Mann am Ende seiner Kräfte ist. Der Gaugraf unterdrückt die Fragen, die ihm auf den Lippen brennen, es wird erst einmal getan, was getan werden muß.

KAPITEL II

rob behauene Baumstämme, in einem großen Halbkreis zusammengefügt, bilden hier oben auf dem Brunisberg den Palisadenzaun für die eigentliche Festungsanlage, deren Herzstück die Felsengrotte im Hintergrund bildet. Da die Stämme in unterschiedlicher Höhe aus dem Boden ragen, gibt es zinnenartige Abschlüsse in einer Höhe von etwa zwei ausgewachsenen Männern. Zusätzlich ermöglichen Schießscharten in Brusthöhe vom Boden den Einsatz von Bogen- und Armbrustschützen im Falle der Verteidigung. Im Sichtbereich des Zaunes ist das Gelände vollkommen abgeholzt, um freies Schußfeld für Pfeil und Bogen sowie die Katapulte zu haben. Ein zweiflügeliges Tor aus klobigen Bohlen bildet den einzigen Einlaß. Es ist breit genug, um auch einem Ochsenkarren Einlaß zu ermöglichen. Ein Turm, ebenfalls aus Baumstämmen gefertigt, jedoch mit einem Unterbau aus Bruchstein, überragt Tor und Palisade noch einmal um Mannshöhe. Hinter der wuchtigen Brustwehr stehen hier oben zwei Sachsenkrieger und spähen hinab auf den Weg, der sich aus den Talauen in vielen Windungen durch zwei Ringwälle hindurch zum Tor der Fliehburg hinaufschlängelt.

Inzwischen ist hinter dem Solling, einem Gebirge, welches das Wesertal nach Osten abgrenzt, eine blasse Herbstsonne aufgegangen und taucht den Berghang und das weite Wesertal in gleißendes Licht. Ein

Licht, jetzt aber ohne Wärme, denn ein kalter Wind bläst von dort, wo auch am kommenden Abend Baldur, der Gott des Lichtes, seine Reise auf dem Sonnenwagen für den Tag wieder einmal beendet. In den Seitentälern beiderseits des Flusses ziehen noch vereinzelt Nebelschwaden. Doch auch sie müssen dem Licht des Tages weichen und werden sich im graublauen Himmel auflösen.

Der Strom der Flüchtenden aus dem Tal ist nun abgeebbt. Es ist ruhig geworden dort unten in und um Villa Huxoris, wo nur der aufsteigende Rauch und hier und da ein Aufstieben von Funken, wenn ein verkohltes Gebälk zusammenbricht, von dem vergangenen Drama zeugt.

Plötzlich kommt Bewegung in die Figuren der beiden Wächter auf ihrer erhöhten Plattform. Sie beugen sich weit über die Brüstung, um besser sehen zu können. Unten, wo der Weg aus dem Tal ihr Blickfeld erreicht, taucht eine Gruppe von Männern auf, in deren Mitte eine offenbar verletzte Person transportiert wird. »Der Graf ist dabei«, stellt einer der Krieger fest. »Aber wer ist der Verwundete?« Ohne eine Antwort abzuwarten, ergreift er das Signalhorn, das um seine Schulter hängt. Dreimal ertönt der dumpfe Schall und kündet den im Festungshof eng beieinander stehenden Menschen das Herannahen ihres Anführers an.

Die bewaffneten Männer eilen zum weit offen stehenden Tor, um dort Aufstellung zu nehmen. Jeder, der dazu in der Lage ist, schaut den Ankommenden gespannt entgegen. Zwei Frauen, eine davon mit schulterlangen grauen Haaren, die andere wesentlich jünger mit schwarzer Haarpracht, heben sich durch ihr aufwendiges Äußere von der Umgebung ab. Respektvoll treten die Umstehenden zur Seite, um den Damen den Weg zu den Männern frei zu machen, die jetzt das Innere der Burg betreten und ihre schwere Last erst einmal absetzen.

Ein aufgeregtes Murmeln geht durch die Menge, als man den Verwundeten erkennt. Auf einer Tragbahre, die offensichtlich in aller Eile aus ein paar Holzstangen, die mit Ledergürteln und Hanfschnüren zusammengebunden sind, liegt eine weißhaarige Männergestalt, der Herzog Warnekin. Die ältere der beiden Frauen beugt sich tief zur Trage nieder. Das lange graue Haar fällt nach vorn, rahmt ihr Gesicht ein, so daß es nur vom Herzog zu sehen ist. Dieser schlägt die Augen auf: »Hiltrud«, murmelt er und versucht den Kopf zu heben, doch die Frau drückt ihn sanft zurück, legt zwei Finger ihrer rechten Hand auf seine Lippen. Mit einer sanften Geste streift sie dem Mann das verklebte weiße Haar aus der Stirn. Besorgt gleitet ihr Blick über das wappenbestickte Wams. An der rechten Seite oberhalb des Gürtels ist es aufgeschlitzt und blutverschmiert. Ein notdürftiger Verband ist darunter zu sehen. »Wir werden dich wieder gesund machen, Warnekin«, sagt Hiltrud mit warmer Stimme. Der so angesprochene schüttelt leicht das Haupt. »Die Mächte aus dem Reich des Schattens greifen nach mir. Meine Zeit ist um.« Nach diesen Worten zuckt es schmerzlich um seine Lippen.

Hiltrud richtet sich auf und blickt ihrem Sohn Bruno in die Augen. Dieser ist betroffen, als er den tränenverschleierten Blick seiner Mutter wahrnimmt. Nicht einmal beim Tode seines Vaters vor drei Monden hatte er Tränen gesehen. Sie ist eine stolze Frau, die selten ihre Gefühle zeigt. »Bringt ihn zur Grotte, wir werden alles tun, was möglich ist.« Mit diesen Worten geht sie, den Arm ihrer Tochter ergreifend, in die angegebene Richtung voraus.

Auf der dem Tor gegenüberliegenden Seite der Burg ist der Palisadenzaun durch eine natürliche Barriere unterbrochen. Dort, in Richtung der untergehenden Sonne, weist der Brunisberg eine schroffe Erhöhung auf, die nach allen Seiten steil abfällt. Zur Innenseite der Festung hin wurde ein Steinbruch angelegt. Der hier abgebaute Sandstein diente zur Verstärkung der Wehranlage und zum Ausbau der eigentlichen Festung. Der alte Gaugraf, Brunos Vater, ließ hier im Rondell des Burghofes zwei wuchtige Steinbauten errichten. In jedem dieser Bauten ist Platz für etwa zwanzig Menschen, die im Bedarfsfall ihre Lagerstätten eng beieinander in diesen hallenähnlichen Räumen finden. Beide Gebäude haben nur ein Stockwerk, und die Mauern weisen oben ungleichmäßige Zinnen auf, da die Steinquader, aus denen sie gefertigt wurden, von ungleichmäßiger Größe sind.

Die Häuser stehen schräg zueinander und bilden zum Tor hin ein offenes Dreieck. Die am nächsten zusammenliegenden Ecken lassen einen Durchgang von etwa dreißig Fuß Breite frei. Wie durch ein Portal geht man hier über eine in den Felsen geschlagene Treppe auf den Berg zu, der, wie schon erwähnt, früher als Steinbruch gedient hatte. In der Mitte der so entstandenen Steilwand ist der Eingang einer Grotte zu erkennen, dem eine bühnenartige Plattform vorgelagert ist. Der Eingang ist etwa zehn Fuß breit und ebenso hoch. Beim Abbau und somit Gewinn von Bausteinen hat man oberhalb des Grotteneinganges eine hochgelegene Terrasse entstehen lassen, die ein gutes Stück über die Wand hinausragt. An der rechten Seite sind Stufen in die Felswand getrieben, so daß der »Balkon« von dort aus zu erreichen ist. Zum Hintergrund hin wird diese hohe Plattform vom Felsen abgegrenzt, der dort am höchsten Punkt noch eine Höhe von gut zehn Fuß erreicht. Den oberen Abschluß bildet das auf dem Bergrücken wachsende Buschwerk. Der Eindruck eines kultischen Bauwerks wird durch die aus großen Steinen gefertigte Feuerstelle abgerundet, und die rußgeschwärzte Rückwand zeugt von der Tatsache, daß hier schon oft ein Feuer gebrannt hat.

Dieses Land hier am Weserfluß, in dem die Angrivarier[7] ihre Heimat gefunden haben, beherbergte in den vergangenen Jahrhunderten verschiedene germanische Volksstämme. Bevor diese hier heimisch wurden, hatten sie die Chatten in Richtung Mittagssonne und die Cherusker in Richtung Abend zurückgedrängt.

Abends an den Feuern, wenn die Menschen nach getaner Arbeit beieinander sitzen, erzählen die Alten von der wechselvollen Geschichte dieses Landes. Daß die Cherusker sich schlecht und recht mit der Überlagerung der Sachsen abgefunden haben, und daß es jetzt, nach so langer Zeit, nicht ungewöhnlich ist, wenn ein Sachse eine Frau des hier alteingesessenen Stammes in sein Haus nimmt oder umgekehrt.

So haben sich auch auf den Ort Huxori und auf die Festung hier oben die Veränderungen der Zeit durch die Verschiedenartigkeit der Bewohner ausgewirkt. Aus der engen Höhle, die der Mensch den früher

---

[7] andere Bezeichnung für Engern-Sachsen.

hier heimischen Tieren streitig gemacht hat, wurde eine geräumige, weitläufige Felsenhalle. An einigen Stellen sind aus dem Felsen geschlagene Säulen stehengeblieben, als man den Raum erweitert hat. So dienen sie in der Mitte der Halle zur Abstützung der Decke. An den Seiten sind beim Ausbau Nischen von verschiedenen Größen entstanden, so wie die Felsformationen es erlaubten.

Das große Oval des Raumes ist jetzt dürftig von einigen Fackeln erhellt, die mit Halterungen an den Felswänden befestigt sind. An der Stirnseite flackert ein offenes Feuer, dessen Rauch durch eine Öffnung in der Felswand nach oben entweichen kann. Zwei Felsdurchbrüche an der vom Eingang her gesehenen linken Seite der Grotte lassen jetzt das Licht des anbrechenden Tages eindringen.

In der Nische, nahe der Feuerstelle, legt man auf einem Lager aus Fellen, den schwerverletzten Warnekin nieder. Mit sorgenvoller Miene wendet sich Bruno, nachdem er die Verletzungen in Schulter, Brust und Rücken des Herzogs untersucht hat, seiner Mutter zu. »Wir müssen nach der heilkundigen Hedwig schicken.« Hiltrud nickt, und Edeltraut, ihre schwarzhaarige Tochter, ergreift für sie das Wort, »ich werde zum Rauschenberg laufen und Hedwig holen.« Bruno deutet sein Einverständnis an, weiß er doch um das freundschaftliche Verhältnis, das seine Mutter und auch seine Schwester mit der »Kräuter-Hedi« seit langem verbindet. »Nimm ein paar Männer mit, die Franken sind in Richtung Grubetal abgezogen, möglicherweise halten sie sich noch irgendwo dort am Berg auf.«

Tief durchatmend wendet sich der Gaugraf nun dem Schmied Dago zu, der mit einigen Männern in seiner Nähe steht. Endlich will er nun erfahren, was sich in den Bereichen der Ansiedlung zugetragen hatte, wo er nicht sein konnte. »Sag was geschehen ist.« Auf diese kurze Aufforderung hin stößt Dago sich mit dem Rücken von der Felswand ab, an die er sich gelehnt hatte und reckt sich in seiner stattlichen Größe. Er trägt einen ziemlich wirren Vollbart, und das volle graubraune Haupthaar hängt tief in seine Stirne. Aus diesem fast zugewachsenen Gesicht blickt jetzt ein etwas wäßriges grünblaues Augenpaar voll Zuneigung auf seinen jungen Herrn. »Herr Warnekin hat gekämpft wie

Saxenot persönlich.« »Der Reihe nach«, unterbricht ihn Bruno. »Was ist mit Ravena?« Dago räuspert sich, dann stößt er grollend hervor: »Sie ist von den fränkischen Wölfen entführt worden. Ich habe alle verfügbaren Krieger hinterher geschickt, auch die Männer des Herzogs verfolgen sie. Ich mußte ihn doch in Sicherheit bringen.« Als wolle er sich damit entschuldigen, weist er auf Warnekin, dessen Wunden soeben von Hiltrud gesäubert werden. »Wir waren doch alle der Meinung, unsere Gäste wären in dem Steinwerk beim Fluß am sichersten. Der Weg über den Knüppeldamm durch ungeschütztes Gelände zum Brunisberg war mir einfach zu gefährlich. Bei uns an den Barrikaden und am Tor ist kein Franke durchgekommen.«

»Dann können sie doch nur von der Weser her eingedrungen sein!« Der junge Gaugraf stellte dies fest. Er kann sich jedoch auch nicht vorstellen, daß die Feinde es wagen würden...Dago unterbricht seine Gedanken: »Sie kamen über die Weser, und es waren verräterische Sachsen dabei, die sich bei uns auskannten.« Mit diesen Worten unterbricht der Schmied die Gedanken seines Herrn, und an seiner Aussprache ist zu erkennen, daß sächsisch nicht seine Muttersprache war. »Ich stand mit mehreren Männern auf dem Damm am Fluß, als plötzlich ein großes Floß mit der Strömung schräg über die Weser auf uns zu kam. Wegen Dunkelheit und Nebel konnten die Wachen vorher nichts davon sehen. Ehe wir am Ufer waren, sprangen die Feinde auch schon an Land. Alle verfügbaren Männer stürzten den Franken entgegen, und es wäre uns auch gelungen, die Bande zurück ins Wasser zu treiben, wenn nicht eine Horde von Feinden plötzlich von Norden am Flußufer entlang über uns hergefallen wäre. Der Anführer dieser Wölfe war ganz sicher ein Sachse, denn seine Befehle erteilte er in eurer Sprache. Dieser Oberwolf setzte sich von der Meute ab, die uns angriffen hatte und hetzte über den Wall auf die Burg zu. Als ich dies feststellte, versuchte ich mich von meinem augenblicklichen Gegner freizukämpfen und forderte einige Männer auf, mir zu folgen. Doch es dauerte ziemlich lange, bis wir uns freischlagen konnten, um über die Böschung zu kommen. Vor eurem Haus herrschte ein totales Durcheinander. Ich hörte Stimmen von Frauen, die in Bedrängnis waren, und der Herzog kämpfte allein gegen mehrere Feinde. Sofort warf ich mich dazwischen, um ihn zu unterstützen. Ich glaube, da war er schon verletzt, trotzdem hielt er in der Rechten das Schwert, während seine linke Hand die Streitaxt führte. Als Herr Warnekin mich sah, rief er mir zu: ›Meine Tochter, hilf meiner Tochter!‹ Auf die Feinde einschlagend, versuchte ich in dem Getümmel, die Dame Ravena zu entdecken, bis ich dann sah, daß sie von mehreren Kerlen über den Damm gezerrt wurde. Ich bemühte mich, dort hinzukommmen. Zwei Krieger des Herzogs setzten ebenfalls alles daran die Entführung zu verhindern. Oben auf der Böschung angekommen, blickte ich zum Herzog zurück. In diesem Augenblick mußte er schwer getroffen worden sein, denn er sank in die Knie und stürzte dann nach vorne. Verzweifelt wie ich war, blickte ich der Meute hinterher. Drei unserer Männer und die Leute vom Herzog hatten die Entführer an der nördlichen Bastion auf den Steg zur Meierei gestellt. Ich mußte mich jetzt erst einmal um Herrn Warnekin kümmern. Mein Bemühen, Freiraum für den am Boden liegenden Warnekin zu bekommen, war endlich erfolgreich, als ich Unterstützung von einigen unserer Krieger bekam. Nun stellte ich fest, daß der Fürst nicht tot, sondern nur schwerverletzt war. Wir mußten ihn in Sicherheit bringen, aber wie? Nachdem der Feind mehr oder weniger zurückgeschlagen war, trugen wir den bewußtlosen Herrn Warnekin zu der Bank hinterm Stall. Dort, zusätzlich vom Gebüsch abgeschirmt, versorgte ich erst einmal seine Wunden. Da nichts anderes zur Hand war, habe ich ein Stück von meinem Leinenkittel als Verbandzeug benutzt. Alle anderen Krieger schickte ich fort, ihre Kameraden zu unterstützen. So war ich mit dem Herzog allein.«

Einer der umstehenden Männer hatte mit einer hölzernen Kelle Wasser aus dem in der Nähe stehenden Tonbottich geschöpft, um einen tiefen Zug davon zu trinken. Schlürfend nimmt Dago den Rest der labenden Flüssigkeit zu sich und wischt sich mit dem Handrücken über den bärtigen Mund. »Es war still geworden«, fährt der Schmied fort. »Die Feinde mußten wohl auf dem Rückzug sein. Ich hörte nur noch Kampflärm beim Dorf und oben am Anger unterm Rauschberg. Sicher waren meine Mitstreiter noch dabei, den Franken Ravena abzujagen.

Gerade wollte ich aus meinem Versteck heraus auf die Böschung steigen, um Ausschau zu halten, als ich aus unserem Haus heraus hämisches Männerlachen und die erregte Stimme des alten Knut hörte. Da mußte sich was abspielen, und ich konnte nichts tun, denn jetzt fühlte ich mich allein für den Herzog verantwortlich. Rauch drang plötzlich aus allen Öffnungen des Hauses, dann stürzte Knut aus der Tür und fiel der Länge nach auf den ersten Stufen zu Boden. Als er sich aufrichten wollte, tauchte hinter ihm ein Kerl auf, der schlug dem hilflosen Alten mit einer Keule über den Schädel. Dabei grölte der verkommene Kerl: ›Du hättest es sowieso nicht mehr lange gemacht.‹ Das war ein Sachse, ich möchte wissen, wo diese Verräter herkommen, die sich den Franken angeschlossen haben.« Dagos zornige Worte werden von Bruno mit grimmiger Miene kommentiert: » Wir werden es erfahren, doch sag, war der mörderische Bursche auch für das verantwortlich, was mit Klara geschah?«

Der Schmied hebt die Rechte. »Was dann kam war noch schlimmer«, fährt Dago fort. »In dem Moment, als der Mord an Knut geschah, hörte ich plötzlich das wütende Gebell von unserem Hund aus dem Verschlag in meiner Nähe. Von meinem Standort aus konnte ich in den Zwinger schauen, ohne vom Haus her gesehen zu werden. Dort hockte in einer Ecke unsere Klara. Sie mußte bei dem Versuch, den Hund zu befreien, von dem Überfall der Franken überrascht worden sein. Verängstigt wie sie war, versuchte sie bei dem Tumult, den Hund still zu halten, um nicht entdeckt zu werden. Als der Mord an Knut geschah, konnte Klara den treuen Hund sicher nicht mehr halten. Der Kerl blickte zum Hund hin und entdeckte dann auch das Mädchen. Gerade wollte ich aus meinem Versteck heraus auf ihn zuspringen, um Knut zu rächen und das Mädchen zu schützen, als aus dem brennenden Haus noch drei Männer auftauchten. Jeder von den Halunken schleppte ein Bündel mit geklauten Sachen aus dem Haus.«

Mit beschwörender Miene sieht Dago seinen Herren an. »Ihr wißt, ich bin kein Feigling, ich hätte es mit den vier Kerlen aufgenommen und auch den Tod nicht gescheut, aber was wäre mit dem Herzog geschehen?«

»Du hast ganz sicher richtig gehandelt«, beruhigt der Gaugraf seinen Untergebenen, der eigentlich sein Lehrmeister im Gebrauch der Waffen ist.

Dago fährt fort. »Knuts Mörder trat auf den Zwinger zu, wo der Hund wütend gegen den Holzzaun sprang. Deshalb versuchte der Kerl, mit seinem Dolch auf den Hund einzustechen. Die drei anderen Banditen kamen dazu, und als sie das Mädchen dort in der Ecke des Zwingers sahen, wurden dreckige Reden geführt, die ich lieber vergessen will. Einer von denen war mit einer Armbrust bewaffnet. Damit schoß er auf das arme Tier und traf schon mit dem ersten Schuß. Tot war der Hund allerdings noch nicht, er lag am Boden und jaulte fürchterlich. Der erste Mordbube riß den Verschlag auf und zerrte die total verstörte Klara heraus. Mit schändlichen Redensarten machte der ihr klar, was sie zu erwarten hatte. Vor dem Buschwerk, hinter dem ich mich mit den bewußtlosen Herzog versteckt hatte, machte er sich über das Mädchen her. Ihr jammervolles Wehklagen klingt mir jetzt noch in den Ohren. Die anderen Halunken schauten mit lüsternen Gesten und widerwärtigem Gerede zu. Wegen Klaras verzweifeltem Schluchzen, schleppte sich der halbtote Hund vorwärts, wohl um dem Mädchen zu helfen, das so oft mit ihm gespielt hatte. Doch der Fußtritt eines dieser Kerle schleuderte ihn zur Seite, und ein Keulenschlag ließ das treue Tier endgültig verstummen. Der Kampflärm bei den Palisaden im Bereich des Dorfes war jetzt lauter geworden. Deshalb machen sich vier der Strauchdiebe bald über den Damm davon. Im gleichen Augenblick sprang ich hinter den Büschen hervor. Mir kochte das Blut, und vielleicht konnte ich die unglückliche Klara noch retten. Doch ehe ich sie erreichte, hatte der mörderische Kerl seine grausame Tat vollendet, und das Mädchen lag mit durchschnittener Kehle da. Bevor er sich noch aufrichteten konnte, packte ich ihn und meine ganze Wut lag in dem Axthieb, der seinen Hinterkopf gespalten hat.«

Erschöpft schweigt Dago, und alle Zuhörer sehen betreten zu Boden. Jeder hier ist erschüttert von dem eben Gehörten. »Leider für die liebe Klara zu spät«, stellt Bruno nach einem Moment des Schweigens fest. »Sollen die Götter mich dafür strafen«, grollt der Schmied. »Doch meine größte Sorge galt eben dem Herrn Warnekin. Jetzt war es Zeit, ihn in Sicherheit zu bringen, denn ich konnte ja nicht wissen, was noch alles passieren würde. Den Verletzten durchs Dorf zu schleppen, war mir zu gefährlich, und Hilfe von dort zu holen, kam sicher auch nicht in Frage. Ich wußte ja auch nicht, wie der Kampf dort ausgehen würde. Da fiel mir das Boot ein, das unterhalb der südlichen Bastion festgemacht war. Von der Laube über den Gartenweg bis zum südlichen Ende der Mauer ist es nicht sehr weit. Ich mußte ja den Herzog vorsichtig transportieren. Deshalb habe ich die Tür vom Stall abgebaut, den Herzog darauf festgebunden und diese behelfsmäßige Bahre hinter mir hergezogen bis zum Boot. Schwierig war es dann noch, den Verletzten in den Kahn reinzukriegen. Er wachte dabei aus der Bewußtlosigkeit auf, aber es kam kein Schmerzeslaut von ihm.« Der sonst so wortkarge Schmied war sichtlich erleichtert, seinen Bericht beendet zu haben.

»Diese fünf Mordbrenner waren also Sachsen«, sinnierte Bruno und trat gedankenverloren gegen einen Stein, der sich aus dem festgestampften Boden gelöst hatte. »Sie werden sich während des Überfalls von den anderen abgesetzt haben in der Absicht, im Hause Beute zu machen. Ich hörte, daß der Graf von Schindera und einige Edlinge vom Padergau zu den Franken übergelaufen sind. Ob diese Abtrünnigen nun den Christen-Gott anerkennen oder aus Habgier den Göttern unserer Väter abgeschworen haben, vermag ich nicht zu sagen. Aber es sollte mich nicht wundern wenn jene Mordbrenner, die an diesem Überfall beteiligt waren, etwas mit denen zu tun haben. Alles war anscheinend genau geplant.«

Vom Lager des Herzogs ertönt nun die Stimme von Brunos Mutter. »Der Herr Warnekin will dich sprechen.« Sofort tritt der junge Graf an die Seite des verletzten Herzogs und neigt sich zu diesem nieder. Die stahlgrauen Augen des Sachsenfürsten blicken Bruno an und mit klarer Stimme spricht er: »Ich habe großes Leid über Huxori gebracht.« Brunos ansetzenden Versuch zum Widerspruch mit einer Handbewegung abwehrend, fährt er fort. »Der Überfall galt mir. Mit König Pippin habe ich noch einen Handel offen, unter anderem wegen meines Bruders Edelhard. Es scheint, als würde der Franke aus dieser Auseinandersetzung als Sieger hervorgehen.« Müde und resigniert klingen diese Worte.

»Mein Fürst, noch ist nicht aller Tage Abend«, versucht der junge Recke den niedergeschmetterten alten Kämpen zu trösten. Nach einer kurzen Redepause, in der Warnekin von Schmerzen geplagt, neue Kräfte sammeln muß, sagt er: »Deine Mutter Hiltrud hat mir berichtet, was geschehen ist.« Er versucht sich aufzurichten, doch es gelingt ihm nur zum Teil. Mit beschwörender Geste Brunos Arm ergreifend, stößt er hervor: »Ihr müßt Ravena befreien! Nichts ist für mich schlimmer, als mit dem Gedanken sterben zu müssen, daß sie dieser Meute ausgeliefert ist!«

»Auch die werden wissen, daß Ravena die Tochter eines der mächtigsten Sachsenfürsten ist. Sie werden es nicht wagen, ihr ein Leid anzutun«, stellt Bruno fest. Doch vor seinen geistigen Augen erscheint das Bild der geschändeten Klara. »Wenn hier alles geregelt ist, breche ich unverzüglich mit meinen besten Kriegern zur Verfolgung auf. Zusammen mit euren Kämpfern sind jetzt zwanzig Männer den Franken direkt auf den Fersen. Macht euch also keine allzu großen Sorgen, wir werden sie schon befreien. »Die waren gut organisiert.« Stellt Warnekin fest. »Und ohne die Unterstützung von Verrätern aus einem hiesigen Gau wäre dies so nicht möglich gewesen. Deshalb solltet ihr sehr vorsichtig sein in eurem Handeln, solange ihr nicht wißt, wer die Verfluchten aus unseren Reihen sind. Möglicherweise saßen sie beim letzten Allthing[8] mit uns am gleichen Feuer.« Bruno räusperte sich, »wenn König Pippin euren Tod will, so ist das eine Sache zwischen Männern, aber wozu diese Entführung, die ja, wie ich glaube, geplant war?« »Es handelt sich gewiß nicht um irgendeine zufällige Aktion«, antwortet Warnekin, »unsere Feinde halten meine Tochter als Geisel, wie ich annehme, um ein Druckmittel für irgendwelche Forderungen zu haben. Außerdem werden sie das Mädchen zwingen, den Göttern ihrer Ahnen die Treue zu brechen, ihr den Gott der Christen aufzwingen, wenn es nicht gelingt, sie zu befreien.« Ein Schwächeanfall beendet den Rede-

---

[8] Stammesversammlung der Sachsen.

fluß des Herzogs. Er greift sich an die Brust, die Augen verschleiern sich und der Atem geht rasselnd.

Hiltrud eilt mit einem Tuch in der Hand herbei, um dem Verletzten den plötzlich ausbrechenden Schweiß von der Stirne zu wischen. Ein schmerzhaftes Husten schüttelt den geschwächten Körper; aus seinem Mund dringt Blut. Er wendet den Kopf zur Seite, blickt die hilfreiche Frau an, die ihm das Blut abwischt. »Warnekin, du darfst nicht gehen. Bei allen Asen[9] des Lichts, bleib bei uns«, beschwört Hiltrud den Schwerverletzten, und Bruno ist wieder einmal erstaunt über diese heftigen Gefühlsäußerungen seiner Mutter.

Totales Schweigen herrscht in dem weiten Gewölbe. An die dreißig Männer und Frauen haben sich hier versammelt. Mit Ausnahme von Dago und Wolpert sind es hier alles Freie, denn Liten[10] haben zur Grotte keinen Zutritt. Sie halten sich in den Steinhäusern im Burghof auf.

Aus dem Hintergrund der Felsenhalle löst sich die Gestalt eines Mannes von kleiner Statur. In offensichtlicher Behinderung bewegt er sich mit stark nach vorn gebeugtem Oberkörper und schleppendem Gang. Strähniges, weißes Haar hängt ihm bis auf die Schultern. Sein bartloses Gesicht wirkt weiß wie die Schneelandschaft des Winters und ein Umhang, aus den Fellen mehrerer Wildtiere gearbeitet, hüllt seinen Körper ein. Auf dem Rücken hängt der präparierte Kopf eines Wolfes, als solle er die Verunstaltung seines Rückens verdecken. Ehrerbietig wird ihm Platz gemacht. Am Lager des Herzogs angekommen, neigt er sich tief zu Boden, um sich dann mit erhobenen Händen aufzurichten. Mit geheimnisvollen Gesten spricht er unverständliche Worte, die wohl zu dem Ritual gehören, welches aus der nordischen Urheimat der Sachsen überliefert ist.

Die Mutter des Pfalzgrafen legt die rechte Hand auf die Schulter des Mannes und sagt, indem sie den Froste beim Namen nennt in freundlichem Tonfall: »Remo, die Wunden des Herrn Warnekin kannst du nicht heilen. Aber bitte die Götter, ihn uns jetzt nicht zu nehmen, denn

---

[9] Gute Geister.
[10] Stand der Unfreien.

in diesen Zeiten, da unsere Feinde uns den Glauben an ihren Gott aufzwingen wollen, ja, wo altgewohnte Traditionen einfach fortgefegt werden sollen, da brauchen wir einen starken Anführer, der im ganzen Sachsenland Anerkennung findet.« Der Froste verneigt sich leicht in Hiltruds Richtung: »Ihr habt recht hohe Frau, der Herzog der Engern wäre in der Lage, die Heerschaften[11] unseres Volkes unter seiner Leitung zu einen. Deshalb werde ich zum Sundal pilgern, um auf dem grünen Altar[12] dem großen Wotan zu opfern.«

Bruno tritt mit angespannter Miene hinzu: »In diesem Falle müßte es ein Menschenopfer sein, woher willst du das nehmen? Es ist üblich, daß beim Thing darüber befunden wird.«

»Wie du weißt, gibt es in der Nähe des Emmerborns auf einem Hof ein Mädchen, das sein Leben verwirkt hat. Die reinigenden Flammen würden…«

»Ich will kein Menschenopfer für mein Leben«, unterbricht Warnekin den Froste mit zwar schwacher Stimme aber einer Ausdrucksweise, die keinen Widerspruch duldet. »Entzündet, wenn ihr wollt ein Feuer dafür, daß mein Weg durchs Schattenreich nicht zu lang wird, denn mein Schicksal wird sich hier erfüllen, das spüre ich nur zu deutlich. Doch wenn ich Ravena nicht mehr sehen kann, so habe ich nur noch einen Wunsch.« Dabei steckt er die Rechte nach Bruno aus. »Mein Sohn Widukind, ich muß ihn noch einmal sehen. Wenn einer unser Volk vor dem Joch der Franken schützen kann, dann sollte er es sein. Er hat das Zeug, fortzusetzen, was ich begonnen habe.« Mit Blick auf den Froste spricht er weiter: »Mögen die Götter mir die Kraft geben, so lange auszuharren, bis er hier ist.« Erschöpfung und sicher auch Schmerzen gebieten dem Stammesfürsten zu schweigen.

Die Umstehenden ziehen sich vom Krankenlager zurück. Nur Hiltrud bleibt neben dem Herzog sitzen. Trotz der bleiernen Müdigkeit, die sie niederdrückt will die Frau warten bis endlich Edeltraud mit der Kräuter-Hedi ankommt. Der Gaugraf tritt mit dem Froste vor den Ein-

---

[11] Bezeichnung für die vier Stammesgruppen der Sachsen.
[12] Ein auch heute viel besuchter markanter Felsen beim Hohenstein.

gang der Grotte, gefolgt von den anderen Männern, die nicht durch Verletzungen behindert sind. »Ich werde dafür sorgen, daß dort oben ständig ein Feuer brennt.« Dabei zeigt der gebeugte Mann, der in diesem Gau für das Verhältnis der Menschen zur Götterwelt zuständig ist, auf die Plattform oberhalb des Eingangs. Bruno nickt und wendet sich dann den übrigen Männern zu. Auch aus den beiden Steinhäusern kommen jetzt die Männer, um zu hören, wie es weitergehen soll.

»Das Wichtigste zuerst. Wolpert, du sattelst eins der drei Pferde, die auf der Weide[13] hinter der Befestigung stehen und reitest los in Richtung Wigaldinghus. Bis zu dem Weiler Ottenstein wirst du heute noch kommen. Du kennst den dortigen Sattelmeier[14]; an ihn übergib die Stafette mit dem Siegelring und die Schärpe mit den Farben des Herzogs. Du bekommst sie, bevor du reitest. Der Meier Rybbe wird dafür sorgen, daß die Stafette weiterbefördert wird. Nachdem du dort den fehlenden Schlaf nachgeholt hast, reitest du bis Markloh. Dort wartest du auf Widukind. Überbringe ihm meine Grüße und begleite ihn bis hierher.« Mit einem freundschaftlichen Schlag auf die Schulter entläßt er seinen treuen Gefährten.

Es gibt noch vieles zu regeln, bevor Bruno die Fährte von Ravenas Entführern aufnehmen kann, wenn es den jetzigen Verfolgern nicht gelingt, sie zu befreien. Die Toten dieser Nacht der Gewalt müssen zusammengetragen werden, um sie in würdiger Weise für den Weg in die Welt des anderen Lebens vorzubereiten. Außerdem gilt es, die beim Überfall ausgerissen Pferde, wieder einzufangen, bevor sie in fremde Hände gelangen. Die Versorgung der Menschen in der Fluchtburg muß sichergestellt werden. Auch wird man sich Gewißheit über das Ausmaß des Schadens verschaffen, der an Häusern, Hütten und Befestigungsanlage entstanden ist. Die Dorfbewohner werden sicher noch einige Tage hier oben bleiben müssen, bis die Lage unten im Tal geklärt ist.

---

[13] Hinter der Burganlage zieht sich der Brunisbergrücken weiter bis zum Krekelberg, wo es einen Brunnen und Weiden für das Vieh gibt, für die Versorgung der Burg.
[14] Bauer, der dem jeweiligen Landesherrn lehnspflichtig ist und im Bedarfsfall Pferde zur Verfügung stellen muß.

KAPITEL III

in einsamer Reiter streift durch die Weite der von einigen bewaldeten Hügeln unterbrochenen Ebene des Lerigaues. Die frühherbstliche Landschaft ist in diesen Morgenstunden noch nebelverhangen. Für einen Unkundigen wäre es sicher schwer, seinen Weg hier zu finden durch dieses milchige Einerlei, wo kaum ein Baum oder Strauch als Wegmarke dienen kann und die Sicht keinen Steinwurf weit reicht. Nicht so dieser einsame Jüngling auf seinem prächtigen Schimmel. Mit traumwandlerischer Sicherheit prescht er jetzt zwischen Wacholderbüschen hindurch in eine leichte Senke. Mit gewaltigem Satz überspringt der feurige Hengst einen seichten Bach, um am anderen Ufer die Anhöhe zu erklimmen, die mit allerlei Buschwerk und einigen Eichen bewachsen ist. Durch das Gestampfe der Pferdehufe aufgeschreckt, schwirren mit lautem Getöse mehrere Rebhühner auf, um in dieser nebeligen Landschaft unterzutauchen. Am Rande einer Lichtung auf dem Hügel zügelt der junge Reiter sein Pferd.

Eine stille Wiese aus kniehohem Gras, welches die vergangene Sommersonne ausgedörrt hat, liegt vor ihm. Hier und da ragen dunkelgrüne Ginsterbüsche aus dem blassen Gelb des Grases hervor. Graue Schoten, mit denen die Büsche behangen sind, erinnern den Betrachter kaum an das leuchtende Gelb der Frühlingsblüten, aus denen sie sich für den Fortbestand ihrer Art entwickelt haben, und doch sind sie es, die den natürlichen Kreislauf erhalten.

Ja, Widukind erinnert sich angesichts dieser herbstlichen Natur, soweit sie der langsam aufsteigende Nebel freigibt, an den Frühling.

Widukind,»Waldkind«, so heißt der junge Mann, der in den Morgenstunden durch Wiesen und Auen seiner Heimat streift, mit seinem Pferd wie verwachsen. Waldkind, wer würde dem widersprechen, wenn er ihn hier in seiner Umgebung sieht?

In den bewaldeten Tiefen des Wiehengebirges, in einer einsamen Bergfeste erblickte er das Licht dieser Welt. Dann zog er mit seinen fürstlichen Eltern durch Wälder und Flure, von einer der Besitzungen zur anderen innerhalb des sächsischen Engernlandes. Dem Kindesalter ist er längst entwachsen, doch ein Kind seiner Heimat wird er immer bleiben, was auch geschehen mag. Dichte schulterlange Haarpracht, mit leichtem Rotschimmer, von einem Lederband zusammengehalten, umrahmt ein ausdrucksvolles bartloses Gesicht. Die dunkelbraunen Augen blicken jetzt etwas verträumt in den anbrechenden Tag. Seine Miene spiegelt Ausgeglichenheit und Zufriedenheit einer behüteten Jugend wider. Noch weiß er ja nicht, wie bald der Ernst des Lebens, mit all seiner Härte über ihn kommen wird. Ja, wüßte Widukind um die Geschehnisse im fernen Huxori, seine dunklen Augen würden jetzt im Feuer des Zornes glühen, und der weiche Schwung seiner Lippen wäre von Zorn gestrafft. Doch noch ist er seinen Herzensproblemen näher als den Pflichten und Sorgen, die ihm durch sein väterliches Erbe aufgebürdet werden.

Ein trockener Sommer liegt zwischen den berauschenden Frühlingstagen, als mit der schönen Geva aus dem fernen Norden die große Liebe zu ihm gekommen war. Doch die liebliche Frühlingsblume aus dem nordischen Jütland war zu Beginn des Sommers mit ihrem Vater Siegfried, der seinen Eltern einen Besuch abgestattet hatte, zurück in ihre nordische Heimat gereist. Sie haben sich das Versprechen gegenseitiger Liebe und Treue gegeben, und Widukind versprach der weinenden Geva, daß er, wenn der nächste Winter dem neuen Frühling gewichen ist, an den Hof ihres Vaters kommen wird. Sie werden dann am Sonnwendfest gemeinsam über das Feuer springen. Für ein gemeinsames Leben, bis ans Ende ihrer Tage, wird er seine Liebste dann mit zu sich in das Sachsenland nehmen.

Hier, auf dieser damals mit Blumen übersäten Wiese haben sie gelegen, sich geliebt, zuerst schüchtern und gehemmt, dann mit steigender Leidenschaft und nachdem das Liebespaar zur Erfüllung gelangt war, hatten sie einander mit liebevoll, staunendem Blick angeschaut, um danach selig ermattet dem Gezwitscher der Vögel zu lauschen. Konnten die beiden doch vorher nicht erahnen, welche Wonnen zwei Menschen sich gegenseitig schenken können, wenn bei so einer Vereinigung, die Gefühle übereinstimmen. Nun, wie alles in diesem Leben, so verging auch dieser Frühling der ersten Liebe. Nur die Erinnerung und die Gewißheit, daß auf Sommer und Winter ein hoffnungsvoller Lenz folgen wird, sind ihnen geblieben.

Als wolle es ihn in die Gegenwart zurückholen, scharrt sein Pferd mit den Vorderhufen und wiehert dabei verhalten. Widukind greift nach seinem über der Schulter hängenden Bogen und zieht einen Pfeil aus dem Köcher, doch nicht schnell genug für den Hasen, der jetzt aufgescheucht durch das taufrische Gras flitzt und verschwindet. Dem einsamen Jäger entlockt es ein Lächeln und Schulterzucken, als wolle er sagen, »dann genieße dein Leben und deine Freiheit noch eine Weile.« Er legt einen Pfeil auf die Sehne, drückt die Schenkel leicht an sein Pferd, um es ruhig zu halten, und stößt einen gellenden Pfiff aus. Plötzlich wird es lebendig auf der Lichtung. Drüben am Waldrand springen einige Rehe durch das Unterholz und mit lautem Geflatter, das Aufsteigen anderer Vögel übertönend, taucht ein Auerhahn aus dem nahen Buschwerk auf. Ehe der buntgefiederte große Vogel in den schützenden Nebel entschwinden kann, hat ihn der Pfeil des jungen Sachsen erreicht und seinen Flug für immer beendet. Mit federndem Schwung springt Widukind aus dem Sattel, um sich die Jagdbeute zu holen. Während er den Pfeil herauszieht und das schöne Tier dann zum Ausbluten hochhält, wobei die Flügel noch einige Male schlagen, fällt ihm das Lied ein, das er vor einiger Zeit am Lagerfeuer hörte:

> Deine balzende Stimme ist nun verstummt,
> ja, so schlägt sie jedem einmal, die letzte Stund.
> Nun mußtest du sterben, und bist noch so jung.
> Bist so halt früher in der Asen froher Rund.
> Wäre es aber am heutigen Tage nicht mein Pfeil,
> der dich so unverhofft jetzt in frohem Fluge ereilt,
> so könnte es sein, daß schon morgen vielleicht,
> der todbringende Fang eines Adlers dich erreicht.

Nachdem Widukind den Auerhahn an seinen Sattel befestigt hat, trabt er gemütlich über die Lichtung, dem eigentlichen Ziel seines morgendlichen Ausfluges entgegen.

Eine kleine ärmliche Hütte duckt sich unter zwei mächtigen Eichen, deren oberes Geäst jetzt noch im Morgennebel verschwindet. Ein leichter Wind fährt durch die Wipfel und spielt mit den herbstlich verfärbten Blättern, die im stetigen Reigen tanzend, den Boden erreichen, um in Erwartung des nahenden Winters schützend die Erde bedecken, in der die Keime der Gräser und Blumen den nächsten Frühling erwarten.

Widukind steigt vom Pferd, verhängt die Zügel auf dem Sattel und schlägt dem treuen Fiolo auf die Hinterhand. Der nimmt dies als Aufforderung an, sich zwischen den Bäumen am Waldrand sein Frühstück zu suchen. Der junge Reiter geht auf die Hütte zu. Doch bevor er hineingeht, läßt er dieses Bild des Friedens auf sich einwirken. Hier am Rande einer weiten, mit Bäumen und Sträuchern bewachsenen Hügellandschaft, wo sich der Nebel weitgehendst gelichtet hat und dem ersten fahlen Sonnenschein Platz macht, reicht der Blick weit in Richtung der Morgensonne hinaus über die Flußauen der Hunte.

Nach einem heißen und trockenen Sommer hat es in den letzten Wochen starke Regenfälle gegeben. Der sonst recht kleine Fluß hat das Delta hier in der Umgebung von Wigaldinghus in eine Seenlandschaft verwandelt, aus der, gleich kleinen Inseln, viele Hügel und einzelne vom Wasser umspülte Bäume herausragen.

Als sei sie ringsum vom Wasser eingeschlossen, sieht Widukind von seinem Standort in Richtung der Mittagssonne auf einer Anhöhe eine kleine Ansiedlung liegen. Hier erlebte er die Jahre seiner Jugend, und sicher erst im Abstand der kommenden Jahre wird er ermessen können, wie sorgenlos und schön sie gewesen sind.

Sein Vater vererbte ihm die Liebe zu diesem Land, von den weiten Ebenen der Küstenländer bis zu den bewaldeten Höhenzügen der Mittelgebirge. Im Laufe seines erst achtzehn Lenze währenden Lebens hat er auf etlichen Reisen Land und Leute seiner Heimat kennengelernt und die Probleme, mit welchen sein Vater wie auch die Oberhäupter der anderen Gaue zu tun haben, sind ihm schon vertraut.

Doch wie der künftige Herr über den hiesigen Lerigau, dort lässig an eine dicke Eiche gelehnt, mit entspannter Miene über das weite Land blickt, das der Nebel jetzt allmählich freigibt, zeugt nichts an ihm von Sorgen oder Problemen. Sein blaßgrünes Wams, das ihm bis zum halben Oberschenkel reicht, ist am Kragen mit Streifen eines Steinmarderfelles abgesetzt. Es wird durch einen breiten Ledergürtel, in dem ein kurzes Messer mit Hirschhorngriff steckt, zusammengehalten. Die engen Leinenhosen sind von den Knien bis zu den aus Schweinsleder gearbeiteten Schuhen mit Lederschnüren umwickelt. Seine Gestalt ist nicht groß, jedoch die durchtrainierte Kraft seines Körpers bleibt unübersehbar.

Als wäre diese primitive Hütte, deren riedgedecktes Spitzdach bis zur Erde reicht, sein Zuhause, hängt er den mitgebrachten Auerhahn an einen Holzpflock, der aus der steinernen Giebelwand herausragt. Dann ergreift der junge Mann einen hölzernen Eimer, dessen Scheite mit Weidenholzreifen zusammengefaßt sind, und geht hinunter zu dem kleinen Bach, welcher dort der Hunte zufließt. Dreimal macht er diesen Weg, bis die Steinmulde unter einer der Eichen, die die Behausung einrahmen, mit Wasser gefüllt ist.

»Heh, alter Mann, es ist an der Zeit«, ruft er und schlägt dabei gegen die Hüttentür. Eine altersschwache Stimme antwortet aus dem Inneren, worauf Widukind sich der Feuerstelle zuwendet, die in der Nähe des Eingangs aus einigen Findlingen geschaffen wurde und von mehreren Baumstümpfe, die als Sitzplätze dienen, umgeben ist. Mit Erfahrung und Geschick gelingt es ihm, die unter der Asche glimmende Holzkohle, welche vom gestrigen Feuer übriggeblieben ist und sorgfältig abgedeckt war, neu zu entfachen, um das Wasser in dem Kessel, der an einem Gestell über dem Feuer hängt, zu erwärmen.

Mit knarrendem Geräusch öffnet sich jetzt die Tür der Hütte. In einem beigefarbenen Leinenhemd, das lose um den mageren Körper hängt, tritt ein alter Mann ins Freie. Schwer stützt sich dieser mit der Rechten auf einen Stock, während er in der Linken einen Umhang aus grob gestrickter Wolle hält. »Sicher würde ich die halbe Zeit meines noch verbleibenden Lebens verschlafen, wenn es dich nicht geben würde. Ich grüße dich, mein junger Freund.« Ein schelmisches Grinsen liegt bei diesen Worten auf dem faltenreichen Antlitz des alten Wolfram. Das ist der Name des Bewohners dieser einsamen Behausung.

Wie viele Jahre voller Entbehrungen und Lebenserfahrungen, die diese Schultern niedergedrückt und das früher sicher dunkle Haar haben schneeweiß werden lassen, kann man nur erahnen. Und doch vermag er eine heitere Atmosphäre um sich zu verbreiten, wie Widukind schon oft erleben konnte. Sicher ist das auch einer der Gründe, weshalb der junge Mann so gern und oft die Nähe dieses Greises sucht. »Sei gegrüßt und verzeih, wenn ich deinen Schlaf gestört haben sollte, aber die Augen kannst du noch lange genug schließen. Vorher solltest du mir noch einiges von deiner Weisheit mit auf den Weg geben.« Diese etwas respektlose Begrüßung entspricht durchaus dem freundschaftlichen Verhältnis zwischen den beiden ungleichen Männern. Es zeugt von der Selbstverständlichkeit, mit welcher der Tod als unvermeidliche Tatsache zwischen ihnen steht.

»Du wirst deinen Wissensdurst unterdrücken müssen, bis ich mich etwas gepflegt habe. Auch in meinem Greisenalter ist man seinem Körper etwas schuldig.« Mit diesen Worten geht Wolfram zu dem mit Wasser gefüllten Trog, um sich der morgendlichen Körperpflege hinzugeben.

Derweil macht sich Widukind daran, das Frühstück vorzubereiten. Nachdem er einen Weidenkorb mit verschiedenen Kräutern, ein Stück schwarzgeräuchertes Fleisch und eine Keramikschale mit Griebenschmalz aus der Hütte geholt hat, pfeift er nach seinem Pferd, das am Waldrand nach dem letzten saftigen Grünfutter sucht. Schon nach dem ersten Pfiff trabt Fiolo auf seinen Herrn zu. Der klopft ihm anerkennend den Hals und befreit den friedvoll schnaubenden von der Last des Sattels. Während das Roß nun Kopf und Mähne schüttelt, holt Widukind aus der Satteltasche ein Fladenbrot, von der Größe, daß es für zwei hungrige Männer ausreicht. »Die Mutter hat immer Angst, ich müßte Hunger leiden«, sagt er mit knabenhaftem Lächeln und bricht den Brotlaib in mehrere Stücke.

Wolfram hat inzwischen sein Hemd wieder übergestreift und den großen Umhang über die Schultern geworfen, der ihn wie ein Mantel einhüllt. Unter geräuschvollem Räuspern, hockt der Alte Mann sich ans Feuer, nimmt den Kräuterkorb zur Hand und zupft Blätter sowie Blüten von den verschiedenen Gewächsen, die er auf seinen Wanderungen durch Wiesen und Wälder gesammelt hat. Er gibt diese in den Kessel, dessen Wasser inzwischen vom Feuer zum Sieden gebracht wurde.

Widukind hat inzwischen sein Messer zur Hand genommen und schneidet das Fleisch in mundgerechte Stücke. »Bist du sicher, mein Alter, daß dein Tee, wenn er auch keinen Fußpilz verursacht, nicht sonst welche Auswirkungen auf unsere Gesundheit hat«, fragt der junge Mann mit schiefem Grinsen. »Nun, du Milchgesicht solltest vielleicht deine Getränke aus den Eutern unserer Ziegen oder Kühe nehmen. Aber sei beruhigt, ich kann die Winter nicht mehr zählen, in denen ich mich mit meinem eigenen Gebräu innerlich gewärmt habe. Also sollte es dir auch nicht schaden.«

Nach dieser lakonischen Antwort laben sich beide an dem deftigen Frühstück, um für den kommenden Tag gestärkt zu sein. Nachdem der letzte Bissen mit dem heißen Tee hinuntergespült ist, erhebt sich der junge Sachse, »ich will dir den Auerhahn fertigmachen, damit du ihn am Spieß braten kannst, doch laß uns dabei reden. Gestern sprachen wir über den Gott der Franken, und ich habe oft darüber nachgedacht, warum sollen wir einen Gott verehren, dessen Sohn von Menschen getötet wurde? Es kann doch kein starker Gott sein, der dies nicht verhindern konnte.«

Wolfram schiebt die Asche im Feuer sorgfältig zusammen und legt ein paar Holzscheite nach. Weiß er doch zu gut, wie mühsam es ist, ein neues Feuer zu entfachen, wenn es ganz erloschen ist. Deshalb wird die Glut stets sorgfältig abgedeckt, wenn man die Hitze wieder zum Kochen, Braten oder auch um sich zu erwärmen, braucht. Etwas mühsam richtet er sich dann auf, um auf der Bank an der Stirnseite des kleinen Hauses Platz zu nehmen und Widukind beim Rupfen seiner Jagdbeute zuzusehen. Das schöne Federkleid des großen Vogels wird sorgfältig in einen Leinenbeutel verstaut. Man hat eben für alles Verwendung. »Für dein Jagdgeschenk wie auch für deine Fürsorge hab Dank. Ich muß es einmal sagen, du bist einer der wenigen Lichtblicke in den trüben Tagen meines Alters.« Aus diesen Worten des alten Mannes spricht die tiefe Zuneigung dem jungen Recken gegenüber, der ihm schon viele Stunden seines jungen Lebens gewidmet hat. Sei es auch, um von der Weisheit und Lebenserfahrung des Älteren zu profitieren, so war doch die Achtung des Fürstensohnes ihm gegenüber nicht zu übersehen.

»Doch nun zu deiner Frage nach dem Gott, den uns die Franken aufzwingen wollen«, fährt Wolfram fort. »Nicht nur die Franken, fast alle Völker des früher so großen und mächtigen römischen Reiches verehren diesen Gott, da muß es schon etwas ganz Besonderes geben, von dem die Menschen angezogen werden. Wie du weißt, bin ich während und nach meiner fränkischen Gefangenschaft weit im Lande der Franken herumgekommen. Jenseits des großen Gebirges, auf dem selbst in den Monden des Sommers noch Schnee liegt, habe ich Bauwerke aus Stein gesehen, von denen du dir keine Vorstellung machen kannst. Die größten und schönsten sind zu Ehren dieses Gottes gebaut worden.«

»Ich habe davon gehört«, unterbricht ihn Widukind, »auch in den fränkischen Gauen am Rhein werden solche Prunkstätten errichtet. Sklaven und Kriegsgefangene, darunter auch Sachsen, müssen Frondienste verrichten, und viele kommen dabei zu Tode.« »Du irrst«, versucht der alte Mann richtigzustellen, »bei den Christen gibt es keine Sklaven mehr. Ihre Priester sagen, alle Menschen seien gleich.« Das schelmische Grinsen, mit welchem er seine Worte begleitet, zeigt deutlich, was er selbst von dieser Aussage hält.

»Na ja«, geht Widukind darauf ein, »man kann vieles anders ausdrücken, vieles in andere Kleider stecken und doch bleibt es, nüchtern betrachtet, das gleiche. Die Christen sprechen von der Liebe ihres Gottes zu den Menschen und von der Achtung, mit der sich die Menschen untereinander begegnen sollen. Und doch werden Menschen, die im Herrschaftsbereich christlicher Fürsten leben, schwer bestraft, ja sogar getötet, wenn sie nicht die Lebensweise der Christen annehmen. Ihre Priester drohen uns ewige Verdammnis an, wenn wir zulassen, daß zu Ehren Wotans[15] Leben ausgelöscht wird. Sage mir, ist es etwas anderes, wenn Christen einen Heiden zu Ehren ihres Gottes erschlagen, nur weil dieser an den Glauben seiner Väter festhalten will?«

»Dein junges Herz ist voll Bitterkeit, wenn du dich in dieses Thema hineinsteigerst.« Besänftigend legt Wolfram eine Hand auf die Schulter des erregten Jünglings und fährt fort. »Laß mich dir sagen, vieles, was anfangs gut gemeint war, was ursprünglich einer guten Sache dienen sollte und wohl auch konnte, wurde von der Habgier und Herrschsucht der Menschen so verändert, ja, zurechtgestutzt, daß es den Mächtigen zur Befriedigung ihrer irdischen Begierden und Wünsche dient. Ähnliche Beispiele findest du ja auch in den Geschichten aus unserer Götterwelt. Ich bin weit davon entfernt, unseren Göttern den Rücken zu kehren. Nach wie vor hoffe ich, daß das, was nach meinem Tode mein Ich ausmacht, von den Asen aus dem Tal der Schatten in das Licht der Walhalla getragen wird. In der langen Zeit meines bewegten Lebens habe ich festgestellt, daß es überall schmackhafte und bekömmliche Früchte gibt, aber ebenso auch saure und ungenießbare. Ja, ich habe viele Menschen kennengelernt, denen ich von Herzen wünsche, sie kämen, wenn ihr Weg hier auf Erden beendet ist, in ihren Himmel oder

---

[15] Menschen wurden bei den Sachsen nur dem höchsten Gott geopfert, nämlich Wotan (Odin ist der nordische Name).

meinetwegen auch in unsere Walhalla.« Wolfram atmet tief durch und blickt dabei in die Ferne, als könne er so Vergangenes in sein Gedächtnis zurück holen.

»Ein alter Priester der Christen, den ich in Wormatia kennenlernte, sprach einmal voll Zorn über die Veränderungen, welche die Lehre dieses Glaubens erfahren hat. Er sprach vor einem kleinen Kreis von Zuhörern davon, daß der höchste Priester der Christen, den sie Papst nennen, im fernen Rom gezwungen wäre, sich mit den weltlichen Fürsten zu arrangieren. Dies ginge oft auf Kosten der priesterlichen Sendung. Viele hohen Priester der christlichen Kirche würden gar die Würde ihres Amtes mit Füßen treten, um es den weltlichen Fürsten gleich zu tun. Diese aber verbänden mit der gewaltsamen Verbreitung des Christentums gleichzeitig auch den Bereich ihrer persönlichen Macht. Oft sogar wären die eigenen Interessen wichtiger als die des Glaubens. Er sprach von dem Sohn Gottes, eben dem, der sich für das Heil der Menschheit geopfert haben soll. Er habe gesagt, gebt dem Kaiser was des Kaisers ist und Gott was Gottes ist. Dieser Freund der Armen, wie ihn jener Mann nannte, habe gewiß nicht gewollt, daß seine Glaubenslehre mit Feuer und Schwert verbreitet würde.«

Widukind, der seine Jagdbeute inzwischen zum Braten vorbereitet hat, wäscht seine Hände und sagt dann mit ironischer Miene, »Was mögen die Franken wohl mit den Rindern und Pferden[16] tun, die wir Sachsen ihnen als Tribut für unsere Eigenständigkeit von fränkischen Gnaden, jährlich zahlen müssen. Bereichern sich daran nur die Fürsten oder lassen sie ihren Gott davon auch etwas zukommen, dafür, daß wir bis auf weiteres unseren Göttern dienen dürfen?«

»Nun, wie auch immer«, bringt Wolfram seine Erinnerungen an den fränkischen Priester zu Ende, »von dem Tage an habe ich den Mann nicht mehr gesehen. Man munkelte darüber, er sei in ein Kloster eingesperrt worden, wo er mit seinen Reden niemandem unbequem werden konnte. In vielem stehen wir den Völkern sicher nach, welche

---

[16] Die Sachsen zahlen als Tribut seit 748 fünfhundert Rinder, seit 758 dreihundert Pferde dazu.

schon vor vielen Menschenaltern die Kultur der alten Römer übernommen haben und dann später Christen geworden sind.«

»Sie nennen uns Barbaren«, wirft Widukind ein, »doch wir werfen unsere Feinde nicht den Löwen zum Fraß vor, noch erniedrigen wir die von uns Besiegten. Zwar kommt es vor, daß in bestimmten Situationen ein Gefangener auf dem Altar Wotans geopfert wird, doch das geschieht durchweg, um noch mehr Blutvergießen zu verhindern.«

Wolfram nickt bedächtig: »Ja, es wurde früher und es wird auch heute noch viel Blut vergossen. Oft fragt man nach dem Sinn vergebens. Der Mächtige tötet oder läßt töten, um seine Macht zu erhalten oder sie zu mehren. Der Schwache bringt seinesgleichen um, weil er sich seiner Haut erwehren muß oder nicht etwa in der Not vor Hunger sterbe. Ein jeder aber sieht sein Handeln als das Richtige an. Selbst die Ehre seines Gottes hat oft als Entschuldigung für Mord ein starkes Gewicht. Doch du hast recht, wir Sachsen haben eine noblere Art mit unseren besiegten Feinden umzugehen. Wir zwingen niemandem unseren Glauben und unsere Lebensweise auf. Für uns ist die Welt der Götter und alles, was damit zusammenhängt, unser Besitz; in jedem Wald, jeder Wiese und allen Gewässern unserer Heimat spüren wir den Odem einer Gottheit.« Eine Pause, ein leichtes Schulterzucken, dann fährt er fort: »Nun ja, der eine mehr der andere weniger, doch dieses Gefühl der Nähe mit dem, was wir verehren, können wir nicht mit jemanden teilen, dem dies nichts bedeutet.«

Wolfram erinnert sich des Versprechens, welches er seinem Freund und langjährigen Waffengefährten gegeben hat: Den Erben des Engernfürsten auf seine Aufgabe vorzubereiten, ihn mit der Geschichte seines Volkes vertraut zu machen, wie er es an vielen Tagen zuvor schon getan hat. Doch oft schon waren ihm die eigenen Zweifel, an dem was falsch und was richtig war, zum Stolperstein geworden. Ruhig und besonnen spricht er weiter: »Als unsere Vorfahren dieses Land für sich in Besitz nahmen, stellten sie den damals hier lebenden Volksstämmen der Langobarden, Brukterer, Cherusker, Catten und Chauken frei, sich eine neue Heimat zu suchen oder die Herrschaft der Sachsen anzuerkennen und hier mit ihnen gemeinsam zu leben. Wie du weißt, sind viele von den Liten, die aus diesen besiegten Stämmen hervorgegangen sind, deren Sippen früher die alleinigen Besitzer dieses Landes waren, wieder freie Menschen geworden, die das Land bebauen oder sonstwie durch ihrer Hände Arbeit ihr Leben bestreiten.«

Jäh unterbricht der dumpfe Ton eines Hornes die Unterhaltung. Vom Gehöft an der anderen Seite der Hunte schallt es herüber in verschiedenen Abständen. An der Art der Tonfolge erkennt Widukind, daß er in dringender Angelegenheit zum Hof gerufen wird. In kürzester Zeit hat er sein Pferd gesattelt, grüßend hebt er aus dem Sattel heraus seine Hand: »Lebewohl mein Alter, auf bald!« Dann prescht er durch das aufstiebende Wasser der überschwemmten Flußwiesen auf sein Elternhaus zu.

Frieden und Behaglichkeit strahlt diese kleine Ansiedlung aus, die hier auf einer leichten Anhöhe in der Nähe der Hunte gebaut ist. Vor dem Hochwasser des kleinen Flüßchens ist man hier sicher, und da hier im Herzen des Sachsenlandes sobald keine kriegerischen Auseinandersetzungen zu erwarten sind, kann man auf irgendwelche Wehranlagen verzichten.

Den Mittelpunkt dieses Weilers bildet ein Hallenhaus von beachtlichen Ausmaßen. Die Länge dürfte hundertdreißig Fuß betragen, während die Breite etwa dreißig Fuß erreicht. Ein mächtiger Eichenstamm dient als Hauptpfosten in der Mitte der beiden Giebelseiten. Das obere Ende dieses Baumes ist so geschnitten, daß die Gabelung vom Stamm und einem starken Ast nach oben eine Mulde bildet, wo der Firstbalken eingelegt ist, der den oberen Halt für das Rieddach bildet. Der wuchtige Sockel ist bis in vier Fuß Höhe aus Steinen gefügt. Darüber hinaus bestehen die Wände aus Holzbohlen, deren Abstände mit Lehmmörtel ausgefüllt sind. An einigen Stellen ist das Mauerwerk von Weidengeflechtgittern unterbrochen, um die Frischluftzufuhr im Inneren zu gewährleisten. An beiden Längsseiten ragen die Sparren aus dem Dach hervor und reichen zum Teil bis zur Erde hinunter. An der dem Hofinneren zugewandten Seite ist ein Erker ausgebaut, dort befindet sich der Eingang zum Wohntrakt des Hauses. An den Pfosten dieses Ausbaues rankt Efeu bis über das Dach hinaus, und die Blumenbeete, welche die ganze Länge des Hauses einrahmen, bezeugen den Schönheitssinn der Hausherrin. Von der Blütenpracht des Sommers sind jetzt allerdings nur noch einzelne späte Rosenblüten übriggeblieben.

Im ungleichmäßigen Halbkreis, an dessen offene Seite sich eben dieses Hallenhaus befindet, das mit der Rückseite dem Fluß zugewandt ist, sind etliche kleinere Häuser angeordnet. Es gibt dort ein Backhaus mit dem steinernen Ofen, aus dessen sich nach oben verjüngenden Kamin auch jetzt heller Rauch aufsteigt. Einige Grubenhäuser dienen zur Lagerung von Feldfrüchten. In einem anderen wird aus Schafwolle Garn gesponnen, das man dort auch auf einem Webstuhl zu Kleidern verarbeitet.

Die beiden Speicher, die dem Haupthaus am nächsten stehen, sind jetzt zu Beginn der kalten Jahreszeit bis oben hin mit Vorräten gefüllt. Zwischen diesen Häusern und auch außerhalb des Halbkreises, verstreut zwischen Hügeln und Baumgruppen, sieht man kleinere Hütten verschiedener Bauart. Einige haben Spitzdächer, die bis auf den Boden reichen, bei anderen sieht man abgeflachte Dächer. Die Wände bestehen teils aus groben Steinen, teils aus Holz und Lehm.

Dem Fluß am nächsten steht ein größerer Bau, der als Schmiede und Handwerkshaus dient. Daran ist der unverkennbare Schmelzofen angegliedert, wo neben eisernen Flugscharen sicher auch der Stahl für manches Sachsenschwert geschmiedet wurde.

Die sonst so anheimelnde Stimmung dieses Ortes scheint plötzlich gestört worden zu sein. Am Brunnen, der in unmittelbarer Nähe des Eingangs zum Hallenhaus, an dem gemauerten Steinring mit der Holzabdeckung zu erkennen ist, steht ein abgehetztes Pferd. Der Reiter, staub- und schweißverschmutzt, ist gerade dabei, das Tier zu tränken.

Eine Frau in hellem Leinenkleid, das mit blauen Streifen abgesetzt ist, einen Hermelinkragen hat und bis zu den Füßen reicht, kommt aus dem Haus. Etwas Hoheitsvolles, Stolzes liegt in der Haltung dieser Frau mit den hochgesteckten Haaren, die sie erhobenen Hauptes wie eine Krone trägt. Sie hält einen Korb mit Brot und Fleisch in der einen und einen Becher mit Honigwein in der anderen Hand. »Du bringst zwar schlechte Nachricht, doch möge dir Speis' und Trank wohl bekommen.« Dann schaut sie hinüber zur Schmiede, wo der Hornbläser inzwischen verstummt ist. »Er kommt!«, ruft dieser der Frau und den anderen Menschen zu, die ihre Arbeit unterbrochen haben, um an dem teilzuhaben, was sich hier am Haus der Herrschaften abspielt.

Auch hier, wie so oft im Zusammenleben mehrerer Volksschichten, zeigt sich der Klassenunterschied. Einige der Bewohner, nämlich die »Freien« und »Halbfreien« begeben sich in die unmittelbare Nähe des Hallenhauses, dorthin, wo die Frau, ganz offensichtlich die Herrin, steht. Andere, eben die »Liten«, also die »Unfreien«, bleiben in respektvoller Entfernung stehen.

Jetzt kann man auch vom Haus her den Reiter erkennen, der gerade die Furt durch die Hunte passiert. Wegen des Hochwassers ist dies mit Schwierigkeiten verbunden, doch für den guten Reiter gibt es da kaum ein Problem.

Mit starrem Blick sieht Kunhilde, die Herrin von Wigaldinghus, ihrem Sohn entgegen. Ihre Augen haben die grünblaue Farbe des Meeres, an dem sie geboren wurde. Wenngleich die schwarzen Haare, jetzt mit silbernen Strähnen durchzogen, und der dunkle Teint ihr eher eine südländische Prägung verleihen, kann sie ihr nordisches Blut nicht leugnen. Trotz der fast dreißig Sommer und Winter währenden Lebensgemeinschaft mit dem Sachsenfürsten Warnekin, die ihr Leben geprägt hat, ist ihr doch noch heute die kühle Reserviertheit zu eigen geblieben, wie sie für die Menschen ihrer Heimatinsel Rügen typisch ist.

Unmittelbar vor seiner Mutter pariert Widukind das Pferd durch und springt aus dem Sattel. Kunhilde zeigt auf den verstaubten Reiter, der hastig seinen letzten Bissen herunterschluckt und sich leicht in Richtung des Ankommenden verbeugt. Schweigend, mit verkniffener Miene hört Widukind den Bericht des Boten, der seinen Text ja auch nur von seinem Vorreiter in der Staffel übernommen hat und somit über Einzelheiten nicht informiert ist. Dem Lederbeutel, den der Staffelreiter ihm übergibt, entnimmt der Fürstensohn den Ring seines Vaters; schon oft hat er diesen silbergefaßten Bernstein mit der Gravur an der Hand seines Vaters bewundert. Er preßt die Faust um das Schmuckstück.

»Haben wir nur die Wahl, Christen zu werden oder mit dem Glauben an unsere alten Götter zu sterben?« Tiefe Verbitterung liegt in dieser Frage, doch seine Mutter bleibt ihm die Antwort schuldig. Besänftigend legt Kunhilde die Rechte auf die Schulter ihres Sohnes. Eine Geste, über die sich Widukind bei anderer Gelegenheit sicher gefreut hätte, da solcherlei Gefühlsäußerungen bei ihr äußerst selten sind.

»Reite, sobald du kannst, ich hoffe du triffst deinen Vater noch lebend an, aber vor allem, bringe mir Ravena gesund zurück.«

Irritiert von der Nüchternheit ihrer Worte, was das Schicksal ihres Lebensgefährten anbetrifft, schaut der junge Mann seine Mutter an. Er war immer der Meinung, seine Eltern wären einander in Liebe zugetan. An nennenswerten Zwistigkeiten innerhalb der häuslichen Gemeinschaft kann sich Widukind nicht erinnern. Als habe sie die Gedanken Widukinds erraten, sagt sie, »für diese Reise sagten die Nornen[17] nichts Gutes voraus, doch dein Vater wollte sich nicht abraten lassen. Ich frage mich, was für ihn der wichtigere Grund seiner Reise war, die germanischen Heiligtümer, oder der Besuch in Huxuri.« Leise, als würde sie es zu sich selber sagen, spricht sie weiter: »Nun stirbt er in den Armen dieser Frau, wenn er es auch wollte, er hat sie nie vergessen.«

Den Sinn dieser Worte hätte Widukind gerne erfahren, jedoch er sieht ein, daß jetzt nicht die Zeit ist, diesbezügliche Fragen zu stellen. Entschlossen wendet sich der junge Edling nun zwei Männern zu, die in der Nähe des Brunnens stehen, als würden sie seiner Befehle harren. Es sind Gerald und Dingolf, seine stetigen Begleiter auf längeren Reisen, die ihm sein Vater als Knappen zugeteilt hat. Beide, etwas älter als er selbst, sind vom Stand her Halbfreie, ihre Sippen gehörten früher dem Stamm der Chauken an. Doch die Zeit hat vorhandene Unterschiede allmählich durch friedliches Zusammenleben verwischt. In

---

[17] Nach germanischem Glaubensverständnis bestimmen sie das Schicksal.

vielen Fällen sind aus Unfreien, Halbfreie oder auch Freie, ja, mit den Sachsen Gleichgestellte, geworden.

Der junge Widukind hat schon früh gelernt, einen Menschen nicht nach seinem Stand innerhalb der bestehenden Gesellschaft zu beurteilen, sondern nach seinen menschlichen Qualitäten und Fähigkeiten. Dementsprechend ist auch das Verhältnis zu seinen Knappen. »Ihr habt gehört, worum es geht, wir nehmen jeder ein Ersatzpferd mit und wollen sehen, daß wir heute noch bis zum Scholenbauer kommen.«

In aller Eile trifft Widukind seine Reisevorbereitungen, und Kunhilde packt einen Proviantbeutel. Dann stehen beide voreinander, um Abschied zu nehmen. Er möchte seine Mutter in die Arme nehmen, ihr liebe tröstende Worte sagen, aber er blickt in Augen wie aus Gletscher-eis, und ihre Haltung ist kühl und unnahbar. Sie reicht ihm die Hand, auch die ist kalt als pulsiere kein Blut mehr in ihr. »Mit deines Vaters Tod kommen auf dich Tatsachen zu, von denen du bisher nichts geahnt hast. Ich hoffe, du bist stark genug, damit fertig zu werden. Doch frag' mich nicht, noch ist es nicht an der Zeit, darüber zu reden. Wenn es noch möglich ist, dann überbringe deinem Vater meine Grüße und sage ihm, daß ich ihn trotz allem liebe.« Endlich zeigt sie doch etwas von ihren Gefühlen, denn in ihren Augen schimmert es jetzt feucht, und eine unendliche Traurigkeit liegt in ihrer Miene. Als wolle sie etwas fortwischen, fährt sie mit der Hand über die Stirn, dann schaut sie ihren Sohn an und spricht weiter: »Die Götter gaben mir einen Mann an die Seite, der dank seiner Tapferkeit und seiner Führungsqualitäten zum Kriegsherzog der Engern-Sachsen wurde. Ich war oft stolz auf ihn, doch ich weiß auch, daß er viele Feinde hat. Wenn ich auch immer damit rechnen mußte, daß Saxnot seine Hand von ihm ziehen und irgendein Feindesschwert ihn niederstrecken würde, so trifft es mich doch schwer, ihn zu verlieren. Wie tief mich die Umstände seines Todes jetzt treffen, wirst du erst ermessen können, wenn nach Warnekins Tod für dich ein Geheimnis gelüftet wird.«

»Mutter, du sprichst immer nur von seinem Tod. »Widukind faßt seine Mutter an beiden Schultern und sagt, »flehe zu den Göttern, damit ich ihn lebend hierher bringe, auf daß du ihn gesundpflegen kannst.« »Ich weiß, daß ich ihn nicht wiedersehe.« Mit resignierter Gebärde, aus der tiefe Hoffnungslosigkeit spricht, sagt Kunhilde diese Worte, und Widukind spürt ein Frösteln, und das starke Gefühl der Zuneigung zwingt ihn, seine Mutter in die Arme zu schließen. »Sollte es denn sein, so hast du immer noch mich.« »Ja, Dank sei den Göttern, daß es dich gibt, doch nun mußt du reiten.« Ihre Stimme ist jetzt ganz weich und der Blick, mit dem sie ihren Sohn entläßt, strahlt voll Wärme. In diesem Moment gibt sie ihm mehr, als in den bisherigen Jahren seiner Jugend, wo er sich oft statt reservierter Fürsorge offene Zuneigung und Liebe gewünscht hätte.

Lange noch klingt der Abschied von seiner Mutter in ihm nach. Im Augenblick der Trennung, mit dem Schmerz um ihren Lebensgefährten im Herzen, ist der Panzer aus Eis zerbrochen, in den sie sich geflüchtet hatte. Gern wüßte er, mit welch schwerwiegendem Geheimnis sie leben muß, welcher Zwiespalt der Gefühle in ihrem Inneren tobt? Widukind kann sich keines offenen Streites zwischen seinen Eltern erinnern. Sein Vater, der innerhalb des Largaues, in dem er den Rang eines Häuptlings bekleidet, ist seiner Frau immer mit freundlicher Manier begegnet.

Seit Warnekin nach dem Gewalttod seines Bruders Edelhard auf dem Allthing in Markloh vor etlichen Sommern zum Herzog in Engern gewählt wurde, war dieser natürlich sehr oft fern von Wigaldinghus; denn dieser Titel erfordert von ihm, überall zu sein, wo es im weiten Land zu kriegerischen Auseinandersetzungen kommt, und das ist leider immer wieder der Fall. Wenn es an den südlichen Grenzen nicht die Franken waren, so gab es in jüngster Vergangenheit auch des öfteren Streitigkeiten zwischen sächsischen Adligen, welche mit den Franken paktierten, und eigenen Leuten, die sich dem Joch der Frankenfreunde widersetzten. Bisweilen gab es Reibereien mit den Friesen, und im Südosten sorgten die Sorben dann und wann für Unruhe.

So fungiert Kunhilde während der Abwesenheit ihres Gatten als Herrin in Wigaldinghus. Sie war ihm und seiner jüngeren Schwester Ravena immer eine gute Mutter gewesen, trotz ihrer vielfältigen Aufgaben außerhalb der Familie. Doch eine freie, offene Herzlichkeit oder gar Ausgelassenheit, wie er sie bei anderen Müttern und deren Kindern beobachtet hatte, nein, die gab es bei ihr nie. Daß es jedoch für ihre Herzenskälte triftige Gründe geben könnte, der Gedanke ist ihm bisher nicht gekommen. Wenn es nun so schlecht um seines Vaters Gesundheit steht, dann kann Widukind nur hoffen, ihn noch lebend anzutreffen. Jeder, der ihn kennt, weiß, daß Warnekin ein verantwortungsbewußter Mann ist. Wenn es ihm möglich ist, wird er also vor seinem Tode für klare Verhältnisse sorgen und etwa bestehende Ärgernisse beseitigen. Ein Grund mehr für die drei Reisenden, so schnell wie möglich ans Ziel zu kommen.

KAPITEL IV

ie Erhebung am kleinen Fluß mit dem Weiler, der sich Wigaldinghus nennt, liegt nun schon weit hinter den Reitern, von denen jeder ein Ersatzpferd an der Leine führt. Sie reiten den Weg gen Mittag, der ihnen von der alljährlichen Frühjahrsreise zum Allthing[18] nach Markloh vertraut ist.

Vorbei an einsam gelegenen Gehöften und kleinen Ansiedlungen führt der Weg durch Buschlandschaften, die vereinzelt von hochstämmigen Laub - und Nadelwäldern unterbrochen sind. Vom Fleiß und von der Bodenständigkeit der Bewohner zeugen die Felder, die im Einzugsbereich der Wohnstätten angelegt sind. Jetzt allerdings, nachdem sie die Früchte des Sommers eingebracht haben, wachsen nur auf einzelnen Äckern noch Futterrüben fürs Rindvieh, das nun bald die freien Weiden mit mehr oder weniger saftigem Gras gegen den engen Stall mit eingeteilten Futterrationen eintauschen muß.

Die blasse Herbstsonne, die sich an diesem Tage mit mehreren leichten Regenschauern abgewechselt hat, ist inzwischen hinter einer dunklen Wolkenbank am fernen Horizont verschwunden. Das Landschaftsbild hat sich in ein Feuchtgebiet mit weiten morastigen Schilfflächen und einzelnen, jetzt matt schimmernden, Seen gewandelt. Von dem Geklapper der Pferdehufe aufgeschreckt, flattert ein Schwarm

---

[18] Versammlung aller Stämme und Stände (Abordnungen), oberstes Usemium.

Wildenten auf, und an anderer Stelle wird ein Fischreiher bei seiner Mahlzeit gestört, der sich deshalb mit ruhigem, weitem Flügelschlag in den diesigen Abendhimmel erhebt. Der Weg ist hier zum Teil mit Baumstämmen und zusammengetragenen Feldsteinen befestigt, da er sonst an niederschlagsreichen Tagen vollkommen unpassierbar wäre. Vom Vogelreichtum dieser Gegend zeugen die vielen Nester, von denen fast jeder Baum wenigstens eines beherbergt. Der heisere Schrei eines Bussards irgendwo über ihnen und all die vielen Vögel, welche noch am Abendhimmel ihre Kreise ziehen, zeigen den müden Reitern in dieser Einsamkeit, daß noch nicht alle ihre Reise in wärmere Gefilde begonnen haben. Sicher bleiben auch etliche von ihnen hier, um der Kälte der Winterszeit zu trotzen.

Gedankenverloren sitzt Widukind im Sattel, und sein Körper schwingt im Rhythmus des Pferdes mit. Seine beiden Begleiter reiten, da der Weg dies erlaubt, nebeneinander in einiger Entfernung und unterhalten sich angeregt.

Das Gelände steigt jetzt leicht an, und ein üppiger Mischwald grenzt die feuchte Niederung ab. Während am Rande des Waldes Brombeergebüsch wuchert, ist der Boden unter den Bäumen mit Blaubeersträuchern übersät. Auch morsche, umgestürzte Bäume sind von ihnen überwuchert. Das Grün des Waldbodens wird plötzlich unterbrochen, und auch der Baumbestand wird hier wesentlich lichter. Deutlich ist dort der Eingriff des Menschen in die Natur zu erkennen.

Eine weite Lichtung tut sich auf. Granitsteine die von der Größe eines Frischlings, bis zur Masse von ganzen Pferdeleibern reichen, bilden dort verschiedene Formationen. Die größeren dieser Steinriesen sind aufeinander geschichtet, so daß einige wie Altäre wirken, während andere wie Hütten ohne Fenster und Türen aussehen. Widukind weiß von Erklärungen Wolframs, daß Menschen aus grauer Vorzeit, die hier ihre Toten, in so aufwendiger Weise bestattet haben, genau wie die Sachsen und auch die Christen, an ein Weiterleben nach dem irdischen Tot des Körpers glaubten.

Der junge Sachsen-Edling hat diese Kultstätte der früheren Bewohner dieses Landes schon einige Male beim Vorbeireiten gesehen. Wie immer bei solch einer Gelegenheit wendet er sein Pferd der Steingruppe zu. Gerald und Dingolf tun es ihm gleich, und respektvoll verneigen sich die Reiter aus dem Sattel heraus. So bezeugen sie den germanischen Vorfahren ihre Referenz, die von hieraus die Reise in ein Leben nach dem Tode angetreten haben.

Nach dieser kurzen Unterbrechung wechseln die drei Reisenden für die letzte Etappe dieses Tages die Pferde. Nach einiger Zeit sieht Gerald seinen Freund Dingolf in einer Weise an, als wolle er ihn zu etwas ermutigen. Dieser nickt zurück und treibt sein Pferd an, um neben Widukind zu gelangen, der auch jetzt schon wieder in Gedanken versunken auf seinem Pferd sitzt, wie auch während des ganzen Weges vorher. Seine beiden Begleiter haben Verständnis für seine Schweigsamkeit, auch wenn sie ihn sonst als Frohnatur kennen.

Doch nun unterbricht Dingolf das rücksichtsvolle Schweigen. »Häuptling Warnekin versprach uns die Freiheit, wenn wir dir treu zur Seite stehen würden. Versteh' mich bitte nicht falsch, aber was wird aus diesem Versprechen, wenn die Götter ihn nun so plötzlich auf die große Reise schicken?« Widukinds etwas unwillige Miene wahrnehmend, versucht er zu beschwichtigen. »Es ist wohl jetzt nicht die rechte Zeit, um darüber zu reden, du mußt verstehen, daß uns sehr viel daran liegt.«

»Sehr gut verstehe ich das«, ist die Antwort des jungen Sachsen, »eure persönliche Freiheit ist euch natürlich wichtiger als die Probleme, mit denen ich im Augenblick zu tun habe. Glaubt mir, ich habe es überhaupt nicht eilig, das Erbe meines Vaters anzutreten, doch wenn es dann sein muß, werde ich dafür sorgen, daß ihr in Eigenständigkeit eure Zukunft planen könnt, und solltet ihr Kinder haben, so sollen sie als freie Menschen aufwachsen. Im Falle eurer Freiheit müßt ihr mir natürlich den Lehnseid leisten, das ist euch doch sicher klar!« »Das ist ganz selbstverständlich«, versichert Dingolf, und Gerald, der jetzt in gleicher Höhe reitet, fügt hinzu, »wir haben keinen Grund, an dem persönlichen Verhältnis zwischen uns etwas zu ändern; du hast uns immer wie Freunde behandelt.« »So soll es auch bleiben«, beschließt Widukind dieses Thema. »Jetzt aber müssen wir uns auf das konzentrieren, was am nächsten liegt.«

Die weite Ebene, die sich jetzt auftut, da der Wald hinter den Reitern liegt, ist schon im Zwielicht zwischen Abend und Nacht getaucht. Naßkalter Wind, der aus der Richtung der längst untergegangenen Sonne kommt, drückt den Nebel auf den Boden des Wiesengrundes. Daraus erheben sich Büsche und Bäume, die bei diesem Zwielicht bizarre Formen bilden. Zwischen den rasch dahinziehenden Wolken tauchen die ersten Sterne auf, als wollen sie den Reisenden sagen, daß zwischen den dunklen Turbulenzen des Lebens immer wieder das Licht einer freudigen Begebenheit aufleuchtet. Zwischen einer Baumgruppe werden am Horizont die Dächer einzelner Häuser sichtbar, der Weiler Scholen, ein Lehen des Häuptlings von Wigaldinghus. Eine Sippe freier Bauern bewirtschaftet hier mit ihren Liten etliche Hufen[19] fruchtbares Land. Sie sind ihrem Lehnsherren gegenüber abgabenpflichtig und müssen für den Häuptling stets sechs Pferde zur freien Verfügung halten. Zwei Mädchen, die gerade eine Schafherde von entfernt gelegenen Weidegründen, wo einige Tiere den Wölfen zum Opfer gefallen waren, in einen Verschlag treiben, der unmittelbar am Hof liegt, sehen den Ankommenden mit neugierigem Interesse entgegen. Oft kommt es nicht vor, daß Fremde den Weg zu diesem einsamen Gehöft finden.

Hilda und Rosa sind Zwillinge, wie man auf den ersten Blick feststellen kann. Nur durch die Farbe ihrer Haare unterscheiden sie sich äußerlich. Während Rosas Haarpracht das Blond der reifen Weizenfelder zeigt, gleicht das von Hilda mehr dem Braun der reifen Kastanien. Das helle Blau der beiden Augenpaare wird um einiges strahlender als sie die Reiter erkennen. »Es ist Widukind mit seinen Knappen«, sagt Rosa und schließt das Gatter hinter den letzten Schafen. Hilda nickt und etwas verlegen greift sie nach ihrer angeschmutzten Schürze. Mit einem Handgriff löst sie die Schleife und hängt das Kleidungsstück an

---

[19] 1 Hufe = ca. 8-10 Hektar.

einen Pfosten der Umzäunung. »Ja, Gerald und Dingolf«, murmelt sie. Rosa hat es ihrer Schwester mit der Schürze gleichgetan. Mit sauberen Kleidern nun aus sandfarbenem Leinenstoff, mit dunkelbraun abgesetzten Nähten und geflochtenen Kordeln um die Taillen stehen die etwa sechzehn Lenze zählenden Mädchen vor dem Gatter, hinter dem die Schafe ihr blökendes Konzert veranstalten.

Auch die beiden Knappen haben jetzt die Töchter des Scholenbauern erkannt, trotz der anbrechenden Dunkelheit. Es hat den Anschein, als ob in diesem Augenblick die Müdigkeit von Widukinds Begleitern abgefallen ist, und der junge Edelmann, der im Lenz dieses Jahres selber erfahren hat, was Liebe heißt, kann sich eines Lächelns nicht erwehren. Sehr gut ist ihm der Beginn des Liebesabenteuers seiner beiden Begleiter noch in Erinnerung.

Es war vor sechs Monden, als die Kälte des Winters den ersten Vorboten der wärmeren Jahreszeit weichen mußte, da hatte die Abordnung für das Allthing in Markloh unter Führung vom Häuptling Warnekin sich auf den Weg gemacht. Als die Reitertruppe, der auch Widukind mit seinen Knappen angehörte, nach einer Rast hier auf dem Scholenhof am frühen Morgen aufbrechen wollte, wurde wie üblich das Horn geblasen. Alle waren reisefertig, nur Widukind stand ohne Knappen da. Nach einem nochmaligen Hornsignal tauchte hinter einem Heuspeicher die etwas zerzauste Gestalt Geralds auf. Außer Atem und leicht verstört stand er dann vor Warnekin: »Dingolf ist... hmm, etwas verletzt, können wir nicht hierbleiben?« »Mir scheint auch, du bist nicht ganz beisammen«, schimpfte der Herzog mit einer Portion Ironie in der Stimme.

»Reitet zu, ich komme schon hinterher«, sagte Widukind, denn er ahnte etwas und rettete so die Situation. Dann sagte er zu Gerald, »ich will ihn sehen.« Dieser stellte noch einmal fest, »er kann wirklich nicht reiten.« Leicht verlegen führte er seinen jungen Herrn in das Speicherhaus, das etwas abseits vom Hof steht, in dem jetzt zum Ende des Winters nur noch wenig Heu und Stroh lag, dafür aber werden hier Ackergeräte und Zaumzeug für die Ochsengespanne und Pferde aufbewahrt. Es gab hier auf dem Hof noch einen weiteren Heuspeicher. Dort war das Nachtlager für die durchreisenden Reiter eingerichtet. Nur Warnekin und dessen Sohn nächtigten natürlich als Ehrengäste im großen Hallenhaus des Bauern. Zwischen den Geräten, die hier für den Einsatz auf den Feldern hergerichtet werden sollen, lag auf einem Heuhaufen bäuchlings der arme Dingolf mit heruntergelassenen Hosen, sein Allerwertester war mit weißem, stellenweise blutigem Leinenstoff bedeckt.

Auf seine Frage hin erfuhr Widukind dann, daß der Hofhund, ein Tier von beträchtlicher Größe, ihn bei einer nächtlichen Unternehmung erwischt hatte, um ihn so übel zuzurichten. »Die Bestie hätte mich schier alle gemacht, wenn Rosa nicht gekommen wäre«, schimpfte Dingolf. Der Häuptlingssohn konnte sich jetzt die Geschichte zusammenreimen. Des Scholenbauern Töchter und seine Knappen waren sich am Abend vorher schon nähergekommen, nur er, Widukind, hatte der Sache keine Beachtung geschenkt. Wie üblich bei solchen Anlässen, wenn der Lehnsherr zu Gast war, gab es einen festlichen Schmaus. Ein Schafsbock und ein Jungschwein wurden am Spieß überm offenen Feuer auf dem Brunnenplatz vor dem Haupthaus gebraten und etliche Krüge, mit Met gefüllt, machten die Runde. Ja, es ging recht lustig zu an jenem Abend.

Doch trotz seiner Gastgeberrolle hatte der Bauer nicht übersehen, daß seine beiden Töchter ziemlich intensiv mit den beiden Knappen schäkerten, was ihm sicher nicht gefallen wollte. Da nun die Schlafstellen der Mädchen im elterlichen Haus für die hohen Gäste gebraucht wurden, mußten diese die Nacht im Webehaus zubringen. Die beiden verliebten Knappen werden zu nachtschlafender Zeit, erfüllt von dem Drang nach Liebeserfüllung, versucht haben, zu ihren Herzensdamen zu kommen. Doch sie hatten die Rechnung ohne den Bauern gemacht, der nämlich den Hofhund als »Sittenwächter« einsetzte. Seine Töchter sollten schließlich einmal eine bessere Partie machen und sich nicht an diese Unfreien vergeben. Das Gebell des Hundes war dann im festen Schlaf, der vom Met-Rausch noch unterstützt wurde, nicht an das Ohr des besorgten Vaters gedrungen. Die Mädchen werden den Hund dann beruhigt und sich des arg geschundenen Dingolfs angenommen haben.

Da es sicher anstößig gewesen wäre, die Männer ins Webehaus mitzunehmen, begaben sie sich in den alten Speicher.

Nachdem Widukind sich die Verletzung Dingolfs angesehen hatte, blickte er sich in dem alten, schon etwas baufälligen Schuppen um. »Kommt nur Mädels, ich weiß, daß ihr da seid.« Mit hochroten Gesichtern und äußerst verlegenen Mienen tauchten sie hinter einem klobigen, zweiräderigen Karren auf, der zum Einfahren von Erntegut gebraucht wurde. Die peinliche Lage der Mädchen ignorierend, fuhr Widukind fort: »Nun Dingolf, mit diesen Verletzungen kannst du natürlich keinen Kriegsruhm erlangen, aber reiten kannst du so auch nicht. Also wirst du bis zu unserer Rückkehr hierbleiben, und Gerald soll dich pflegen. Aber eins sage ich euch, benehmt euch, wie es sich für gute Krieger gehört, sonst kriegt ihr, wenn wir euch hier abholen, beide Schwierigkeiten beim Sitzen, aber dann müßt ihr reiten!«

Nach dieser etwas burschikosen Drohung entfernte sich Widukind, um den Troß seines Vaters, dem jetzt auch der Scholenbauer mit seinen Leuten angehörte, einzuholen. Als er Warnekin von dem Vorgefallenen berichtet hatte, konnte dieser ein leichtes Grinsen nicht unterdrücken. Nur Ludolf, der Scholenbauer, konnte darüber nicht lachen. »Ich habe nur die zwei Töchter, einen Sohn haben mir die Götter verwehrt, und nun geraten die ausgerechnet an zwei Liten, die nichts sind und nichts haben«, grollte er. »Nimm's nicht so tragisch, Ludolf«, beruhigte ihn der Häuptling, »möglicherweise ist es ja nur eine harmlose Liebelei. Doch sollte mehr daraus werden, so sei beruhigt. Wenn die beiden Recken einen Hausstand gründen wollen, und alles ist rechtens, dann sollen sie frei sein, und ein gutes Stück Land vom Besitz der Wigaldinger werden sie auch bekommen.« Damit war die Angelegenheit vorerst erledigt.

Zu weiteren Fortschritten war es bisher zwischen den Liebenden, mangels Gelegenheit, nicht gekommen. Die Erinnerung an die damaligen Begebenheiten bringt ein Lächeln auf Widukinds Gesicht als er den Mädchen zuwinkt, die seinen Gruß mit bravem Kniebeugen und schüchterner Gestik erwidern. Zu seinen Knappen gewandt, sagt er, »denkt daran, daß wir aufbrechen, sobald es hell wird, und es liegt noch ein weiter Weg vor uns.« Mit freundlichem Respekt wird Widukind im Hause des Scholenbauern empfangen. Der Stafettenreiter, der hier durch einem Mann vom Scholenhof abgelöst worden war, wartet hier, um mit dem Häuptlingssohn nach Markloh, Widukinds nächster Etappe, und seinem Ausgangspunkt zurückzukehren.

Ein naßkalter Tag kündigt sich an, und die Laune der aufbrechenden Reiter ist dementsprechend. Es hat den Anschein, als ob der aufkommende Herbstwind die drohenden Wolken von den fernen Meeren her über das Land treibt, um den Sonnenstrahlen der letzten Tage den Weg zur Erde zu verbauen und den Spätsommer dieses Jahres nun endgültig zu beenden. In gleichmäßigem Trott geht es durch eine Landschaft, die der vom Vortage ähnlich ist, dem zweiten Etappenziel entgegen.

Auf einer Terrasse, die sich sanft aus den Niederungen des Wesertales erhebt, liegt Markloh. Alle Wege aus dem weiten Sachsenland führen hierher, denn einmal im Jahr treffen sich hier die Häuptlinge und Anführer der einzelnen Gaue in Begleitung von Abordnungen aus den drei Ständen: Adelige, Freie und Liten, um über wichtige Entscheidungen zu beraten. Wenn es sein muß, über Krieg oder Frieden zu befinden oder bei schweren Verbrechen über Leben oder Tod zu urteilen.

Viele Wege führen auch über diesen Ort, die eigentlich ein anderes Ziel haben. Die Wege, auch aus den entferntesten Gegenden des Landes, sind in Richtung Markloh markiert. Es gibt auf Gehöften, die an diesen Wegen liegen, Rastmöglichkeiten, wo auch fremde Reisende durch entsprechende Tauschgeschäfte Unterkunft, Speis' und Trank, eventuell auch frische Pferde bekommen können. Zum Beispiel würde ein Reiter aus südlichen Gefilden für diese Leistungen mit Gebrauchsgegenständen aus Metall, Gewürzen, Essenzen oder Wein bezahlen, während Durchreisenden aus dem Norden Bernstein, Tierfelle oder andere Gegenstände, die in nordischen Ländern günstig zu haben sind, als begehrte Tauschobjekte dienen.

Nur vier Langhäuser und die dazugehörenden Nebengebäude bilden den Kern dieses so wichtigen Ortes. Von der eigentlichen Bedeutung dieser Stätte zeugen die Anlagen außerhalb des Weilers. Dort, weiter vom Fluß entfernt, setzt sich die besiedelte Erhebung in einem markanten Hügel fort, der von mächtigen Eichen eingerahmt wird. Als wäre es der bezahnte Unterkiefer eines riesigen Tieres, sind hier Granitsteine, jeder etwa in der Größe eines ausgewachsenen Schafes, auf dem Schnittpunkt des Hügels aufgestellt. Für jeden Gau[20] im Sachsenland steht hier einer dieser Steine.

Der Mittelpunkt auf der höchsten Stelle des Hügels wird von einem Felsblock gebildet, der die Größe eines Pferdes übertrifft und auch die Gestalt eines Pferdekörpers aufweist, dessen Kopf gen Norden gerichtet ist. Vor diesem Monument zeigt eine verrußte Steinformation die Feuerstelle an, deren Schein bei bestimmten Anlässen, wie dem Allthing, die Szene beleuchtet, während der Froste um das Wohlwollen der Götter fleht.

An der dem Ort abgewandten Seite des Hügels entspringt eine muntere Quelle, die zwei Teiche von der Größe speist, daß auf jedem zwei Langhäuser stehen könnten. Durch die angrenzenden Weiden fließt das Wasser in einen klaren Bach, um sich dann im Schilf des den Horizont begrenzenden Sumpfgebietes zu verlieren. Die Weiden ringsum sind durch Holzzäune in viele kleinere Parzellen aufgeteilt, um in der Zeit des Allthings eine gewisse Ordnung unter den Pferden der Besucher zu halten.

Ein Platz in dreieckiger Form, welcher vom Hügel, den Seen und den Weiden eingerahmt ist, stellt den eigentlichen Versammlungsplatz dar. Der gezackte Rücken des Hügels mit seinen Steinaufbauten bildet den Hintergrund für die Rednerplattform, die hier auf halber Höhe den weitläufigen Platz überragt. In der Zeit der großen Versammlung herrscht hier reges Leben. Jetzt allerdings fällt stetiger Regen auf die verlassene Stätte, und bei hereinbrechender Dämmerung, die an einem trüben Tag wie heute noch eher einsetzt, wirkt hier alles unwirklich, ja geheimnisvoll.

Buto, der Vogt von Markloh, hat mit seinen vierzig Jahren schon ein bewegtes Leben hinter sich. Als junger Krieger war er zusammen

---

[20] Es gab 60-70 Gaue.

mit seinem Vater am Kampf gegen die Thüringer und Sorben beteiligt. Nach dem Schwerttod seines Vaters geriet er in Gefangenschaft, und dabei verschlug es ihn dann bis in die Gegend des Mittelländischen Meeres. Durch Anpassungsfähigkeit und Geschick verschaffte er sich dort mancherlei Vorteile. Unter anderem erlernte er die Kunst des Eisengießens und die der Weiterverarbeitung des Metalls. Bekanntlich hatten die Völker des früheren römischen Reiches größere Erfahrungen auf diesem Gebiet, und für die Sachsen ist es auch in dieser Zeit nicht nur aus kriegerischen Gründen wichtig, den Nachholbedarf, zum Beispiel bei der Herstellung von eisernen Ackergeräten, zu decken.

Da Buto bei einer Kampfhandlung die Möglichkeit hatte, seinem damaligen Herrn das Leben zu retten, wurde ihm die Freiheit geschenkt, und er konnte in seine sächsische Heimat hier am Weserfluß zurückkehren. Nun machte er sich die in der Fremde erlernten Fähigkeiten zunutze und baute auf dem Gehöft seiner Sippe eine Schmiede nach eigenen Vorstellungen auf. Bald schon hatte er sich ob seines Könnens einen Ruf erarbeitet, der weit über seinen Heimatgau hinausging. Nicht nur der obligatorische Sax, das unvermeidliche Kurzschwert des Kriegers, oder eventuell eine todbringende Streitaxt sind seither beliebte Erzeugnisse aus Butos »Eisenhütte«, nein, auch die von hier stammende metallene Verstärkung für den Hakenpflug, ist ein begehrtes Handelsobjekt.

Seit etlichen Monden muß er nun für seinen schon früh zu Wotans persönlicher Streitmacht gerufenen Bruder[21] die Bürde des Häuptlings übernehmen. Nun konnte er sich nicht mehr ausschließlich um die Schmiede kümmern, denn er war jetzt auch Vogt dieses im Sachsenland so wichtigen Ortes, und mannigfache Aufgaben oblagen ihm jetzt.

Das Eisengießen und die Herstellung der Waffen und Gebrauchsgegenstände wird nun von seinem Sohn und anderen Männern der Sippe getätigt, die von gut eingearbeiteten Liten unterstützt werden. Wenn es seine Zeit erlaubt, kümmert sich auch Buto natürlich noch um diese Angelegenheiten. Gerade heute hat er sich die Zeit genommen,

---

[21] Männer, die aus dem voll kampffähigen Alter plötzlich zu Tode kamen.

ein einschneidiges Kurzschwert fertigzustellen. Es ist für Widukind bestimmt.

Bei seinem letzten Besuch hier in Markloh hatte der junge Widukind sich wieder einmal sehr für die Entstehung so einer Waffe interessiert, und Buto legte in seiner Gegenwart einen Rohling ins Schmiedefeuer. Nachdem das Eisen die nötige Hitze erreicht hatte, mußte Widukind mit dem schweren Vorschlaghammer aus dem kantigen Eisenblock eine schlanke Klinge ziehen, während Buto das Werkstück mit der großen Zange auf den Amboß hielt und mit einem kleinen Hammer den Takt zu den wuchtigen Hieben des Junkers schlug und hier und da eine Korrektur vornahm. Nachdem so die Grundform des Schwertes geschaffen war, tauchte Buto das Teil in einen Wasserbottich zum Abkühlen. »So, was nun noch zu tun ist, braucht Zeit, das Eisen muß gehärtet werden und die Klinge geschärft, dazu kommen die speziellen Verzierungen und die Scheide und allerhand Filigranarbeit. Wenn du das nächste Mal zu uns kommst, werde ich dir den neuen Sax überreichen.« Das hatte Buto damals versprochen. Nun wartet er auf Warnekins Sohn und Erben, der nach dem Tode seines Vaters sicher einer der mächtigsten Männer im Lande der Engern-Sachsen sein würde, um ihm diese kunstvoll gearbeitete Waffe zu überreichen.

Der unerfreuliche Anlaß dieser Reise, hat auch hier in Markloh bedrückte Stimmung ausgelöst, Der Tod Warnekins würde bei den Allthings eine große Lücke hinterlassen. Als Kriegsherzog ist er hier ebenso geachtet, wie er als Gauhäuptling beliebt ist. Für Buto ist er ein echter Freund, auch wenn er hier Lehnsrechte ausübt. Diese Gefühle übertragen sich auch auf Widukind, der mit seiner jugendlichen Frische und Zugänglichkeit die Menschen hier für sich gewonnen hat.

Vor vier Tagen ist hier der Reiter, namens Wolpert, eingetroffen um einem anderen die Stafette zu übergeben. Nur die Zeit des Sattelns und etwas Proviant an sich zu nehmen brauchte dieser, dann ist er in Richtung Wigaldinghus aufgebrochen.

»Widukind wird sicher bald hier sein, denn gewiß hat er nicht lange gezögert, um seinen schwer verwundeten Vater zu erreichen.« Doch weitere Überlegungen erübrigen sich; denn plötzlich wird der Vogt aus seinen Gedanken herausgerissen. Vom nördlichen Ausguck ertönt das Horn und kündigt Besucher an. Dort zwischen zwei Eichen ist ein Hochstand errichtet, von dem aus man einen weiten Blick über das umliegende flache Land hat. Der Wachtposten, ein Lite, der aufgrund einer schlecht verheilten Verletzung keine körperlichen Arbeiten verrichten darf, kann trotz des Nieselregens die drei Reiter am Horizont erkennen.

Der Vogt ist den Ankommenden bis zum Ortsrand entgegengegangen, und einige seiner Leute haben sich dazugesellt. Es bedrückt Widukind ein wenig, wie er hier in Markloh, wo er oft und gern zu Gast war, empfangen wird. Früher ritt er hinter seinem Vater, der von den Menschen mit Achtung bezeugender Verbeugung begrüßt wurde. Widukind aber wurde mit scherzhaften Worten und ungezwungenen Gesten bedacht. Heute nun spürt er deutlich, daß man in ihm nicht mehr den jungen, stets lustigen Begleiter seines Vaters sieht, sondern den Mann, der Würde und Bürde Warnekins schon übernommen hat, als weile dieser schon im Reich der Toten.

Wegen des schlechten Wetters hält man sich nicht lange im Freien auf. Sobald die Pferde versorgt sind, bittet der Hausherr seinen Gast an das heimische Feuer, welches Gesine, seine treue Lebensgefährtin, in der Diele des Hauses entfacht hat.

Seine durchnäßte Kleidung hat der junge Edling gegen ein leichtes Leinenhemd eingetauscht, das auf der linken Schulter mit einer Bronzefibel[22] gehalten wird, während die rechte Schulter frei bleibt, und um die Hüfte trägt er ein buntes, grob gewebtes Tuch als Gürtel. Ähnlich ist auch Buto jetzt gekleidet, der dem jungen Mann den Willkommenstrunk reicht und ihm einen Platz am Feuer auf einer Sitzgelegenheit anbietet, die mit dem Fell eines Bären verkleidet ist.

Der Wohnteil dieses Langhauses ist mit Weidengeflechtwänden zum Wirtschaftsteil hin abgetrennt. An der Giebelseite ist in der Mitte der Außenwand die Feuerstelle aus behauenen Steinen zusammengefügt. Ein trichterähnlicher Überbau, an dem allerlei Küchengeräte hängen,

---

[22] Kleiderspange.

dient als Rauchfang. Die mit Fell belegten Sitzmöglichkeiten rund um das Feuer geben dem Raum eine gewisse Behaglichkeit. An beiden Seiten sind unter den herabgezogenen Dachflächen die Schlafbutzen für die Hausbewohner untergebracht. Fast die Hälfte des noch verbleibenden Raumes wird von dem großen Tisch eingenommen, der mit runden Mulden in der Platte versehen ist, aus denen bei den Mahlzeiten die Suppe oder der Brei gelöffelt wird.

Während Frau Gesine mit Hilfe ihrer Kinder, und den Mägden, noch emsig im anderen Teil des großen Hauses werkeln, werden es sich die beiden Männer für kurze Zeit am Feuer gemütlich machen. Als Widukind seinen Platz einnehmen will, entdeckt er dort ein, in einer mit kupferverzierten Holzscheide steckendes, Schwert. Mit fragenden Augen blickt er seinen Gegenüber an. Dieser nickt ihm zu, »es ist deines, du hast selber den großen Hammer dafür geschwungen, und die letzten Arbeiten daran habe ich gerade heute beendet.« Als gelte es, einen zerbrechlichen Gegenstand zu heben, nimmt der junge Widukind die wertvolle Waffe in seine Hände. Während er das Schwert aus dem Behältnis zieht, spiegelt sich das Feuer des Herdes in der blanken Klinge. Sein Inneres scheint diesen Glanz in sich aufzunehmen und durch das Strahlen seiner Augen zurück zu geben. Mit leiser Stimme spricht er:

»Ein Schwert aus edelmütiger Freundeshand,
im Feuer geschmiedet, zum Schutz für Leben und Heimatland.
Für dieses wertvolle, schöne Stück, nimm meinen Dank.
Als guter Schmied und Ehrenmann bist du bekannt.
Dir zu Ehren werd' ich es tragen, mein Leben lang,
Sollt ich damit Verrat üben an meinen adligen Stand.
Dann soll er mich treffen, Wotans sengender Bann!«

Nach diesen Worten reicht er Buto die Hand. »Ich werde dieses Schwert in Ehren tragen, nach dir werde ich es benennen.« Die zwei im Alter so ungleichen Männer blicken sich in die Augen und jeder für sich fühlt, daß er sich auf den anderen verlassen kann. »Trage es mit der Verantwortung für die Menschen dieses Landes, deren Führung und Schutz dir sicher bald aufgebürdet wird und gebrauche es, wenn du mußt, um die Ideale zu verteidigen, die dir und deinem Volke heilig sind.« Nach diesen Worten aus dem Munde des Mannes, der als Herr des Allthings, die Geschicke Sachsens maßgeblich mitträgt, wird dem Edling einmal mehr klar, daß für ihn, trotz seiner achtzehn Lenze, die sorglose Jugendzeit zu Ende ist.

Nachdenklich blickt Widukind auf das Schwert und sagt: »Mögen die Götter verhindern, daß ich mit dieser Waffe als erstes den Tod meines Vaters rächen muß.« »Noch lebt er. Es sollte jedoch kein Schwert der Rache sein, denn Rache fordert nur immer wieder neues Blutvergießen heraus,« antwortet Buto und wird durch Wolpert Erscheinen unterbrochen, der auf dem Wiemen[23] über den Kuhställen im Heu geschlafen hatte. Da er ziemlich erschöpft hier angekommen war, hatte Frau Gesine ihm eine kräftige Mahlzeit vorgesetzt. Als der Bote des Grafen von Huxuri alles mit einem kräftigen Schluck aus dem Krug des Hausherrn hinuntergespült hatte, nutzte er die Zeit bis zur Ankunft des jungen Wigaldingers, um richtig auszuschlafen.

Nachdem Widukind aus Wolperts Mund erfahren hat, was in Huxori geschehen war, nickt er mit sorgenvoller Miene: »Seit langem wissen wir es; und wieder einmal bestätigt es sich, daß es vor allem unter den sächsischen Edlingen Verräter gibt, die nicht davor zurückschrecken, die eigenen Leute ans Messer zu liefern, wenn sie für sich Vorteile daraus ziehen können.«

Voller Bitterkeit stimmt Buto zu: »Du hast wohl recht, doch vor allem an Oberweser und Diemel kommen die Cheruskerführer hinzu, die mit der sächsischen Überlagerung noch immer nicht fertig werden. Sie sind so glaube ich, schneller bereit, sich den Franken anzuschließen.«

---

[23] Heu- oder Strohboden über den Ställen.

»Unter ihnen gibt es aber auch Leute, die felsenfest zu uns stehen, wie die Sippen der Gaugrafen von Huxori und des Grafen von Vlothove[24]«, entgegnet Widukind und Buto ergänzt: »In beiden Familien gibt es allerdings inzwischen auch sächsisches Blut.«

Da nun beide schweigen, ergreift Wolpert das Wort: »Ich muß noch von Schwierigkeiten berichten, die es unterwegs gegeben hat. Jener Reiter, der mit der Stafette von Ottenstein aufgebrochen ist, während ich mich ausruhte, um später bis hierher zu reiten, wurde von den Bütteln des Vogts von Fischbeck verprügelt. Er war klar als Botenreiter des Grafen zu erkennen, denn er trug, wie es üblich ist, die Schärpe mit unseren Farben. Statt ihm ein frisches Pferd zu geben, wurde ihm das eigene gestohlen. Ich traf ihn an der Weserfurt. Die Stafette, den Lederbeutel mit dem Ring des Herrn Warnekin hatte er unter seinem Wams versteckt. Nachdem ich das Botenpfand an mich genommen hatte, bin ich bis Tatenhusen weitergeritten. Dort bekam ich ein frisches Pferd und bin nach kurzer Rast bis hierher gelangt.«

»Eine tolle Leistung von dir«, lobt ihn Widukind, »doch was ist aus dem armen Wicht geworden, den man in Fischbeck zusammengeschlagen hat?« Wolpert erwidert: »Ein Schäfer, der in der Nähe der Furt seinen Lagerplatz hat, nahm sich seiner an. Wenn er noch dort ist, können wir ihn ja auf unserem Weg bis Ottenstein mitnehmen.«

»Wieso diese Feindseligkeiten der Fischbecker? Auf dem letzten Allthing waren die Leute aus dem Buckigau[25] und auch der Vogt von Fischbeck doch noch auf unserer Seite«, sinniert der Vogt von Markloh.

Ohne auf Butos Frage einzugehen, erhebt sich Widukind und ruft nach seinen beiden Knappen, von denen er zu Recht annimmt, daß sie sich auf dem Heuboden begeben haben, um zu schlafen. Mit etwas zerknitterten Mienen erscheinen Gerald und Dingolf. Sicher sind sie nicht begeistert, nach so kurzer Zeit aus dem Schlaf gerissen zu werden. »Ich habe neue Aufgaben für euch, doch ihr könnt noch ausruhen, bis es zu tagen beginnt.«

---

[24] heute: Vlotho an der Weser.
[25] heute: Bückeburger Land.

Der Häuptlingssohn stellt sich zwischen seine beiden Begleiter und legt jedem eine Hand auf die Schulter, als wolle er sich für die Störung entschuldigen. »Im Buckigau gibt es Schwierigkeiten. Unser Weg führt dort hindurch, wenn wir nicht einen Umweg in Kauf nehmen wollen. Ich will auf etwaige Feindseligkeiten vorbereitet sein, und auch zur Befreiung Ravenas, sollte sie noch nicht frei sein, werden wir eine schlagkräftige Truppe gebrauchen. Du, Gerald, reitest, sobald es hell genug ist, nach Düsselburg. Wie du weißt, stehen dort zehn ausgebildete Krieger zu unserer Verfügung. Mit denen reitest du nach Steinbergen und wartest dort auf uns. Dingolf, du reitest nach Vlothove. Der Graf dort ist uns wohlgesonnen. Du warst ja im letzten Erntemonat mit meinem Vater dort. Berichte also, was geschehen ist und bitte den Herrn der Burg in meinem Namen, uns Krieger zur Verfügung zu stellen. Mit denen kommst du ebenfalls nach Steinbergen. Zu Mittag des übernächsten Tages sollten wir uns dort treffen. Ich werde aus unserer Domäne Fadenhusen alle verfügbaren Leute mitbringen. Die Ernte ist ja vorbei, deshalb wird es da keinen Engpaß geben.«

Buto erhebt sich nun und meldet seine Bedenken an: »Meinst du nicht, ihr könntet zuviel Zeit verlieren, wenn ihr euch auf eine Auseinandersetzung mit den Fischbeckern einlaßt?«

Mit freundlichem Blick geht Widukind auf den Vogt zu, nachdem er seinen Leuten einen Wink gegeben hat, sich wieder zurückzuziehen. »Ich kann mir nicht vorstellen, daß der Überfall auf unseren Boten nur ein normaler Schurkenstreich war. Er war Bote des Grafen Bruno von Huxori und als solcher klar zu erkennen. Wenn dies nun eine feindselige Handlung gegen uns ist, so kann man annehmen, daß diese vom Häuptling des Buckigaues ausgeht. Denn, wenn Rupert, so heißt der Gauvorsteher ja wohl, beim letzten Allthing auch ein Bekenntnis zur sächsischen Tradition abgegeben hat, so ist es doch kein Geheimnis, daß zwischen meinem Vater und ihm ein gespanntes Verhältnis besteht.«

Buto nickt: »Es stimmt. Da gab es vor einigen Jahren einmal Streit wegen einer Domäne am Sundal, die dann dem Grafen von Vlothove zugesprochen wurde.«

Widukind setzt seine Ausführungen fort: »An einem Alleingang der Fischbecker kann ich nicht glauben. Der Vogt untersteht dem Häuptling Rupert, außerdem ist er doch ein betagter Mann, dessen Frau einem sächsischem Bauerngehöft entstammt.«

»Ich sehe auch keinen Sinn darin, daß sich dieser kleine Ort gegen die Engern stellt«, bestätigt Buto. »Siehst du, und deshalb halte ich es für wichtig, dort im Buckigau stark genug aufzutreten, nicht um Feindseligkeiten zu suchen, sondern etwa bestehende möglichst schnell zu beenden.«

»Dem habe ich nichts entgegenzusetzen«, entgegnet Buto, »es ist in dieser Zeit sowieso richtig, daß du dich mit möglichst vielen Leuten umgibst.«

Schon mit dem ersten Tageslicht macht sich Widukind wieder auf den Weg. Seine Augen blitzen voller Energie und Tatkraft, und dem Vogt von Markloh, der ihn verabschiedet, geht es voller Anerkennung durch den Sinn: ›Ein würdiger Nachfolger seines Vaters Warnekin!‹

»Up de Rott« heißt der dem Wesergebirge vorgelagerte Bergrücken, auf dem Widukind mit seiner zwanzig Mann starken Reiterschar haltgemacht hat. Diesen Blick zurück in die weite Tiefebene seiner Heimat prägt er sich ein. In der Ferne läßt sich der Lauf des Weserflusses erahnen. Nachdem der Engpaß bei Barkhusen zwischen den Gebirgen, die das Flachland Germaniens von den Mittelgebirgen trennt, überwunden ist, fließt der Strom, ohne von hohen Bergen oder Felswänden eingeengt zu werden, dem fernen großen Meer zu. Dieses Land haben seine Ahnen vor langer Zeit in Besitz genommen, und die Götter waren ihnen bislang wohlgesonnen.

Aus Erzählungen der Alten an den langen Winterabenden am Feuer weiß der junge Sproß eines alten Sachsengeschlechts vieles von dem, was sich in der Vorzeit zugetragen hat. Nicht dadurch, daß sie die früheren Bewohner dieses Landes ausgerottet haben, gelang es seinen Vorfahren, hier seßhaft zu werden, sondern indem sie den Chauken,

Brukterern, Cheruskern und wie immer die früher hier lebenden Germanenstämme auch geheißen haben, bessere Lebensbedingungen brachten. Sicher ist auch Blut geflossen bei der sächsischen Landnahme, doch unter den einzelnen Stämmen hat es vorher schon manch blutige Fehden gegeben, wie man weiß.

Die aus den nördlichen Ländern in diese Gefilde eingeströmten Sachsen verstanden es besser, den Boden zu bestellen. Es wurde am Ende des Sommers eine bessere Ernte eingebracht, damit während des langen Winters der Hunger möglichst aus den Hütten ferngehalten werden konnte. Auch sonst kannten die Eindringlinge viele Methoden, um das Leben erträglicher zu machen. Es gab also Gründe für ein mehr oder weniger unblutiges Ineinanderverschmelzen der verschiedenen Volksstämme, allerdings mußten die Alteingesessenen deutliche Führungsüberlagerung der Sachsen hinnehmen. So jedenfalls wird es den Kindern seines Volkes gelehrt. Jedoch kam es auch in der Vergangenheit zu Auseinandersetzungen mit Stammesfürsten, die Eigenständigkeiten wiederherstellen wollten, um möglicherweise ihr eigenes Machtstreben zu befriedigen. Ja, es mag zum Fluch dazu gehören, mit dem die Menschheit von den Göttern geschlagen wurde, daß rücksichtslose Begierden Einzelner, denen sich Sippen, Stämme oder ganze Völker untergeordnet haben, zu Blutvergießen und Not derer führt, die eigendlich nur in Frieden leben wollen.

In diese Gedanken des jungen Engernedlings hinein mischt sich die Angst um das Leben seines Vaters und die Sorge um die Freiheit seiner Schwester und treiben ihn zur Eile. Doch er weiß, es ist niemandem geholfen, wenn er in übertriebener Hast Pferde und Reiter überfordert und dabei die nötige Vorsicht außer acht läßt. Noch einmal schweift sein Blick von dem erhöhten Standort aus über das weite Land. Ein frischer Wind bläst von der Ebene her dem Berg entgegen und treibt am Himmel die drohenden Wolken vor sich her, als ob er diese Landschaft vor der Unbill eines kommenden Unwetters bewahren wolle. Widukinds Gedanken wandern zu jener Bergfeste, die sich Babilonje[26]

---

[26] Sachsenbefestigung im Lidbeckegau beim heutigen Lübbecke.

nennt. Zu seiner Linken, jenseits des Stroms, erstreckt sich die bewaldete Kette des Wiehengebirges in Richtung der am Abend untergehende Sonne. Einen Tagesritt von hier liegt innerhalb dieses Höhenzuges, von tiefen Wäldern umgeben, eben diese Bergfestung Babilonje, wo er das Licht dieser Welt erblickt hat.

Die Sippe der Wigaldinger hat in dem Land zwischen Osning[27] und Wiehengebirge große Besitzungen. Der junge Häuptlingssohn hat sich während seiner Kinderzeit, und auch bei späteren Aufenthalten, dort genauso Zuhause gefühlt wie in Wigaldinghus, oder den gen Abendsonne liegenden Gauen, Hämeland und Twente, wo der Blick weit über das flache Land schweifen kann. Ja, sie ist schön seine Heimat, und es lohnt sich für sie zu kämpfen. Die Geräusche des Aufbruchs im Lager bringen Widukind in die Gegenwart zurück.

Die Pferde sind versorgt, und die Männer haben sich ein wenig die Beine vertreten. Widukinds kleine Streitmacht setzt sich aus zwölf Freien und acht Liten zusammen. Sechs dieser Krieger schlossen sich in Markloh auf Empfehlung des Vogts dem jungen Edling aus Wigaldinghus an, vier kamen von einem Gehöft, auf dem sie gerastet hatten hinzu und zehn Leute gehören zur Besatzung von Fadenhusen. Hier handelt es sich um ein mit Wassergräben und Palisadenzäunen gesichertes Gehöft, das zum Besitz der Wigaldinger gehört. Die Befestigung geht zurück in die Zeit, als slawische Horden immer wieder versuchten, in dieses Gebiet vorzustoßen.

In der gleichen Form gibt es noch etliche Gehöfte mehr, auch die Düsselburg gehört dazu. In normalen Zeiten wird hier von den Bewohnern genauso gesät, geerntet und das Vieh versorgt, wie das auf jedem anderen Hof geschieht. Hier allerdings werden zudem die waffenfähigen Jungmänner aus der Umgebung zusammengezogen, soweit sie auf ihren eigenen Gehöften oder bei Liten, auf den Höfen ihrer Herrn abkömmlich sind, um neben den normalerweise anfallenden Arbeiten das Waffenhandwerk zu erlernen. Der Verwalter eines solchen Wehrho-

---

[27] heute: Teutoburger Wald.

fes, man nennt ihn Hauptmann[28], muß dafür Sorge tragen, daß stets eine bestimmte Anzahl an Männern zur Verfügung steht.

Alwin, ein junger Bursche aus Markloh, vertritt die Stelle des Knappen bei Widukind, da der ja zur Zeit auf Gerald und Dingolf verzichten muß. Er hat neben seinem auch die zwei Pferde des Edlings versorgt und reicht diesem nun die Zügel des treuen Fiolo. Nachdem er den ganzen Vormittag geschont wurde, da er keine Last zu tragen hatte, nimmt Alwin zu recht an, daß Widukind jetzt das Ersatzpferd gegen sein eigenes Lieblingspferd eintauschen will.

Mit energischem Schwung setzt sich der Häuptlingssohn in den Sattel. Auf leichten Schenkeldruck seines Herrn hin wendet Fiolo auf der Hinterhand und galoppiert an die Spitze des Reitertrupps in Richtung der Paßhöhe, der Mittagssonne entgegen, die jetzt diese Mittelgebirgslandschaft mit mattem Glanz überzieht. Ihr Stand zeigt Widukind an, daß es Zeit wird, den vereinbarten Platz an der Weser zu erreichen. Ohne große Mühe erklimmen die Pferde den Scheitelpunkt des Wesergebirges. Bevor Widukind jedoch den Weg ins Flußtal einschlägt, wendet er sich noch einmal der Ebene zu, aus der sie gekommen sind.

Etwas abseits des Weges, den er mit seinen Leuten bergan geritten ist, kräuselt weißer Rauch aus einem steinernen Turm in die Höhe. Wie Widukind weiß, wird dort aus dem Berg Eisenerz abgebaut, und in diesem seltsam geformten Bauwerk trennt man unter großer Hitze das Eisen vom Stein. So gewinnt man den begehrten Grundstoff für mancherlei Gebrauchsgegenstände, aber auch für Schwerter, Lanzen und Beile. Eine lohnende Einnahmequelle für den Häuptling Rupert vom Buckigau, dem dieses Gebiet gehört.

Viel Zeit für dererlei Betrachtungen bleibt Widukind nicht, denn unterhalb der Plattform, auf der jener Brennofen steht, sind einige Reiter zu erkennen, die es ebenfalls eilig haben, den Weg, der hier über die Berge führt, zu erreichen. Den Männern seines Trupps befiehlt er, »reitet schon weiter in Richtung Stenbergen. Wenn ich euch bis dahin nicht eingeholt habe, dann wartet ihr dort an der Weser auf

---

[28] Möglicherweise ist daraus der heutige Dienstgrad entstanden.

mich.« Nachdem er Alwin die Leine seines Ersatzpferdes zugeworfen hat, begibt er sich in die Deckung einer Baumgruppe, von wo er die bergan reitende Gruppe beobachten kann, ohne von ihnen gesehen zu werden.

Doch schon bald verläßt er die Deckung, denn er hat in einem der Reiter seinen Knappen Gerald erkannt. Vier Männer begleiten ihn, von denen zwei offensichtlich verletzt sind. Ungeduldig reitet Widukind ihnen entgegen. Als sie voreinander stehen, hält man sich nicht lange mit Förmlichkeiten auf, sondern Gerald kommt sofort zur Sache: »Düsselburg ist überfallen worden; als ich ankam, brannte es dort lichterloh. Diese beiden«, er zeigt auf die Unverletzten, »waren außerhalb der Befestigung beim Vieh. Die beiden Verletzten haben wir später gefunden, es sind wahrscheinlich die einzigen Überlebenden.«

»Wißt ihr, wer es war?« Widukind ist bemüht, seine Stimme so ruhig wie nur möglich klingen zu lassen. »Als ich ankam, war schon alles vorbei«, sagte Gerald und schaut zu einem der Verwundeten hin, der allem Anschein nach an der rechten Schulter verletzt ist. Dieser nimmt den Blick als Aufforderung zum Reden:

»Sie kamen an wie Händler aus dem Süden. Ihr wißt schon, die mit Waffen, bunten Stoffen und allerlei Schnickschnack handeln. Fünf Reiter und zwei Ochsenkarren mit großen Planen darüber standen gestern gegen Sonnenuntergang vor dem Tor. Ein hutzeliges Männlein, das gekleidet war wie eben diese Leute aus dem Lande der Langobarden oder wo auch immer die herkommen, forderte Einlaß. Es sagte, natürlich würden sie fürs Schlafen und Essen bezahlen. Unser Hauptmann gab den Befehl zum Öffnen des Tores. Doch als diese vermeintlichen Handelsleute vor dem Haupttor in der Mitte der Festung hielten, trat der kleine Kerl auf den Hauptmann zu, als wolle er ihn begrüßen. Plötzlich hatte er ein Schwert in der Hand, und von den Ochsenkarren wurden die Planen hochgerissen und bewaffnete Männer sprangen hervor Auf dem Wehrhof waren zu der Zeit nur acht Männer. Der Rest hielt sich außerhalb beim Vieh auf. Es war Melkzeit, und fünf Mann waren zur Zeit damit beschäftigt, für die Kühe auf den Nordweiden einen winterfesten Stall zu bauen. Die kommen auch nachts nicht heim.

Gleich zu Beginn des Kampfgetümmels zerschlug mir einer der Eindringlinge mit einer Zackenkeule[29] den rechten Arm, gleich nachdem er vom Wagen gesprungen war. Einen Schlag auf den Kopf muß ich dann auch noch gekriegt haben.« Eine große Platzwunde, die verschorft ist, belegt die Wahrheit seiner letzten Aussage.

Der zweite Verwundete unterbricht das Gespräch. »Ich war im Pferdestall, als der Lärm im Hof losbrach. Ehe ich meinen Leuten zu Hilfe eilen konnte, stürmten schon zwei fremde Kerle in den Stall. Ich versuchte, mich zu verteidigen, aber außer der Mistgabel hatte ich ja keine Waffe bei mir. Meine rechte Hand haben sie mir so demoliert, daß ich vielleicht nie mehr eine Waffe damit halten kann. Nachdem die Mordbuben auf mich eingeschlagen hatten, bis ich zusammenbrach, müssen sie die Pferde aus den Ställen geholt und alles in Brand gesteckt haben.«

»Die Pferde!« Die Stimme des jungen Edlings klingt jetzt erregt. »Dort stand Javo, der beste Zuchthengst in ganz Engern. Er ist auch der Vater von meinem Fiolo hier. Außerdem sind der Horde also noch einige gute Pferde in die Hände gefallen.« »Ich glaube, die hatten es nur auf die Pferde abgesehen«, ist die Meinung des Mannes mit der verletzten Hand und Widukind neigt dazu, ihm recht zu geben, obwohl er diesen nicht für eine große Leuchte und schon gar nicht für einen tapferen Krieger hält. »Wie auch immer, wir müssen erst nach Huxori«, entscheidet der Häuptlingssohn, und so schnell wie die Pferde laufen wollen, geht es nun der Weser zu.

Schon haben sie den Haupttrupp eingeholt und nun hofft Widukind, auf die Verstärkung aus Vlothove zu stoßen. Elf Männer erwarten ihn und seine Reiter am Ufer bei Stenbergen. Die Flanken ihrer Pferde triefen noch vom Wasser der Weser, die sie gerade durchquert haben. Hier bei der kleinen Ansiedlung ist der Fluß zwar breit, jedoch wegen der geringen Tiefe eine der bekanntesten Übergänge im Bereich der Mittelweser.

Die wuchtige Gestalt des Anführers, dort neben Dingolf, ist nicht

---

[29] Morgenstern.

zu übersehen. Es ist Victor, der Graf von Vlothove. Trotz der ernsten Situation kann sich Widukind eines leichten Lächelns nicht erwehren, als er den Grafen auf seinem schwarzen Streitroß sitzen sieht. Den etwas verbeulten Helm mit dem zerzausten Federbusch trägt er wie eine Krone. Ein gewaltiger Schnauzbart ziert sein Gesicht, aus dem die dunklen Augen stets wie im Zorne blitzen und ihm in Verbindung mit der langen Hakennase etwas Falkenähnliches geben. Dieses Aussehen und sicher auch seine Art, aufzutreten, brachten ihm dann auch den Beinamen »Falke vom Weserbogen« ein. Seine Aufmachung insgesamt zeugt von unübersehbarer Eitelkeit. Doch wer ihn kennt, der weiß um die Redlichkeit dieses alten Recken, und daß er durch sein Äußeres die Schlichtheit seines Gemütes überspielt. Er trägt einen blutroten Waffenrock mit einem Pelzüberwurf, der eines Frankenkönigs würdig gewesen wäre.

Gut kann der junge Engernsproß sich an das Ereignis während eines Things in der Babilonje erinnern. Er, Widukind, hatte dies als Zaungast miterlebt. Es war vor etwa einem Jahr, als sein Vater vor der Beratung die Vorsteher der Gaue aus dem Gebiet zwischen Wiehengebirge und Diemel, Weser und Eggegebirge begrüßte. Warnekin wollte dem stolzen Victor schmeicheln, deshalb begrüßte er ihn zuerst. »Häuptling Victor von Vlothove, treuer Waffengefährte, sei gegrüßt.«

Der Anführer der Engern wollte sich schon dem nächsten Gast zuwenden, als die grollende Stimme des Vlothovers erklang. »Warnekin! Du bist zwar hier der Kriegsherzog, aber wenn du mir meinen Grafentitel[30] nimmst, dann kriegst du Krieg mit mir. In Wigaldinghus nennst du dich Häuptling, du bist Sachse. Ich aber bin Cherusker und will es bleiben, also bleibe ich auch Graf.« »Schon gut, Graf Victor«, beschwichtigte der Sachsenherzog. »An der Benennung unserer Titel soll unsere Freundschaft nicht scheitern.« Damit war dann der Streit beigelegt.

»Ich freue mich Graf, daß ihr persönlich gekommen seid«, begrüßt

---

[30] Bei den Sachsen gab es durchweg keinen Grafentitel. Notgedrungen wurde im sächsischen Grenzgebiet dieser Titel anerkannt.

Widukind den Herrn von Vlothove. »Ist doch selbstverständlich, wenn es um meinen Freund Warnekin geht«, entgegnet Victor und betrachtet den jungen Wigaldinger voller Interesse. »Du bist also sein Sohn. Eben der, von dem Warnekin bei unserem letzten Gespräch sagte, wenn er es nicht schaffen würde, die Sachsen zu einen, dann müßte es Widukind erreichen, daß unsere Anführer endlich an einem Strang ziehen. Dein Vater setzt also große Hoffnung in dich.« Mit nachdenklich, sorgenvoller Miene nickt Warnekins Sohn, »ich glaube, es kommt allerhand auf mich zu.«

Die Pferde werden getränkt und können dann das noch saftige Grün hier in den Weserauen während der Rast genießen. Die Reiter von Vlothove haben reichlich Proviant dabei, es wird redlich geteilt. Als es dann zum Aufbruch kommt, sind alle gesättigt und bereit für daß was sie erwartet. Victor hat inzwischen erfahren, was sich außerhalb der Geschehnisse in Huxori noch ereignet hat und macht sich seine eigenen Gedanken. Aus dem Sattel heraus ruft er Widukind an seine Seite. »Höre, junger Freund, ich bin der Meinung, du solltest nicht mit nach Fischbeck reiten. Dem kleinen Giftzwerg vom Buckigau werde ich mit den Kriegern schon Feuer unterm Hintern machen. Du kannst dir den Zeitverlust nicht leisten, dein Vater wartet schließlich auf dich!«

Da der Graf auf die Kleinwüchsigkeit des Vogts von Buckigau anspielt, geht auch Widukind darauf ein. »Ja, auch wenn wir noch keinerlei Beweise dafür haben, so glaube ich doch, daß der kleine Rupert seine Hand im Spiel hat. Unser Mann aus Düsselburg sprach von einem kleinen Kerl als Anführer der verkleideten Handelsleute. Ich kann mir vorstellen, daß es der Vogt selber war. Wir können meiner Meinung nach davon ausgehen, daß er uns, die Wigaldinger, direkt treffen will. Erst der Überfall auf unseren Boten in Fischbeck, seiner Domäne, dann der Raubzug gegen unsere Düsselburg. Ihr müßt doch einsehen, werter Graf, daß ich selber für diese Taten Sühne verlangen muß, wenn mein Vater es nicht kann.«

»Kein Mensch macht dir dieses Recht, ja diese Pflicht, streitig, aber kein Mensch kann zwei Sachen zur gleichen Zeit machen. Dein Vater liegt im Sterben, und er will dich noch einmal sehen, das hat doch nun

Vorrang. Also mach daß du nach Huxuri kommst! Mit Rupert kannst du noch abrechnen, wenn ich mit ihm fertig bin. Glaube mir, der ist ein schlauer Fuchs, und wenn er nach der Vorherrschaft in Engern strebt, dann sieht er jetzt seine Chance. Warnekin erwartet den Tod und sein Sohn ist zur Zeit weder Häuptling noch hat er einen anerkannten Titel. Um es deutlich zu sagen, wenn dich jetzt jemand im Kampf tötet, dann wird sicher deine Sippe dich zu rächen versuchen, aber der große Rat hätte damit nichts zu tun. Dem kleinen Gernegroß hat es schon lange gestunken, daß die Wigaldinger eine so starke Machtstellung, vor allem hier im Bereich der Mittelweser einnehmen, auch wenn er im Markloh den Loyalen mimte.«

»Und wie seht ihr das, Graf? Habt ihr nicht auch Ambitionen in Dieser Hinsicht?« kann sich Widukind nicht verkneifen.

»Vergiß nicht, daß ich ein Freund deines Vaters bin.« Trotz des leichten Vorwurfs liegt ein belustigtes Lächeln in seinem Gesicht. Im Ton der Überzeugung spricht er weiter: »Nun, ich habe nichts gegen euch Sachsen, für mich ist es nur von Vorteil, wenn ich gut mit euch stehe. Die Bauern in meinem Gau haben keinen Grund zur Klage. Warum sollten wir also etwas ändern wollen, selbst wenn wir es könnten?«

»Ich glaube es«, entgegnet Widukind, »und wenn ich nun Verantwortung tragen muß, so wünsche ich mir, aus eurer Erfahrung meine Vorteile zu gewinnen. Ihr habt recht, ich sollte so schnell wie möglich nach Huxori reiten. Es geht neben dem Wunsch meines Vaters ja auch um das Schicksal meiner Schwester Ravena. Wolpert, den Mann aus Huxori, und den Alwin aus Markloh nehme ich mit. Meine beiden Knappen Dingolf und Gerald lasse ich bei euch.«

»So ist's recht«, pflichtet Victor ihm bei, »durch deine Knappen behältst du eine Hand im Spiel. Ich habe dann dreißig Krieger zur Verfügung. Damit kann ich dir den Rücken freihalten und zwischendurch in Fischbeck nach dem Rechten sehen. Grüße deinen Vater von seinem alten Waffenbruder und sage ihm, nach Walhall käme er noch früh genug.« Die Hand zum Abschiedsgruß hebend, wendet er sein Pferd und begibt sich an die Spitze seiner Krieger.

KAPITEL V

ie Festung auf dem Brunisberg liegt im schimmernden Licht des vergehenden Tages und die wuchtigen Aufbauten heben sich unwirklich gegen das Silber des Abendhimmels ab. Das Feuer hoch oben auf der Balustrade über dem Grotteneingang erhellt zwar die nähere Umgebung, steigert jedoch nur das finstere, ja gespenstische Gesamtbild. Finstere Stimmung herrscht auch im Innern der Grotte, wo einige Kienspanfackeln und das Feuer des Kamins für dürftige Helligkeit sorgen. In einer Nische, nahe dem Feuer, sitzt Hiltrud am Lager des Schwerverletzten. Die Gestalt des noch vor wenigen Tagen so agilen Kriegsherzogs ist nur noch ein Schatten seiner Selbst. Die Augen liegen in tiefen Höhlen, die Wangen sind eingefallen und das lange weiße Haar hat jeden Glanz verloren. Auch Hiltrud scheint in dieser kurzen Zeit um Jahre gealtert.

Edeltraud, die am Feuer steht, um einen bekömmlichen Brei zu kochen, betrachtet ihre Mutter sorgenvoll aus den Augenwinkeln heraus. Sie kann nicht verstehen, daß der Todeskampf dieses doch eigentlich außerhalb ihres Lebens stehenden Mannes der Mutter so nahegeht. Allein in der Zeit, an die sich Edeltraud erinnern kann, haben die Götter den Gevatter Tod einige Male in ihren direkten Lebensbereich geschickt. Hiltrud hat sich bei solchen Ereignissen immer als tapfere und umsichtige Frau erwiesen, doch nun scheint sie fast daran zu zerbrechen.

Die Kräuter-Hedi, die auf der Kaminbank eingenickt war, reibt sich den Schlaf aus den Augen. Sie hat bei dem kranken Mann gewacht, wenn Hiltruds Augen vor Erschöpfung zugefallen waren. Von Zeit zu Zeit hat sie die Wundverbände erneuert und dem Herzog schmerzlindernden Tee eingeflößt. Von ihrer Mutter Klara erbte sie das Wissen um die nützlichen Eigenschaften verschiedener Gewächse aus der Natur.

Ein mächtiger Anführer aus einem Nachbargau hat ihre Mutter getötet, weil sie seine schwerkranke Frau nicht retten konnte, als diese sterbenskrank auf dem Kindbett darniederlag. Den neugeborenen Knaben hatte sie retten können. Doch als der an das Totenbett geeilte Mann seine verstorbene Frau dort liegen sah, stach er in blinder Wut auf Hedwigs Mutter ein. Erst als sie zu Boden stürzte, gewahrte er das Kind, das sie in den Armen gehalten hatte, und dessen Weinen nun die letzten Seufzer der immer hilfreichen Frau übertönte. Hedwigs Vater, der dieses schreckliche Ereignis miterlebte, wollte sich auf den Mörder stürzen, doch Begleiter des Mannes schlugen ihn zusammen. Seitdem war er ein gebrochener Mann und starb nach einiger Zeit eines unrühmlichen Todes.

Hedwig aber erfüllte trotz allem den Wunsch ihrer toten Mutter und versuchte, Kranke zu heilen oder ihre Leiden zu mildern, wo immer sie konnte. Mal für kärglichen Lohn, um das Leben bestreiten zu können, mal für den erhofften Lohn der Götter. Das Schicksal hat sie nicht verwöhnt, doch sie stellte auch keine hohen Ansprüche an das Leben.

Ein Mann, mit dem sie das Dasein teilen wollte, enttäuschte sie bitter, und gerade von Männern mußte sie manche Demütigung hinnehmen. Doch Hedwig kennt nur einen Menschen, auf den sie den Fluch Wotans herabwünscht, den Mörder ihrer Mutter, auch wenn dieses Geschehen nun schon sechzehn Jahre zurückliegt. In all der Bitterkeit ihres Daseins gab es jedoch immer einen Lichtblick: die überaus edelmütige Hiltrud! Oft, wenn Klara wieder einmal völlig niedergeschlagen war, hatte diese Frau sie wieder aufgerichtet. Trotz ihrer vielfältigen Aufgaben fand sie Zeit, um die heilkundige Frau zu irgendeinem Krankenlager zu begleiten. Ja, manches Mal war Hiltrud den Frauen ihrer Umgebung ein Vorbild an Opferbereitschaft und Einsatzfreudigkeit.

Nun aber bedarf die stolze Frau selber des Trostes, und Hedwig weiß, was in ihr vorgeht, denn als wahre Freundinnen haben sie sich auch in Herzensangelegenheiten einander anvertraut. Hiltrud wird in Warnekin nicht nur einen ihr nahestehenden Menschen verlieren, sondern sie muß auch ihr lang behütetes Geheimnis lüften, und sie kann nicht wissen, wie die Menschen, die es angeht, darauf reagieren.

Es hat den Anschein, als ob selbst die Vögel in den Bäumen hier am Brunisberg nicht wagen würden, diese bleierne Stille zu stören. Die meisten Einwohner von Huxori, die nach dem Überfall hierher geflüchtet waren, sind inzwischen in den Ort zurückgekehrt. Die zerstörten Hütten sind zum Teil notdürftig repariert oder man ist in noch bewohnbaren Häusern eng zusammengerückt. Die Menschen, die noch hier in der Festungsanlage verblieben sind, vermeiden jedes unnötige Geräusch und unterhalten sich nur in gedämpftem Ton. Wollen sie vermeiden, die Asen zu erschrecken, die den Geist des Herzogs nach Walhall heimholen?

Jäh wird die Ruhe unterbrochen. Vom Wachtturm am Tor ertönt das Signalhorn und meldet die Ankunft eines Reitertrupps. Der Froste, der beim Feuer oberhalb der Grotte eingenickt war, springt auf und eilt zum Tor. Auch Edeltraud und Hedwig haben es eilig, die Ankömmlinge zu sehen. Nur Hiltrud verläßt ihren Platz am Lager des Schwerverletzten nicht.

Warnekin ist beim Klang des Hornes aus seinem Dämmerzustand erwacht. Er schlägt die Augen auf und die unwillkürliche Bewegung, die er macht, zeichnet einen schmerzlichen Zug auf seinem Antlitz. »Ist es Widukind?«, keucht er mit schwacher Stimme. Hiltrud, die ihm ihre Hand auf die fieberheiße Stirne legt, sagt mit der ihr eigenen sanften Stimme, »wenn es nicht Widukind ist, so ist es Bruno, aber sicher werden beide bald hier sein.« »Bruno«, kommt es leise fragend von Warnekin, »er wird mir doch sicher Ravena zurückbringen?«

Zu einer Antwort kommt Hiltrud nicht, denn im Eingang der Felsenhalle erscheint die Gestalt eines jungen Kriegers. Nur kurz bleibt er dort stehen, um seine Augen an das unwirkliche Licht hier zu gewöhnen. Dann sieht er das Lager des niedergestreckten Herzogs, und nur die Augen in dem ausgezehrten Gesicht erkennt er als altvertraut. Auf den Knien liegend, beugt sich der junge Mann über die niedrige Bettstatt. »Vater!« Nur dieses eine Wort entringt sich seiner Kehle.

Warnekins Augen wandern von dem vor ihm Knieenden zu der im Schatten einer Säule stehenden Edeltraud. »Ravena! Du hast sie also den Franken entrissen, Bruno?« Die Stimme des Herzogs klingt bei diesen Worten, als sei er im Vollbesitz seiner Kräfte. Betretenes Schweigen folgt diesen Worten. Im Hintergrund ist das Hüsteln des Froste Remo zu hören, der aus seiner Sicht den Irrtum des Herzogs aufklären will. Doch Hiltrud kommt ihm zuvor. »Es ist Widukind. Auf Bruno und Ravena müssen wir noch etwas warten. Aber mach' dir keine Sorgen, Warnekin.« Mit diesen Worten will sie dem Kranken ein feuchtes Tuch auf die Stirn legen, das Hedwig ihr reichte. Mit einer etwas ungeduldigen Bewegung wehrt der Herzog diesen Dienst ab. »Verzeih, Widukind, ich hatte nicht erwartet, dich sobald zu sehen.«

Er versucht seine Schwäche zu überspielen, doch es gelingt ihm nur zum Teil. Ein schlimmer Hustenanfall schüttelt ihn und macht im Augenblick jede Unterhaltung unmöglich. Während Widukind zurücktritt, greift Hiltrud ihm vorsichtig um die Schulter und dreht ihn zur Seite, damit er nicht am eigenen Blut erstickt; Hedwig hält ihm ein Tuch vor dem Mund. Widukind sieht dem Leiden seines Vaters schweigend zu. In diesem Augenblick, da diese Frau ihn in liebevoller Fürsorge im Arm hält, so sieht er es jetzt, fallen ihm die Worte seiner Mutter im fernen Wigaldinghus ein, »nun stirbt er in den Armen dieser Frau«. Doch in Widukinds Herz ist in dieser Stunde kein Platz für Groll und böse Gedanken.

Der Froste tritt an seine Seite, in der Hand hält er einen irdenen Krug mit einer scharf riechenden Flüssigkeit. »Die Götter werden den Geist deines Vaters nur noch kurze Zeit in seinem Körper belassen. Es ist jetzt schon unnatürlich, daß er noch lebt, und es zeugt von seiner inneren Stärke. Ich werde ihm jetzt diesen Trunk geben, da du nun hier bist, so wie er es vor Tagen von mir verlangt hat. Dieses Gebräu wird seine Lebensgeister noch einmal für kurze Zeit beflügeln. Ihr werdet die Zeit nutzen, und es wird gesagt, was gesagt werden muß. Danach aber, wenn die Wirkung dahin ist, wird der Geist des Herzogs Warnekin die große Reise antreten.« Wie zu sich selbst spricht der Froste nach kurzer Pause weiter: »Ob in das Reich der Schatten, dort, wo menschliche Fehltritte aufgerechnet werden, oder gleich in die Glorie der Walhalla, wer weiß das schon. Denn, ob König, Häuptling oder Sklave, Menschen sind wir alle.«

Die Rückenverkrümmung Remos tritt jetzt noch stärker hervor. Es scheint, als habe er Schwierigkeiten, eine aufrechte Haltung zu bewahren. Nichts an ihm deutet jetzt auf seine Tätigkeit hin. Er trägt einen beigefarbenen, weiten Mantel aus grobem Stoff, in dem er wegen seiner ausgemergelten Gestalt wie ein halbwüchsiger Knabe wirkt. Jedoch, seine Haare sind weiß und seine Züge sind die eines Greises. Sein Blick hängt an dem jetzt völlig apathisch daliegenden Warnekin. »Was immer er in seinem Leben auch falsch gemacht haben mag, allein an mir hat er vieles gutgemacht. Die Götter der Sachsen oder der Gott der Christen, was hätten sie für einen Sinn, wenn sie im Jenseits nicht das Gute gegen das Schlechte aufrechnen würden? Ja, wenn nicht hier, dann im anderen Leben muß doch der Geschundene seine Genugtuung und der Schinder seine Strafe bekommen. Pippin, auch du wirst einmal für das Unrecht bezahlen müssen, das du zu oft im Namen deines Gottes begehst!«

Der Froste gibt sich einen Ruck, um seine Sinne wieder auf die Gegenwart zu konzentrieren. Er greift sich an die Stirn und sagt wie entschuldigend zu Widukind, »meine Gedanken hatten sich verirrt.« Damit begibt er sich zum Krankenlager, wo Hiltrud ihm behilflich ist, den Verletzten aufzurichten, damit der den Trunk zu sich nehmen kann.

Währenddessen ist Edeltraud auf Widukind zugegangen. Sie reicht ihm einen Becher mit Honigwein und einen Holzteller mit Brot und Fleisch. »Trotz des traurigen Anlasses sei uns herzlich willkommen.« Das leichte Zittern ihrer Hand und die Röte, die in ihre Wangen zieht als sie vor dem jungen Wigaldinger steht, wird bei dem spärlichen Licht nur von ihm bemerkt. Außerdem gehen die Gedanken der Anwesenden hier in eine andere Richtung. Doch in der Nähe des Todes pulsiert das bestehende Leben oft noch intensiver, ohne daß es den Menschen recht bewußt wird; denn ohne Leben gibt es auch kein Sterben.

Trotz seiner bedrückten Stimmung gleiten Widukinds Augen wohlgefällig über die Gestalt des jungen Mädchens, und ein Lächeln erhellt seine Züge. »Auch ich freue mich, dich zu sehen, Edeltraud, der einzige erfreuliche Anblick in all der Trostlosigkeit.« Sicher wird er seine schöne Geva im fernen Jütland und das Versprechen, das sie beide bindet, nicht vergessen. Sie würde ihm diese Worte und den bewundernden Blick für eine andere Schönheit nicht verübeln.

Für Edeltraud aber sind diese Worte wie Öl in ein glimmendes Feuer. Die Augen, die ihn anschauen, und die Geste, die erkennen läßt, daß sie Widukind gern in ihre Arme nehmen würde, um mit ihm die Kümmernisse dieser Zeit zu teilen, spiegeln eindeutige Gefühle wider. Der junge Sachsen-Edling erinnert sich trotz der bestehenden ernsten Lage jener arglosen Spielchen der unbekümmerten Jugend, die er mit Edeltraud bei früheren Gelegenheiten gespielt hatte und spürt, daß er das Thema wechseln muß.

»Sag mir, was sind es für Verletzungen, die meinen Vater niederwarfen?« So dem Überschwang ihrer Gefühle entrissen, antwortet sie, »die Hiebe einer Streitaxt haben deinem Vater das Rückgrat zerschmettert, doch mitten ins Leben hat ihn der Stich einer Lanze getroffen. Unterhalb der Brustknochen ist er tief in seine Eingeweide eingedrungen. Ich glaube, nur der Wille, noch einmal mit seinem Sohn zu sprechen, hält ihn am Leben.«

Die Hand des Froste auf seiner Schulter und dessen Kopfnicken deuten ihm an, daß es Zeit ist, an das Lager seines Vaters zu treten. Alle anderen Anwesenden verlassen jetzt die Felsenhalle, und Widukind ist mit dem Schwerverletzten allein. Allein in dem großen Raum, der von einer unheimlichen Stille erfüllt ist, die nur vom Knistern der Holzscheite auf dem Feuer unterbrochen wird.

»Erkennst du mich jetzt, Vater?« Kniend ergreift der Sohn die Hand des Vaters und sie blicken einander in die Augen. »Ich erkenne dich, mein Sohn Widukind, und ich bin vollkommen Herr meiner Sinne, doch sehr lange wird der Trunk, den Grifo«, er verbessert sich, »Remo mir auf meine Bitte hin gereicht hat, nicht wirken. Deshalb wollen wir unsere Zeit nicht mit unnötigen Reden vergeuden, sondern uns auf das Wesentliche beschränken.«

Diese mit überraschend fester und klarer Stimme gesprochenen Worte lassen Widukind an der Tatsache zweifeln, einen Sterbenden vor sich zu haben. Vielmehr erkennt er in ihm den energischen Kriegsherzog. So vieles hätte er ihm noch zu sagen. Aber was davon ist wichtig genug, um jetzt gesagt zu werden?

Warnekin läßt ihm auch jetzt keine Gelegenheit, denn er spricht mit leiser Stimme, er muß ja mit den ihm noch verbleibenden Kräften vorsichtig umgehen. »Das Licht des neuen Tages werde ich sicher nicht mehr erleben. Da nützt weder Klag' noch Hader, wenn die Götter es so wollen. Was mich bedrückt, ist die Tatsache, daß ich so viele ungelöste Probleme hinterlasse. Die Franken stehen an unseren Grenzen, nein, sie haben diese bereits überschritten. Sie wollen unserem Volk ihren Christen-Gott aufzwingen, uns unserer Identität berauben. Es ist ihnen bereits gelungen, Anführer aus unseren Reihen für sich zu gewinnen. Um des eigenen Vorteilswillen verraten sie ihren Stamm, ihr Volk und machen gemeinsame Sache mit diesem König Pippin.«

Da Warnekin eine kleine Atempause einlegt, ergreift Widukind das Wort. »Vater, du solltest dich nicht so erregen. Ich weiß von den großen Problemen, die auf uns zukommen und mit denen wir schon jetzt zu tun haben. Aber wir haben auch Freunde, Kampfgefährten, die zu uns stehen. Ich werde versuchen, sie alle zusammenzuführen. Gemeinsam werden wir den Franken dann Paroli bieten!«

»Das ist es, was ich dir sagen will«, fährt der Herzog fort, »dies wird deine größte Aufgabe sein, die sächsischen Stämme zu einen, damit sie endlich alle an einem Strang ziehen. Aber stell' dir das nicht zu leicht vor. Du wirst gegen die Habgier und den falschen Ehrgeiz vieler Anführer kämpfen müssen. In all den Jahren habe ich mich um Einigkeit bemüht und bin gescheitert. Mögen die Götter dir hold sein, damit du erreichst, was mir nicht vergönnt war. Es ist wichtig, daß du die Achtung deiner Mitstreiter erhältst, in jedem Fall Stärke zeigst und, wenn es sein muß, selbst deinen Freunden gegenüber Härte an den Tag legst. Denke daran, daß du es nicht jedem recht machen kannst! Deshalb meine Ratschläge! Ich weiß, sie sind nicht neu. Aber daran, daß ich sie hier und heute wiederhole, solltest du ermessen, wie wichtig sie sind. Schaffe dir eine starke Hausmacht. Trete dort, wo es nötig ist, entschlossen und mit starker Begleitung auf. Nutze die Vorteile, die du durch dein reiches Erbe an Grundbesitz hast; du weißt, auch die Besitztümer meines Bruders Edelhard im Osning und an der Diemel, die mir nach seinem Heldentod zugefallen sind! Zusammen mit unserem Stammgut Wigaldinghus, den dazugehörenden Domänen in den Wiehenbergen, dem Twentegau und im Hämäland, verfügst du über riesige Ländereien und vielen Liten. Nutze diesen Reichtum und verteidige ihn, wenn nötig. Baue dort, wo die Götter natürliche Barrieren in Form von Bergen oder Gewässern geschaffen haben, deine Burgen, wo Frauen, Kinder und Greise Schutz und Fürsorge finden, wie hier in der Brunisburg. Die Feinde mögen sich blutige Köpfe holen, wenn sie dagegen anrennen. Bei all deinen Unternehmungen aber mute denen, deren Herr du bist, nicht zuviel zu. Die Götter haben uns nicht über das gemeine Volk, über die Liten, gestellt, damit wir diejenigen, die unter uns stehen, in den Staub treten. Vielmehr sollten wir sie daraus emporziehen, ihnen unseren Schutz und unser persönliches Interesse angedeihen lassen; denn nur wenn es deinen Bauern und Liten gut geht, kann es auch dir auf Dauer wohlergehen.«

Wieder legt er eine Pause ein. Widukind gibt seinem Vater aus einem bereit stehenden Becher zu trinken, während er ihm vorsichtig den Kopf stützt. Für einen Moment schließt Warnekin die Augen und atmet tief durch, wobei Widukind ihm den Schweiß von der Stirne tupft. Dann spricht der Schwerverletzte weiter und man merkt, daß ihm das Sprechen schwerer fällt.

»Probleme, lauter ungelöste Probleme, die mir unter den Nägeln brennen.« Er greift nach Widukinds Arm und sieht diesen beschwörend an: »Ravena! Versprich mir Widukind, alles zu tun, um sie zurückzuholen.«

»Aber Vater, das ist doch selbstverständlich, sie ist meine Schwester«, und um ihm Hoffnung zu geben, »ich könnte mir vorstellen, daß Bruno schon mit der befreiten Ravena nach hier unterwegs ist.«

»Bruno«, kommt es dumpf von Warnekin, »auch er ist mein Sohn.« Ehe Widukind in seiner Verblüffung ein Wort herausbringt, spricht der Sterbenskranke weiter. »Er ist dein Halbbruder, und ich bitte dich, behandle ihn wie deinen wirklichen Bruder, auch wenn er eine andere Mutter hat. Es ist so vereinbart, daß Hiltrud euch nach meinem Tode Rede und Antwort steht. Ich kann dich wiederum nur bitten, gehe nicht zu hart mit ihr ins Gericht. Solltest du in deinem Leben einmal erfahren, was wirkliche, bedingungslose Liebe bedeutet, dann wirst du alles besser verstehen.«

»Aber meine Mutter, weiß sie davon?«, will Widukind wissen. »Kunhilde ist eine edle, großherzige Frau. Sie hätte ein besseres Los verdient«, gesteht der Herzog, »sie wußte alles, und weil es damals um Leben und Tod ging, hat sie eingewilligt, dieses Geheimnis mit mir zu teilen.«

Dem jungen Mann fallen wieder die Worte seiner Mutter ein, die ihn in seinen Gedanken beschäftigt haben, und im Geiste wiederholt er sie » nun stirbt er in den Armen dieser Frau«. Als ob Warnekin diese Worte gehört hätte, geht er darauf ein. »Ja diese Frau hat mir viel zu verzeihen, und jetzt, da ich an der Schwelle zum Jenseits stehe, kann ich nur auf ihre Vergebung hoffen. Wird sie es für sich nicht als Hohn der Götter empfinden, daß ich nun ausgerechnet hier in der Nähe der anderen Frau meinen Geist aufgebe?«

Widukind weiß darauf im Augenblick keine Antwort, und auch Warnekin schließt, geplagt von Selbstvorwürfen, die Augen und schweigt. Durch diese lastende Stille dringen jetzt die schlurfenden Schritte des Froste, der das Schweigen zwischen Vater und Sohn wohl richtig deutet, da er ja weiß, daß hier für den sterbenden Herzog die Stunde der Wahrheit schlägt.

Besorgt wegen der düsteren Mienen der beiden Engern-Sachsen, schaltet er sich ein. »Widukind, du solltest niemanden verurteilen, ehe du die wahren Beweggründe kennst, und vor allem, nicht diesen Mann, der im Begriff ist, die große Reise anzutreten. Wenn er in seinem bewegten Leben Unrecht getan hat, so wird dies bestimmt durch die

vielen guten Taten aufgewogen. Glaub' mir, ich weiß, wovon ich rede.«
»Was weißt du von den Problemen unserer Familie, Froste«, kommt es etwas unwillig von Widukind. »Mein Sohn«, beschwichtigt Warnekin, »wünsche dir nicht, je so viel Ungerechtigkeit und Schmerz zu erfahren, wie Remo hinnehmen mußte.«

Die Stimme des Herzogs wird zunehmend schwächer, doch er zwingt sich durchzuhalten. »Remo, dieser Name birgt ein Geheimnis, das für dich jetzt ebenfalls gelüftet werden muß, denn als mein Nachfolger sollte dir nichts vorenthalten bleiben, was sich innerhalb deines Umfeldes ereignet hat.« Der junge Edling kann sich trotz der ernsten Lage nicht verkneifen zu bemerken, »mein Bedarf an Überraschungen ist eigentlich vollauf gedeckt, aber sagt mir, was ich wissen muß.«

Ohne auf die Bemerkung seines Sohnes einzugehen, fährt Warnekin, auf den Froste weisend, fort. »Dieser Mann ist der lebende Beweis für des Frankenkönigs grenzenlose Machtgier. Er ist dessen Halbbruder Grifo, der laut fränkischer Berichte vor Jahren im Kampf gefallen ist. In Wahrheit aber sollte er auf Befehl Pippins ermordet werden. Wir konnten ihn schwerverletzt retten, und der fränkische Despot weiß bis heute noch nicht, daß wir ihn vor einem Brudermord bewahrt haben.«

Verbittert schaltet sich der Froste ein, »du solltest sagen, ihr habt die Anulfinger an einem weiteren Verwandtenmord gehindert. Pippin nennt mich einen Verräter. Er aber hat Leben und Glück seiner Verwandten mit Füßen getreten, nur um seinen Machthunger zu befriedigen[31]. Diese Taten werden den Herrschern dieser Dynastie keinen Segen bringen und wenn sie noch so vielen Heiden ihren ›allein selig machenden Glauben‹ aufzwingen. Es wird andere Karlmanns oder Grifos geben, die anderen machtbesessenen Fürsten aus diesem Hause im Wege sind, und eines Tages wird das Geschlecht der Anulfinger...«, erschrocken hält er inne, denn in seiner Erregung hat er den Gesundheitszustand des Herzogs vergessen, der sich jetzt in schmerzhaften Hustenkrämpfen windet.

---

[31] Der Bruder Pippins, Karlmann, König von Austrien, trat 747 in ein Kloster ein, nun war Pippin Alleinherrscher.

Hiltrud, die sich in der Nähe des Grotteneinganges aufgehalten hat, eilt herbei, um Widukind behilflich zu sein, der seinem Vater das Blut abwischt, das aus seinem Mund dringt. Auch Hedwig kommt jetzt wieder in die Grotte zurück, um sich an der Krankenpflege zu beteiligen. Der Froste nimmt sie zur Seite und sagt, »es geht zu Ende, gib ihm von deinem Tee, der die Schmerzen lindert. Ich gehe hinaus und schüre noch einmal das Feuer, damit die Asen einen hellen Ort vorfinden, wenn sie kommen, den Geist des großen Kriegers zu holen.«

Die Kräfte des Herzogs sind restlos aufgezehrt. Vollkommen ermattet liegt er nun da, in seinem Gesicht spiegelt sich das Unausweichliche, das Ende dieser Schmerzen, das Ende dieser Selbstvorwürfe wider. Der Tod wird ein Ende machen mit dem Hader darüber, nicht genug erreicht zu haben für die Seinen, für sein Volk. Seine Augen sind geschlossen, und da der Trank der Kräuter-Hedi zu wirken beginnt, entspannen sich seine Züge. Von Tragik gezeichnet sitzt Hiltrud am Lager Warnekins. So gerne würde sie die Hand des Sterbenden halten, doch wie wird Widukind darauf reagieren, wie mag er nach der Lebensbeichte seines Vaters über sie urteilen? Noch einmal ist es Warnekin, der das Geschehen bestimmt. Mit einer schwachen Bewegung versucht er seine linke Hand nach Hiltrud auszustrecken. Diese umschließt mit ihren heißen Händen die kaum noch durchblutete Linke Warnekins. Ein schwaches Lächeln tritt auf seine Lippen und die Blicke, die ineinandertauchen, sagen mehr als Worte auszudrücken vermögen.

In diesem Augenblick weiß Widukind, daß er diese Frau, die seine Mutter um ihre Liebe betrog, trotz allem nicht verdammen darf.

Als sein Blick dann zu seinem Vater zurückkehrt, schaut dieser ihn an und seine Lippen formen Worte, die aber nicht zu hören sind, da ihm die Stimme den Dienst versagt. Um nun möglichst nahe zu ihm zu kommen, muß sich Widukind auf Hiltruds Schultern abstützen. Da diese noch immer die Hand des Sterbenden hält, kann sie nicht ausweichen. So über die Frau gebeugt und den Kopf nahe an seines Vaters Mund, kann er die geflüsterten Worte verstehen; die letzten Worte, die der Kriegsherzog der Engern-Sachsen in diesem Leben spricht:

»Trotz allem sterbe ich im Frieden meines Geistes. Ich habe mir die

Unschuld meines Glaubens an die Götterwelt unserer Väter erhalten, frei von Zweifeln oder Halbheiten.« Eine kleine Atempause, dann spricht er weiter. »Grifo soll mir das Herz herausschneiden, ich will, daß es zur Babilonje gebracht wird. Unter der alten Donareiche beim Quernhof soll es bestattet werden. Hier mögt ihr meinen Körper verbrennen, und die Asche in alle Windrichtungen verteilen. Mein Sax gehört dir wie auch alles andere. Du mußt dich mit Bruno einigen, er bekommt mein großes Schwert mit dem kostbaren Knauf. Grüße Kunhilde, deine Mutter, die Götter mögen sie schützen, und Ravena, meinen Sonnenschein.« Der Mund Warnekins formt noch weitere Worte, doch seine Stimme versagt ihm den Dienst.

Widukind hat sich aufgerichtet aus seiner nach vorn gebeugten Stellung und blickt in das gezeichnete Antlitz seines Vaters; er empfindet nichts als tiefe Traurigkeit. Nicht die Bilder aus glücklichen Tagen, die er mit diesem Mann zusammen erlebt hat, tauchen vor ihm auf. Nur Sturmesrauschen und graue Nebelschwaden, das ist alles, was er jetzt wahrnimmt. Die Nervenanspannung der letzten Tage und der lange Gewaltritt drücken auf sein Gemüt. Doch er darf sich jetzt nicht gehen lassen. Er gibt sich einen Ruck und zwingt sich, die Gegenwart zu beherrschen.

Mit hastiger Bewegung zieht er seine Hände zurück als er feststellt, daß diese noch immer auf Hiltruds Schulter liegen. Diese Frau sitzt unbeweglich da. Die Hände umfassen noch immer die kalte Linke des Sterbenden, und sie schaut unverwandt in Warnekins Gesicht, aus dem jetzt alle Farbe gewichen ist. Sie mag darauf hoffen, daß er noch einmal die Augen öffnet. Ihr noch einen Blick schenkt.

Vom Eingang her erklingt Grifos wohltönende Stimme. Er singt, während andere weinen! Begleitet von gezupften Tönen einer Fidula, klingt die wehmütige Melodie. Der Text aber ist von den Menschen hier nicht zu verstehen. Es ist eine fremdländische Sprache.

Dieser dumpfen stickigen Luft und die spürbare Nähe des Todes hier in der Felsenhalle möchte Widukind entfliehen! Allein sein mit seinen Gedanken und Gefühlen! Er begibt sich in den Festungshof, wo ihn der naßkalte Wind dieser herbstlichen Nacht die Sinne wieder klar macht. Hier in der Schneise zwischen der Felswand mit dem Grotteneingang und den vorgebauten Unterkünften der Liten hallt der Gesang des Froste unter Begleitung des Klangkörpers, wie in einem Trichter.

Das Feuer oben auf der Balustrade, beleuchtet jetzt das weite Rund bis über den Palisadenzaun hinweg, wo es sich in dem Geäst der umstehenden dunklen Tannen fängt. Alles in allem eine stimmungsvolle Kulisse, wenn nicht diese unendliche Traurigkeit da wäre. Die Traurigkeit des endgültigen Abschieds vom Vater, vom Freund, von der ganz großen Liebe, die nicht sein durfte und doch war, von dem Anführer, dem man Macht und Autorität zugetraut hatte, der drohenden Unterwerfung zu begegnen.

Noch will und kann der Engernsproß, der eigentlich nun Häuptling ist, das heut' Vernommene nicht verarbeiten. Gedankenverloren setzt er sich auf eine der Stufen von der hölzernen Treppe, die zur oberen Plattform führt. Grifo schlägt auf seinem Instrument die ersten Takte zu einem neuen Lied, und diesmal lauscht auch Widukind dieser Melodie:

Es geht ein Freund, ein wirklich guter Freund.
Einst hatte er vom wahren Glück auf dieser Welt geträumt.
Dem Land den Frieden und der Väter Brauchtum zu erhalten,
Vor Allem diesem hohen Ziel galt stets sein Walten.

Er war ein Freund, gewiß kein sehr bequemer Freund.
Er hat ganz sicher hier auf Erden nicht sehr viel versäumt.
Euphorisch gelebt wie geliebt hat er und manches sich genommen.
Doch wer bereit ist, froh zu geben, der wird auch viel bekommen.

Doch nicht immer stand es zu ihm, sein sagenhafte Glück
Nun haben drei Feinde gegen ihn das Schwert gezückt,
Natürlich wich der tapfere Herzog davor nicht zurück.
Da er nun stirbt, geht von meinem Leben auch ein gutes Stück.

Leisen Schrittes tritt Edeltraut auf Widukind zu. Sie lehnt sich wortlos an die Stiege und hört ebenfalls dem Sänger zu. Die fast volle Scheibe des Mondes taucht die Landschaft, die teilweise mit Nebelbänken durchzogen ist, in ein sanftes Licht, das jedoch die Tiefen nicht erreicht. Ein friedliches Bild, das der Wirklichkeit nicht entspricht. Unten am Fluß liegt ein Ort, wo friedliche Menschen zuhause sind, zum größten Teil in Trümmern und hier in der Grotte der Fliehburg stirbt der Anführer der Engern an den Wunden, die ihm während eines heimtückischen Überfalls beigebracht wurden. Doch die Menschen hier leben mit ihrer Götterwelt, wie mit der sie umgebenden Natur. Jeder Schicksalsschlag erklärt sich als von höheren Wesen gegeben; sie, die das Schicksal der Menschen lenken, werden schon wissen, wozu alles gut ist.

Widukind will gerade in die Grotte zurückkehren, als vom Tal her ein Horn ertönt. Sofort wird es im Burghof lebendig. Wer sich um diese nächtliche Zeit so ankündigt, muß in guter Absicht kommen. »Das kann nur Bruno sein«, ruft Edeltraut und hastet die Stufen zur Brüstung hinauf, um über den Palisadenzaun blicken zu können. Widukind begibt sich zum Ausguck am Tor und wartet in erzwungener Ruhe auf die Ankommenden.

Endlich erscheinen fünf Reiter in seinem Blickfeld, und bald ist Bruno zu erkennen, der vorausreitet. Ihm folgt Dago, der Schmied. Er hält zu den Zügeln seines Pferdes noch die Leine des nächsten Reittieres, auf dem ein junger Bursche mit schwarzem Lockenkopf sitzt. Dessen Hände sind auf dem Rücken gefesselt, finsteren Blickes mustert er seine Umgebung. Behende springt Bruno aus dem Sattel und reicht Widukind die Hand, der aus dem Tor heraus auf die Reiter zugegangen ist. »Sei gegrüßt mein Freund«, freundlich klopft der Gaugraf dem Gast aus Wigaldinghus auf die Schulter. »Der Mond hat sechsmal gewechselt seit wir uns in Markloh trafen.«

Widukind ist etwas reservierter, denn jene neue Wahrheit, die sein Gegenüber ja noch nicht kennt, muß erst zu den Herzen der beiden finden. Wie wird Bruno reagieren, wenn ihm klargemacht wird, daß er der Bastard von Widukinds Vater ist? »Grüß' dich Bruno. Seit einiger

Zeit bist du nun Schon der Herr in diesem Gau. Doch auch für mich ist nun die Zeit des sorglosen Lebens vorbei.«

Während er auf den Gefangenen zeigt, will er wissen: »Statt Ravena bringst du einen fremden Gefangenen; sag', was bedeutet das?« »Er ist der Sohn des Verräters, der deine Schwester entführt hat, ein Handlanger der Franken. Sein Vater, der Freie vom Trendelhof, hat mit seinen guten Ortskenntnissen die Franken nach Huxori gebracht und sie bei der Entführung unterstützt. Eckbert, der Trendelhofbauer, war einige Zeit bei meinem Vater im Dienst. Das ist lange her, aber er kennt sich hier sicher gut aus. Als wir die Entführer fast erreicht hatten, stellte uns dieser Bursche mit etlichen trendelschen Leuten einen Hinterhalt. Saxnot sei Dank, daß wir die Falle geahnt haben, so konnten wir sie überlisten und den da gefangennehmen.«

»Gut, du hast also einen Sündenbock, aber habt ihr etwa die Verfolgung dann aufgegeben?« Nachdem der junge Wigaldinger diesen unfreundlichen Ton anschlägt, fällt auch des Gaugrafen Antwort nun ungehaltener aus. »So schnell geben wir nicht auf, außerdem wissen wir, wie man eine Spur verfolgt. Allerdings kann ich den Willen der Götter ebensowenig erzwingen wie du. Als die Fährte der Entführer ihre ursprünglich südliche Richtung änderte und nun gen Westen führte, wurden wir skeptisch. Wir teilten uns in zwei Gruppen auf. Dago ist mit fünf Männern weiter nach Süden geritten, während ich mit dem Rest der Krieger die westliche Spur in Richtung Hohenborn aufnahm. Als wir die Trendelleute überrumpelt hatten, bemühten wir uns den Schmied wieder einzuholen. Um die Mittagszeit des nächsten Tages fanden wir dann Dago und zwei seiner Begleiter. Sie waren an Bäumen gefesselt und drei Krieger, es sind Männer von euch, die zur Begleitung des Herzogs gehörten, lagen erschlagen in der Nähe. Was da geschehen war, soll der Schmied dir erzählen.« Nach diesen Worten nimmt Bruno aus der Hand seiner Schwester Edeltraud einen Krug mit Wasser und einen Leib Brot entgegen.

Widukind aber blickt den Schmied erwartungsvoll an, dessen Stirne an der linken Seite eine häßliche Platzwunde aufweist, die jetzt verharscht ist. Der räuspert sich, doch ehe er zu sprechen anfangen konnte, ertönt vom Grotteneingang die Stimme der Kräuter-Hedi. »Herr Widukind! Mit eurem Vater geht es zu Ende. Hiltrud bittet euch zu kommen.«

Nur das Knistern des Feuerholzes auf der Esse und ab und zu das Heulen einer Windboe, die sich in den Fensternischen der Felsenhalle verfängt, stören die Stille. Noch immer hält die Frau mit den langen grauen Haaren die linke Hand des Herzogs, und die sonst so ausdrucksvollen Augen Hiltruds hängen leer und tränenlos an den bleichen Zügen des Sterbenden.

Leisen Schrittes tritt Widukind an das Lager seines Vaters, um ihn in diesem Moment möglichst nahe zu sein. Einem stillen Zwang folgend, begibt sich auch Bruno an das Sterbebett und steht nun Schulter an Schulter mit dem, von dem er noch nicht weiß, daß er sein Halbbruder ist. Ein leises Zittern geht durch den Körper des Todgeweihten, dann schlägt er fast wie im Schreck die Augen auf. Während alle Anwesenden den Atem anhalten, heften sich die Augen Warnekins an die Decke des Gewölbes. Wollen, ja, können sie den Fels durchdringen? Seine Züge entkrampfen sich, die vorher zusammengepreßten Lippen nehmen den weichen Zug der Entspannung an. Durch den schwach erleuchteten Raum wandert sein Blick und bleibt auf die Gesichter der beiden vor ihm stehenden jungen Männer haften. Man möchte meinen, daß für einen Moment ein Leuchten in diesen Augen steht. Langsam wenden sie sich dann der Frau zu, die diesen Blick förmlich in sich aufsaugt. Zusehends verliert das Blau dieser Männeraugen, die gewiß vieles gesehen haben, an Farbe, bis sie blaß und leer in den Höhlen liegen. Ein tiefer Seufzer entringt sich noch einmal seiner Kehle. Das letzte Geräusch, das ein Mensch verursacht, wenn er diese Welt verläßt! Der Kriegsherzog Warnekin ist tot!

Grifo, der das Ableben seines Freundes aus einiger Entfernung von einer Fensternische aus beobachtet hat, greift in die Seiten seiner Fidula, ein Lied kommt nicht über seine Lippen, doch die gemurmelten Worte: »Er war ein Freund, ein wirklich guter Freund«, durchdringt die Gemüter der Hinterbliebenen.

KAPITEL VI

chon früh haben sich die Strahlen der Sonne am nächsten Tag ihren Weg durch den Nebel gebahnt. Auch die mehr oder weniger bewaldeten Erhebungen in der Nachbarschaft des Brunisberges liegen an diesem Morgen im hellen Sonnenlicht, das jedoch die Wärme des Sommers verloren hat. Als ob Riesenhände das Tal mit weißen Daunen gefüllt hätten, so ist das Flußdelta unter einer milchig weißen Nebeldecke verborgen. Auch die Seitentäler sind zum Teil mit Nebel bedeckt, so daß die Berge des Solling jenseits des Wesertales wie Inseln in einem schneeweißen Meer wirken.

Mit dem Hinscheiden des Herzogs in der vergangenen Nacht ist hier in der Brunisburg eine entkrampfende Ruhe eingekehrt. Jeder, der das Sterben Warnekins miterlebte, gibt sich jetzt einem in sich gekehrten Schweigen hin, bis ein Erschöpfungsschlaf die trauervollen Gedanken für einige Zeit ablöst.

Auch Widukind ist in einen tiefen Schlaf gefallen, und wird erst vom Werkeln der Leute geweckt, die unter Grifos Anleitung auf der Empore ein Gestell aufbauen, wo der Leichnam des Herzogs für drei Tage aufgebahrt werden soll. Jetzt steht Widukind mit dem Rücken am Treppenaufgang gelehnt und wartet auf Dago, nach dem er geschickt hat, um nun endlich alles über den Verbleib seiner Schwester zu erfahren. Soeben kommt der Schmied in Begleitung des jungen Gaugrafen zum Tor herein. Bruno hebt die Hand zum Gruß und Dago deutet eine kurze Verbeugung an, nachdem sie über die Steinstufen die Terrasse vor der Grotte erreicht haben. »Ihr wart schon unten in Huxori, braucht ihr keinen Schlaf?«, fragt Widukind.

»Auch wir haben kurze Zeit geschlafen«, sagt der Schmied, »doch es gibt so viel zu tun. Es wird noch Tage dauern, bis unser Haus dort wieder bewohnbar ist. Auch die anderen Häuser im Ort sind zum größten Teil zerstört. Die meisten unserer Leute wohnen bei den umliegenden Bauern, bis die Häuser wieder hergestellt sind. Das muß jetzt schnell gehen, denn bald ist es Winter, und das Vieh muß untergebracht werden.«

Der junge Wigaldinger nickt, er denkt an die Probleme seiner eigenen Sippe, an die Bauern in der niedergebrannten Düsselburg. »Ja, bevor der Winter kommt, gibt es noch vieles zu erledigen. Weißt du, wie hoch die Verluste bei euch sind?«, will er von Dago wissen. »Der Kampf war kurz und heftig, ich glaube, der Überfall galt lediglich dem Herzog und Ravena. Außer deinem Vater sind noch fünf Männer und unsere arme Klara zu beklagen. Dazu haben wir noch zwölf Schwerverletzte, und durch das Feuer sind fast all unsere Häuser innerhalb der Befestigung zerstört.«

Mit finsterer Miene spricht Widukind. »Es wird wohl so sein, daß der Besuch meines Vaters, der ihn das Leben gekostet hat und auch euch so böse Folgen bescherte, der Grund dieses Überfalls war. Ich kann mir vorstellen, daß die Franken, die, wie wir ja wissen, zur Zeit ein großes Feldlager am Zusammenfluß von Werra und Fulda haben, durch einen sächsischen Verräter von der Reise Warnekins, eines der größten Feinde König Pippins, erfahren haben.«

»Darauf wird uns der Bursche dort eine Antwort geben«, unterbricht der Schmied und deutet auf einen Verschlag unter der Treppe, die zur oberen Plattform führt. Dort hat man den Gefangenen, den Bruno und Dago in der letzten Nacht mitgebracht haben, hinter einer stabilen Holzbalkentür eingesperrt. »Wir werden ihn verhören, wenn es Zeit ist«, entscheidet Widukind und wendet sich dann direkt an den Schmied. »Du mußt noch berichten, was sich ereignet hat, als ihr gefangengenommen wurdet.« Etwas verlegen blickt Dago vor sich hin und stößt zornig mit dem Fuß gegen einen Stein. »Mir scheint, die Götter wollen mich demütigen. Erst muß ich erleben, wie die erbarmungswürdige Klara vergewaltigt und ermordet wird, ohne daß ich ihr helfen kann. Dann werde ich von den Entführern der Dame Ravena überrumpelt, niedergeschlagen und gefesselt, wie ein Schafbock den man kastriert hat, so finde ich mich wieder. Ich weiß zwar nicht, wie so ein Bock sich hinterher fühlt, aber schlimmer kann das auch nicht sein.«

Die graublauen Augen in dem zugewachsenen Gesicht blicken zornig in den Himmel, während er weiterspricht. »Wir hatten den Diemelfluß durchquert an einer Stelle, wo an der anderen Flußseite steil aufragende Klippen den Weg einengen. Genau dort stürzte plötzlich eine Horde Frankenkrieger aus dem Wald auf uns zu und drängten uns gegen die Felswände. Blitz und Donner soll mich auf der Stelle treffen, wenn wir gegen die Übermacht eine Chance gehabt hätten. Das war geplant, die haben uns erwartet. Mitten im Kampfgetümmel habe ich dann eins über den Schädel gekriegt, und als ich wieder aufwachte, hatten sie mich und zwei unserer Leute an Bäume gebunden. Als die Franken merkten, daß ich bei Verstand war, kam einer von ihnen auf mich zu. Sicher war er der Anführer. Er sagte etwas, das ich nicht verstand. Dann rief er einen Mann hinzu, der sah aus wie einer der Unseren, und der mußte dann die Worte des Anführers an mich übersetzen. Er sagte, sie hätten uns nicht aus Gnade und Barmherzigkeit am Leben gelassen, sondern weil wir eine Botschaft an den Gaugrafen und die Sippe des Herzogs überbringen sollten. Ich soll euch also sagen, daß jeder Versuch, Ravena zu befreien, sinnlos ist. Ihr würdet nur das Leben des Mädchens und das eurer Krieger gefährden. Sie würde in ein christliches Kloster gebracht, wo sie den Glauben an den wahren Gott erfahren würde und als Christin käme sie, wenn es dieser gnädige Gott so wolle, eines Tages zu ihrer Sippe zurück. Das sollte ich euch sagen. Dann sind sie abgezogen.«

Mit Zorn im Herzen hat Widukind diese Botschaft vernommen. Verbittert sagt er, »ähnliches ist auch mit Frauen und Töchtern anderer Anführer passiert.« In ohnmächtigem Grimm schlägt er mit der flachen Hand gegen die Felswand, an der er steht. »Im Augenblick können wir nichts tun, aber die sollen nicht glauben, wir würden dies einfach hinnehmen.«

Auch Brunos Stimme ist zornesschwanger, als er sagt: »Als erstes müssen wir gegen die Verräter aus unseren eigenen Reihen vorgehen.« Dabei geht er auf das Verließ zu, um den Gefangenen herauszuholen. Doch der Edling aus Wigaldinghus legt ihm die Hand auf die Schulter, »laß uns nichts in unüberlegter Wut unternehmen, Bruno.« Der verhält den Schritt, schaut Widukind an und nickt. »Du hast recht, wir werden ihn später verhören.«

Die Aufmerksamkeit der drei Männer wird nun auf den Eingang zur Felsenhalle gelenkt, wo vier Träger die Bahre mit den sterblichen Überresten des Herzogs aus der Grotte heraus auf die obere Plattform tragen. Als es die steile Holztreppe hinaufgeht, wird es beschwerlich, Widukind und Dago greifen helfend ein, während Bruno seine Mutter tröstend in die Arme schließt. Jetzt erst, da die Tränen fließen, löst sich die Starre in Hiltruds Innerem. Noch weiß der junge Graf nicht, wieso seine Mutter so stark auf den Tod des Herzogs reagiert und doch empfindet er tiefes Mitleid.

Grifo hat das Feuer oben auf der Plattform wieder angeheizt. Um die trotz der herbstlichen Kühle noch vorhandenen Fliegen zu vertreiben, wirft er eigens für diesen Zweck gesammelte Wacholderzweige und bestimmte Gewürzpflanzen ins Feuer. Dunkle Rauchschwaden hüllen die Platte auf der Empore ein, wo der Leichnam für drei Tage seinen luftigen Platz haben wird und wo der Froste, bevor es zur Verbrennung kommt, dem leblosen Körper das Herz entnimmt.

Hiltrud ist nun ruhig und gefaßt. Sie erinnert sich des Versprechens, das sie Warnekin vor vielen Jahren gegeben hat und das sie erst gestern wiederholt hat. Jetzt möchte sie alles so schnell wie möglich hinter sich bringen. »Bitte komm doch gleich mit Widukind in die Grotte«, sagt sie zu Bruno, »ich habe Wichtiges mit euch zu besprechen.« Gelassen nickt der Gaugraf. Er nimmt an, es handele sich um die Zeremonie des Abschieds von Warnekin und der anderen Toten, weiß er doch nicht, daß nach diesem Gespräch vieles für ihn anders aussehen wird.

Sie ist noch immer eine reizvolle, eine sehr schöne Frau, denkt Widukind, während er Brunos Mutter, die Geliebte seines Vaters, betrachtet. Sie hat den beiden jungen Männern, die nun jeder für sich das Erbe ihres Vaters zu verwalten haben, ein schlichtes Frühstück bereitet. Jetzt sitzt Hiltrud ihnen gegenüber, die Hände im Schoß gefaltet, den Blick gesenkt, ja, in sich gekehrt. Dies wird gewiß eine der schwersten Stunden ihres Lebens sein. Bittet sie im Stillen den Dahingeschiedenen ihr beizustehen, wenn sie nun ihre Lebensbeichte ablegen muß. Vor ihrem Sohn Bruno, der zu ihr aufgeschaut hat, vor Widukind, der auch eine Mutter hat, eine Mutter, die er liebt, die von ihr, Hiltrud, verletzt und betrogen wurde! Wie werden diese beiden Edlinge über sie urteilen?

Natürlich weiß Widukind nicht, wie er sich Hiltrud gegenüber verhalten soll. Eigentlich müßte er diese Frau verfluchen. Sie hat das Glück seiner Mutter zerstört, die in der Ferne zurückbleiben mußte mit der Gewißheit, daß der Mann, den sie liebte, ›in den Armen dieser Frau‹, wie sie selber sagte, sterben würde. Ja, jetzt weiß er, welchen Schmerz seine Mutter empfunden hat, als er fortgeritten ist. Das Herz des jungen Mannes verkrampft sich, und er möchte dieser Frau dort heimzahlen, was sie Kunhilde angetan hat.

Leise ertönt nun Hiltruds Stimme: »Was ich euch zu sagen habe, wird euch schwer treffen. Widukind hat durch seinen Vater ja schon etwas erfahren. Dich aber, Bruno, wird es sicher wie ein Keulenschlag treffen, doch ich kann es dir nicht ersparen. Ich bitte euch nur um eins«, dabei schaut sie die Beiden jungen Männer mit einem Blick an, der mehr sagt als alle Worte. »Urteilt erst, wenn ihr alles gehört habt und denkt daran, daß alles, was ich euch einzugestehen habe, aus einer großen Liebe heraus geschah. Ich hatte niemals die Absicht, irgend jemand weh zu tun.«

Bruno, der sich gar nicht vorstellen kann, worauf seine Mutter hinaus will, fängt zu reden an, aber mit einer Handbewegung heißt sie ihm Schweigen: »Damit du weißt, wie schwerwiegend meine Ausführungen sind, dies vorweg: Nicht der Angrivarier Bruno, dessen Namen du trägst, ist dein Vater, sondern Warnekin, der Engern-Sachse ist es.«

Als habe eine mächtige Faust ihm einen Schlag vor den Kopf versetzt, so sitzt der junge Gaugraf in diesem Augenblick da, und Widukind, der die Tatsache inzwischen einigermaßen verarbeitet hat, legt ihm beruhigend seine Hand auf die Schulter. Hiltrud jedoch läßt sich nicht beirren und spricht weiter: »Um alles zu verstehen, muß ich euch die ganze Geschichte meines Lebens erzählen. Von Kindheit an ist mein Schicksal eng mit dem Grifos verbunden.« Sich an Bruno wendend erklärt sie:

»Grifo, das ist unser Froste, den du nur unter den Namen Remo kennst. In Wahrheit ist er der Halbbruder des Frankenkönigs Pippin. Der Major Domus Karl Martell war sein Vater und dessen Friedelfrau Swanahild seine Mutter. Meine Eltern waren Herzogin Pilitraud und Herzog Grimoald von Freising. Hier ist nur bekannt, daß ich eine Freifrau aus bairischen Landen bin. Um Grifos und auch mein Leben nicht zu gefährden, wurde meine wahre Abstammung geheimgehalten. Ich gehörte also der Agilofingersippe an. Mein Vater paktierte damals mit der Dynastie der Merowinger, denen die Anulfinger die Königswürde streitig machten. Zehn Lenze meines Lebens verbrachte ich am Hof meiner Eltern in Frisingin, und soweit ich mich erinnere, war es eine glückliche Kinderzeit. Bis dann im Jahre 728 nach fränkischer Zeitrechnung die Machtgier der Anulfinger über uns kam. Ich kann mich noch gut daran erinnern, als mein Vater im Schloßhof von Frisingia hingerichtet wurde. Meine Cousine Swanahild, die während meiner Kindheit ständig an meiner Seite war, sie gehörte ja zu unserer Familie, hatte mich in ihre Arme genommen und mein Gesicht an ihre Brust gedrückt, damit ich nicht mit ansehen mußte, wie sie ihn brutal gefesselt und fortgeschleppt haben.

Was aus meiner Mutter geworden ist, darüber will ich jetzt nicht sprechen. Karl, der als Hausmeier des Merowinger Königs die Macht im Frankenland an sich gerissen hatte, nahm Swanahild mit an seinen Hof in Cannstadt, nachdem er sie in sein Bett gezwungen hatte. Da sie sich nicht von mir trennen wollte, erlaubte er ihr, von deren Schönheit er sehr angetan war, mich mitzunehmen. So wollte es das Schicksal, daß ich einige Jahre meiner Jugend am Fürstenhof der Franken zwischen Priestern, Nonnen und Soldaten verbrachte. Ich muß sagen, ich habe daran ziemlich ungute Erinnerungen. Die Diener und Dienerinnen ihres Gottes redeten von Frieden und Nächstenliebe und der unendlichen Gnade ihres Gottes. Doch die strengen Gesetze ihres Glaubens, wie ich ihn ja auch in Frisingia kennengelernt habe, galten anscheinend nur für das gemeine Volk und für die einfachen Priester, nicht aber für die weltlichen oder kirchlichen Fürsten.

Als Grifo geboren wurde, waren wir etwa ein Jahr bei Karl Martell. Ich habe mich, so oft ich konnte, um den Knaben gekümmert. Er wuchs abseits der beiden anderen Söhne des Hausmeiers auf. Pippin und Karlmann waren eben rechtmäßige Kinder des Herrschers ohne Krone, während Grifo ein Bastard war.

Karl führte oft Kriege an den Grenzen des Reiches und war demzufolge nicht sehr oft in unserer Nähe. Bei einem großen Feldzug, den die Franken gegen sarazenische Eindringlinge führten, mußte Swanahild ihn begleiten. In der Zeit lebten Grifo und ich im Land der hohen Berge. Maja im Venetengau (heute Meran im Vinschgau) wurde uns zur Heimat.

Später hat Karl Martel verfügt, Grifo sollte dort der Landesherr werden und der Titel eines Fürsten im Frankenland wäre ihm sicher. Ja, er hat Swanahild und ihren Sohn sehr geliebt. Doch als er gestorben war, nützten uns die Schutzerlassen, mit denen er unsere Zukunft sichern wollte, nur noch sehr wenig.

Die Söhne des Hausmeiers wuchsen heran, und die Machtbesessenheit ihres Vaters zeigte sich bald auch bei ihnen. Swanahild, die Friedelfrau ihres Vaters, und deren Sohn waren ihnen im Wege. Natürlich fanden sich auch Gefolgsleute, die sich als willfährige Werkzeuge, der nach Macht greifenden Erben Martells, erwiesen. Sie machten uns das Leben schwer.

Als junge, alleinstehende Frau wurde ich an den Fürstenhöfen und in den Pfalzen, wohin wir kamen, als Freiwild betrachtet. Ein enger Freund Pippins, ein Graf mit dem Namen Theoderich, vergewaltigte mich eines Tages. Grifo, der trotz seiner Jugend schon ein guter Kämpfer war, kam darauf zu und verletzte den Unhold schwer. Ganz sicher

105

hätte der Grifo und auch mir nach dem Leben getrachtet, dafür kannte ich ihn. Nun mußte Swanahild einsehen, daß es für uns zu gefährlich war, in der Nähe der Anulfinger zu bleiben.

Mit der aufopfernden Hilfe eines jungen fränkischen Bauern gelang uns dann die Flucht nach Juvavum[32] zum Herzog Odilo, einem Vetter von Swanahild, dessen Herrschaftsbereich den Süden Baierns[33] umfaßt, während mein Vater als Teilherzog den Norden des Landes beherrschte, bis er von Karl besiegt und getötet wurde. Odilo versuchte, ein eigenständiges Land der Baiuwaren zu erhalten. Auch er unterstütze, wie vorher mein Vater, heimlich den Merowingischen König, den die Anulfinger beseitigen wollten. Eine gefährliche Sache für den Herzog, denn er mußte nur zu gut wissen, was mit meinem Vater geschehen war. Er stand in gutem Einvernehmen mit dem obersten Priester der Christen, den sie Papst nennen. Dessen Gesandter, ein Bischof namens Winfried-Bonifatius, weilte zu der Zeit, als wir dort eintrafen, am Hofe Odilos.

Am Tage nach unserer Ankunft in Juvavum kam es zu einer Unterredung zwischen Swanahild und dem Herzog. Auch jener hohe Priester war dabei anwesend.

Als Swanahild zu Grifo und mir zurückkam, war sie sehr ernst und nachdenklich. Sie sagte, den besten Schutz vor den Unbilden dieser Welt könnten uns die Mauern eines Klosters bieten. Dies gelte nicht nur für uns Frauen, sondern auch für Grifo. Dies haben ihr der Bischof und auch Odilo klargemacht. Daraufhin protestierte Grifo heftig, so leicht wolle er es Pippin und Karlmann nicht machen. Er denke nicht daran, das noch vor ihm liegende Leben in der Eintönigkeit eines Mönchsklosters zu verbringen. Auch für mich kam diese Lösung nicht in Frage. Ich machte meiner treuen Freundin, denn das war sie wirklich trotz des Altersunterschiedes, klar, daß ich vom Leben etwas anderes erwarten möchte. Sie mußte einsehen, daß mir jede innere Einstellung zum Klosterleben fehlte.

Ich weiß es noch, als wäre es gestern gewesen. Sie hatte meine Ein-

---

[32] heute: Salzburg.
[33] Dazu gehörten auch Teile des heutigen Östereichs.

wände ruhig angehört, dann erhob sie sich; ihre dunkle Stimme bebte ein wenig als sie sagte: ›Dann trennen sich heute unsere Wege. Noch heute bricht eine Gruppe mit einigen Nonnen zu einem nahe gelegenen Kloster auf, ich werde mich ihnen anschließen.‹ In ihren Augen standen Tränen, sie versuchte diese vor uns zu verbergen. Verzweifelt drängte Grifo, seine Mutter ihren Endschluß aufzugeben, doch vergebens. Sie schüttelte den Kopf und sagte: ›Wenn ich jetzt nicht gehe, kann ich es sicher gar nicht mehr.‹ Dann küßte sie mich zum Abschied auf die Wange, drückte ihren Sohn noch einmal an sich und verschwand.

Nachdem wir eine, ich weiß nicht wie lange Zeit, schweigend da gestanden haben, hörte ich Grifo sagen: ›Womit konnten die sie nur dazu bringen?‹ Wir sollten auf diese Frage sobald keine Antwort bekommen, wir blieben in dumpfer Verzweiflung zurück.

Tags darauf mußten Grifo und ich die fürstliche Wohnung, die wir mit Swanahild bewohnt hatten, verlassen und bekamen zwei voneinander getrennte Kammern beim Gesinde zugewiesen, die man notfalls auch als Gefängnis hätte benutzen können.

Nun war ich den Belästigungen und anzüglichen Reden der im Festungsbereich zusammengezogenen Krieger ausgesetzt, und Grifo mußte sich mit ihnen schlagen, um meine Ehre zu verteidigen. Eines Abends, ich kam aus dem Waschhaus, wo ich für uns ein paar Kleidungsstücke gewaschen hatte, wurde ich im dämmerigen Licht des Festungshofes an einer entlegenen Stelle von einer Horde offensichtlich angetrunkener Männer umringt. Soweit ich verstehen konnte, waren es zotige, ja schmutzige Reden, die geführt wurden. Verzweifelt versuchte ich aus dieser Umzingelung herauszukommen, doch kräftige Hände hielten mich fest. Von irgendwo hörte ich Grifo schreien, der wohl daran gehindert wurde, mir zu helfen.

Ein brutaler Kerl bedrängte mich und versuchte mir die Kleider zu zerreißen. Plötzlich ließ er von mir ab. Ehe ich merkte, was geschah, lag er zu meinen Füßen und vor mir stand ein Mann in der Kleidung, wie sie die freien Bauern tragen. In der einen Hand trug er eine Streitaxt und in der anderen ein kurzes Schwert.

Die Verwirrung des Augenblicks nutzend, gelang es mir, aus der Umzingelung der Männer herauszukommen. Die Bande, die mich überfallen hatte, wollte sich jetzt auf meinen Retter stürzen.

Der Kampf jedoch währte nicht lange, denn plötzlich stand Herzog Odilo mit einigen Begleitern da, und seine herrische Stimme gebot Einhalt. Er überblickte das Geschehen, sah mich einen Augenblick lange an und trat dann auf meinen Retter zu. Er sprach ihn mit Graf Bruno an und bedankte sich für dessen Eingreifen. Die Unholde wurden von den Männern des Herzogs entwaffnet und abgeführt. Es stellte sich heraus, daß der Mann, der von diesem Bruno niedergeschlagen wurde, nur bewußtlos war. Mein Retter hatte mit der flachen Seite seiner Streitaxt zugeschlagen. Odilo forderte den Grafen Bruno und mich auf, am Abend zum Essen in seine Halle zu kommen; ich solle auch Grifo mitbringen.

Danach stand ich mit dem Mann, der mich vor einem weiteren schlimmen Erlebnis gerettet hatte, allein in dem fast dunklen Festungshof. Ich weiß nicht, wie es kam, sicher waren die überspannten Nerven daran schuld, plötzlich habe ich hemmungslos geweint. Dieser große Mann nahm mich in seine starken Arme, strich mir ganz sanft übers Haar und sprach mit leiser, angenehmer Stimme Worte in einer Sprache, die ich nicht verstand. Wie lange wir so dagestanden haben, weiß ich nicht. Ich kann nur sagen, daß ich mich in diesen Armen unendlich geborgen gefühlt habe. Plötzlich ertönte dann in unserer unmittelbaren Nähe eine Stimme: ›Laß sofort die Frau los oder du stirbst!‹ Es war Grifo. Er sah schlimm aus, man hatte ihm mit einem Gegenstand vor den Kopf geschlagen.

Nachdem ich ihm alles erklärt hatte, entschuldigte er sich bei dem Grafen. Dieser begleitete uns dann zu meiner Unterkunft. Er sprach ein seltsames Kauderwelsch. Später wußte ich, daß es ein Gemisch aus der fränkischen und der sächsischen Sprache war. Da er unsere Sprache verstand, erzählte ich ihm von unserem Schicksal. Daraufhin bot er uns seine Hilfe an. Er war der Meinung, wir sollten uns möglichst weit von dem Bereich fernhalten, den Pippin und Karlmann erreichen könnten. Bei dem Machthunger der Anulfinger, wären im Frankenland zwei Herrscher, die sich die Macht teilen sollten; immer einer zuviel. Wenn die legalen Söhne Karl Martells, Pippin und Karlmann, nun auch noch, wie vom Vater bestimmt, mit dem Bastard Grifo teilen sollten, dann würden sie sicher auch vor den schlimmsten Gemeinheiten nicht zurückschrecken.

Wir erfuhren dann, daß Herzog Odilo sich gegen die Übermacht der Franken zur Wehr setzen wolle. Zu diesem Zweck wollten sich die Baiern unter Odilo, mit den Sachsen und Sorben verbünden. Er, Bruno, Gaugraf von Huxori an der Weser, sei einer der Verhandlungsführer der Sachsen. Auch sie würden von den Franken bedrängt und hätten allen Grund, eine starke Allianz zu suchen. Am Abend dann, an Odilos reich gedeckter Tafel, waren nur wenig Gäste geladen. Der Herzog war ein vorzüglicher Gastgeber, er entschuldigte sich für das Benehmen der Soldaten und kündigte harte Strafen für sie an. Leider wären zwei von ihnen geflohen, aber man würde alles daransetzen, ihrer habhaft zu werden. Er wolle nicht hoffen, daß sie zu den Karolingern[34] gelangen würden.

Sich dann an Bruno wendend, sagte er, die Zeit seiner Ankunft sei gut gewählt, denn der Mönch Bonifatius sei tags zuvor abgereist. Es wäre besser, wenn dieser Beauftragte des Papstes vorerst noch nichts von seinen Plänen erführe. Der Graf aus dem Sachsenland berichtete, der Kriegsherzog der Engern-Sachsen, Warnekin, werde am Obermarsberg[35] eine Kriegerschar zusammenziehen und dessen Bruder Edelhard wäre dabei, im Osning, eine Truppe aus dem weiten Westfalenland gegen die Franken aufzustellen. Diese ganzen Kriegsgeschichten waren für mich im Augenblick ziemlich uninteressant und ihr fragt euch auch sicher, warum ich euch dies alles so langatmig erzähle. Doch diese Ereignisse hatten später nicht nur auf mein Schicksal einen großen Einfluß«, damit unterbricht Hiltrud ihre Bericht.

Grifo ist inzwischen in der Felsenhalle erschienen und stellt mit ernster Miene ein mit Eisen beschlagenes Holzkästchen in Widukinds

---

[34] Nach dem Tode Karl Martells wurden aus den Anulfingern die Karolinger.
[35] Dort befindet sich die Eresburg.

Nähe ab. Der traurige Blick genügt, um den Anwesenden klar zu machen, welchen Inhalt diese Schatulle birgt: Es ist das Herz des Herzogs Warnekin! Bereit für den Weg zur Babilonje, wo es seinen Platz finden wird jenseits aller weltlichen Bedrohungen!

Jener Froste, der von Geburt her ein Fürstensohn ist, läßt sich auf der Bank am Feuer nieder. Er hat die letzten Sätze von Hiltruds Ausführungen mitgehört und sagt: »Da dein Lebensweg mit dem meinen einigermaßen eng verbunden ist, möchte ich mit deiner Erlaubnis weiter erzählen.«

Auf die einwilligende Geste der Frau hin spricht Grifo: »Für uns war es also mit Gefahr für Leib und Leben verbunden, wenn wir im Machtbereich meiner Halbbrüder geblieben wären. Der Baiernherzog Odilo hatte uns ziemlich unverblümt klargemacht, daß unsere Anwesenheit an seinem Hof nicht erwünscht war. Unsere einzige Hoffnung gründete sich auf die Person dieses Heiden, Graf Bruno, den man in der Umgebung des Herzogs hinter vorgehaltener Hand als Barbaren bezeichnete. Doch für uns war er ein gütiger Mann, ein wirklicher Ritter. Mir entgingen jedoch die bewunderten Blicke nicht, mit denen er Hiltrud beobachtete und mir wurde klar, daß er ihre Nähe suchte, wo immer dies möglich war.«

Hiltrud unterbricht ihn: »Er wurde aber nie aufdringlich, stets zeigte er vornehme Zurückhaltung, und in seiner Nähe hatte ich ein Gefühl von Sicherheit, ja Geborgenheit, das mir über lange Zeit verlorengegangen war.«

Grifo nimmt das erklärende Gespräch wieder auf. »Als die Verhandlungen zwischen Odilo und Bruno beendet waren, man sich also einig geworden war über das Vorgehen gegen die Arnulfinger, machte der Graf sich auf, mit seinem Troß in die nordische Heimat zurückzukehren. Da Hiltrud und ich keine andere Möglichkeit sahen, ohne den Schutz von Klostermauern, den wir nicht wollten, zu überleben, schlossen wir uns ihm an. Es war eine lange und beschwerliche Reise. Wir mußten durch fränkisches Gebiet reiten, wenn wir nicht einen weiten Umweg durch slawische Lande machen wollten, was ja auch nicht ungefährlich gewesen wäre. So versuchten wir, möglichst unauffällig und doch schnell zu reisen, denn der Winter stand bevor. Ich weiß nicht, wie viele Tage wir unterwegs waren als Hiltrud krank wurde. Sie konnte der zunehmenden Kälte und den Strapazen der Reise nichts mehr entgegensetzen. Mit stetig schlimmer werdenden Hustenanfällen hat es angefangen. Bruno pflegte sie in aufopfernder Weise. In den kalten Nächten schlief sie in seinen Armen, um an seinem Körper Wärme zu finden. Auch wir anderen Reiter lagen eng beieinander, um die Kälte zu lindern. Da Hiltrud sich nicht mehr allein auf ihrem Pferd halten konnte, mußte der Graf sie zu sich aufs Pferd nehmen. Wenn sein Pferd die doppelte Last nicht mehr tragen konnte, dann übernahm ich sie, solange es möglich war.

Mit Schneestürmen und zunehmender Kälte wurde der frühe Wintereinbruch immer unerträglicher, so daß selbst wir gesunden Männer Schwierigkeiten hatten. Hiltrud war nun so krank, daß wir fürchten mußten, sie werde sterben. Inzwischen waren wir an einem Fluß, den Bruno Fulda nannte, angekommen. Er meinte, zur sächsischen Grenze wäre es nicht mehr weit. Doch wir konnten es nicht verantworten, mit der kranken Frau weiterzureiten.

Der Gaugraf hatte zwei seiner Leute als Späher vorausgeschickt, während wir unter einem Felsvorsprung hockten und ein Feuer entfacht hatten. Als die Männer nach kurzer Zeit zurückkamen, berichteten sie, es gäbe nicht weit von hier am Fluß ein Haus aus dem Rauch emporsteige. Ich glaube, selbst wenn Bruno sicher gewesen wäre, dort Frankenkrieger anzutreffen, hätte er sich nicht davon abhalten lassen, unsere kranke Gefährtin in dieses Haus zu bringen.

Auf unser Klopfen hin wurde die Hüttentür von einem Mann in einer langen braunen Kutte geöffnet, ein christlicher Mönch. Wir hatten also in dieser Einöde eine Klause gefunden, und ich muß sagen, hier erfuhren wir was christliche Barmherzigkeit ist. Dieser Mann, der sich schon in frühster Jugend dem Dienst seines Gottes gewidmet hatte, war damals nicht viel älter als ihr es jetzt seid. Der kranken Frau überließ er seine eigene Bettstatt in der Nähe des Feuers. Als er seine Hand auf Hiltruds Stirn gelegt hatte, sagte er mit sorgenvollem Blick: ›Wir müssen ihre innere Hitze zurückdrängen, sonst stirbt sie.‹ Mit beschwörender

Geste stieß Bruno hervor: ›Das darf nicht geschehen, was können wir nur tun?‹ Seitdem wußte ich, daß der Gaugraf die Frau, die er bislang wie seine Schwester behandelt hatte, liebte. Sie war für mich vertraute Kameradin und ist es bis heute geblieben. Der Mönch, dessen Name Sturmius war, wie er uns sagte, zeigte auf ein großes Kreuz aus grob behauenem Holz, vor dem ein Talglicht brannte. Dieses Symbol seines Glaubens beherrschte irgendwie den ganzen Raum, und die Wand, an der es stand, war mit Tannengrün geschmückt. In einem Tonfall, dem man keine Besserwisserei sondern nur gutgemeinte Belehrung entnahm, sagte er: ›Wir Menschen können durch unser Handeln oft sehr viel erreichen, doch die letzte Entscheidung, ob einer lebt oder stirbt, die hängt von dem ab, der an einem Kreuz wie diesem hier gestorben ist. Deshalb solltet ihr beten zu dem einzigen wahren Gott.‹

Dann sprach er den Grafen direkt an: ›Ist diese Kranke deine Frau? Du bist kein Franke und kein Chatte aus dieser Gegend.‹ ›Ich bin für dich ein sächsischer Heide, sie aber ist eine von euch. Nach all dem Schlimmen, was sie unter Christen erleben mußte, suchte und fand die Gute bei mir Zuflucht.‹ Mit fester Stimme und voller Überzeugung sagte er dann: ›Ja, ich bin ihr Mann.‹ Ich bin sicher, er hätte keinen Widerspruch geduldet, und ich war weit davon entfernt, ihm zu widersprechen. Einen Augenblick ruhte der prüfende Blick des Mönchs auf ihm, dann sagte er: ›Wir müssen die Frau entkleiden, in feuchtwarme Tücher wickeln und diese in Abständen wechseln.‹ Den abschätzenden Blick des Grafen richtig deutend, führte er fort: ›Ich habe in meinem Stammkloster Fritzlar neben anderem auch Krankenpflege erlernt, ich sehe in deiner Frau nur einen Menschen, der Hilfe braucht.‹

Die Krieger des Grafen, die sich in der Wärme dieser engen Klause sicher wohlgefühlt hatten, bewiesen ihr Taktgefühl, indem sie unaufgefordert die Hütte verließen. Sie würden an einer geschützten Stelle ihr Lager errichten und abwechselnd Wache halten. Auch ich fühlte mich überflüssig und verließ den Raum mit der Absicht, irgendein Wildbret zu erlegen. Nach beharrlicher Pirsch bekam ich endlich einen Rehbock vor den Speer. Ein anerkennender Hieb auf meine Schulter von dem sächsischen Grafen und ein freundlicher Blick von dem Mönch war mein Lohn, als ich mit der Jagdbeute zur Klause zurückkam.

Hier im Inneren roch es stark nach Kamille und Salbei. Hiltrud schlief einen unruhigen, von Fieberträumen durchsetzten Schlaf. Sturmius, der meinen besorgten Blick gewahrte, wollte von mir wissen: ›Zu welchem Gott betest du für die Genesung dieser Frau?‹ Worauf ich antwortete: ›Ich bin getauft so wie du, doch dieser Gott hat es bisher nicht gut mit mir gemeint. Von Menschen, die sich ebenfalls Kinder dieses Gottes nennen, habe ich in meiner Umgebung viele Gemeinheiten erfahren.‹ Verstehend nickte der Mönch: ›Ich denke mir, daß ihr auf der Flucht vor irgendwen oder irgendwas seid. Wenn du magst, wirst du es mir sicher erzählen, wenn nicht, dann ist es auch gut. Nur eins laß' dir sagen: Wenn dir von den Menschen Unrecht geschehen ist, dann solltest du Gott nicht dafür verantwortlich machen und dich gar von ihm abwenden, denn er hat uns hier auf Erden freie Handlungsgewalt gegeben, im Guten wie im Bösen. Er wird auf seine Weise richten, wenn es an der Zeit ist.‹

›Da hast du sicher recht‹, antwortete ich, ›doch es gibt Mächtige, die sich anmaßen in seinem Namen zu richten und Entscheidungen zu treffen, die in Wahrheit nur dem Erhalt oder der Erweiterung ihrer eigenen Macht, ihres persönlichen Vorteils dienen.‹

›Das beweist nur die Unzulänglichkeit der Menschen und ist sicherlich als Folge des ersten Sündenfalles anzusehen‹, war die resignierende Antwort von Sturmius. Ein saftiger Rehbraten, den Bruno für den Abend zubereitet hatte, während Sturmius aus Hirse schmackhafte Knödel zusteuerte, ließ mich für kurze Zeit die Sorgen vergessen. Den größten Teil des Bratens packte der Mönch mit den Zutaten in ein Leinentuch, um dies den Kriegern zu bringen, die draußen am Lagerfeuer ausharren mußten. Etwas betreten schaute der Graf vor sich nieder, und auch ich mußte mir eingestehen, daß ich erst einmal an mich selber gedacht hatte.

Also warteten wir mit dem Essen bis der Mönch zurückkam, aber der rührte das Fleisch nicht an. Er begnügte sich mit Knödeln und der Bratensoße. Auf Brunos Frage hin gab er uns zu verstehen, daß er in der Zeit vor dem großen Fest, der Geburt des Gottes-Sohnes, auf unnötige Völlereien verzichten wolle. Worauf der Graf mit Unverständnis antwortete: ›Was ist das für ein Gott, der dir verbietet, ordentlich zu essen?‹ Leicht belustigt antwortete Sturmius: ›Nicht Gott verbietet mir das Schlemmen sondern ich selber‹, und mit anzüglichem Blick auf die stattliche Figur des Grafen sprach er weiter, ›manch einem Menschen würde es guttun, sich ab und zu eine Fastenzeit aufzuerlegen, und sei es nur seinem Reitpferd zuliebe.‹

Tag um Tag verging. Hiltruds Zustand wollte sich nicht bessern. Über lange Zeit blieb diese Hitze in ihr, und sie führte im Halbschlaf wirre und auch oft angstvolle Reden. Die Schneedecke wurde immer höher, und der Heiligmonat[36] neigte sich dem Ende zu. Der Tag, an dem die Christen die Geburt des Gottes-Sohnes feiern, stand bevor.

Graf Bruno und ich machten uns nützlich, indem wir Brennholz schlugen, das wir trotz der Schneefälle unter hohen Tannen und Felsvorsprüngen immer noch fanden. Inzwischen reichte es sicher weit über unseren geplanten Aufenthalt hinaus und wann immer sich Gelegenheit bot, brachten wir Eßbares mit in die Klause. Sturmius, der oft außerhalb der Hütte in dem nahen Ort Haerulfisfeld (heute Bad Hersfeld) und Umgebung unterwegs war, saß an den Abenden am Feuer und beschäftigte sich mit Holzschnitzereien. Bei der Gelegenheit erzählten wir auch von unseren Schicksalen.

Die Krieger des Grafen Bruno hatten sich in Flußnähe eine primitive Hütte gebaut, indem sie gefällte Baumstämme schräg an eine Felswand lehnten. Einer dieser Männer hatte eine besondere Fertigkeit im Fischstechen. Der Fluß war nicht zugefroren. Es war zwar naßkalt, aber zur Eisbildung kam es noch nicht. So stand unser Mann dann am steinigen Flußufer und spießte auf einen selbstgefertigten Holzstecken die Forellen auf, die er so mit unglaublicher Treffsicherheit aus ihrem Element holte. Seine Geschicklichkeit bewies der Krieger auch wenn er über die aus dem Wasser ragenden Steine balancierte, die zum Teil mit Schneehauben bedeckt waren.

[36] Dezember.

An den Abenden, als der Wind um die einsame Klause brauste und den Schnee gegen die Hüttenwände türmte, versammelten wir uns drinnen am Feuer. Behagliche Wärme umgab uns. Unsere Gemüter kamen zu friedvoller Ruhe, und wir lauschten den Worten des jungen Mönchs. Oftmals meldete sich auch Graf Bruno zu Wort. Er stellte diesen oder jenen Vergleich an, zwischen dem Gott der Christen, an dem für ihn so gar nichts Greifbares vorhanden war, und der freien Natur mit ihren Beispielen für das Wirken von Gottheiten nach den Vorstellungen der sogenannten Heiden.«

Grifo, der nur eine kurze Pause einlegen wollte, um sich mit einem Becher voller Wasser zu laben, lauscht plötzlich nach draußen. Auch Widukind und Bruno haben die Geräusche im Burghof wahrgenommen. Wer mag zu dieser nächtlichen Zeit den Weg zur Festung herauf suchen? Die Erinnerung aus früheren Tagen werden somit bis auf weiteres unterbrochen.

Sie brauchen nicht lange zu rätseln. Ein Mann von der Torwache erscheint am Eingang der Grotte und will einen Besucher melden. Doch dieser nächtliche Gast schiebt den Krieger kurzer Hand beiseite, und mit seinem Erscheinen werden die Anwesenden schnell in die Gegenwart zurückgeholt. Ein Mann mit mächtigem Schnauzbart erscheint im schummrigen Licht der Felsenhalle, Victor von Vlothove! Widukind springt dem Manne förmlich entgegen: »Graf, ihr hier, was ist geschehen, seid ihr geschlagen?« »Ruhig Blut junger Freund, ihr kennt den Falken vom Weserbogen nicht. Doch ich sollte wohl erst einmal etwas trinken.« Eben die typische Art, sich so zu geben, für den alten Haudegen von Vlothove.

Hiltrud kennt den Grafen Victor zu gut, als daß sie seine Aufforderung erwarten würde. Schon steht sie mit einem Becher voller Holunderwein vor ihm und überreicht auch etwas Brot und geräuchertes Fleisch. Schließlich achtet sie immer darauf, daß der Vorratsraum hier oben in der Burg gut gefüllt ist für den Notfall, der jetzt durch den Überfall eingetreten ist.

Nachdem sich der Graf gestärkt hat, räuspert er sich geräuschvoll und beginnt mit seinem Bericht: »Dieser Gnom vom Buckigau hielt sich für unheimlich listig, doch wir haben ihn mit seinen eigenen Waffen geschlagen. Er muß uns vom Kamm der Weserberge aus beobachtet haben. Wir aber haben anfangs damit gerechnet, er würde uns in Fischbeck erwarten. Dann, als wir gegen den befestigten Ort vorrückten, gab es nur auf leichten Widerstand, der dann schnell ganz aufgegeben wurde.

Das machte mich stutzig. Deshalb schickte ich einen Trupp unter Dingolfs Führung zur Rückseite der Befestigung, um eventuell Fliehenden den Weg abzuschneiden oder diese Hasenherzen zu verfolgen. Dann brachen wir das Tor des Palisadenzaunes auf. Da wir auch dann auf keinerlei Widerstand stießen, drangen wir, das heißt, Gerald und ich mit fünf Männern, in den kleinen Ort ein. Es gibt dort nur eine Hand voll Hütten und den Steinbau des Vogts. Der Rest unserer Männer zog sich in der Nähe des Tores hinter Buschwerk und Bäumen zurück. So wollten wir diesem Rupert ein Schnippchen schlagen, wenn er glaubte, schlauer als wir zu sein. Als ich dann mit meiner kleinen Truppe den Ort durchkämmte, begrüßten uns nur ein par meckernde Ziegen und ein grantig kläffender Hund. Wir wollten durch das rückwärtige Tor wieder hinaus. Doch dort stießen wir auf Widerstand, man wollte uns nicht hinauslassen. Auch von draußen her war Kampfeslärm zu hören, also war Dingolf mit seinen Männern auch auf den Feind gestoßen. Nun mußten unsere Gegner an der Bergseite der Festung bald aufgeben, da sie von hinten und von vorne Prügel kriegten. Jetzt hörten wir auch vom Haupttor an der Flußseite den Radau einer Auseinandersetzung. Meine Rechnung war also aufgegangen.

Der Giftzwerg hatte erwartet, daß wir mit der ganzen Truppe in die Festung einrücken würden. Dann hätte er uns mit seinen Leuten von den beiden Toren her in die Zange genommen. Wie wir später feststellten, haben die Strolche sogar Vorkehrungen getroffen, die Festung in Brand zu stecken, während wir wie die Ratten da drinnen festgesessen hätten.

Meine Leute haben klugerweise diesen Rupert und seine Horde bis zum Tor kommen lassen und dann zugeschlagen. Als ich mit den anderen Kriegern durch den Ort zum vorderen Tor zurückkam, sah ich den Kleinen und einige seiner Männer. Sie wurden hart von unseren Leuten bedrängt. Auch draußen vor der Befestigung wurde gekämpft. Ich zögerte nicht lange und packte den Rupert, der mir den Rücken zugewandt hatte, während meine Mitstreiter sich auf die anderen Buckigauer stürzten. So laut ich konnte, und ich kann ziemlich laut sollet ihr wissen, schrei ich dann ins Kampfgetümmel, ›hört auf oder euer Häuptling stirbt!‹

»Ich kann mir vorstellen, wie das aussah, als ihr den kleinen Wicht vor eure Heldenbrust gezogen habt«, grinst Widukind, »sicher strampelte er mit Armen und Beinen frei in der Luft.«

Ob dieser Neckerei versetzt Victor dem jungen Wigaldinger einen leichten Stoß vor die Brust und spricht weiter: »Etliche von Ruperts Leuten sind uns zwar entwischt, aber die meisten haben wir im Steinwerk des Vogts festgesetzt. Unsere Krieger unter Führung deines Reiters Gerald bewachen die Gefangenen.« »Dann habt ihr also ganze Arbeit geleistet. War zu erfahren, was mit dem alten Vogt von Fischbeck geschehen ist?«, will Widukind wissen. »Das und noch einiges mehr haben wir herausbekommen«, stellt der Graf von Vlothove fest. »Einige von den Gefangenen sind Bauern aus dem Buckigau, die wegen Lehnspflichtigkeit gezwungen waren, gegen uns zu kämpfen. Auf den kleinen Häuptling sind viele nicht gut zu sprechen.«

»Oder verspricht man sich Vorteile davon, wenn man sich jetzt, da er geschlagen ist, gegen ihn stellt?«, wirft Bruno ein. Victor nickt bedächtig, »sicher könnte das bei dem einen oder anderen der Fall sein, aber für mich steht fest, der kleine Wicht, der in seinem Gau wie ein Tyrann herrscht, hat reichlich Dreck am Stecken. Ich sprach zum Beispiel mit einem alten Mann namens Meier Wehl, dessen Tochter war im Hause des Häuptlings als Magd gedungen, um die Lehnsschuld ihrer Familie abzutragen. Rupert hätte sie selbst vor einigen Monden von ihrem heimischen Hof geholt. Seitdem haben die Eltern nichts mehr von ihr gesehen und gehört. Ihr Bruder habe sich dann zu Beginn des Holzmonats[37] auf den Weg gemacht, um sich nach dem Befinden seiner Schwester zu erkundigen. Er ist seitdem verschollen, deshalb stellte der Vogt von Fischbeck, der ein Freund des Bauern ist, Nachforschungen an. Als er von dem »Wolfsbau«, den sich Rupert an der Nordseite der Weserberge gebaut hat, zurückkehrte, habe er berichtet, die Tochter des Bauern sei tatsächlich dort als Magd tätig. Von dem Sohn seines Freundes aber gab es keine Spur.«

---

[37] September.

Victor von Vlothove nimmt noch einmal einen kräftigen Zug aus dem Becher, um dann weiter von dem zu berichten, was er nach seinem Sieg in Fischbeck erfahren hat.

»Jener Bauer, so sagte uns der Vogt, hab einen besorgten Eindruck gemacht und auf seine diesbezügliche Frage hätte er gesagt, ›dort stimmt was nicht, der Häuptling geht einen Weg, der nicht der unsere sein kann.‹ Einen Tag später sind Krieger des Häuptlings nach Fischbeck gekommen, haben den alten Vogt gefangengenommen und fortgebracht. Ein Vertrauter von Rupert hat dann die Herrschaft über den Ort übernommen, und die Leute dort mußten sich fügen. So ist auch die Behandlung eures Reiters zu erklären, der nach Wigaldinghus unterwegs war und von den Kriegern verprügelt wurde, die auf Ruperts oder seines Hauptmanns Befehl hörten.«

Nachdenklich sagt Widukind: »Sollte dieser Abtrünnige dann wohl auf die Hilfe anderer rechnen? Er muß doch wissen, daß er nicht stark genug ist, sich offen gegen uns zu stellen.« Auch dazu kann Victor etwas sagen: »Soweit ich erfahren konnte, gibt es Kontakte zu irgendwelchen Leuten außerhalb unserer Grenzen, die er zusammen mit dem Schidera Grafen unterhält.«

Der junge Wigaldinger und der Pfalzgraf von Huxori tauschen verstehende Blicke aus. »Das paßt zusammen«, sagt Bruno. »Es gibt bei uns Stammesfürsten, die ihre Abstammung von den Cheruskern nicht vergessen wollen und sogar das fränkische Joch in Kauf nehmen, um sich der Verbrüderung mit den Sachsen zu entziehen.«

Mit dem jungen Herrn von Huxori scheinen nach dessen Worten alle Umstehenden auf Widukinds Kommentar zu warten, doch der hängt seinen eigenen Gedanken nach. Bruno, also ein Sohn seines Vaters, ja, er wird ihn als seinen Bruder ansehen, auch wenn Frankenblut in seinen Adern fließt. Er weiß von Wolfram seinem Lehrer, daß die Agilolfinger Herzöge in einer Seitenlinie mit den Anulfinger verwandt sind. Doch der Sohn des Kriegsherzogs hat gelernt, Menschen einzuschätzen, mit denen er zu tun hat. Nicht Abstammung oder Ort und Umstände seiner Geburt sind wichtig, sondern einzig seine Taten, seine Gesinnung. Er hat Brunos Worte nur zu gut verstanden.

Ja, es werden schwierige Zeiten auf ihn zukommen. Hier im Süden des Sachsenlandes brodelt es an vielen Stellen und nun, da an den slawischen Grenzen Ruhe herrscht - wer weiß wie lange noch? - beginnen die Streitereien an der friesischen Grenze aufs Neue. Wird er, der gerade sein Erbe angetreten hat, der Aufgabe gewachsen sein, dieses Land zu befrieden? Gewiß nicht ohne die Unterstützung solcher Männer wie diese, die da vor ihm stehen. Wird Bruno zu ihm halten, zu ihm, dem legitimen Sohn ihres gemeinsamen Vaters? Wird nicht Neid und Mißgunst sie entzweien? Schließlich hat er, Widukind, den besseren Teil vom Leben abbekommen.

Und Victor, der zwar auf Abgrenzung zwischen Angrivarier und Sachsen für sich besteht und ganz offen zugibt, daß er zu den Sachsen hält, weil er daraus seine Vorteile zieht? Wie wird er sich verhalten, wenn es anders läuft? Wenn der Druck der Franken auch auf ihn noch größer wird? Dann wird sich zeigen, ob er ein wahrer Freund ist. Mit ernster Miene schaut der Engernsproß seine Mitstreiter an. »Kein leichtes Vermächtnis ist das, was ich vom großen Warnekin übernehme. Ich hoffe, ihr steht mir bei der Erfüllung seines letzten Willens zur Seite."

Victor, der bekanntlich die großen Auftritte liebt, preßt die rechte Hand ans Herz. »Jeder, der den Falken vom Weserbogen kennt, weiß, daß er auch zu Ende führt, was er einmal begonnen hat.« Nicht gerade euphorisch, doch bestimmt, äußert sich Bruno: »Wir sind nun dem gleichen Manne verpflichtet. Es liegt an uns beiden, was wir aus dieser Situation machen. Ich jedenfalls bin der Meinung, wir sollten zusammenstehen wie es sich für Brüder geziemt.« Die Geste, mit der Widukind auf Bruno zugeht, ihm die Linke auf die Schulter legt, besagt mehr als Worte es je könnten, und ein herzhafter Händedruck besiegelt für beide Söhne Warnekins ein Versprechen ohne Worte.

In der Felsenhalle ist es inzwischen ziemlich dunkel geworden. Hiltrud hat das Feuer abgedeckt, damit die Glut für den nächsten Morgen erhalten bleibt. Die Kienspanfackeln an den Säulen und Wänden sind fast niedergebrannt, und die Menschen hier bedürfen der Ruhe. Als Hausherr spricht Bruno die Worte, die den heutigen Tag beschließen sollen: »Es gibt noch so vieles zu erledigen und noch einiges, das wir erfahren müssen.« Diese Worte sagte er, indem er seine Mutter anschaute, dann wieder an die Allgemeinheit gewandt: »Bis die Scheibe des Mondes ihr volles Rund erreicht, haben wir noch zwei Nächte. Dann, wenn Gott Baldur[38] uns seine volle Aufmerksamkeit schenkt, werden wir den Körper des Herzogs dem Feuer übergeben.«

Widukinds Geste des Einverständnisses registrierend, fährt er fort: Dann wollen wir uns den Asen anvertrauen, damit sie unseren Schlaf bewachen.« Hiltrud reicht dem Grafen von Vlothove noch einen kräftigen Schlaftrunk, den dieser dankbar annimmt. Nachdem die Männer ihre Ruheplätze in den Nischen und auf der Bank vor der Feuerstelle finden, ziehen sich die Frauen in den hinteren Teil der Grotte zurück, wo sich neben den Vorratsräumen auch zwei Kemenaten für die Frauen befinden.

Aufgeregtes Pferdewiehern und das Geklapper von Hufen weckt die Schlafenden in den Behausungen der Festung. Widukind und Bruno sind die ersten, die das Portal der Felsenhalle erreichen, um in den Burghof zu schauen. Dort unten vor den Stufen, die zwischen den Steinhäusern hindurch zur Plattform vor der Grotte hinaufführt, steht Dingolf mit einem mächtigen Apfelschimmel am Halfter. Dichter Nebel liegt noch auf dem Brunisberg, so daß man kaum über die Palisaden hinausblicken kann. Widukind, der mit bloßen Oberkörper die Treppen abwärts eilt, ignoriert den kalten Morgenwind, der seine Haare zerzaust. Der Apfelschimmel scharrt ungeduldig mit den Vorderhufen auf dem steinigen Boden und schlägt seinen Kopf den Ankommenden entgegen.

»Er war bei den Pferden, die von den Leuten aus Huxori wieder eingefangen wurden«, sagt Dingolf, und Widukind, der nun das große Pferd tätschelt und beruhigende Worte spricht, lobt seinen Knappen: »Du hast richtig gehandelt, indem du ihn herbrachtest. So wird mein Vater im Tode nicht auf seinen treuen Weggefährten verzichten müssen.« Im Blickfeld des Holzgestells, auf dem der leblose Körper seines Herrn liegt, wird das Pferd angebunden und mit Futter versorgt.

Nun spürt auch Widukind die empfindliche Kühle des Morgens. Fröstelnd will er sich zur Grotte begeben, um sein Wams überzuziehen. Da kreuzt Edeltraud seinen Weg, um ihm das Kleidungsstück zu überreichen,

---

[38] Gott des Lichts.

dabei sieht sie das Medaillon, das er an einer geflochtenen Kordel um den Hals trägt. Es ist eine aus Kupfer geformte Muschel, in deren Öffnung ein geschliffenes Herz aus Bernstein gearbeitet ist. Bewundernd nimmt Edeltraud das Schmuckstück in die Hand: »Vom wem hast du es?«, will sie wissen. Er schaut ihr offen in die Augen und sagt: »Es ist ein Liebespfand von meiner Geva aus dem Land im Norden, das man Jütland nennt. Im nächsten Lenz werde ich sie in mein Haus holen.«

Als wäre es plötzlich zu heiß geworden, läßt Edeltraud das Medaillon los. Abrupt wendet sie sich ab, um sich zu entfernen, aber Widukind läßt sie nicht gehen. »Edeltraud!« Sie stoppt und wendet sich ihm zu. »Können wir trotzdem Freunde sein?«, fragt er und reicht ihr seine rechte Hand. Wortlos ergreift sie die dargebotene Hand und nickt, doch in ihren Augen stehen Tränen.

Diese Szene spielt sich unmittelbar vor dem Verschlag ab, in dem der Gefangene vom Hohenborn festgehalten wird. Dieser hat durch den starken Gitterzaun hindurch mit Interesse verfolgt, was sich dort zwischen den jungen Leuten, die nur wenige Jahre älter sein konnten als er, abspielte.

Nachdem Edeltraud gegangen ist, kreuzen sich die Blicke der jungen Männer, und bei beiden erwacht das persönliche Interesse für den anderen. Widukind tritt näher an den Verschlag heran. »Wie ist dein Name, wo bist du zuhause?« Die dunklen, fast schwarzen Augen des Gefangenen taxieren seinen Gegenüber, etwa, wie man einen Gegner vor einem Duell abschätzen würde. »Und wer bist du, daß du die Liebe eines so schönen Mädchens verschmähen kannst?«, will er nun seinerseits wissen. »Hüte deine Zunge Bursche«, fährt Widukind ihn an. »Ich verschmähe niemanden, dieses Mädchen verdient es, ehrlich behandelt zu werden und ist für eine Liebelei zu schade.«

»Nun zu deiner Frage, ich bin Widukind, der Sohn des Kriegsherzogs der Engern-Sachsen. Es ist noch festzustellen, inwieweit du und deine Leute am Tode meines Vaters und an der Entführung meiner Schwester beteiligt wart.« Widukinds Sprache ist kalt und schneidend geworden. »Mögen die Götter dir gnädig sein, wenn du zu den Verrätern zählst, die sich mit den Franken gegen uns verbündet haben.«

Finster blickt der Gefangene vor sich nieder, und es ist wohl ein Ausdruck der Unsicherheit, als er sich mit der Hand durch die krausen, schwarzen Haare fährt. »Es wird sicher schwer für mich sein, meine Rolle zu erklären, die ich in dieser Angelegenheit gespielt habe.«

»Du solltest es versuchen«, fordert ihn Widukind auf. »Ich weiß noch immer nicht, wer du bist.«

»Abbio ist mein Name. Mein Vater ist der Bauer vom Trendelhof. Doch wir haben auch verschiedene andere Besitzungen.«

»Dann ist dein Vater der Mörder meiner Mutter und letztlich auch der meines Vaters.« Es ist Hedwig die Kräuterfrau, die diese Anschuldigungen ausspricht. Sie trägt einen Korb mit Speisen und einen Becher mit Milch. Hiltrud hatte ihr aufgetragen, dies dem Gefangenen zu bringen. Als sie am Verschlag ankam, hörte sie gerade, wie der Mann hinter dem Gitter über seinen Vater, den Herrn vom Trendelhof, sprach. Die Erinnerungen an jene schrecklichen Stunden wurden wieder wach, als sie, ein dem Kindesalter noch nicht entwachsenes Mädchen, den gewaltsamen Tod ihrer Mutter miterleben mußte und später das langsame Sterben ihres Vaters, des Köhlers. Mit dem plötzlichen Tod seiner Lebensgefährtin und dem, was ihm hinterher widerfuhr, war er nicht fertig geworden. Dann wäre also dieser Bursche das Kind, bei dessen Geburt jene Frau gestorben ist, die von Hedwigs Mutter nicht gerettet werden konnte.

Abbio versucht, seinen Vater zu verteidigen: »Mein Vater mag ein harter Mann sein, sicher auch oft zu sehr auf seinen eigenen Vorteil bedacht und öfter auch unbeherrscht. Ihr aber macht aus ihm einen Frauenmörder und einen Verräter. Ich bin immer noch sein Sohn und kann dies nicht einfach hinnehmen. Es tut mir sehr leid, wenn deine Mutter und dann auch noch der Vater auf tragische Weise ums Leben gekommen sind. Aber hütet euch vor übereilten Anschuldigungen!«

Bruno, der diese Auseinandersetzung aus der Ferne verfolgt hat, kommt nun näher, um sich in das Gespräch einzuschalten. »Was ist mit deiner Mutter, lebt sie noch, hast du sie gekannt oder weißt du wie sie starb?« Unwillig antwortet der Gefangene: »Ich kannte nur meine Amme, sie hat mich während meiner ganzen Kindheit betreute. Meine Mutter starb bei meiner Geburt, so sagte mir mein Vater. Er muß sie sehr geliebt haben, denn er hat keine andere Frau wieder in sein Haus genommen.«

»Das paßt doch zu dem, was wir von dem Mord an Hedwigs Mutter wissen«, stellt Bruno fest. »Aber wieso ist denn nicht früher etwas gegen den Mörder unternommen worden, wenn man doch weiß, wer es war?«, möchte Widukind von Bruno wissen. Dieser berichtet: »Von dem damaligen Geschehen in der Hütte der Kräuterfrau hatte mein Vater, als Herr über Fug und Recht in diesem Gau, erst viele Tage später erfahren. Zeugen der Untat waren die damals erst zehn Jahre alte Klara und der Vater des Mädchens, der für uns als Köhler arbeitete. Er war ziemlich übel zugerichtet worden, als er die Ermordete rächen wollte. Das kleine Mädchen hatte in den ersten Tagen nach der Tat sicher genug zu tun, um den schwer verletzten Vater zu pflegen. Die Hütte liegt tief im Wald, und nur wer der Hilfe dieser tüchtigen für ihre Heilkunst weithin bekannten Frau bedurfte, suchte diese Waldeinsamkeit auf. Erst als es dem Vater etwas besser ging, machte sich die Kleine auf den Weg, Hilfe zu holen. So hat auch mein Vater von der Untat erfahren. Als er mit dem Mädchen zur Hütte kam, war ihr Vater, der Köhler, spurlos verschwunden.

Hedwig sprach von einem mächtig erscheinenden Herrn, der ihre Mutter reichlich belohnen wollte, wenn sie seine Frau gerettet hätte. Es war damals bekannt, daß der Trendelhofbauer großen Besitz erworben hatte. Meinem Vater war er gut bekannt, weil er in jungen Jahren in Huxori den Umgang mit den Waffen erlernt hatte. Eine seiner Besitzungen war am Hohenborn. Er baute sie damals zu seinem festen Wohnsitz aus. Dorthin eilte mein Vater mit seinen Kriegern, um den Missetäter zu stellen. Doch die Burg war stark befestigt und gut verteidigt, so daß mein Vater mit den wenigen Kriegern, die ihm zur Verfügung standen, wieder abrücken mußte.

Zurück in Huxori, erfuhr er daß der Köhler auch wieder aufgetaucht sei. Klara, die nun in unserem Hause aufgenommen worden war, um sich von den schlimmen Erlebnissen zu erholen, hatte ihn getroffen, als sie einige Gegenstände aus ihrem Elternhaus holen wollte. Sie war weinend zu uns zurückgekehrt und klagte, ihr Vater wäre ein ganz anderer geworden. Unsere Leute haben ihn dann nach Huxori geholt. Nach dem Mörder seiner Frau befragt, behauptete er dann, es sei auf keinen Fall der Herr vom Trendelhof gewesen.«

»Sie haben ihm auf niederträchtige Weise zugesetzt, erpreßt und seinen Geist verwirrt«, ruft Hedwig aus und Bruno pflichtet ihr bei. »Das war auch die Meinung meines Vaters, aber er konnte nichts mehr gegen den vermutlichen Mörder unternehmen, denn der Trendelhofbauer hat einen mächtigen Verbündeten, den Grafen von Schidera[39]. Er ist der, der als Mittelsmann unsere Tributleistungen an die Franken regelt. Wir vermuten, daß er zusammen mit Eckbert vom Trendelhof und einigen anderen in Schiebereien verwickelt ist. Als mein Vater beim nächsten Allthing auf diese Untat zu sprechen kam, bezichtigte der Graf von Schidera ihn des Überfalls auf trendelschen Besitz. Er habe die Burg am Hohenborn einzunehmen versucht. Durch die lächerliche Anschuldigung eines zehnjährigen Mädchens wolle er den Herrn vom Trendelhof zum Mörder machen, um sich so dessen Besitztümer im Wetigau anzueignen. Nur dem Eingreifen der Engernfürsten Edelhard und Warnekin hatte mein Vater es zu verdanken, daß er ohne größeren Schaden aus dieser Auseinandersetzung herausgekommen ist.«

»Kam euch denn schon einmal der Gedanke, daß jemand anders der Mörder jener Frau sein könnte, oder habt ihr es gar nicht für nötig gehalten, darüber nachzudenken?« Will Abbio wissen. Darauf Bruno: »Du solltest in deinem Kerker nicht zu großmäulige Reden schwingen! Mir scheint, du verkennst deine Lage. Warum hat dein Vater sich nach der Tat in seiner Burg verschanzt? Wenn er frei von Schuld gewesen wäre, hätte er meinem Vater Rede und Antwort stehen können. Doch abgesehen von dem, was vor vielen Jahren war, müssen wir annehmen, daß ihr jetzt an dem Überfall auf Huxori beteiligt wart. Es muß jemand dabeigewesen sein, der sich bei uns gut auskannte, und das ist bei deinem Vater der Fall. Auch wenn sein Aufenthalt in Huxori schon lange her ist, die örtlichen Gegebenheiten sind die gleichen geblieben. Warum sollte er dir befohlen haben, unsere Leute auf eine falsche Spur zu bringen, um dann zu versuchen, sie zu überfallen, wenn er nichts gegen uns im Schilde führt?«

»Ist es bei euch üblich, daß wildfremde Krieger waffenklirrend durch euer Gebiet ziehen dürfen, ohne von euch daran gehindert zu werden?«, verteidigt sich der Gefangene. Widukind greift wieder in das Gespräch ein.

---

[39] heute: Schieder.

»Diese Krieger waren Sachsen, sie trugen die Farben der Wigaldinger oder die der Krieger aus Huxori. Sie ritten durch sächsisches Gebiet und verfolgten eine fränkische Kriegshorde. Dabei waren Abtrünnige, die eigentlich mit uns, statt gegen uns kämpfen sollten. Warum also seid ihr gegen unsere Leute vorgegangen, wenn ihr nicht jene Verräter seid, die den Franken geholfen haben einen friedlichen Ort zu überfallen?«

»Huxori ein friedlicher Ort?«, fährt Abbio auf. »Mein Vater sagt, zum wiederholten Male seien Sachsen in die alten Stammgebiete der Cherusker eingefallen, um uns auch die letzte Eigenständigkeit zu nehmen. Dabei währen die Leute aus Huxuri immer auf der anderen Seite gewesen. Ja, sie hätten sogar reines Cheruskerblut mit sächsischem vermischt und in jüngster Zeit sogar mit bairischem. Es währe besser sich den Franken anzuschließen, denn die würden jedem Volksstamm seine...« Als habe er sich auf die Zunge gebissen, so eine Grimasse schneidend, hält der junge Mann jäh inne.

Mit bezeichnender Miene schaut Bruno seinen Halbbruder an. »Aus diesen Worten spricht die Taktik König Pippins. Er spielt die alten Stammesgeschichten wieder hoch, appelliert an die Eigenständigkeit der alten Hierarchien. So will er Zwistigkeiten in das Sachsenland bringen, um die Einheit zu schwächen.«

Ernst nickt Widukind: »Du siehst, sein Plan hat Erfolg. Wenn es so weitergeht, haben wir so sehr mit Auseinandersetzungen in den eigenen Reihen zu tun, daß wir gar nicht mehr dazu kommen, uns der Franken zu erwehren.« Noch einmal wendet sich Widukind an den Gefangenen. »Niemandem interessiert bei uns, ob du Cherusker, Chatte oder Angrivarier bist. Wir alle könnten gut miteinander in Freiheit leben, keiner müßte mit der Tradition seiner Väter brechen. Ihr aber scheint das Joch der Franken vorzuziehen und seid euch nicht zu schade dafür, die zu verraten, mit denen ihr bislang wie Brüder gelebt habt. Für solche Menschen habe ich nichts als Verachtung.«

Damit wendet er sich ab und geht die Stufen hinunter, wo er Dingolf beim Pferd seines Vaters stehen sieht. »Sag mir, bist du einigermaßen ausgeruht?«, fragt er seinen Freund und Knappen. Dieser kann ein leichtes Lächeln nicht unterdrücken. »Ich habe geschlafen, gegessen und getrunken und bin bereit, nach Wigaldinghus zu reiten.« Auch der junge Edling lächelt jetzt,»so hab ich es gern, wenn man mir meine Wünsche von den Augen abliest. Du hast recht, ich möchte, daß du zu meiner Mutter reitest und mit ihr zur Babilonje kommst. Wenn sie vom Körper des Toten schon keinen Abschied nehmen kann, dann soll sie doch sein Herz an dem dafür bestimmten Ort verwahren und so ihren Abschied von ihm nehmen.« Dingolf klopft dem Apfelschimmel noch einmal auf die Kruppe und wendet sich zum Gehen.»Mein Pferd steht auf der hohen Weide hinter der Burg.« »Nimm Alwin mit, damit er zurück nach Markloh kommt und halte dich nicht unnötig lange am Scholenhof auf!«, ruft Widukind ihm lachend hinterher.

Wieder alleingelassen sitzt Abbio auf einem Stein, der ihm in seinem Kerker als Sitzplatz dient und grübelt vor sich hin. Die Worte Widukinds haben ihn schwerer getroffen als er es sich selber eingestehen will. Als sein Vater vor einiger Zeit wieder einmal nach einer längeren Reise bei ihm am Hohenborn gewesen war, hatte er während eines Gesprächs gesagt: ›Es wird immer klarer, daß wir etwas gegen die Angrivarier unternehmen müssen. Wir Cherusker müssen unsere angestammten Gebiete an der Weser zurückfordern, und deren Vorherrschaft endlich abschütteln.‹ An den Aktionen seines Vaters hat Abbio bislang keinen Anteil gehabt. Sollte dieser mit den Franken gemeinsame Sache machen, nur um seine eigenen Ziele zu erreichen? Hatte er sogar dafür das Leben seines Sohnes aufs Spiel gesetzt? Er mußte doch um die Unzulänglichkeit der kleinen Truppe wissen, mit der sein kampfunerfahrener Sohn in diese erste »Feuertaufe« ging. Nun, er würde noch erfahren, welche Rolle sein Erzeuger zwischen Franken und Sachsen spielte. Er, Abbio, mußte nun das Verhältnis zu seinem Vater sicher kritischer betrachten.

Geschäftiges Treiben herrscht den ganzen Tag hier im Festungsbereich. Für den nächsten Tag werden etliche Gäste erwartet. Die Nachricht vom Tode des Kriegsherzogs der Engern-Sachsen, dessen Einflußbereich bis weit in den südlichen Teil des Sachsenlandes reicht, hat sich wie ein Lauffeuer herumgesprochen. Viele Stammesfürsten, Häuptlinge und Gaugrafen, die in der Kürze der Zeit hierherkommen können, werden von Warnekin Abschied nehmen. Für alle muß Speise und Trank vorhanden sein und, wo irgend möglich, auch ein Nachtlager. An diesem Abend ist die Felsenhalle bis in den äußersten Winkel gefüllt mit schon angereisten Gästen. Krüge mit Met und Beerenwein machen die Runde, und trotz des traurigen Anlasses werden deftige Männerreden geschwungen. Hier und da klingt aus tiefer Kehle ein Lachen auf, das dann jedoch aus Pietätsgründen unterdrückt wird. In einer Felsennische, es ist zufällig die, in der Warnekin seinen letzten Atemzug tat, führt Graf Victor von Vlothove das große Wort: »Die Sorben hätten uns mit ihrer Übermacht ins Moor gejagt, wo wir wie Ratten abgesoffen wären, wenn nicht plötzlich Warnekin mit seinen Mannen aufgetaucht wäre.« So gibt er eine von den Heldentaten des Herzogs zum besten. Auch innerhalb der anderen Gruppen hier im Gewölbe wird von seinen Großtaten gesprochen. Ja, so wird aus einem tapferen Mann ein Held, aber leider auch aus einem vorsichtigen Menschen, schnell ein Feigling gemacht.

Nachdem nun alle Gäste so gut es geht versorgt sind, bittet Hiltrud die beiden Edlinge, Bruno und Widukind, in ihre Kemenate, und auch Grifo schließt sich ihnen an. In dem kleinen Raum bringt ein Kamin, der in einer winzigen Felsnische untergebracht ist, behagliche Wärme, und ein Talglicht sorgt für schwache Beleuchtung. Der Lärm aus der großen Halle ist hier nur gedämpft zu hören. In gemütlicher Abgeschiedenheit ihrer Kammer will Hiltrud mit Grifos Unterstützung die unterbrochene Lebensbeichte fortsetzen. Sie scheint es eilig zuhaben, dieses Versprechen, daß Warnekin ihr abverlangt hatte, zu erfüllen.

»Als ich wie aus einem tiefen, langen Schlaf erwachte«, begann Hiltrud, »mußte ich mich erst vergewissern, ob ich mich noch auf Erden oder schon in jenem anderen Leben befinde. In warme Decken gehüllt, lag ich in einer Hütte, die ich nicht kannte und deren Inneres von einem großen Holzkreuz beherrscht wurde. Ein junger Mann in der Kutte eines Mönchs, wie ich sie von Maja[40] und Juvavum her kannte, saß an meinem Lager und schnitzte an einer Holzfigur. Als er feststellte, daß ich wach war, sprach er mich freundlich an. Ich solle keine Sorge haben, meine Begleiter seien im Wald und kämen bald zurück. Am nächsten Tage werde das Fest der Weih-

---

[40] Meran.

nacht gefeiert, sagte er. Da wurde mir klar, daß ich schon einige Tage lang in dieser Hütte gelegen haben mußte.

Er reichte mir eine Schüssel mit warmem Brei, den er schnell bereitet hatte. Von der Krankheit geschwächt, war es mir jedoch nicht möglich, mich aus eigener Kraft aufzurichten, deshalb war ich auf die Hilfe des jungen Mönchs angewiesen. Jedoch nur zögerlich gab er mir diese Hilfestellung. Ich erinnere mich, daß dunkle Röte sein Antlitz überzog und seine Hände leicht zitterten, als er mich an den Schultern in sitzender Stellung hielt. Als dann draußen das Geräusche von nahenden Schritten erklang, hatte der Mönch es plötzlich eilig, von mir wegzukommen. Als Bruno in der Tür erschien, stand er für einen Augenblick da wie ein ertappter Junge.

Bruno freute sich über meine offensichtlichen Genesungsfortschritte, so daß er meinen Kopf in beide Hände nahm und mir einen Kuß auf die Stirn drückte. Auf meine Frage nach Grifos Verbleib sagte er, ›in dem Ort, den man hier Haerulfisfeld[41] nennt, der ein Stück weiter flußabwärts liegt, sei eine Kriegertruppe angekommen. Grifo wolle in Erfahrung bringen, was es damit auf sich habe. Wir fragten uns natürlich, ob diese Männer eventuell eine Gefahr für uns bedeuten könnten.‹

Der Mönch, der seine Schnitzarbeit wieder aufgenommen hatte, versuchte uns zu beruhigen. ›Es kommt immer wieder vor, daß Krieger hier im Grenzgebiet zum Sachsenland auftauchen. Jetzt zum Fest werden sie gerne einen bewohnten Ort aufsuchen.‹

Bald kam auch Grifo zurück. Er freute sich natürlich auch über mein Befinden, doch seine Freude schien mir bald verflogen. Als Bruno ihn fragte, ob er mehr über die angekommenen Krieger wisse, sagte er, ›die Krieger haben eine weiten Weg hinter sich. Es sollte mich nicht wundern, wenn sie von Pippin und Karlmann den Befehl haben, uns gefangenzunehmen.‹ Wenn die Männer nicht Rücksicht auf mich hätten nehmen müssen, dann wären sie längst jenseits der Grenze, überlegte ich. Als ich daraufhin den Vorschlag machte, sie sollten mich hier zurücklassen und sofort aufbrechen, schüttelte Bruno heftig den Kopf. ›Ohne dich kriegt mich keiner hier fort.‹ Auch Grifo sagte, daß so etwas ebenfalls für ihn nicht in Frage komme.

---

[41] Bad Hersfeld.

Auf Brunos Frage an den Mönch, ob man in Haerulfisfeld von unserer Anwesenheit hier wisse, meinte Sturmius, ›es läßt sich sicher nicht verheimlichen. Als ich dieser Tage im Ort zu tun hatte, befragte man mich über euch. Ihr wäret harmlose Durchreisende habe ich gesagt, was ja wohl auch stimmt. Die Menschen hier gehören dem Stamm der Chatten an. Sie haben sich, wenn auch durchweg halbherzig, dem Christentum zugewandt und akzeptieren die fränkische Oberhoheit. Von ihnen habt ihr nach meiner Einschätzung keine Feindseligkeiten zu erwarten. Wegen der angekommenen Krieger allerdings würde ich euch raten, hier in der Nähe des Hauses zu bleiben, denn hier steht ihr unter dem Schutz der Kirche.‹

Jeder von uns hing nun seinen Gedanken nach. Draußen wurde es langsam dunkel und Sturmius war inzwischen mit seiner Schnitzerei fertiggeworden. Sorgfältig entfernte er an seinem Kunstwerk die Späne, um uns dann seine Arbeit zu zeigen.

Es war ein Kindlein, das in einer Krippe lag. Eine wirklich schöne Arbeit. Nachdem wir sie alle begutachtet hatten, stellte er das Kripplein auf einen wohl dafür vorgesehenen Platz unterhalb des großen Kreuzes. Im Verhältnis zu dem großen Monument aus grob hauenen inzwischen geschwärztem Holz wirkte diese sorgfältig aus hellem Holz geschnitzte Krippe recht winzig.

Der junge Mönch stand in einiger Entfernung und betrachtete versonnen dieses Bild. ›Ja, so ist es wohl auch in unserer Welt‹, sagte er wie zu sich selber. ›Das Kreuz, als Sinnbild für Leid und Tod, überragt alles. Dieses Kripplein mit dem kindlichen Heilsbringer zeigt sich dagegen winzig klein, und steht doch für Erneuerung in Freude, Glück und Frieden. Wird es einmal eine Zeit geben in der die Krippe das Kreuz überragt?‹ Seine Augen hatten jetzt einen seltsamen Glanz und sie betrachteten jeden von uns für einen Augenblick intensiv. Als sein Blick auf mir ruhte, erinnerte nichts mehr an jene Verlegenheit, die er noch vor kurzer Zeit gezeigt hatte. Während er Grifo anschaute, sprach er weiter. ›Ich sagte Leid und Tod! Für Menschen die sich nicht nur Christen nennen, sondern es auch sind, ist dieses Zeichen ein Symbol der Hoffnung, aus der wir uns Erlösung von diesen irdischen Drangsalen versprechen können. Aus dieser kleinen Krippe erwächst ein Mensch, der in Wahrheit der Sohn Gottes ist und mit dem

Kreuz die Nöte der Menschen auf sich nimmt. Glaubt mir, wenn euch von euren Mitmenschen auch übel mitgespielt wurde, wenn euch Not und Ausweglosigkeit zu Boden drücken, die von dem Kind in der Krippe ausgehende Hoffnung ist der Stab, an den ihr euch wieder aufrichten könnt.‹ «

Hiltrud legt eine Pause ein. Sie schaut Grifo an und sagt: »Ich glaube, du siehst es genauso wie ich. Diesem schlichten Diener seines Gottes konnte man abnehmen, daß seine Sendung aus dem Herzen kam.« Grifo bestätigt, »ich habe in meinem bisherigen Leben noch keinen Menschen kennengelernt, der würdiger wäre das Gewand des Priesters zu tragen. Am Hofe meines Vaters verkehren viele sogenannte Würdenträger, die diesem schlichten Gottesmann das Wasser nicht reichen könnten, wenn es um wahre Würde geht. Doch erzähle bitte weiter. Trotz der tröstlichen Worte des Mönchs, habe ich dich bitterlich weinen sehen, und das kommt ja bei dir selten genug vor.«

Hiltrud lächelt etwas verlegen. »Wie es dazu kam, weiß ich auch nicht. Sicher spielte mein Gesundheitszustand eine Rolle und dann habe ich an Swanahild gedacht in meiner wenig hoffnungsvollen Situation. Bis vor kurzer Zeit stand sie mir mit Rat und Tat zur Seite, wenn ich in Schwierigkeiten war, und nun muß ich wohl für immer auf diese wahre Freundin verzichten. Ja, und die Worte dieses jungen Mönches lösten dann die innere Verkrampfung bei mir, so flossen halt die Tränen. Auch ich habe vorher etliche christliche Priester kennengelernt, doch die standen für mich irgendwie über allen weltlichen Dingen. Diesen Sturmius aber hatte ich kurz vorher auch von seiner allzu menschlichen Seite her kennengelernt. Er zeigte mir, daß auch er den Reizen, die eine Frau auf den Mann ausüben kann, durchaus nicht unempfindlich gegenübersteht. Für mich hatte seine Verlegenheit, als wir allein in der Hütte waren, etwas menschlich anrührendes.«

Grifo setzt das Erinnerungsgespräch fort: »Bruno wurde durch Hiltruds Tränenfluß vollends aus der Fassung gebracht, er donnerte auf Sturmius los, ›Mönch, was du so daherredest, deine Hilfe für uns in allen Ehren, aber komm uns nicht mit deinem christlichen Seelenschmalz. Du siehst ja wie diese beiden Menschen hier von ihren getauften Brüdern behandelt worden sind. In unserer Heimat haben wir gelernt, daß unsere

Hoffnung nur auf der Hände Arbeit und, wenn nötig, auf den Gebrauch unserer Waffen beruht. Nur wer sich nicht beirren läßt und seinen geraden Weg geht, der darf auch auf die Hilfe der Götter hoffen.‹ «

Jetzt ergreift Hiltrud wieder das Wort: »Sturmius hob daraufhin besänftigend die Hand. ›Aber Herr Graf! Wir Christen nennen diesen Abend den heiligen Abend, den Abend vor dem Fest des Friedens. Da sollten wir uns doch nicht streiten. Ich würde niemals behaupten, das Wesen eines christlich getauften Menschen wäre in jedem Fall besser, als das eines ungetauften. Des Lebens Sinn und Ziel wird natürlich erst durch den wahren Glauben erfüllt. Darüber kann ich sicher heute mit euch nicht reden.‹

Ehe Bruno noch antworten konnte, schreckten uns Schritte vor der Klause auf, und gleich darauf wurde heftig gegen die Tür geklopft. Sturmius eilte um nachzuschauen, doch schon stand ein Krieger im Raum, dem drei weitere folgten. Mit einem Fluch auf den Lippen griff Bruno nach seinem Schwert, und auch Grifo hatte plötzlich seine Waffe in der Hand. Sturmius stand mit ausgebreiteten Armen zwischen beiden Parteien und rief, ›diese Klause ist ein Haus Gottes, hier wird keines Menschen Blut vergossen!‹

›Es soll auch kein Blut vergossen werden, wenn es nach uns geht‹, sagte der Mann, der als erster eingetreten war. Als ich ihn sah, wußte ich sofort, warum er hier war, denn ich kannte ihn nur zu gut. ›Ich bin Graf Theoderich, Beauftragter meines Herrn, Karlmann‹, stellte sich der Franke vor, der mich vor einigen Monden vergewaltigt hatte. Jetzt aber tat er so, als würde er mich nicht kennen. ›Ihr habt mein Ehrenwort. Es wird niemandem etwas geschehen, wenn der Mann namens Grifo mit uns kommt. Am Hofe der Anulfinger wäre sein Platz und nirgendwo anders, das soll ich ihm von meinem Fürsten ausrichten.‹

›Das fällt ihm aber spät ein‹, stieß Grifo mit Ironie hervor. ›Oder wäre dort mein Platz nur um zu Sterben?‹

Sturmius ergriff das Wort: ›Graf Theoderich, ihr seid Christ wie ich und wagt es am Heiligen Abend hier einzudringen? Ich bin Mönch, und dies ist für mich die Zelle meines Klosters aber auch meine Kirche. Ihr seid im Namen eines Frankenherrschers hier, ich aber habe meinen Auftrag von Winfried, den man jetzt Bonifatius nennt, dem Gesandten des Papstes. Im

Namen der Kirche fordere ich euch auf, den Frieden dieses Hauses und seinen Bannkreis zu respektieren. Also, verlaßt mit euren Kriegern dieses Klause.‹

Niemand von uns hatte diesem jungen, schmächtigen Priester ein so energisches Auftreten gegenüber der hier mit Waffengewalt auftretenden weltlichen Macht zugetraut. Auch der Graf Theoderich war sichtlich beeindruckt. ›Ich habe nicht vor, mit dir zu streiten, Mönch‹, sprach er hochmütig, ‹die Tage des Festes werden wir respektieren.‹

Dann wandte er sich direkt an Grifo, ›du kennst mich, wir waren nie Freunde, aber wenn ich dir sage, ich bringe dich unbehelligt zu Karlmanns Feldlager, dann solltest du es glauben.‹

Darauf antwortete Grifos: ›Eben, weil ich dich kenne, weiß ich, was ich von Karlmann und Pippin zu erwarten habe, da man dich als Häscher beauftragte.‹

Das Mienenspiel des Grafen zeigte mir nur zu deutlich, wie ihn diese Antwort getroffen hatte. ›Dann feiert nur das Weihnachtsfest. Wenn es vorbei ist, werden wir dich holen, dann werden wir auch diese Frau und den Sachsen mitnehmen.‹ Verächtlich sah er sich in der bescheidenen Klause um und sprach weiter: ›Dann wird uns auch der Friede dieser sogenannten Kirche nicht hindern.‹ Brüsk wandte er sich dem Ausgang zu, und durch die offene Tür sahen wir, wie er mit seinen Kriegern abzog.

Betroffen und niedergeschlagen schauten wir einander an. Sturmius stieß zerknirscht hervor: ›Und ich wollte euch zeigen, wie Christen ein friedvolles Weihnachtsfest feiern.‹ Bruno warf einige Holzscheite ins Feuer und sagte dabei: ›Ich habe gehört, daß zu dem Fest, das bei euch Ostern genannt wird, ein Osterlamm geschlachtet wird. Mir scheint, diese Anulfinger brauchen ihr Opferlamm zum Weihnachtsfest.‹ Diese makabere Darstellung wurde von Sturmius mit unwilliger Miene quittiert.

Leise, aber bestimmt, sagte Grifo: ›Es wird für mich kein Entrinnen geben. Ich werde mich ihnen stellen.‹ Mit dem Ausdruck der Verzweiflung fuhr er sich durch die schulterlangen Haare, und ich weiß nicht, an wen er die Frage stellte. ›Ist es das Los eines Bastards von Kindheit an, von denen, die das Glück hatten, legal geboren worden zu sein, verhöhnt, verachtet, und gehaßt zu werden? Meine Mutter Swanahild sagte einmal ich sei ein

Kind der Liebe. Kann es Gottes Wille sein, daß dieses Privileg bei meinen Halbbrüdern Pippin und Karlmann tödlichen Haß hervorruft?‹

Darauf durfte Sturmius die Antwort nicht schuldig bleiben. ›Gottes Wille ist das sicher nicht, aber er gab den Menschen einen freien Willen und eigenes Urteilsvermögen. Jeder Mensch ist also so gut oder so schlecht, wie er es selber sein will.‹

Verzweiflung machte sich in mir breit. Wenn mir nun auch Grifo, mein Freund und Weggefährte von frühester Kindheit an, genommen würde, stand ich allein vor einer ungewissen Zukunft. Mein Blick fiel auf Bruno. Der saß auf der Bank am Feuer und starrte vor sich hin. Sicher suchte er fieberhaft nach einem Ausweg. Wenn sie nicht Rücksicht auf meinen Gesundheitszustand hätten nehmen müssen, hätten sie versucht, sich durchzuschlagen. Darüber wurde jedoch kein Wort gesprochen.

Plötzlich schreckte Bruno aus seiner Grübelei auf. ›Meine Krieger, wieso waren sie nicht zur Stelle?‹ Er warf sich seinen warmen Umhang über die Schultern, setzte den Helm auf und eilte mit dem Schwert in der Hand hinaus. Grifo wollte ihm folgen, aber Sturmius legte diesem eine Hand auf die Schulter und hielt ihn zurück. ›Bleib du lieber hier, die Franken sind sicher nicht weit. Den Grafen werden sie hoffentlich nicht behelligen.‹

Eine Zeit verging in banger Erwartung bis Bruno zurückkam. Es hatte wieder heftig zu schneien begonnen. Er schien aber nicht zu bemerken, daß er über und über mit Schnee bedeckt war. Er schlug die Tür hinter sich zu und stand da, als wäre ihm der Siebenschwänzige persönlich begegnet. ›Alle meine Leute sind erschlagen worden!‹, stieß Bruno hervor. Grifo stand mitten im Raum und sein Blick war völlig leer. Sturmius sank vor dem Kreuz in die Knie und betete. Ich hörte wie Bruno sagte, ›überall im Wald sind Franken. Sie haben mich verhöhnt aber nicht behelligt.‹

Mit einem Ausdruck den ich nicht gleich deuten konnte, spürte ich Grifos Blick, der auf mich gerichtet war. Nur kurz sah ich die Feuchtigkeit in seinen Augen. Plötzlich setzte er sich in Bewegung, und ehe wir es uns versahen war er Draußen. Durch die offene Türe hörte ich wie er rief: ›Lebt wohl! Es muß sein!‹

Seine Worte klangen mir noch lange in den Ohren. Bruno, der in seiner Niedergeschlagenheit nicht schnell genug reagiert hat, wollte mit der

Waffe in der Hand hinter im her, um ihn aufzuhalten. Mit unglaublicher Schnelligkeit sprang Sturmius zur Tür und verstellte ihm den Weg. Indem seine Rechte auf mich zeigte, sagte er: ›Diese Frau braucht dich. Du kannst nicht auch noch den Helden spielen und sie ihrem Schicksal überlassen.‹ Entnervt und verzweifelt blieb Bruno stehen und schaute mich an. ›Aber ich kann ihn doch nicht in die Fänge dieser Meute laufen lassen.‹

Beruhigend sprach der Mönch auf ihn ein. ›Sie werden es nicht wagen, Hand an Grifo zu legen. Schließlich ist auch er ein Sohn des mächtigen Hausmeiers Karl. Auch wenn der nun schon vor etlichen Monden das Zeitliche gesegnet hat, wird sein Geist, seine Autorität, am Hofe der Anulfinger noch fortbestehen.‹

Hiltrud verschafft sich in dem kleinen Felsengemach etwas Bewegung, sie schürt das Feuer und tritt dann hinter Grifo. Ihm eine Hand auf die Schulter legend, sagt sie: »Ob Sturmius, der gewiß lieber an das Gute im Menschen glauben wollte, mit dieser Ansicht Recht behalten sollte, kann euch Grifo selbst am besten erzählen.«

Der drückt mit einem Lächeln, freundschaftlich die Hand der Frau und sagt: »Nun, wie ihr seht, haben die lieben Anverwandten mich nicht umgebracht. Trotz der Mühe, die sie sich machten, mich zu töten, ohne selber schmutzige Hände zu bekommen, ist es ihnen nicht gelungen. Meine Halbbrüder wissen jedoch bis heute nicht, daß ich lebe. Eigentlich ist es ja auch mehr ein zweites Leben, das ich echten Freunden zu verdanken habe. Wenn auch als Krüppel, so habe ich diese geschenkte Lebenszeit hier doch dankbar angenommen." Da ihm das lange Sitzen offensichtlich Schmerzen bereitet, erhebt Grifo sich. Die Fäuste in den Rücken stemmend, versucht er seinen verkrümmten Rücken gerade zu biegen, um nach einem Seufzer weiter zu sprechen:

»Als ich die Hütte verließ, spürte ich nur eine dumpfe Leere in mir und die Hoffnung, so wenigstens Hiltrud und Bruno retten zu können. Keine zwei Steinwurf von der Klause entfernt, wurde ich von den Kriegern des Grafen Theoderich gefangen genommen und zu ihrem Anführer gebracht, der mich mit höhnischem Grinsen empfing. ›Du konntest also vor Sehnsucht nach mir, die Feiertage nicht mehr abwarten.‹

Es war sicher nicht klug von mir, ihn so in Rage zu bringen doch ich konnte nicht anders und sagte: ›Mir sind nur zwei bekannt, die Sehnsucht nach dir haben könnten, Pippin und Karlmann, damit du ihren Speichel leckst.‹ Bleich und mit verkrampftem Gesicht nahm der Graf diese Beleidigung hin ohne tätlich zu werden. ›Du Bastard, nicht jetzt, aber zu gegebener Zeit werde ich dir alles heimzahlen.‹

Sie brachten mich, nachdem ich die sogenannte heilige Nacht in Haerulfisfeld in einem kalten stinkenden Stall zubrachte, an einen Ort, den sie Fritzlar nannten. In der Nähe dieses Ortes befindet sich die Frankenfeste Büraberg. Dort war auch das Lager von Karlmann, der ein großes Heer um sich geschart hatte. Während sein älterer Bruder Pippin sein Frankenheer gegen den Baiernherzog Odilo anführte, sollte diese Streitmacht an der sächsischen Grenze für Ruhe sorgen, so hieß es, und Karlmann würde so seine ersten Kriegserfahrungen sammeln. Er residierte in einem großen Steinbau, der noch aus der Zeit stammen dürfte, als der Ort den Merowingern als Stützpunkt diente, während diese die hier lebenden Chatten unterjocht haben.

Als ich gefesselt vor dem zweitältesten, legalen, Sohn meines Vaters stand, sagte der in der Manier eines, zwar enttäuschten, aber dennoch freundlichen Gönners: ›Mein Lieber, wärest du unserem Rat gefolgt und hättest den Weg in ein Kloster gewählt, wäre dir dies erspart geblieben. Du aber wolltest das freie Leben genießen. Jemand wie du hat nicht nur Rechte, er hat auch Pflichten, vor allem seiner Familie, seiner Sippe gegenüber, in die er nun einmal hinein geboren wurde, wenn auch als Folge eines Sündenfalles. Statt dich der Räson zu unterwerfen, warst du auf dem Weg, mit heidnischen Sachsen gegen uns zu rebellieren.‹

Seine, hinterhältig, salbungsvolle Art mit mir zu reden, brachte mich in Rage. ›Wenn du deine Worte auch noch so schön verpackst, der Sinn wird dadurch nicht besser. Die Wahrheit ist, du und Pippin, ihr wollt mich loswerden um jeden Preis. Die öffentliche Bekanntgabe seines letzten Willens, auch über Besitz und Titel für mich, wie unser gemeinsamer Vater es angeordnet hat, ist euch ein Dorn im Auge. Ihr wollt nicht mit mir, dem Bastard, teilen, Aber einen Mord könnt ihr euch nicht leisten, denn ihr seid darauf bedacht, als Hüter der christlichen Kirche zu erscheinen. Ihr braucht das Wohlwollen des heiligen Vaters in Rom, um den Merowingern die begehrte Reichskrone streitig machen zu können. Die Krone aber, Karlmann, paßt nur auf einen Kopf. Wenn ich nicht mehr bin, werdet ihr dann teilen können oder wird letztendlich nur einer, nämlich der Rücksichtsloseste, übrigbleiben?‹ Ich merkte, daß meine Worte ihn getroffen hatten. Er blickte sich in dem großen Raum um, zu seiner Beruhigung waren nur fünf Männer seines Vertrauens anwesend. Nicht mehr so freundlich sagte er: ›Du verbesserst deine Lage nicht, indem du den Mund zu voll nimmst. In deinen Adern fließt zwar Blut der Anulfinger, doch das der Abenteuerin, Swanahild, prägt dein Wesen, deshalb kannst du dich nicht dem Geschlecht der Herrscher zuordnen. Nein, du bist eher zum Knecht, denn zum Herrscher geboren.‹

Meine Antwort darauf war: ›Lieber bin ich ein gemeiner Knecht, der durch seiner eigenen Hände Arbeit lebt, als ein Herrscher zu sein der sich auf Kosten anderer bereichert, der die Verantwortung für alle Schändlichkeiten die in seinem Namen geschehen, zu tragen hat. Aber vor Gott wird auch er sich verantworten müssen, wenn er keine irdischen Richter findet. Da werdet ihr hochnäsigen Brüder gewiss keine Vorzugsbehandlung erwarten können, weil ihr ja legal gezeugt und geboren wurdet.‹

Jetzt war Karlmann am Ende seiner Beherrschung. ›Fort mit ihm, die Unterwürfigkeit eines Knechtes soll man ihm lehren!‹ Zu Graf Theoderich, der mich zu ihm geführt hatte, sagte er: ›Graf, ihr seid mir für ihn verantwortlich. Sorgt dafür, daß er an einem sicheren Ort gefangengehalten wird und kommt später zu mir.‹ Nun, als ich abgeführt wurde, spürte ich doch kalte Schauer über meinen Rücken jagen. Ein Held war ich nie, und ich will auch keiner sein.

In meinen Fesseln drehte ich mich noch einmal zu Karlmann um und sagte: ›Ich wollte niemals euer Widersacher sein, ihr habt mich dazu gemacht. Auch jetzt noch ist es mein Bestreben, nur in Ruhe leben zu können, fern von Fürstenhäusern und Macht. An Verrat habe ich niemals gedacht.‹ Karlmann deutete nur mit einer ungeduldigen Geste an, daß es nichts mehr zu sagen gäbe. Über die endlose Zeit im Kerker des alten Bauwerks möchte ich lieber schweigen.«

Grifo erhebt sich von seinem Sitzplatz. Wieder greift er sich an den Rücken und verzieht schmerzlich das Gesicht. »Ich brauche ein wenig Bewegung.« Mit einem bezeichnenden Blick auf Hiltrud, die ihm mitfühlend hinterher schaut, verläßt er den Raum.

»Daß Grifo diese schrecklichen Verletzungen überlebt hat, grenzt schon an ein Wunder. Vor jenem schrecklichen Tage war er ein gutaussehender Jüngling und keiner, der ihn damals kannte, würde ihn jetzt wiedererkennen. Aber für mich ist er immer noch ein verläßlicher Freund. Doch ich will nichts vorweg nehmen.« So nimmt sie die Fortsetzung der Schilderung ihrer damaligen Erlebnisse wieder auf.

»Ein Ort der Verzweiflung war die stille Klause für uns geworden. Ich weiß nicht, wieviel Zeit vergangen war, in der jeder von uns mit seinen eigenen Gedanken beschäftigt war, bis Sturmius sich erhob und sagte: ›Es wird sich nichts ändern, ob ich hier bin oder nicht. Die Menschen in Haerulfisfeld erwarten mich, damit ich mit ihnen eine Christmette feiere. Zu diesem Zweck ist die Diele eines Bauernhauses weihnachtlich geschmückt und ein Altar aufgebaut worden. Möglicherweise kann ich so für euch auch mehr tun, als wenn ich hier bleiben würde.‹

Als ich dann mit Bruno allein war, kam dieser zu mir an das Krankenlager. Besorgt strich er mir das schweißverklebte Haar aus dem Gesicht und hielt seine Hand längere Zeit an meine Stirne. Ich schaute ihn an und sah in seinem Blick soviel Wärme und Zärtlichkeit, daß es Liebe war habe ich damals noch nicht begriffen? Ein Gefühl der Unsicherheit kam über mich. In meiner Not und Verlassenheit war ich alleine auf ihn angewiesen, aber womit konnte all das ich vergelten, was der Mann für mich tat?

‚Du mußt Vertrauen zu mir haben‹, sagte er leise aber beschwörend. ›Ich werde immer für dich da sein. ›Aber Grifo, wie können wir ihm nur helfen?‹, fragte ich bang. Bruno trat ein wenig zurück und ich glaubte, bei ihm leichte Verlegenheit festzustellen, als er fragte: ›Ist er für dich wie ein Bruder oder ist da mehr?‹ ›Er ist wie mein jüngerer Bruder und echter Freund, nicht mehr und nicht weniger‹, war meine Antwort.

‚Durch das, was wir zeit unseres Lebens gemeinsam erlebt haben, sind wir einander verbunden. Ich kann ihn jetzt nicht einfach seinem Schicksal überlassen‹, gab ich ihm weiter zu verstehen. ›Aber ist in deinem Herzen neben dieser Verbundenheit auch für einen dich wirklich liebenden Mann Platz?‹, will Bruno wissen. Ich kam nicht mehr dazu, ihm darauf eine Antwort zu geben, denn wir hörten Geräusche an der Tür, die zögernd geöffnet wurde. ›Ricbert!‹, entfuhr es dem erstaunten Bruno, als er den Mann, der eintrat, erkannte. ›Ich habe in eurem Lager nur Tote gesehen, welch glücklichem Umstand verdankst du es, daß du lebst?‹

Eingeschüchtert und zerknirscht stand der Sachsenkrieger, der offensichtlich total durchgefroren war, vor seinem Herrn. ›Komm erstmal ans Feuer und wärm dich‹, forderte ich den Krieger auf. Bruno reichte ihm aus dem Krug mit Met, der eigentlich für einen gemütlichen Abend gedacht war, einen Becher. Danach berichtete der Krieger: ›Ich bin weiter flußaufwärts gegangen, um Fische zu stechen. Dort ist eine seichte Stelle, wo die Fangmöglichkeiten besser sind als an unserem Lager. Da wir für die nächsten Tage genügend Fische zum Essen hatten, versuchte ich, bei dem in Flußnähe liegenden Gehöften die heute gefangenen Forellen gegen andere Speisen einzutauschen. Darüber ist es dunkel geworden. Ich bekam von einer Bäuerin Eier und Speck, von einer anderen einen Leinenbeutel mit Hirse. Einen Teil davon wollte ich hierher zur Klause bringen. Als ich den Weg, der von Haerulfisfeld hierher führt, erreichte, sah ich einen Trupp Frankenkrieger, die den Herrn Grifo gefangengenommen hatten. Es waren übrigens zwei von den Bairischen Raufbolden dabei, welche die Dame Hiltrud in Juvavum belästigt hatten.‹

Bruno sinnierte, ›dann können es nur die beiden sein, die nach Herzog Odilos Worten geflohen sind. Die werden uns dann auch bei den Anulfingern verraten haben.‹ Ricbert nickte, ›ich habe sie ganz sicher wiedererkannt. Nun wollte ich die Kameraden zur Hilfe holen, doch als ich zum Lager kam, war keiner mehr am Leben. Sie müssen völlig überrumpelt worden sein. Ich habe mich dann hierher getraut, nachdem ich festgestellte, daß die Franken alle hier abgezogen waren.‹ Bruno klopfte ihm auf die Schulter und sagte: ›Es ist gut, daß uns wenigstens einer von euch geblieben ist.‹

Ich konnte an mir feststellen, daß diese dramatischen Stunden nicht etwa die von der Krankheit herrührende Schwäche verstärkt hatten, sondern durch die Erbitterung begann meine alte Energie zurückzukehren.

Die Rückkehr des Mönchs ließ mich aus einem leichten, unruhigen Schlaf aufwachen. Auch Sturmius freute sich darüber, daß es unter den

Kriegern des sächsischen Grafen einen Überlebenden gab. ›Ihr werdet seine Hilfe bitter nötig haben, denn ihr müßt damit rechnen, daß die Leute des Grafen Theoderich euch nicht unbehelligt lassen. Er hat uns bei der Christmette mit seiner Anwesenheit beehrt und die zynischen Worte, die der Graf hinterher für mich übrig hatte, lassen den Schluß zu, daß er mit seinem Gefangenen abzieht. Aber spätestens nach den Feiertagen werden sich die hier noch verbleibenden Krieger um euch kümmern.‹ ›Hoffentlich hat dieser Theoderich vor dem Besuch eurer sogenannten Christmette seine blutigen Hände gewaschen‹, sagte Bruno. Sturmius ging nicht darauf ein. Er wandte sich mir zu. ›Frau Hiltrud, werdet ihr mit einem Pferdeschlitten reisen können, wenn wir euch in warme Felle einpacken?‹ ›Woher wollt ihr einen Pferdeschlitten nehmen?‹, fragte ich. ›Ein Bauer, der es gut mit uns meint, will ihn zur Verfügung stellen‹, antwortete der Mönch. ›Er will natürlich etwas dafür haben.‹ Damit wandte er sich an Bruno. ›Habt ihr etwas, das ihr dem Mann geben könntet?‹ Der überlegte einen Moment, dann zog er einen großen Ring vom Finger und reichte ihm den Mönch. ›Er ist aus Gold und Bernstein. Wird das reichen?‹ Ehe Sturmius antworten konnte, hatte ich das Diadem, das ich einmal von Swanahild geschenkt bekam, vom Hals genommen. ›Behalte deinen Ring, Bruno, dies wird sicher reichen.‹ Bevor es zu einer Entscheidung kam, hörten wir draußen Geräusche. Es war der Bauer mit seinem Schlitten.

Als er in die Klause kam, nahm er seine Fellmütze ab und bekreuzigte sich demütig in Richtung des großen Holzkreuzes. Als ich ihm für sein Entgegenkommen mein Diadem anbot, schüttelte er den Kopf und machte uns klar, wenn er so ein wertvolles Stück irgendwo zum Tausch oder gegen fränkische Münzen anbieten würde, bekäme er sicher große Schwierigkeiten. Wie sollte er als armer Bauer einen solchen Besitz erklären? Da trat aus dem Hintergrund bescheiden der Krieger Ricbert hervor und schlug vor: ›Im Wald stehen noch Pferde von unseren toten Kriegern, die können wir doch nicht alle mitnehmen. Wenn er die bekommt, ist er für seinen Schlitten reichlich entschädigt.‹ Damit war der Bauer einverstanden. Er würde die Tiere erst einmal verstecken und später, wenn der Lenz da wäre, würde ihm schon etwas einfallen. Damit verließ er uns, und Ricbert zeigte ihm die Pferde der Krieger.

Wir aber beeilten uns, reisefertig zu werden. Es schneite wieder sehr stark. Der Schlitten war ein grob zusammengezimmertes Gefährt, nicht etwa so kunstvoll gefertigt, wie ich es von meiner Heimat her kannte. Aber er war stabil und erfüllte seinen Zweck. Bruno hatte sein Reitpferd vor den Schlitten gespannt und meines sollte, an der Leine mit dem Schlitten verbunden, hinterherlaufen. Sturmius hatte einen warmen Umhang übergezogen und verabschiedete uns im schlimmsten Schneegestöber. Er segnete mich, wie ich es von den Priestern meiner Heimat her kannte, und diesmal spürte ich, wie es mich durchrieselte. War es das letzte Mal, daß ein Priester mich dem Schutz des Christen-Gottes anempfahl? Als er das Zeichen des Kreuzes auch in Brunos Richtung machte sagte der, ›Mönch, unterlaß deinen Firlefans, ich bin immer noch Heide. Aber wenn es nur christliche Priester gäbe, wie du einer bist, dann würde es sicher leichter sein, euren Glauben zu verbreiten, und es müßte nicht so viel Blut fließen. Ich weiß nicht, ob wir es dir jemals danken können, was du für uns getan hast, aber deinem Glauben nach, wird dein Gott es dir lohnen.‹ Noch einmal kam der junge Mönch zu mir an den Schlitten und überreichte mir einen hölzernen Gegenstand, den ich trotz der Dunkelheit als das geschnitzte Kind in der Krippe erkannte. ›Ich danke euch und glaubt mir, ich werde immer dankbar sein, euch kennengelernt zu haben‹, sagte ich aus ehrlichem Herzen. Etwas stockend kam von ihm die Erwiderung. ›Auch ich werde euch nicht vergessen.‹ Dabei klang seine Stimme so, wie sie am Nachmittag geklungen hatte, als ich mit ihm allein war.

Oft noch habe ich an ihn denken müssen. Neben Swanahild war er einer der wenigen Menschen aus meinem Leben unter den Franken, an die ich mich gerne erinnere. Seine niedliche Schnitzarbeit habe ich über all die Jahre in Ehren gehalten. Immer im Monat, den die Christen den Heiligmond nennen, habe ich dieses Andenken im Haus in Huxori auf den Kaminsims gestellt und mit Tannengrün geschmückt.«

Nach einer kleinen Denkpause schaut Hiltrud ihren Sohn Bruno an, »nun wird dieses Kleinod mit vielen anderen Gegenständen, die zu unserem Leben gehörten, ein Raub der Flammen geworden sein.« Bruno erhebt sich und streckt die steif gewordenen Glieder, wobei seine Hände die Decke des Raumes erreichen. »Man wird sehen Mutter, doch jetzt sollten wir uns zur Ruhe begeben. Ich hoffe, wir werden bald schon Gelegenheit haben, vor allem das zu hören, was für Widukind und mich am wichtigsten ist.«

Der Morgen vor der Vollmondnacht, in der Warnekins Leichnam dem Feuer übergeben werden soll, kündigt einen schönen Herbsttag an. Eine frische Brise schlägt Widukind entgegen, als er, die stickige Luft der Grotte hinter sich lassend, in den Burghof hinaustritt. Nur wenige Federwolken unterbrechen das blasse Blau des Firmaments, wo ein Schwarm Kraniche in tadelloser Formation in Richtung Mittagssonne zieht, um den Unbillen der nächsten Monde in den nördlichen Gefilden zu entgehen. ›In ihrem Fluge markieren die Vögel das Zeichen ᚢ[42] der germanischen Runen am Himmel,‹ geht es dem jungen Edling durch den Kopf. Wolfram, sein weiser, alter Freund in Wigaldinhus hat ihm gelehrt, dies sei das Zeichen für Beständigkeit und Urtümlichkeit. »Alles was ist, ist so, weil die Götter es so wollen, doch nichts geschieht in unserem persönlichen Leben, wenn wir Menschen selber nichts bewegen«, pflegte er zu sagen. »Die Götter haben uns dieses Land gegeben. Du bist geboren um Verantwortung zu übernehmen, damit deine Leute hier immer ihre Heimat sehen. Hilf ihnen, damit Lebensart und Tradition nie verlorengehen.«

Zu den Ratschlägen Wolframs kommt die Erinnerung an den Auftrag seines Vaters hinzu und er weiß, daß die Eigenständigkeit der Sachsen nur dann erhalten bleiben kann, wenn es jemandem gelingt, die Häuptlinge und Gaugrafen zur Einigkeit gegen die Franken zu bewegen. Kann ausgerechnet er, Widukind, derjenige sein, dem diese Aufgabe zufällt, wo es doch auch erfahrene Sachsenführer gibt, die ebenfalls für Tradition und Eigenständigkeit einstehen.

Das Frühstück haben Widukind und Bruno gemeinsam mit den Gästen in der Felsenhalle eingenommen. Natürlich wurden bei der Gelegenheit Meinungen ausgetauscht und Handlungsweisen kritisiert, so daß Widukind in

---

[42] Im germanischen Runenalphabet steht dieses Zeichen für U.

dem Bewußtsein bestärkt wurde, von seinem Vater mit einer schweren Aufgabe betraut worden zu sein.

Beim Verlies des Gefangenen stehen Edeltraud und die Kräuter-Hedi in angeregter Unterhaltung mit Abbio, der beide Hände um die Gitterstäbe seines Gefängnisses geschlungen hat und Hedwigs Worten lauscht. Als Widukind, aus der Grotte kommend, auf die Gruppe zugeht, hört er wie sie sagt, »dafür hat der Vater des jetzigen Gaugrafen ihn durch den ganzen Ort geprügelt und ihm verboten, Huxori je wieder zu betreten. So hat die Dame Hiltrud es mir erzählt. Ich sage es dir jetzt nur, damit du weißt, was für ein Strolch dein Vater ist.« Widukind legt der Frau seine Hand auf die Schulter und versucht zu beschwichtigen. »Gute Frau, ihr mögt mit Recht verbittert sein, aber es entspricht nicht unseren Gepflogenheiten, jemand unnötig zu kränken und in Rage zu bringen, der sich nicht wehren kann.« Die Kräuterfrau sieht verlegen zu Boden als sie Widukind erkennt.

Edeltraud hebt zu einer heftigen Erwiderung an, doch ehe sie spricht, schluckt sie einmal und sagt dann in ruhigem Ton: »Dieser Bursche hier hat uns angesprochen. Er wollte von uns wissen, wie das mit seinem Vater war. Hedwig hat ihm von dem Mord an ihrer Mutter erzählt und von Geschehnissen, die auch ich bisher nicht kannte.«

Auf Edeltrauds auffordernder Geste hin spricht Hedwig weiter. »Eckbert, so heißt dieser Herr vom Trendelhof, ist als junger Mensch für einen Sommer in Huxori beim vorherigen Gaugrafen im Dienst gewesen. Da hat er versucht, der Frau Hiltrud, die damals erst kurze Zeit im Hause des ersten Herrn Bruno, also des Vaters des jetzigen Pfalzgrafen, war, nachzustellen. Als diese ihn in aller Deutlichkeit abgewiesen hatte, versuchte der Unhold ihr bei einer vermeintlich guten Gelegenheit, Gewalt anzutun. Aber die gute Frau konnte um Hilfe rufen und sich wehren, so daß der Graf hinzueilte und dem Kerl...« »Den Rest kenne ich«, unterbricht sie der junge Edling. »Dann würde diese Demütigung der Grund für seinen Haß auf die Leute von Huxori sein und nicht der Streit um Grundbesitz, wie er es darstellt.« Diese von Abbio hervorgepreßten Worte zeugen von den Zweifeln an der Rechtschaffenheit seines Vaters.

Bruno kommt mit zwei gut bewaffneten Männern heran und erklärt: »Es kommen heute sicher auch Leute hierher, die wir nicht gut genug kennen. Du weißt, bei einer Totenfeier ist jeder willkommen, da wird nicht nach Freund oder Feind gefragt, so ist's bei uns Brauch. Deshalb wollen wir vorsichtig sein.« Er deutet auf die beiden Bewaffneten, »diese Männer sollen hier beim Verlies Wache halten, und auch an anderen Stellen werden Bewaffnete stehen.« Widukind nickt: »Ja, es empfiehlt sich, die Augen offenzuhalten, zumal wir hier nicht sehr weit von da entfernt sind, wo sich Christen und Heiden zu vermischen beginnen.«

Inzwischen hat hier in der Festung hektisches Treiben eingesetzt. Auch Edeltraud und Hedwig haben ihre Arbeit zu verrichten. So bleibt Abbio mit seinen schweren Gedanken allein. Widukind und Bruno haben ihre Pferde von der Weide auf der Hochfläche hinter der Burg geholt und reiten hinunter nach Huxori. Widukinds Fiolo ist dank der langen Ruhepause recht ausgelassen, und auch Bruno muß seinen Braunen auf dem steil zu Tal führenden Weg zügeln.

In Huxori sind die Menschen dabei, die Spuren des Überfalls zu beseitigen. Doch so emsig sie auch arbeiten, es wird noch einige Zeit vergehen, bis die verkohlten Hütten wieder aufgebaut und die zum Teil beschädigten Befestigungsanlagen repariert sind. In solchen Notfällen wird deutlich, was es heißt, einer florierenden Gemeinschaft anzugehören. Hier gibt es keine Mißgunst und keinen Neid. Jeder hilft jedem, denn man weiß, geteiltes Leid ist halbes Leid.

Während die beiden Edlinge durch den Ort reiten, ruft man sich freundliche Worte zu. Hier gibt es mal einen guten Rat und dort eine Belobigung. Vor dem wuchtigen Steinwerk des ausgebrannten Pfalzgebäudes steigen sie aus den Sätteln. Der Anblick der schwarz verrußten Fensternischen seines Elternhauses lassen Bruno leicht erschaudern, und der Eindruck, der sich ihm im Inneren bietet, ist verheerend. Das Haus ist schon von der damaligen römischen Besatzung mit einem Erdgeschoß und ein durch starke Balkenlage abgeteiltes Obergeschoß gebaut worden. Dieser Holzausbau wurde durch das Feuer fast ganz zerstört, und es wird viel Arbeit und Mühe kosten, den Schaden zu beheben.

Während Bruno in dem ausgebrannten Haus nach heilgebliebenen Gebrauchsgegenständen sucht, begibt sich Widkukind zu dem angrenzenden Nebengebäude, welches zur Unterbringung der Pferde im Bedarfsfall gebraucht wird. Hier sind die Toten der letzten Tage untergebracht. Man hat ihre Körper mit dem grobkörnigen weißen Sand bedeckt, den es hier in den Weserauen reichlich gibt. Gegen den Leichengeruch sind stark duftende Kräuter verstreut, und Tannenzweige hat man an den Wänden aufgestellt. Das Ganze ergibt ein ergreifendes Bild. Spärliches Tageslicht, das in den Raum dringt, beleuchtet die weißen Gesichter der Toten, die vom verstreuten Sand freigeblieben sind. Die blassen Antlitze, von dunklen Haaren eingerahmt, scheinen in ihrer Blässe mit dem schneeweißen Sand in seltsamem Einklang zu stehen, während die Konturen der Körper mit dem Boden der Erde schon eins zu sein scheinen.

Nachdem Widukind dieses Bild in sich aufgenommen hat und jedem der Toten ein kurzes Gedenken widmet, zieht er sein Kurzschwert, eben das Geschenk des Vogtes von Markloh, und ritzt vier Runen in den Sand zu Füßen der Leichname ᚱ ᚨ ᛟ ᚹ [43]. Leise spricht er dabei die Worte, für die diese Zeichen stehen: »Reitet zu den Asen ins Land der Wonnen.«

Als der Wigaldinger sich von der Stätte des Todes abwendet, um auf das große Haus zuzugehen, kommt Bruno daraus hervor. Bei seinem Anblick stößt Widukind lachend aus: »Mann, du siehst aus wie Surtur[44] persönlich.« In der Tat, ist das Gesicht des junge Gaugraf unter der Schicht von Ruß und Asche kaum zu erkennen. In den Armen hält der »schwarze Mann« allerlei Gegenstände, die er jetzt vor sich ins Gras fallen läßt. »Ein herunterfallender Deckenbalken hätte mich fast erschlagen«, sagt Bruno, während er versucht, seine Kleidung einigermaßen säubern, wobei Widukind ihn mit einem abgebrochenen Zweig unterstützt. Hände und Gesicht reinigt er sich im Wasser eines nahe stehenden Troges, bis er wieder als der zu erkennen ist, den er verkörpert. Widukind weist auf das behelfsmäßige Totenhaus und richtet an Bruno die Frage: »Es war doch die Rede von einem ermordeten jungen Mädchen, ich habe ihre Leiche nicht gesehen, wo ist sie?« »Zwei Männer von uns haben die undankbare Aufgabe übernommen, Klaras Leiche zu ihren Leuten in den Sundal zu bringen.«

[43] ᚱ ᚨ ᛟ ᚹ
R a o w : Reitet - Asen - Odal (Land) - Wonne.

[44] Ein schwarzer Riese nach der nordischen Mythologie.

Nun machen sich beide daran, die von Bruno aus dem Haus, oder besser der Hausruine, getragenen Gegenstände von Ruß und Asche zu säubern. Unter Trinkbechern aus Zinn und irdenen Schalen findet Widukind einen Gegenstand aus Holz, den er sorgfältig reinigt um diesen dann intensiv zu betrachten. Während der junge Wigaldinger dies tut, beobachtet ihn Bruno mit einem Lächeln. »Ist dir bekannt, daß du da eines der Symbole der Christen in deinen Händen hältst?«, fragt er. Der Edling aus dem Norden blickt über diese Schnitzerei, die ein Kind, gebettet in einer Krippe, darstellt, zu Bruno auf: »Für mich ist es ein armes Kind, wie viele Kinder, die bei uns geboren werden, auf Heu und Stroh gebettet, und nicht in den weichen Schlafstätten der Fürsten.« Mit diesen Worten übergibt er das leicht angesengte Kleinod an Bruno, der am Zaun ein altes Fischernetz gefunden hat. Dahinein wickelt er die sichergestellten Habseligkeiten und hängt das Bündel an seinen Sattel. »Mutter wird sich über die geretteten Utensilien freuen."

Auf dem Rückweg reiten die beiden am Palisadenzaun entlang, um sich über den Zustand der Befestigungsanlage zu informieren. Dort stoßen sie auf den Schmied Dago, der mit drei Leuten aus dem Ort dabei ist, den Zaun an einer Stelle zu reparieren, wo die Feinde ihn niedergerissen hatten. Als Bruno zu dem treuen Recken von seinen Sorgen spricht, die er wegen etlicher unbekannter Besucher hat, pflichtet der ihm bei. »Wenn ihr nicht hierher gekommen wärt, hätte ich euch dort oben aufgesucht. Auch ich habe so ein komisches Gefühl. Sollte mich nicht wundern, wenn unsere Gastfreundschaft anläßlich der Totenfeier böse Folgen haben wird.« »Deshalb sollst du dafür sorgen, daß alle unsere kampffähigen Männer Waffen tragen«, sagt Bruno. »Auch die Krieger von den Nachbargehöften sollen heute zum Anbruch der Dunkelheit hier sein. Schickt Männer aus, die dafür sorgen.«

Widukind mischt sich ein: »Ihr solltet darauf achten, daß die Männer unauffällig erscheinen und den Eindruck bewahren, Gäste der Totenfeier zu sein, bis es zu eventuellen Feindseeligkeiten kommt.« »Ja, wir müssen äußerst besonnen vorgehen und dürfen uns nicht provozieren lassen«, sagt Bruno. »Du kennst die Männer, Dago, die besonnen genug sind, im gegebenen Augenblick die richtige Entscheidung zu treffen. Teile sie so ein, wie du es für richtig hältst.« Der Schmied schaut zum Palisadenzaun hin, wo noch ein gutes Stück Arbeit zu leisten ist, und etwas mißmutig brummt er: »Was ich anfange, bringe ich normalerweise auch zu Ende, aber seit die Franken mich überlistet und an einen Baum gebunden haben, kriege ich nichts mehr fertig.« Dann sieht er Bruno an und sagt: »Ich danke dir, daß du mir trotz dieser schmählichen Niederlage noch vertraust.«

Bevor die Edlinge zurück zur Burg reiten, trennen sie sich am Fuße des Brunisberges. Während Bruno mit zwei Männern, die zu den Burgwachen gehören, den Festungsberg von der Flußseite zur Hälfte umrundet, reitet Widukind, ebenfalls mit zwei Kriegern, in entgegengesetzter Richtung auf die Rückseite der Festungsanlage zu. Sie wollen sich davon überzeugen, ob nicht etwa im bewaldeten Umland verdächtige Vorkommnisse festzustellen sind.

Die Sonne hat ihren Weg für diesen Tag beendet. Nur der feuerrote Horizont hinter den Eggebergen zeugt noch von der Macht Baldurs, dem Herrn des Lichtes. Die silberne Scheibe des vollen Mondes zeigt sich schon am stetig dunkler werdenden Himmel. Auf der hoch gelegenen Weide hinter der Brunisburg treffen sich Widukind und Bruno nach ihrem Erkundungsritt wieder, während die Begleiter der beiden noch dabei sind, die weitere Umgebung zu erforschen. Diese Weide hier erstreckt sich von der rückwärtigen Befestigungsanlage, die aus einer Bruchsteinmauer und einem Beobachtungsturm besteht, über einen breiten Bergrücken bis an die urwaldähnliche Berglandschaft gen Westen. Die Grünfläche ist mit hölzernen Zäunen eingefaßt und in einzelne Parzellen unterteilt. Die größte dieser Weiden ist jetzt mit den Pferden der Gäste des heutigen Tages fast überfüllt.

»Ist es nicht erstaunlich, daß meinem, äh, unserem Vater nach seinem Tode so viel Aufmerksamkeit zuteil wird und das ausgerechnet aus dem Wetigau, wo doch die Engern-Sachsen eigentlich wenig Freunde haben.« In Widukinds Worten klingt die Überzeugung mit, daß nicht alle Gäste aus Zuneigung zu dem Toten und seinen Angehörigen hierherkommen. Auch Brunos Miene drückt Sorge um den friedlichen Verlauf des heutigen Abends aus. »In der Tat kommen viele unserer Besucher aus Richtung Schidera und Adikenusen, einige kenn' ich, andere wieder nicht. Das wäre weiter nicht besorgniserregend, wenn sie offen zeigen würden, welchem Stamm, welcher Sippe sie angehören.«

Die Pferde werden in der für Burgbewohner vorgesehenen Weide freigelassen, und als sie durch die kleine Pforte in den rückwärtigen Burghof gelangen, wo ein Rind am Spieß gebraten wird, treffen sie auf Hiltrud. Als Herrin hier ist sie für die Versorgung der Gäste zuständig, deshalb überzeugt sie sich auch hier vom ordnungsgemäßen Ablauf der Vorbereitungen. Da nun Bruno seiner Mutter das alte Fischernetz mit den sichergestellten Gegenständen überreicht, tätschelt sie ihren großen Jungen die Wange. Die geschnitzte Krippe darunter erkennend, drückt sie dieses Erinnerungsstück wie einen Schatz an ihre Brust und der Sohn freut sich über den dankbaren Blick seiner Mutter.

Im vorderen Festungsbereich befinden sich einige Gruppen von Männern in mehr oder weniger schwerwiegenden Gesprächen. Die Überzahl der Männer aber scheint sich noch außerhalb der Befestigungsanlage aufzuhalten. Bei fortschreitender Dunkelheit werden einzelne Feuer entzündet, an Stellen, die mit Bruchsteinen dafür hergerichtet sind. Auch oben auf der Balustrade sind an den beiden äußeren Enden kleinere Feuer entfacht, und schemenhaft erkennt man die Figur des Froste, der die letzten Vorbereitungen zur Feuerbestattung des Herzogs trifft.

Zwei Männer sind bei Warnekins Apfelschimmel, der immer noch an der gleichen Stelle steht, wo er reichlich mit Futter versorgt wurde. Widukind geht darauf zu, die zwei unterbrechen ihr Gespräch. Der Wigaldinger zeigt auf das Pferd seines Vaters und sagt im freundlichen Ton: »Mancherorts wäre jetzt auch das Schicksal des Pferdes mit dem Tod seines Herrn besiegelt. Das Tier müßte ihm auf den Weg ins andere Leben begleiten. Wie ist es dort, wo ihr herkommt?« Der jüngere der Fremden hüstelt und schaut seinen Begleiter an. Es ist ein Mann mit tiefliegenden Augen und eingefallenen Wangen. Bei seinem Anblick wird Widukind an einen Totenkopf erinnert. Seine Kleidung weist ihn als begüterten Menschen aus. »Für einen großen Fürsten wie es Warnekin war, ist es bei uns angemessen, daß er selbst bestimmt, wie er seinen Weg ins Jenseits antritt«, meint der geheimnisvolle Fremde. Die Stimme dieses mageren Mannes klingt tief und dumpf, seinen Worten haftet ein fremdartiger Klang an.

Widukind ist allerdings durch diese Aussage nicht schlauer geworden. Er weiß noch immer nicht, woher sein Gesprächspartner kommt und wer er ist. Er nimmt sich vor, den Fremden, der mit so einem seltsamen Akzent spricht, im Auge zu behalten.

Bruno steht auf den Stufen zwischen den Steinhäusern und gibt ihm ein Zeichen. »Hast du eine Ahnung, wo der Graf von Vlothove sich aufhält?«, fragt er, als Widukind auf ihn zukommt. »Wie ich hörte, ist er heute Morgen in aller Frühe fortgeritten.« Auch Widukind ist erstaunt über diese Nachricht. »Da weiß ich auch nicht, was ich davon halten soll. Der Falke vom Weserbogen ist für jede Überraschung gut, aber daß er sich vor der Totenfeier seines Freundes, wie er Warnekin immer nannte, davonmacht, kann ich nicht verstehen.«

»Doch sag«, wechselt er das Thema, »wer ist jenes Totengesicht, dort drüben beim Pferd?« Möglichst unauffällig sieht Bruno sich den Genannten an und stellt fest, »den hageren Mann habe ich schon mal gesehen, aber mir fällt jetzt nicht ein, bei welcher Gelegenheit. Der Begleiter aber, der ist mir bekannt, er hat ziemlich reichen Grundbesitz in Adikenhusen, im Wetigau, der Graf von Schidera ist sein Lehnsherr.« »Könnte denn jener Schmale dort, der Graf selber sein?«, will Widukind wissen. Bruno zieht bezeichnend die Schultern hoch, »ich kenne ihn nicht. Seit dem Streit mit meinem Vater beim damaligen Allthing hatten wir keinen Umgang mit den Leuten von Schidera.« Der Edling aus Wigaldinghus überlegt und sagt: »In Markloh habe ich ihn auch noch nicht kennengelernt. Ich hörte nur, er gehöre zu der Gruppe von Anführern, die guten Kontakt zu den Franken hätten. Er ist einer, auf den wir achten sollten, das wird mir immer klarer.«

Den Überlegungen der beiden Edlinge wird ein Ende gesetzt durch einen Aufruf des Froste von der hohen Plattform. »Macht euch bereit, es ist Zeit Abschied zu nehmen von dem, was dem großen Kriegsherzog Warnekin noch mit diesem Leben, mit dieser Erde verbindet!« In der Mitte der Balustrade lodert jetzt ein großes Feuer, das in dem Rund des Festungshofes bizarre Schatten wirft. Grifo, der Froste, steht etwas abseits vom Feuerschein auf seinem erhöhten Stand, so daß man ihn mit seinen erhobenen Händen nur in Umrissen sehen kann.

Auf dem Wachturm am Haupttor ertönt jetzt der dumpfe Klang eines

Hornes, und fast gespenstisch kommt die Antwort aus der Dunkelheit im Hintergrund von des Frostes hoher Bühne. Der zweite Bläser steht auf dem Turm der rückwärtigen Befestigung. Beim wiederholten Hörnerklang strömen die Menschen, die sich vorher außerhalb der Festungsanlage aufgehalten haben, herbei. Innerhalb kurzer Zeit ist der Hof bis über das weit geöffnete Tor hinaus mit Menschen gefüllt. Ob alle Anwesenden aus Anteilnahme am Tode Warnekins gekommen sind oder aus anderen Gründen, wird sich zeigen.

Die Hörner verstummen und oben beim großen Feuer setzt sich das Totengerüst in Bewegung. Die Gehilfen des Froste haben je einen der vier aufrecht stehenden Holzstangen, an denen die Plattform mit dem Leichnam an Hanfseilen aufgehängt ist, angehoben und tragen das Gestell so in unmittelbare Nähe des Feuers. Die durch Seitenstreben miteinander verbundenen Haltestangen haben an ihren oberen Enden eine Gabelung, dadurch sind die Seile gelegt, mit denen das Holzgeflecht, auf dem der Körper des Toten befestigt ist. Dadurch können die hinteren Seile stärker angezogen werden, so daß der Leichnam fast aufrecht steht. Es hat also den Anschein, als ob Warnekin noch einmal auf seine Leute niederschaut. Die Totenliege wird nun durch die steuernden Stricke so gehalten, daß sie die Flammen des Feuers überragt. Dann tragen die Männer dort oben das Gestell weiter, bis die sterbliche Hülle genau über dem Scheiterhaufen schwebt.

Ein dröhnender Gongschlag ertönt. Zu diesem Zweck ist ein großes metallenes Schild aufgehängt worden, und ein Krieger schlägt mit einem hölzernen Klöppel, der mit Tuch umwickelt ist, dagegen. Beim dritten Gongschlag werden die Halteseile gelöst und der tote Warnekin stürzt in die aufstiebende Glut des Feuers. Wie aus einer Kehle ertönt der gewaltige Schrei der Anwesenden, die so die aufgestaute Spannung von sich geben.

Der Hall der vielen Stimmen ist kaum verklungen, als das schrille Wiehern eines Pferdes die Luft erfüllt! Widukind reagiert blitzschnell und gelangt mit ein paar Sätzen von dem Grottenvorplatz zu dem Ort, wo das Pferd des toten Herzogs stand. Im flackernden Licht des Feuerscheines sieht er, wie der große Apfelschimmel in wilder Flucht durch das Burgtor stürmt, alles was sich ihm in den Weg drängt, niederstampfend oder zur

Seite drängend. Als Widukind das Tor erreicht, ist von dem Pferd seines Vaters nichts mehr zu sehen. Nur die Geräusche von splitterndem Holz und den dumpfen Fall eines schweren Körpers hört er von dem Steilhang, der zum Wesertal hin tief abfällt. Noch einmal ist aus der Tiefe der Ansatz eines Wieherns zu hören, das aber erstirbt, ehe es seinen vollen Klang entwickelt hat. Der junge Edling eilt zum Tor zurück, um mit einer Fackel in die Tiefe zu steigen, damit er dem Tier, wenn erforderlich, den Gnadentod geben kann. Doch dazu bleibt ihm keine Zeit.

Als er den Festungshof erreicht, bietet sich ihm ein chaotisches Bild. Das Wiehern des Apfelschimmels schien ein Signal zum Kampf gewesen zu sein. Bruno, der vorher in Widukinds Nähe gestanden hatte, rieft in den ausbrechenden Lärm hinein, »jetzt schlagen sie los!« Im gleichen Augenblick sprang er auf das Verlies zu, dort war schon ein Gerangel im Gang. Einer der Wachen lag am Boden und der andere schlug verzweifelt auf mehrere Gegner ein. Der Pfalzgraf setzte in kurzer Zeit zwei Gegner außer Gefecht.

Als Bruno den Kerker erreicht, findet er die Gittertür bereits offen. Suchend blickt er um sich und gewahrt auf der Terrasse in der Nähe des Grotteneinganges die schmale Gestalt mit dem »Totengesicht«. Ehe er jedoch den Mann erreicht, stößt er auf weitere Gegner. Einige seiner Leute stehen ihm zur Seite, so daß der Kampf einigermaßen ausgeglichen ist. Plötzlich aber wird sein Schwertarm von einem Keulenschlag getroffen und Bruno muß zurückspringen, um einem Lanzenhieb auszuweichen. Die Waffe ist seiner Hand entfallen und er versucht verzweifelt, den auf ihn eindringenden Feind abzuwehren.

Da steht plötzlich ein junger Krieger mit langen schwarzen Haaren vor ihm. Mit wenigen Schwerthieben hat der Brunos direkten Gegner außer Gefecht gesetzt und reicht ihm die Waffe des Besiegten. »Abbio!«, entfährt es dem Pfalzgrafen. »Weißt du eigentlich gegen wen du kämpfst?« Auch Widukind hat inzwischen die Terrasse vor der Grotte erreicht. Die Leute des Gaugrafen haben dank ihrer Vorsichtsmaßnahmen die Oberhand hier im Festungsbereich behalten. Es sieht nun so aus, als ob die Anführer des Überfalls, nachdem sie den Gefangenen befreit haben, in Bedrängnis geraten. Da sie nun erleben, daß dieser sich gegen seine bisherigen Mitstreiter wendet, versuchen, sie die Grotte zu gelangen, um die Frauen als Geiseln zu nehmen. Das Feuer oberhalb des Eingangs zur Felsenhalle hat sich verdunkelt, und schwarzer Rauch steigt daraus empor. Der Verzehr des menschlichen Körpers scheint den Flammen nicht so recht zu bekommen. Somit wird das Geschehen vor dem Portal nur schwach beleuchtet. Während Widukind versucht, sich nach dort durchzukämpfen, sieht er vor der Felsenhalle eine Frau, im weiten hellen Kleid, mit wehendem Haarfließ, die das Schwert gegen einen hageren, recht finster wirkenden Mann schwingt. Wenn der Edling nicht wüßte, daß Edeltraut dort kämpft, könnte er annehmen, die Göttin Gefjon sei aus dem Alfenhain zu Hilfe herbeigeeilt. Doch es bleibt ihm keine Zeit, darauf einzugehen, denn auch er muß seinen Sachs einsetzen und dabei die Gesamtlage überblicken.

Am Rande der Balustrade, fast vom Rauch eingehüllt, steht der Froste und schaut auf die Kämpfenden zu seinen Füßen herab. Plötzlich muß er einen der Eindringlinge erkannt haben! Es ist jener, mit dem Edeltraut kämpft! Grifos Stimme übertönt das Kampfgetümmel: »Theoderich, die Mörderhand der Anulfinger!« Im gleichen Augenblick reißt der Froste einen brennenden Ast aus dem Scheiterhaufen und springt die acht Fuß, von seinem erhöhten Stand aus, in die Tiefe. Dabei landet er unmittelbar zwischen der den Eingang verteidigenden Edeltraud und dem hageren Mann mit dem Gesicht, das an den Tod erinnert. Den brennenden Ast, der durch den Flugwind noch angefacht wurde, stößt Grifo diesem Mann direkt ins Gesicht. Ein gräßlicher Schmerzensschrei hallt über das Getöse hinaus!

Haare und Kleider des so Getroffenen fangen augenblicklich Feuer, in seinem Schmerz läßt der Mann die Waffe fallen. Er greift sich an das verletzte Gesicht taumelt dabei zurück, und das Schwert eines seiner eigenen Leute, der ihm zur Hilfe kommen will, dringt ihm in den Rücken. Schwerverletzt und brennend bricht der Mann, in dem Grifo den Grafen Theoderich wiedererkannt hat, zusammen.

Nun haben sich auch Widukind und Bruno bis zum Grotteneingang durchgekämpft, um mit den eigenen Kriegern, die sich jetzt formieren können, die restlichen Gegner in die Enge zu treiben. Als Abbio dabei in Widukinds Nähe kommt und dieser erkennt, auf welcher Seite der vorherige Gefangene kämpft, sagt er, nach dem er einen feindlichen Krieger

151

außer Gefecht gesetzt hat: »Ich hoffe, du bereust es nicht, so schnell die Fronten gewechselt zu haben.« »Das hoffe ich auch«, erwidert Abbio und entwaffnet seinen Gegner durch eine geschickte Finte. Mit einer flinken Drehung seiner Hand, schlägt er diesem den Knauf des Schwertes an den Kopf, so daß der Mann taumelnd zu Boden geht.

Da die Eindringlinge jetzt ihre Niederlage einsehen, versuchen sie durch das Tor zu entkommen, doch da gibt es plötzlich eine Stockung! Es kommt vor dem Tor zu Kampfhandlungen, die Fliehenden werden von außen bedrängt, und kehren mit erhobenen Händen in den Festungshof zurück. Hinter ihnen taucht auf seinem großen Streitroß Graf Victor von Vlothove auf, und in seinem Schatten reiten der Schmied Dago und etliche Krieger.

Die Gefangenen werden an die Pfosten der Befestigungsanlage gefesselt, während der »Falke vom Weserbogen« sich wieder einmal selbst auf die Schulter klopft. »Wer hatte wie immer die richtige Nase, natürlich Graf Victor. Wir haben den Verrätern gehörig in die Suppe gespuckt.« Dago, der vom Pferd gestiegen ist, tritt auf Bruno und Widukind zu und bestätigt: »In der Tat haben wir dem Grafen viel zu verdanken. Unsere Leute, die am Kreklerberg Ausschau halten sollten, meldeten bei anbrechender Dunkelheit einen Trupp fremder Krieger. Allem Anschein nach wollten die so zur Rückseite der Festung gelangen, um euch in den Rücken zu fallen, während ihr mit den Eindringlingen hier zu tun hattet. Nun war ich ganz schön in Nöten. Auf der einen Seite mußte ich die Kerle dort am Kreklerberg stellen, auf der anderen Seite durfte ich aber den Ort auch nicht ohne Schutz lassen. Ich schickte einen Boten zu euch, aber den haben wir bei unserem Ritt hier herauf schwerverletzt aufgefunden. Als ich mich mit mulmigen Gefühlen entschlossen hatte, mit der Hälfte, die eigentlich zur Verteidigung von Huxori vorgesehen waren, aufzubrechen, um die der Abendsonne zugewandten Seite des Brunisberges zu erreichen, war ich mir des Risikos bewußt. Wenn ich mit den zwanzig Kriegern der feindlichen Truppe entgegenziehen würde, waren die uns weit überlegen. Würde aber in der Zeit der Ort angegriffen, dann wären die dort verbliebenen Männer zu wenige, um einem Angriff standzuhalten. Da erscholl vom Wachturm am Fluß das Horn und meldete einen Reitertrupp. Nach kurzer Zeit wußte ich, es war der Graf von Vlothove mit seiner Kriegerschar.«

»Saxenot selber hat wohl meine Schritte gelenkt.« Victor sagt dies, auch er ist vom Pferd gestiegen und spricht weiter. »Ich konnte mir nicht vorstellen, daß der Streithammel vom Trendelhof seinen Sohn einfach in unseren Händen beläßt. Und überhaupt, wenn dieses hinterpfozige Gesindel etwas gegen uns unternehmen wollte, dann gäbe es an diesem Tag der Totenfeier die beste Gelegenheit, dachte ich mir. Einige Besucher kamen mir zudem am gestrigen Abend verdächtig vor. Deshalb bin ich, als ihr euch zurückgezogen hattet, losgeritten und habe unsere Krieger aus Fischbeck hierhergeholt. Nur euren Gerald und vier Männer habe ich zur Bewachung der Gefangenen dort gelassen. Die Menschen von Fischbeck und Umgebung sind ja froh über Ruperts Gefangennahme und uns deswegen wohlgesonnen.«

»Dann seid ihr wieder einmal Retter in der Not für uns gewesen«, stellt Widukind fest. »Doch sagt, Graf, was ist aus der Truppe geworden, die uns so hinterlistig in den Rücken fallen wollte. Haben die bei eurem Anblick Reißaus genommen?«

»Allein mein Anblick hat sie nicht in Furcht und Schrecken versetzt«, antwortet Victor, »aber sicher meine Taten. Doch nicht nur ich, auch Dago wie auch all unsere Männer, haben sich tapfer geschlagen. Wir haben sie erwartet, als sie aus dem Wald am Krekeler Berg kamen. Der Wald ist ziemlich schwer zu durchdringen. Deshalb waren wir vor denen an der Rückseite der Festung, als sie ins freie Wiesengelände kamen, haben wir es ihnen gezeigt. Ihr Anführer war der Trendelhofbauer, den hat Dago erwischt.«

Abbio, der die Worte Victors mit angehört hatte, tritt auf den Grafen zu. »Ist er tot?« Victor sieht den jungen Mann voller Unverständnis an, kann er doch nicht wissen, daß dieser inzwischen an der Seite der Leute von Huxori gekämpft hatte. Auch Dago kann noch nicht verstehen, daß der Bursche, der am Morgen dieses Tages noch im Burgverlies gesessen hatte, jetzt als Mitstreiter neben seinen eigenen Leuten steht. Wie auch immer, er wird ihm die Wahrheit über seinen Vater nicht ersparen können. Deshalb sagt er: »Ja, der Bauer vom Trendelhof ist tot.«

Er schaut seinen Herrn, den Gaugrafen an als müsse er die nun folgenden Worte überlegen. »Ich bin nicht stolz darauf, ihn besiegt zu haben, denn die Hand, die meine Streitaxt geführt hat, wurde von Zorn und Unbeherrschtheit geleitet. Ich habe den Mann wiedererkannt. Er gehörte zu denen, die nach dem Überfall euer Haus ausgeplündert haben. Wie ihr wißt, sind Knut und Klara dabei umgekommen.«

Betreten und ratlos steht Abbio da und starrt auf den Boden vor sich. Widukind tritt an Abbios Seite, legt ihm die Hand auf die Schulter und sagt: »Nun haben wir beide unseren Vater verloren.« Der junge Cherusker zieht den Kopf noch tiefer zwischen die Schultern und murmelt: »Dein Vater mag tot sein, aber dir bleibt ein respektvolles Erinnern. Je mehr ich überlege, um so größer wird die Gewißheit, ich habe meinen Vater lange vor seinem Tode verloren. Du kannst immer noch stolz auf deinen Vater sein, doch was bleibt mir?«

Vor der Grotte ist es ruhig geworden. Männer liegen dort, einige sind hilflos und dem Tode nahe. Die Geister des Schattenreiches scheinen schon bereit zu stehen, um zu denen, die in diesen schicksalhaften Tagen, in Huxori schon geholt wurden, weitere Opfer der menschlichen Streitsüchtigkeit mit auf die große Reise zu nehmen.

Mit seltsam verdrehtem Körper liegt Grifo dort an der Felswand in der Nähe des Portals. Beim Sprung in die Tiefe, als er mit dem brennenden Ast auf den Grafen Theoderich zugesprungen ist, sind die alten Verletzungen seines Rückens wieder aufgebrochen. Sein seit langem verletztes Rückgrat konnte diesen Aufprall nicht überstehen. Nun ist er völlig hilflos, die untere Hälfte seines Körpers und sein rechter Arm sind ohne Leben. Hiltrud kniet neben dem, der ihr fast ein Leben lang als Freund zur Seite gestanden hatte, und versucht tröstende Worte zu finden.

Etwas abseits vom Grotteneingang liegt die Gestalt des hinterlistigen Grafen Theoderich. Von dem schmalen Körper, der vor dem Kampf dunkle, elegante Kleidung getragen hatte, war nur noch ein verkohltes Etwas zu erkennen. Auch die Haare seines Kopfes sind verbrannt. Sein knochiges, nun von Brandwunden entstelltes Gesicht ist schmerzverzerrt.

Während Bruno mit einigen Männern den schwerverletzten Grifo in die Grotte trägt, wendet sich Widukind dem schmerzlich stöhnenden Grafen zu. Bei dem flackernden Licht des Feuers, das diese trotz allem noch lebende Ruine eines Menschen bescheint, kann sich der Edling einer leichten Übelkeit wegen dieses Anblicks nicht erwehren.

Die Menschen hier haben alle Hände voll zu tun, um die Verwundeten zu pflegen. Auch vier Tote sind auf seiten der Huxorileute nach diesem kurzen Kampf zu beklagen. Trotzdem nehmen sich einzelne Frauen und Männer die Zeit, um aus geziemender Entfernung zu sehen, was oben auf der Plattform vor der Grotte geschieht.

Diesen Leuten ruft Widukind zu: »Kein Menschenleben sollte so enden müssen. Ergötzt euch nicht am qualvollen Sterben dieses Mannes. Auch wenn er unser Feind war, sollten wir ihm den Tod so leicht wie möglich machen.« Zögerlich kommen zwei Frauen und ein Mann näher. Ihre Gesichter sind vor Angst, ja Entsetzen, gezeichnet. Ihre einfachen Gemüter können nur davon ausgehen, daß dieser Totgeweihte den Inbegriff des Bösen verkörpert. So wie sie ihn vorher gesehen haben, eine finstere Erscheinung, mit einem Gesicht, das einem beim Ansehen schon frösteln machte, und nun die Umstände, seines Sterbens! So kann ihrer Meinung nach nur einer krepieren, der von bösen Geistern besessen ist.

Unwillkürlich muß Widukind an den Körper seines Vaters denken. Noch zehrt oben auf der Empore das Feuer an seinen Überresten. der Edling beugt sich nieder, um die verbrannte Kleidung von dem Körper des Grafen Theoderich zu entfernen. Ein schmerzliches Wimmern entringt sich dabei der Kehle des Gepeinigten. Sich an die näher Gekommenen wendend, sagt Widukind: »Holt feuchte Leinentücher und Milch, damit wir die Brandwunden kühlen können.« »Aber wir haben hier oben nur noch wenig Milch«, versucht eine der beiden Frauen einzuwenden. »Holt, was da ist«, verlangt der junge Wigaldinger. »Ich befehle es euch, auch wenn alle hier einstweilen Wasser trinken müssen!«

Er blickt um sich und sieht die behelfsmäßige Bahre, auf der sein Vater vor einigen Tagen aus dem Tal hier heraufgetragen wurde. Kurzerhand nimmt er seinen Umhang von den Schultern und breitet ihn auf dem Holzgestell aus. Dann fordert er den in der Nähe stehenden Mann auf: »Komm, faß mit an, wir legen ihn darauf. Dem Manne kostet es körperliche Überwindung, diesen Leib zu berühren, doch die Angst vor Widukinds Zorn scheint größer zu sein.

Noch während Widukind den totwunden Mann versorgt, kommt Abbio von den hinter der Burg liegenden Weiden zurück. Er hat seinem im Kampf gefallenen Vater die starr gegen den Himmel gerichteten Augen zugedrückt und versucht nun seinen inneren Frieden mit dem Toten zu festigen. Wenn er in den letzten Tagen auch Gewißheit darüber erlangte, daß sein Vater nicht der war, zu dem er aufschauen möchte, so ist ihm doch auch klargeworden, daß sein Vater durch den frühen Tod der Frau, die er sehr geliebt haben muß, zu diesem harten Mann geworden ist. Abbio kann verstehen, wenn sein Vater ihn, seinen Sohn, haßte, weil eben seine Geburt der Anlaß für den Tod der Frau war.

Nun sieht der Trendelhoferbe mit an, wie Widukind bemüht ist, die Schmerzen des Theoderich, den er doch als Feind ansehen muß, zu lindern. Auch Abbio hat an diesem unheimlichen Mann ungute Erinnerungen, da er des öfteren bei seinem Vater zu Gast gewesen war. »Bist du nicht auch der Meinung, daß dieser Mann an allem Leid, Mord und Totschlag hier großen Anteil hat. Sicherlich auch am Tode deines Vaters?«, fragt der junge Cherusker den Sachsen-Edling. Der richtet sich auf, wischt die Hände ab, mit denen er die Milch auf die Brandwunden verrieben, so wie die tiefe Stichwunde im Rücken des Grafen versorgt hat, und antwortet: »Daran habe ich jetzt nicht gedacht, möglicherweise hat der Verletzte jetzt noch die Kraft, uns den Grund für diese Feindseligkeiten zu nennen.«

Gebannt blicken jetzt alle Umstehenden auf den Grafen Theoderich. Auch Victor von Vlothove ist jetzt unter ihnen. Kälteschauer schütteln den Körper des Schwerverletzten. Die Milchbehandlung und die feuchten Tücher zeigen ihre Wirkung, und vorübergehend scheinen die Schmerzen des Grafen erträglicher zu werden. Die Schwäche läßt seine vorher so tiefe und dumpfe Stimme jetzt brüchig und heiser klingen. »In all den Jahren, die ich jetzt im Grenzland zwischen Franken und Sachsen als Sonderbeauftragter der Frankenherrscher gelebt habe, mußte ich des öfteren meine Meinung über die Sachsen ändern. Niemals aber habe ich erlebt, daß ein besiegter Feind so nobel behandelt wird, wie es hier mit mir geschieht.« »Auch nicht bei den christlichen Franken, deren Priester doch von Nächstenliebe und Vergebung predigen?«, will Widukind wissen.

Der fränkische Graf schüttelt schmerzerfüllt den Kopf und röchelt:

»Wenn es um die eigenen Vorteile geht, zählen fromme Lehren wenig. Doch sag mir, wer war der Mensch, der mit dem Feuer über mich kam, wie der entfesselte Luzifer in Person?« »Wenn du jener Graf Theoderich bist, der vor Jahren einem gewissen Grifo seine besondere Aufmerksamkeit gewidmet hat, im Auftrag seiner Halbbrüder, dann müßtest du ihn kennen«, sagt der Edling mit Ironie in der Stimme. »Ja, der Schönling Grifo, ich habe ihn gehaßt, solange ich ihn kannte«, zischt der Franke, und mit verständnisloser Miene fährt er fort: »Aber wie soll ich das verstehen? Diese Mißgeburt, die da auf mich herabsprang, die kenne ich nicht!«

»Es war keine Mißgeburt, sondern Grifo, der Schönling, wie du ihn nennst. Ihr habt ihn zum Krüppel gemacht und glaubtet, er wäre tot. Für das, was du Grifo angetan hast und für manch andere Missetat, sollte man dir die Haut nicht nur sengen, sondern dich lebendigen Leibes rösten.« Es ist der Graf von Vlothove, der diese harten Worte spricht. »Ihr wußtet von dem Geheimnis, das den Froste Remo umgibt und kennt seinen wahren Namen?«, wundert sich Widukind. »Ich sagte doch, ich war immer schon ein Freund deines Vaters, auch dieses Geheimnis teilte ich mit ihm«, erklärt Victor.

»Dann hat der Bastart mich letztlich doch noch besiegt. Aber wie ist es möglich, daß er lebt?« Fassungslos rollt der entstellte Kopf des Franken auf der provisorischen Trage hin und her. »Ich selbst habe doch...« er unterbricht seine Rede, versucht sich mit der rechten Hand an den Kopf zu greifen, doch es wird nur eine kraftlose Geste. »Er war doch tot, den Sturz in die Tiefe konnte er doch nicht überleben. Er lag halb unter seinem eigenen Pferd begraben, berichteten meine Leute.«

Widukind tritt jetzt ganz nahe an das Lager des Schwerverletzten, so daß er von oben auf ihn herabschauen kann und sagt: »Nimm meinetwegen an, dein Gott habe dir einen Streich gespielt und dich für deine Untaten zu strafen dem überlassen, den du so lange mit deinem Haß verfolgtest.«

Schmerzverzerrt und mit geschlossenen Augen läßt Theoderich diese Strafrede über sich ergehen. Nach einer kleinen Pause spricht der Sachsen-Edling weiter: »Du wirst dir jetzt eingestehen müssen, daß dein Weg durch dieses Leben hier endet. Willst du uns nicht über die Umstände dieser direkten Feindseligkeiten gegen Huxori und dieser Burg aufklären?« Der Franke schlägt die Augen auf und etwas von dem fanatischen Licht, das vorher in seinem dunklen Blick gebrannt hat, flackert wieder auf. Doch er wendet sich ab, vermeidet es, den jungen Sachsen anzusehen. »Stellt diese Fragen doch dem freien Bauern vom Trendelhof, er wird...« »Der ist schon vor dir zur Hölle gefahren, wie eure Priester sich ausdrücken würden«, unterbricht ihn der Graf von Vlothove in hämischem Ton.

Ein kalter Blick und ein verächtlicher Zug um die entstellten Lippen, sind die Antwort des Franken für Victor. Dann blickt er Widukind an und sagt: »Aus welchem Grunde sollte ich euch sagen, was ihr wissen wollt. Ich habe mein Leben lang freiwillig nur das getan, wovon ich mir Vorteile erhoffte. Euch gegenüber mein Gewissen zu erleichtern, dieses Bedürfnis habe ich nicht.«

»Dann stirb mit deinem Haß im Herzen. Ich weiß nicht, wie das bei euch Christen ist, aber bei uns heißt es, wenn einer vor dem Tode nicht seinen inneren Frieden hergestellt hat, dann wird sein Geist auch nach dem Tode nicht zur Ruhe kommen.« Mit diesen Worten wendet sich Widukind von dem Franken ab und geht auf die Grotte zu. »Du hättest ihn eben in Asche und Dreck verrecken lassen sollen«, knurrt Victor und geht ebenfalls auf die Felsenhalle zu.

Nach so kurzer Zeit liegt an selbiger Stelle, an der Herzog Warnekin seinen letzten Atemzug getan hat, wieder ein schwerverletzter Mann. Für die Menschen hier im Wethigau ist er Remo, der Froste von Huxori. Sein wahrer Name aber ist Grifo. Aus dem stattlichen Fürstensohn wurde ein armer Krüppel. Einer der mächtigsten Männer des Abendlandes war sein Vater, Karl, den man den Hammer nannte. Er hatte Grifo ein Kind der Liebe genannt und konnte nicht verhindern, daß später seine älteren, legalen Söhne diesen ›Bastard‹ mit Mißgunst und Haß verfolgten.

Als Widukind an sein Lager tritt, schaut Grifo ihn mit klaren Augen an. Da er jetzt auf dem mit Fellen wohl gepolsterten Lager ruht, kommt die Verkrümmung seines Rückens nicht zur Geltung. Nur die Narben und Entstellungen in seinem Gesicht, deuten auf das Drama hin, dessen Opfer Grifo vor etlichen Jahren wurde.

Die neuerlichen Verletzungen bemerkt der Engern-Edling erst als er dem vor ihm Liegenden die Hand reichen will. Während er sich nach dem Befinden erkundigt, muß Widukind feststellen, daß Grifos rechte Hand kraftlos auf der ihn einhüllenden Felldecke liegt. Ohne Groll oder Verzagtheit, nein, mit einem Lachen in den hellblauen Augen sagt der getaufte Franke, der einige Jahre seines Lebens ein heidnisch-sächsischer Froste gewesen ist: »So nimmt das Schicksal seinen Lauf. Die Verletzungen, von denen meine edlen Halbbrüder annahmen, sie seien schon vor vielen Jahren tödlich für mich gewesen, werden mich jetzt endgültig niederstrecken. Die Zeit holt mich ein. Ein gnädiges Schicksal hat es gefügt, daß ich nicht, dem Willen meiner Feinde nach, unter meinem Pferd begraben, zu Tode kam. Damals habe ich erfahren, was wahre Freunde sind. Wenn auch als Krüppel, so habe ich diese geschenkten Jahre doch genossen. Die Freude darüber, daß ich zu guter Letzt vor meinem eigenen Tode, meinem ärgsten Feind noch den Garaus machen konnte, möge mir der Christengott, wenn er nun doch der einzige, der Wahre ist, verzeihen.

»Du machst auf mich nicht den Eindruck eines an der Schwelle des Todes Stehenden«, stellt Widukind fest. Ein schwaches Lächeln begleitet Grifos Antwort. »Was an mir wirklich noch lebt, daß ist nur der obere Teil meines Körpers. Wie lange es noch dauert, das kann ich auch nicht sagen, ob es Tage oder Jahre sind, wird sich zeigen. Ich hänge nicht mehr am Leben. Ohne Angst vor dem, was danach kommt, werde ich mein Erdenleben beschließen, und niemand sollte mir nachtrauern!«

»Das solltest du nicht sagen, Grifo, wie könnte ich all das vergessen, was wir miteinander erlebt haben und was du für mich getan hast.« Hiltrud sagt dies, sie hatte vorher an der großen Feuerstelle zu tun und tritt jetzt mit einer irdenen Schale voller Hirsebrei an das Krankenlager. Da der Verletzte nicht in der Lage ist, sich selbst zu helfen, versucht Hiltrud ihn behutsam zu füttern. Nachdem Grifo etwas von dem Brei zu sich genommen hat, macht er eine abwehrende Geste, und lächelnd sagt er zu der ihn jetzt bemutternden Frau: »Stell dir vor, du müßtest mich über Jahre so bedienen, das kann ich dir doch nicht antun.« »Das nehme ich gerne in Kauf. Warum sollte ich nicht, so könnte ich dir etwas von dem vergelten, was du während vieler Tage und Nächte für unsere Kranken hier getan hast«, entgegnet die Frau, und ihre Augen schwimmen in Tränen.

Währenddessen hat Widukind sich etwas abseits von Grifos Lager an den großen Tisch begeben, wo ein dunkel gebackener Brotlaib und getrocknetes Fleisch bereitstehen. Mit dem Messer, das er aus seinem Gürtel zieht, schneidet er mundgerechte Happen und läßt es sich schmecken.

Fast lautlos mit schüchterner Zurückhaltung betritt Abbio die Felsenhalle. Es ist ihm anzusehen, daß er nicht so recht weiß, wie er sich verhalten soll. Als Widukind ihn sieht, winkt er ihn zu sich. »Komm und iß, in deinem Kerker war die Beköstigung sicher nicht so gut.« Nicht ohne Stolz und mit einem leichten Grinsen im Gesicht sagt Abbio: »Och, die letzte Mahlzeit, die mir von einer jungen Dame durchs Gitter hindurch dargeboten wurde, war auch recht schmackhaft.« Der Sachsen-Edling schaut leicht überrascht auf den kecken Cheruskerjüngling. »So, so, und diese gewisse Dame hatte sicher lange schwarze Haare und einen treuen Blick, ist sie auch der Grund für deinen plötzlichen Sinneswandel?« Mit ernster Miene, seinem Gegenüber in die Augen schauend, antwortet Abbio: »Nein, ganz sicher nicht, so leicht würde ich es mir nicht machen.« »Willst du darüber reden oder brauchst du noch Zeit, dich mit deinen Gefühlen auseinanderzusetzen?« Bei diesen Worten schaut Widukind dem um einige Lenze jüngeren Mann, ernsten Blickes in die Augen und spricht weiter: »Du hast an unserer Seite gegen die Leute deines Vaters gekämpft, die Gründe kenne ich nicht. Auf den Tod deines Vaters hat dein Eingreifen keinen Einfluß gehabt, da brauchst du dir keine Vorwürfe machen. Wenn du jetzt zu deinen Leuten zurück willst, um dein Erbe anzutreten, dann wird dich hier keiner daran hindern. Dafür verbürge ich mich.«

»Wie du mit deinen besiegten Feinden umgehst, habe ich heute erlebt. Wie wertvoll muß es da erst sein, dich zum Freund zu haben.« Auf diese Feststellung erwartet Abbio keine Antwort, denn er spricht weiter. »Du sollst wissen, was mich bewogen hat, einem der Männer, die mich zusammen mit dem Grafen Theoderich aus dem Verließ befreit haben, das Schwert zu entreißen, um es dann gegen die eigenen Befreier zu richten.«

Einen kräftigen Bissen von dem angebotenen Fleisch herunterschlingend, lehnt er sich mit dem Rücken gegen eine der Bruchsteinsäulen. Widukind reicht ihm einen Zinnbecher mit Wasser, von dem er selbst getrunken hatte, und läßt sich auf einer nachstehenden Sitzgelegenheit nieder.

»Dieser fränkische Graf war für mich seit langem der Inbegriff des Bösen«, beginnt Abbio seine Erklärung. »Seit einiger Zeit hatte ich den Eindruck, daß mein Vater dem schlechten Einfluß des Grafen erlegen war. In mancherlei Hinsicht hatten sie die gleichen Wesenszüge. Beider Handeln war nur auf ihre eigenen selbstsüchtigen Lebensziele ausgerichtet und diese verfolgten sie mit fanatischer Rücksichtslosigkeit. Dem Frankengrafen war es meiner Meinung nach gleich, ob einer Christ wurde oder Heide blieb, ihm ging es nur darum, die Sachsen zu besiegen und in den Staub zu treten. Zu Freundschaft und dergleichen Gefühlen war er genausowenig fähig wie mein Vater, der auch mir gegenüber nie väterliche Gefühle gezeigt hat, so wie ich es bei anderen Vätern zu ihren Kindern erlebt habe. Für Theoderich war er, so glaube ich jetzt, nur ein willfähriges Werkzeug. Mein Vater aber glaubte, er könne durch den Franken zu Reichtum und Ehre kommen. Dies ist mir bei manchen Gelegenheiten klar geworden. Je mehr er sich in Abhängigkeit des Grafen verstrickte, um so schlechter wurde das Verhältnis zwischen meinem Vater und mir. Da er oft fern war vom Trendelhof, ist er mir eigentlich nie sehr vertraut gewesen. Seine Schwester, die Tante Thora, hat mich aufgezogen. Im Gegensatz zu meinem Vater war sie streng darauf bedacht, die alten Sitten der Cherusker beizubehalten und mich in diesem Sinne zu erziehen. Da mein Vater sich mehr und mehr mit Franken und christlich gewordenen Leuten aus unseren Landen umgab, kam es oft zu heftigem Streit zwischen den beiden. Bei einem gemeinsamen Essen vor einiger Zeit, an dem der fränkische Graf teilnahm, sagte dieser, wenn er demnächst nach Mogontia[45] reiten würde, dann werde er mich mitnehmen, auf daß ich eine fränkisch-christliche Erziehung bekäme, damit ich nicht als Barbar mein Leben einmal beenden müsse. Darauf mischte sich Tante Thora ein, es wäre besser, wie ein Cherusker oder Sachse nach alten Gewohnheiten zu leben und zu sterben, als neues Wissen darüber zu erlangen, wie man seine Mitmenschen besser ausbeuten kann.

---

[45] heute: Mainz - Bischhofssitz.

Darauf ist der Franke erbost aufgesprungen und hat meinen Vater angeschrien, ob es in seinem Hause üblich wäre, daß Ammen am Tisch der Herren speisen und hier gar das große Wort führen dürften.«

Die Entrüstung über die Unverfrorenheiten, die sich der Franke als Gast im Hause seines Vaters erlaubte, schwingt auch jetzt noch in Abbios Stimme mit, und als er weiter spricht, wird die Enttäuschung über das Verhalten seines Vaters noch deutlicher.

»Als müsse mein Vater jetzt seine Autorität unter Beweis stellen, donnerte er seine Schwester an, ›Weib, scher dich raus und wage es nicht, unsere Männerrunde noch einmal zu stören!‹ So jämmerlich ist er mir noch nie vorgekommen, wie in diesem Augenblick. Als Tante Thora sich wortlos erhob, um den Raum zu verlassen, da wollte auch ich gehen. Schließlich war sie der einzige Mensch für mich, von dem ich in meinem bisherigen Leben Fürsorge und Zuneigung erfahren hatte. Da schrie mich Graf Theoderich, dieser mir doch eigentlich fremde Mensch, an: ›Du bleibst! Es ist an der Zeit, daß du dem Rockzipfel deiner Tante entwöhnt wirst.‹ Mein Vater hat mich nur strafend angesehen und somit gebilligt, wie der fränkische Graf mich demütigte. Nun bin ich sitzengeblieben, aber ich habe mich entsetzlich dafür geschämt.« Wohl um seiner Erregung Herr zu werden, legt Abbio eine Pause ein.

»Etliche Tage ist es her, als er mich ein weiteres Mal erniedrigte«, fährt Abbio fort. »Mein Vater, der fränkische Graf, und ein Mann, in dem ich später den Grafen von Schidera erkannte, kam in unseren Hof geritten, wo ich gerade dabei war, mein Pferd zu satteln. Graf Theoderich stieg in meiner Nähe vom Pferd und forderte mich auf, seinen Wallach zu versorgen. Ich sagte ihm, ich sei nicht sein Pferdeknecht, worauf er mich an mein Wams packte und mir rechts und links eine runterhaute. Das war zuviel für mich, ich holte aus und knallte ihm meine Faust mitten in die häßliche Fratze, so daß er zurücktaumelte und von meinem Vater aufgefangen wurde. Ich wartete die Reaktion meines Vaters gar nicht erst ab, sondern sprang in den Sattel meines Pferdes und preschte zum Hohenborn. Die alte Fliehburg dort gehört zu unserem Besitz, wir haben sie zu einer bewohnbaren Burg ausgebaut, ähnlich der Brunisburg hier. Schon vor mehreren Monden, als ich mit meinem Vater noch besser reden konnte, hat er mich beauftragt, als angehender Herr dieser Burg dafür Sorge zu tragen, daß sie einmal der befestigte Sitz unserer Familie werden könne. Bei solchen Gelegenheiten, die mir zwar außer der Gewißheit, daß er mich als seinen Sohn, seinen Erben anerkannte, nichts brachten, verspürte ich doch einen gewissen Stolz. Zwanzig Männer sind dort als Wachtruppe eingesetzt. Wenn diese Leute keine andere Aufgabe haben, dann Haben sie, die Befestigungsanlage zu vervollständigen, aber auch für die Feldarbeit werden die Männer ab und zu gebraucht. Ein Tag und eine Nacht waren seit der Auseinandersetzung vergangen, als Graf Theoderich nur von einem Knecht begleitet zur Burg geritten kam.« Der junge Mann schweigt, denn vom Grotteneingang her kommt Bruno auf Widukind und Abbio zu.

Als Herr über diesen Gau und seine Menschen hat er vielfältige Aufgaben wahrzunehmen. Mit einer Geste um Verständnis für die Unterbrechung bittend, sagt er: »Ich komme gerade von dem fränkischen Grafen Theoderich, es wird sicher bald mit ihm zu Ende gehen. Er will dich noch einmal sprechen, vielleicht kannst du ja noch etwas von ihm erfahren, damit wir endlich wissen, wohin Ravena gebracht wurde. Du willst sie doch sicher nicht länger als nötig in den Händen der Franken lassen.«

Bevor Widukind dieser Aufforderung nachkommt fordert er Abbio auf zu warten, damit sie später ihr Gespräch fortsetzen könnten, dann wendet er sich vom Halleneingang her noch einmal an Bruno und sagt: »Ravenas Leben ist, nachdem was wir von Dago wissen, nicht in Gefahr, trotzdem werden wir den christlichen Nonnen nicht allzulange Gelegenheit geben, sie in ihrem Sinne zu beeinflussen.«

Als Widukind aus der Grotte kommt, sieht er Brunos Meinung bestätigt. Der fränkische Graf wird offensichtlich nicht mehr lange leben. Apathisch liegt er da mit geschlossenen Augen, und schmerzhaftes Stöhnen entringt sich seinen Lippen. Wenn auch die Brandwunden, die Grifo ihm beigebracht hat, nicht unbedingt tödlich sind, so wird die tiefe Rückenwunde doch in absehbarer Zeit zum Tode führen. Als Widukind an seine Seite tritt, öffnet er die Augen, mit schwerfallender Bewegung hebt der Graf die linke Hand. An einem Finger dieser Hand glänzt ein goldener Siegelring. Mit schwacher Stimme fordert er den Engern-Edling auf, ihm den Ring vom Finger zu ziehen. Als Widukind diesen Ring in seinen Händen hält und das Siegel betrachtet, welches ein brennendes Kreuz auf einem Halbkreis darstellt, fragt er den Verletzten, was er damit tun soll. »Ich habe einen Sohn«, sagt Graf Theoderich, »er ist alles, was mir in diesem Leben noch etwas bedeutet. Er heißt wie ich und lebt am Hofe König Pippins. Seine Mutter Chiltrudis war die einzige Frau, die ich geliebt habe, doch sie zog die Gesellschaft des Königs und seines Hofstaates meiner Liebe vor. Deshalb und auch wegen der Erziehung meines Sohnes Theoderich kam es zum Streit zwischen Pippin und mir. Das ist auch der Grund dafür, daß ich mich hier im Grenzgebiet als sogenannter Sonderbeauftragter aufhalte. Für mich war es nichts anderes als eine Verbannung von den Hofgütern und Pfalzen der Anulfinger, auch wenn Pippin mir große Lehen im Sachsenland versprach.« Verbittert und erschöpft schweigt der Franke.

Kurze Zeit der Ruhe läßt ihm Widukind, ehe er die Frage stellt. »Wenn du selber einen Sohn hast, wieso warst du dann so hart zu dem Sohn des Bauern vom Trendelhof?« »Verstehe es oder nicht«, antwortet der Franke, »sie sind fast im gleichen Alter, und ich wollte Abbio zum harten Krieger erziehen. Er sollte nicht durch seine Amme verweichlicht werden, so wie mein Sohn von den Weibern am Königshof verhätschelt wurde. Sein Vater, der Trendelhofer, war für mich nur Handlanger, den ich für meine Zwecke gebrauchen konnte, so wie den Grafen von Schidera und andere. Abbio aber sollte einmal mein Erbe über die Besitzungen antreten, die ich hier erwerben würde.«

Müde und resigniert stellt er fest, »jetzt ist es anders gekommen, aber glaubt nicht, daß mein Tod euch vor der Herrschaft der Franken retten wird.« Nachdem Widukind ihm etwas Wasser eingeflößt hat, erinnert sich der Franke des Ringes. »Behalte diesen Ring, bis es sich ergibt, daß du die Möglichkeit hast, ihn meinem Sohn Theoderich selber zu übergeben. Erinnere ihn daran, daß ich diesen Ring von Karl Martell bekommen habe, nachdem wir die islamischen Horden unter dem Emir Abd ar Rahan besiegt hatten.«

Noch einmal betrachtet Widukind dieses wertvolle Stück und stellt in Gedanken fest, welch seltsame Wege doch das Schicksal manchmal nimmt. Dann wendet er sich wieder dem fränkischen Grafen zu. »Wieso nimmst du an ich könnte einmal mit deinen Sohn zusammentreffen?« Theoderich schaut den jungen Engern-Sachsen aus seinen tiefliegenden dunklen Augen an und sagt. »Wenn du lange genug lebst, ich wünsche es dir, dann wirst du im Sachsenland einer der ganz Großen sein. Es wird für dich unausweichlich werden, Berührung mit den fränkischen Herrschern zu bekommen, in deren Umgebung auch mein Sohn zu finden ist.«

»Es mag sich zeigen«, entgegnet Widukind. »Jetzt wäre es mir wichtiger, zu erfahren, wo meine Schwester Ravena gefangengehalten wird und wie es zu diesen Überfällen kam, bei denen du ja wohl der Anführer warst.«

Graf Theoderich unterdrückt nur mühsam seine Schmerzen, als er versucht, seine Lage auf der Bahre zu verändern. Dann sagt er, »seit langem bist du der einzige, der etwas für mich getan hat, ohne eine Gegenleistung zu erwarten, und ich bin dein Feind. Ich wüßte nicht, was mich hindern sollte, dir einen letzten Gefallen zu tun. So gut waren jene, für die ich kämpfte, nicht zu mir, und diese Schmeißfliegen aus euren Reihen, die ihre Brüder für ein paar Hufe Land verraten würden, haben es gar nicht verdient, daß ich sie decke. Höre also: Es war mir bekannt, daß dein Vater, Herzog Warnekin, sich die größte Mühe gegeben hat, die Anführer der einzelnen sächsischen Stämme gegen uns aufzuwiegeln. Seine Rede beim letzten Althing hat dies mehr als deutlich gemacht.«

Widukind hebt seine Rechte, um den Grafen zu unterbrechen. »Dann müssen wir davon ausgehen, daß auf unseren Versammlungen Spitzel von euch dabei sind, also Leute, von denen wir annehmen, sie gehörten nach wie vor zu uns. In Wirklichkeit aber nehmen sie nur an unseren Things teil, um uns zu verraten.« Immer wieder kommt ein Ausdruck der Schmerzen von dem Verletzten, und Widukind spürt, daß es dem Franken Kraft kostet, diese Unterhaltung fortzusetzen.

Mit Verachtung in der Stimme spricht Theoderich weiter. »Versprich aus einer gewissen Machtposition heraus einem freien Bauern, wie dem vom Trendelhof, er werde für seine Dienste geadelt und bekäme zu dem, was er schon hat, noch mehr Grundbesitz hinzu. Stelle einem sächsischen Häuptling, wie dem vom Buckigau in Aussicht, er werde unter den Franken ein mächtiger Graf oder unterstütze die abartigen Neigungen eines Grafen, wie dem von Schidera. Wenn es für solche Menschen also um die eigenen Vorteile geht, dann verraten sie ohne Bedenken ihre eigenen Anverwandten. Nach der Maxime habe ich gehandelt, und dadurch konnte ich auf manch einen eigenen Krieger verzichten.« Voller Bitterkeit stößt der junge Sachsen-Edling hervor, »Verräter, die mit uns wie Brüder am Feuer sitzen, ersetzen dir also die Kriegshorden, die dein König derweil auf seinen Kriegszügen gegen die Langobarden und Andere einsetzen kann.«

Ohne auf Widukinds Vorwurf einzugehen, spricht Graf Theoderich weiter.

»Aus dem Buckigau erreichte uns in Schidera, vor einiger Zeit, die Nachricht daß Herzog Warnekin, in Begleitung seiner Tochter, auf dem Wege vom Sundal nach Huxori wäre. Ich hatte gerade durch einen Kurier des Königs einen Tadel hinnehmen müssen, weil ich bei den Sachsen, wie es hieß, keine Fortschritte erzielte. Es wurde mir mitgeteilt, daß in der Festung Büraburg eine Truppe von vierzig Kriegern angekommen sei, derer ich mich bedienen könnte, sobald ich sie für eine kriegerische Aktion brauchte.

Diese Meldungen waren für mich der Anlaß, einen Plan zu entwerfen, um den Engernherzog und seine Tochter gefangenzunehmen. Den Königsboten schickte ich nach Büraburg zurück und forderte die bereitstehende Truppe an. Sie sollten sich aufteilen und unauffällig hierher kommen, so daß sie nicht als Frankenkrieger zu erkennen wären. Das Gehöft am Weißen Stein, das dem Grafen von Schidera gehörte, jetzt aber vom Trendelbauern mit verwaltet wird, war der Treffpunkt.

Den Boten vom Buckigau schickte ich zurück mit dem Auftrag an den Häuptling, in den Gebieten nördlich von Huxori für Unruhe zu sorgen, so daß die Krieger der Sachsen aus diesen Bereichen dort gebunden waren, und wenn nötig, eine etwa anrückende Truppe, die den Herzog und dessen Tochter befreien wollte, aufzuhalten. Zu diesem Zweck schickte der Graf von Schidera Verstärkung an seinen Freund Rupert vom Buckigau.

Während der Rückkehr vom Besuch der sächsischen Heiligtümer wollten wir Warnekin und seine Begleitung überfallen. Daß dies nun in Huxori geschehen ist, war eigentlich auf dem Mist des Trendelbauern gewachsen. Er hatte irgendwelche Rachegelüste gegen die Leute von Huxori und meinte, so zwei Ziele in einem zu erreichen. Bei dem Überfall auf den Ort legte der Trendelbauer Wert darauf, selber an den Kämpfen beteiligt zu sein. Jedoch wollten er nicht erkannt werden. Während fränkische Söldner zusammen mit einigen ortskundigen Leuten auf einem eigens dafür gebauten Floß über den im Nebel liegenden Fluß auf den Ort zustießen, schlich der Trendelbauer, der sich dort auskannte, mit eigenen Leuten und mehreren Frankenriegern, von Norden her auf die an der Weser liegende Pfalz zu.

Was ihn bewogen hat als einfacher Krieger an dem Überfall teilzunehmen, ist mir hinterher klar geworden. Er wollte nicht, daß der Herzog lebend in unsere Hände fällt, darin war er sich mit dem Grafen von Schidera einig. Während ich den Kampf von der Landseite her gegen die Befestigung führte, sollte der Schideragraf die Gefangenen in Empfang nehmen und die Entführung sichern.

Nachdem der Überfall so seinen Zweck erfüllt hatte, stieß auch ich zu der Truppe mit der gefangenen Ravena. Erst dort erfuhr ich vom Tode, oder vielmehr von der schweren Verletzung, des Herzogs.«

Von Schwäche gezeichnet schweigt der fränkische Graf, und die Schmerzen scheinen ihn zu übermannen. Besorgt schaut Widukind auf den Franken nieder, noch weiß er nicht, wohin Ravena gebracht wurde.

Theoderich sammelt seine Kräfte noch einmal und spricht mit schwacher Stimme weiter.

»Eine meiner wenigen guten Taten ist wohl die, verhindert zu haben, daß dieser Graf Ottmar von Schidera seine schmutzigen Finger nach deiner Schwester ausstrecken konnte. Dies ist nicht unbedingt mein Verdienst, ich wollte damit nur unnötigen Schwierigkeiten aus dem Wege gehen. Denn bei der Truppe, die zu meiner Unterstützung aus der Festung Büraberg gekommen war, befand sich auch ein Ordensbruder aus der Umgebung des Aptes Sturmius. Wie ich erfuhr, hielt sich dieser eigenwillige Priester zur Zeit in Fritzlar auf. Das ist ein Kloster in unmittelbarer Nähe der Frankenfestung. Seit einiger Zeit leitet dieser das große Kloster in Fulda, er ist durch die Protektion des großen Bonifatius zum mächtigen Kirchenfürsten aufgestiegen. Da nun Warnekin nicht unser Gefangener geworden ist, sollte doch zumindest seine Tochter, wie vorgesehen, nach Büraberg gebracht werden. Wenn ich nun zugelassen hätte, daß Ravena erst in die Burg am Hohenborn gebracht worden wäre, wo Graf Ottmar und der Trendelbauer freie Hand gehabt hätten, so wäre dies unausweichlich diesem streitbaren Abt Sturmius zugetragen worden. Über die Art und Weise, wie dieser Schideragraf mit jungen Frauen umzugehen pflegt, wenn sie sich in seiner Gewalt befinden, habe ich genügend erfahren. Da Sturmius ohnehin nicht zu meinen Freunden zählt, hätte ich mir nur noch zusätzliche Schwierigkeiten eingehandelt.«

Der Franke schließt erschöpft die Augen. »Sollte Ravena in Fritzlar bleiben?«, versucht Widukind zu erfahren. »Ich weiß es nicht, ob sie nach Fulda oder in das Frauenkloster bei Mogontia gebracht wird.« Die letzten Worte kommen abgehackt und schwerfällig aus dem Munde des Schwerverletzten und Widukind muß einsehen, daß dieser Quell des Wissens über das Vorgehen der Franken gegen die Sachsen für ihn versiegen wird.

Die Nacht ist über das Land an der Weser hereingebrochen. Neben den Wachen auf ihren Aussichtsposten scheint Widukind der einzige Mensch zu sein, der hier im Festungsbereich noch auf den Beinen ist. Die Ereignisse dieses Tages haben ihn aufgewühlt, deshalb verspürt er noch keine Müdigkeit. Er geht die Stufen zu der Balustrade hinauf. Das große Feuer, in dem die Gebeine seines Vaters zu Asche zerfallen sind, ist fast erloschen.

Auf dem Holzpflock, der dem geheimnisvollen Froste sicher oft als Sitzgelegenheit gedient hat, läßt sich Widukind nieder. Die Finsternis der Nacht wird aus dem Tal heraus nur von einzelnen Feuern durchdrungen, die den Wächtern des Ortes Huxori die Kälte vertreiben sollen. Ein Uhu, der unterhalb der Burg trotz der Dunkelheit seine Beute findet, läßt seinen etwas unheimlichen Ruf ertönen und Flügelschläge im Geäst der Bäume hier am Hang des Berges künden vom Leben, das auch in den Stunden menschlicher Schlafenszeit stattfindet.

Die Gedanken des jungen Edlings schweifen in Richtung des Landes ab, wo das große Meer die Gestade umspült, wo die Herbststürme jetzt die Menschen in ihre warmen Behausungen treiben. Sicher wird seine holde Geva sich um diese Zeit auf ihrem Nachtlager in mollige Felldecken eingemummelt haben, um so dem neuen Tag entgegenzuschlummern. Vor Widukinds geistigen Augen taucht das Bild des lieben Gesichtes mit roten Wangen auf, von goldfarbenen Locken eingerahmt. Mögen die Elfen ihren Schlaf bewachen, auf daß ihr dann ein frohes Erwachen beschieden ist. Ob ihre Gedanken bei ihm waren, bevor ihre Sinne vom Schlaf eingelullt wurden? Diese friedlichen Träumereien werden jedoch schon bald von den gegenwärtigen Sorgen und Problemen abgelöst.

Gerne würde Widukind seiner jungen Frau, wenn er sie im Lenz des nächsten Jahres zu sich holt, eine gesicherte, friedliche Zukunft bieten. Aber alle Anzeichen sprechen dagegen, denn dieses Erbe, das er nun einmal von seinem toten Vater übernehmen muß, besteht nicht nur aus materiellen Werten, sondern vor allem aus Verpflichtungen, die er von der Person des Engernfürsten und Kriegsherzogs zu übernehmen hat.

Er muß damit rechnen, daß die Bedrohung durch die Franken noch größer wird. Ja, sie werden die Freiheit seines Volkes mehr und mehr einzuschränken versuchen. Soeben hat er erfahren müssen, wie schwer es sein wird, die Häuptlinge und Grafen seines Volkes auf eine Linie einzuschwören, um die Vorstellungen seines Vaters umzusetzen. Das ruhige Glück des friedlichen Zusammenlebens, von dem er mit Geva träumte, wird sicher einigen Belastungen ausgesetzt sein.

Kalter Wind bläst jetzt vom Fluß her über den Burgberg, und die nächtliche Kälte dringt ihm durch die Kleidung. Während Widukind zum Grotteneingang hinabsteigt, trifft er den wartenden Abbio »Meine Tante Thora hat einmal gesagt, man kann einem Sterbenden nichts Schlimmeres antun, als ihn in seiner letzten Stunde allein zu lassen. Meinem Vater konnte ich in seiner Todesstunde nicht beistehen, so will ich dies bei Graf Theoderich nachholen.« »Du hast recht«, pflichtet ihm Widukind bei, »spätestens dann sollten alle Feindseligkeiten vergessen sein.«

Es ist für die beiden jungen Männer nicht schwer, die Trage mit der ausgemergelten Gestalt des Grafen in das Innere der Grotte zu tragen. Es hat den Anschein, als ob Theoderich jetzt nur noch auf den Tod wartet, außer einigen schmerzerfüllten Seufzern, kommt kein Ton mehr über seine Lippen. Abbio richtet sich nun einen Platz am Lager des fränkischen Grafen ein, und Widukind sucht seinen Schlafplatz in einer der Nischen auf. Die Nacht verläuft ruhig und ohne Zwischenfälle.

Zum Frühstück, bestehend aus Hirsebrei und Brot, sitzen Widukind, Bruno und der Graf von Vlothove beisammen am großen Tisch in der Felsenhalle. Die schmalen Scharten in der Wand zur Talseite der Burg und der Grotteneingang lassen nur schwach das Licht des beginnenden Tages in diesen großen Raum eindringen.

Am Lager des fast gänzlich gelähmten Grifo sitzt Hiltrud und nötigt dem Widerstrebenden etwas von dem Hirsebrei auf. »Wozu willst du diesen unnützen Körper noch am Leben erhalten?«, fragt Grifo, doch es ist kein Zorn in seiner Stimme, nur leichte Selbstironie.

Victor von Vlothove fährt sich mit dem Handrücken durch den struppigen Bart und wendet sich an den Hilflosen. »Froste oder Fürst, wie immer man dich nennen soll, das was du auf deiner Schultern trägst, ist doch noch ganz gut zu gebrauchen, und mit deinen Geistesblitzen solltest du uns noch lange erhalten bleiben.«

Abbio erhebt sich von seinem Platz am Lager des fränkischen Grafen, das in der Nähe des Grotteneingangs steht. Theoderich hat, wie es scheint, seinen Todeskampf beendet. Vom Tisch her sieht Widukind, wie der junge Cherusker dem Franken, den er im Leben gewiß nicht als Freund betrachtet hat, als letzten Dienst die starren Augen zudrückt. In stillem Einvernehmen erheben sich die Männer am Tisch von ihren Plätzen und erweisen so, auch dem Feind, die nötige Achtung. Nach diesem Augenblick der Stille wendet sich Abbio dem Tisch zu, wo die drei Anführer ihren Platz wieder einnehmen. »Der starke Blutverlust durch die Rückenwunde hat seinen Tod beschleunigt«, ist die sachliche Feststellung des Trendelhoferben. Bruno fordert den jungen Mann auf, an dem Frühstück teilzunehmen und erklärt, daß er daran anschließend zu einem außerordentlichen Gauthing geladen hat.

Mit Dago und dem Verwalter des Hofgutes, das dem Pfalzgrafen von Huxori gehört, treffen die Männer, welche zur Teilnahme an den Gauthings bestimmt sind, in der Felsenhalle ein. In seiner Eigenschaft als Gauhäuptling ist er natürlich auch Vorsteher dieser Versammlung, die neben Bruno, noch aus zwei weiteren Adeligen, einigen freien Bauern, vier halbfreien und eben so vielen Liten besteht. Widukind und der Graf von Vlothve sind als Gäste dabei.

Bruno begrüßt die Anwesenden und nennt die Gründe für diese Zusammenkunft. »Die ungewöhnliche Zeit und auch der unübliche Ort für ein Thing mag euch zeigen, welch schwerwiegende Gründe uns heute zusammengeführt haben.« Nach dieser Einleitung spricht Bruno von der schmählichen Niederlage beim ersten Überfall der Franken und der mit ihnen verbündeten, verräterischen Cherusker, der dem Tod Herzog Warnekins und einiger Bewohner von Huxori, außerdem die Entführung Ravenas, zur Folge hatte. Dann spricht er von den jüngsten Ereignissen.

»Durch unseren Sieg über die Verräter, die unter Führung des fränkischen Grafen Theoderich in heimtückischer Weise die Gelegenheit der Totenfeier nutzen wollten, haben wir unsere Ehre wiederhergestellt. Wenn auch mit dem fränkischen Grafen und dem Trendelhofbauern zwei feindliche Anführer unschädlich gemacht wurden, so haben wir doch den Tode von drei unserer tapferen Krieger zu beklagen. Auch die schwere Verletzung unseres Froste und die von etlichen Kriegern, verdirbt uns die Siegesfreude.«

Nachdem der Pfalzgraf sich bei allen Beteiligten für ihren Einsatz bedankt hat, wendet er sich an Grifo. »Du weißt wie ich, daß dein Amt als Froste nur mit dem Tode enden kann, du aber lebst, auch wenn deine Verletzungen dir keine Möglichkeit lassen, deine Tätigkeit auszuüben. Deshalb schlage ich vor, daß wir selbst jemanden bestimmen, der dich vertritt bei dem, was du nicht erledigen kannst.« Von seinem Krankenlager her läßt sich die Stimme des Froste vernehmen. »Unsere Kranken sind einstweilen bei der Kräuter-Hedi in guten Händen. Für die Verbindung zur Götterwelt werden wir sicher bald einen besseren Mann finden als ich es war. Da ihr jetzt etwas über mich erfahren habt, was vorher nur wenige wußten, kann ich es niemanden verdenken, wenn er bezweifelt, daß ich der Richtige für dieses Amt war. Um ehrlich zu sein, in mir streiten sich bis heute zwei Geister. Näheres will ich jetzt nicht sagen, die quälenden Zweifel sprechen jedoch gegen den Auftrag, den ihr mir als Mittler zu der Götterwelt erteiltet."

Wenn auch nicht alle Anwesenden wußten, worauf Grifo mit seinen Worten anspielte, so fragt doch niemand nach. Zu groß ist der Respekt vor dem, der über so lange Zeit hier als Wegbereiter vom Irdischem zum Überirdischen zuständig war. Als müsse er sich für sein bisheriges Handeln entschuldigen, spricht Grifo weiter. »Bedenkt, daß die, aus deren Mitte ich kam, sich zwar Christen nennen, aber neben dem Gott, den sie den wahren den einzigen nennen, frönen sie den Göttern der Macht und der Habgier. Da ist mir die Anerkennung eurer Naturgötter leicht gefallen. Deren Repräsentanten müssen ihren Gott nicht mit beispielhaften Darstellungen anpreisen, sich nicht mit persönlichen Pomp darstellen. Sie zeugen durch greifbare Schöpfung von göttlicher Existenz.«

Widukind versichert ihm: »Die, in deren Fußstapfen Bruno und ich jetzt treten, machten dich zum Froste. Warum wohl sollten wir jetzt, da du in tapferem Einsatz deine Gesundheit eingebüßt hast, an deiner Befähigung zweifeln? Wenn du nun allerdings von deiner inneren Einstellung her Zweifel hast, das Richtige zu tun, dann solltest du eine dem entsprechende Entscheidung treffen."

Weil in der Felsenhalle auch einige Bauern aus dem Umland anwesend sind, die über größeren Waldbesitz verfügen, wird bei dieser Gelegenheit auch festgelegt, wer für den Wiederaufbau der durch den Brand zerstörten Behausungen das Holz liefern soll. Es werden außerdem Arbeiten eingeteilt und Zeitpläne festgelegt, deren gegenwärtiger Verlauf jedoch vom nahenden Winter mitbestimmt wird. Widukind erkennt wieder einmal, wie auch bei anderen Gelegenheiten, die er trotz seiner Jugend schon oft miterlebte, daß es in seinem Volke eine gut funktionierende Gemeinschaft gibt, wenn sie nicht von außen gestört wird.

Da diese Angelegenheit bis auf weiteres abgeschlossen ist, wendet Bruno sich an Abbio. »Als einziger Sohn des Trendelhofbauern wirst du nun das Erbe deines Vaters antreten. Nun hast du dich in tatkräftiger Weise auf unsere Seite gestellt, und ich muß dir sicher nicht erst sagen, daß wir uns darüber freuen. Weil der Trendelhof mit den weitläufigen Ländereien unmittelbar an unseren Wethigau grenzt, ist es gut zu wissen, daß wir dort in Zukunft Freunde haben werden.«

»Ich danke dir für deine freundlichen Worte«, antwortet Abbio, »aber du wirst wie ich wissen, mit welchen Schwierigkeiten ich rechnen muß. Die frankenfreundlichen Gesinnungsgenossen meines toten Vaters werden meine Kehrtwendung in eure Richtung nicht einfach hinnehmen. Vor allem der Graf von Schidera ist mächtig genug, mir mein Erbe zu entreißen, wenn er es für richtig hält. Ihr habt zwar mit dem Vogt von Adikenhusen den Hauptmann der Schiderakrieger gefangengenommen und mit ihm etliche seiner Leute, doch das wird den Grafen nicht hindern, gegen mich vorzugehen.«

Widukind geht einen Schritt auf den Trendelhoferben zu. »Willst du aus Angst vor dem Frankenfreund dein Erbe aufgeben und diesen reichen Hof, die Burg am Hohenborn und alle Besitzungen dem Feind überlassen?« Zornig blickt Abbio den Engern-Edling an. »Du solltest wissen, daß ich nicht feige bin«, fährt er auf. »Ich will nur nach meiner freien Überzeugung leben und nicht Besitz verteidigen müssen, den mein Vater durch finstere Machenschaften erworben hat.«

Widukind ergreift wieder das Wort: »Wir müssen auch daran denken, daß es für Huxori und diesen Gau an der Weser wichtig wäre, die Burg am Hohenborn als Bollwerk zu haben und dazu das umliegende Land. Deshalb hier mein Vorschlag: Abbio soll auf der Burg dort eine schlagkräftige Kriegerschar, die ihm treu ergeben ist, um sich scharen. Soweit wie möglich soll er diese aus den eigenen Reihen zusammenstellen. Ich wäre auch bereit, ihm für den Anfang von den Leuten, über die ich verfüge, Verstärkung zu überlassen. Erst einmal muß Abbio feststellen, auf welche von den Männern, die vorher seinem Vater gedient haben, er sich verlassen kann.«

Einen Moment überlegt Widukind, dann sagt er. »Der Vogt von Adikenhusen und auch der Häuptling vom Buckigau könnten als Geiseln gegen etwaige Feindseligkeiten dienen. Wir sollten sie an einem sicheren Ort gefangenhalten, bis das Allthing in Markloh im nächsten Lenz über das Schicksal der beiden entscheidet.«

Dann wendet Widukind sich wieder direkt an Abbio. »Wenn es dir widerstrebt, das Land, welches dein Vater auf unrechtmäßige Weise erworben hat, zu behalten, so spricht das nur für dich. Gib es den rechtmäßigen Besitzern zurück, wenn du willst. Die angestammten Besitzungen deiner Familie aber solltest du, wenn nötig, auch verteidigen. Wir werden dabei an deiner Seite stehen. Du mußt nur wissen, was du willst.«

Bruno hat Widukinds Vorschläge mit etwas verkniffener Miene angehört. Er fühlt sich von dem »legalen Sohn« ihres gemeinsamen Vaters überfahren. Er, Bruno, ist schließlich der Herr in diesem Gau, und als solcher obliegt ihm doch auch die Leitung dieses Things. Müssen seine Leute es ihm nicht als Schwäche auslegen, wenn er sich von Widukind so zur Seite drängen läßt?

Widukind scheint die Gedanken seines Halbbruders zu erraten. Er hebt entschuldigend die Hand und sagt, indem er Bruno anschaut: »In deine Zuständigkeiten will ich nicht eingreifen, Bruno, doch da wir uns nun so nahestehen, sollte jeder von uns die Meinung des anderen hören und sie nicht einfach als Einmischung in die eigenen Angelegenheiten abtun. Natürlich müßt ihr eure Entscheidungen so treffen, wie es beim Thing üblich ist.« Mit leichtem Lächeln im Gesicht antwortet Bruno: »Ja, du bist eben Warnekins Sohn. Meine Mutter hat einmal gesagt, wenn Warnekin Fürst in einem anderen Lande wäre, dann könnte er mit Worten ganze Heere entwaffnen und ohne Kampf Königreiche erobern.« Auch Widukind muß jetzt lachen, »das war sicher übertrieben. Aber man kann sich jetzt vorstellen, wieso Hiltrud zu so einer hohen Meinung über seinen Vater kommt.«

Nach diesem kleinen Zwischenspiel geht es dann weiter in der Versammlung, um die anstehenden Probleme in den Griff zu bekommen. Jede Angelegenheit wird zur letzten Entscheidung von den Mitgliedern der Versammlung durch Abstimmung entschieden. Bei Problemen, welche Ort und Umgebung von Huxori betreffen, haben Widukind, Victor und Abbio kein Stimmrecht. Anders ist es bei den Entscheidungen, die über den Wuetigau hinausgehen, da haben die Stimmen Widukinds und Victors großes Gewicht. Wenn zum Beispiel über Edlinge, wie dem Vogt von Adikenhusen und dem Häuptling vom Buckigau entschieden wird, so muß diese Entscheidung auch vor dem alljährlichen Allthing vertreten werden.

Die Sonne, die ihre Strahlen nur vereinzelt zwischen den dunklen Wolken hindurchzwängen kann, hat für diesen Tag schon über die Hälfte ihres Weges zurückgelegt, als sich die Versammlung in der Felsenhalle auflöst. Nun gilt es, die vordringlichsten Beschlüsse in die Tat umzusetzen.

Die feindlichen Gefangenen werden aus einer der Litenunterkünfte, die für diese Zeit als Gefängnis gedient hat, in der Burghof geführt, wo Bruno, Widukind, Victor und Abbio mit den anderen Thing-Mitgliedern stehen. Auch die übrigen Menschen, die hier oben auf dem Brunisberg ihr vorübergehendes Zuhause haben, sind jetzt hier versammelt. Als der Vogt von

Adikenhusen als letzter den Steinbau verläßt, erkennt Widukind in ihm jenen Mann, der vor dem Überfall zusammen mit dem Grafen Theoderich bei dem Pferd seines Vaters gestanden hatte. Während die gegnerischen Krieger von der Burgwache vor dem verschlossenen Burgtor in Aufstellung gebracht werden, geht der Vogt auf Bruno zu und fährt ihn in hochmütigem Ton an. »Es dürfte euch bekannt sein, das ich ein Edling bin. Es ist eine Gemeinheit, mich mit den Lieten und niederen Kriegern in einen Raum zusammenzupferchen!« »Dafür wirst du jetzt behandelt, wie es dir geziemt. Wir halten für dich und deinen verräterischen Genossen aus dem Buckigau eine würdige Behausung bereit«, sagt Bruno, und die Ironie in seinen Worten ist unüberhörbar.

Die grobschlächtigen Züge des Vogts drücken jetzt Unsicherheit aus. »Was soll das heißen? Wenn ihr mich hier länger festhaltet, dann wird mein Freund, der Graf von Schidera über euch kommen. Er hat mächtige Verbündete, deshalb fordert ihn nicht heraus. Die letzten beiden Kriegshandlungen galten nicht euch, sondern zum einen dem Sachsenherzog Warnekin und zum anderen eben der Befreiung dieses Grünschnabels, den ihr jetzt auf eure Seite gezogen habt.« Nach diesen Worten muß Widukind den in seiner Nähe stehenden Abbio am Arm zurückhalten, damit der dem Vogt diese Beleidigung nicht heimzahlt. Der Vogt von Adikenhusen aber spricht weiter. »Als Hauptmann der schiederschen Krieger kann ich euch nur raten, legt euch nicht noch mehr mit meinen Freunden an. Beim nächsten Angriff wird Huxori dem Erdboden gleichgemacht und diese Burg würde in einen nutzlosen Steinhaufen verwandelt.«

Spätestens jetzt war es mit der Beherrschung des temperamentvollen Grafen von Vlothove zu Ende. »Du widerliche Wanze, du bist blind in unsere Falle getappt und wagst es nun, uns mit deinem frankenspeichelleckenden Freund von Schidera zu drohen!? Ich könnte dir auf der Stelle den Schädel einschlagen, aber du wirst ja noch gebraucht.«

»So ist es«, fährt Bruno dazwischen. »Wir wollen hoffen, daß du für deine Freunde aus Schidera oder wo immer sie herkommen, so wichtig bist, wie du vorgibst. Wir werden dich nämlich als Geisel halten, und du kannst sicher sein, daß du den Ausgang einer Kampfhandlung nicht erleben wirst, wenn deine Frankenfreunde es wagen sollten, noch einmal gegen uns oder gegen Trendelschen Besitz vorzugehen. Aber du bist nicht allein. Wie ich schon sagte, wird der Häuptling vom Buckigau dein Schicksal teilen.«

Zwei Huxorileute ergreifen den Vogt. Während sie ihm die Hände auf den Rücken fesseln, zetert dieser in Brunos Richtung. »Als Edling unterstehe ich der Gerichtsbarkeit des Allthings, so könnt ihr mit mir nicht umgehen!« Doch er erhält keine Antwort mehr.

»Ehe wir die gefangenen Krieger in die Freiheit entlassen, willst du ihnen sicherlich noch etwas mit auf den Weg geben«, wendet sich Bruno an Widukind. Der tritt auf die eng beieinanderstehenden waffenlosen Krieger zu. Es scheint, als präge er sich jedes einzelne Gesicht ein. »Stehst du noch zu den Göttern unserer Ahnen oder bist du Christ?«, fragt er einen der Männer, dessen eine Wange von einer frischen Wunde gezeichnet ist. Irritiert und unsicher antwortet der, »ich äh... bin kein Christ.« »Und du, wer ist der Gott, zu dessen Ehre du deine Mitmenschen zu erschlagen versuchst?«, will Widukind von einem Krieger wissen, dem man ansieht, daß er schon in mancher Schlacht seinen Mann gestanden hat. Mit fester Stimme und ohne Verlegenheit sagt dieser, »ich bin Cherusker und kenne den Christengott nicht. Das Land, wo meine Hütte steht, wo mein Weib, meine Kinder leben und mein Vieh weidet, gehört dem Grafen von Schidera. Damit alles seine Ordnung hat und so bleibt wie es ist, helfe ich dabei seine Burgen zu befestigen, arbeite auf seinen Feldern oder kämpfe für ihn, wenn er es verlangt.«

Der Engern-Edling schaut den Krieger an und nickt. »Du bist also einer von den rechtschaffenen Männern, wie sie die Fürsten lieben.« Widukind tritt ein paar Schritte zurück und mustert die ganze Gruppe der Gefangenen, dann spricht er weiter: »Eure Lehnsherrn, die sich mit einem starken Fürsten wie dem König der Franken gegen ihr eigenes Volk verbünden, verlangen, daß ihr euch gegen eure Brüder stellt. Der Tag ist sicher nicht mehr fern, daß von euch erwartet wird, die Götter eurer Väter zu verleugnen und jene, die an ihren alten Gewohnheiten festhalten, zu erschlagen. Solltet ihr euch jetzt nicht fragen, wie weit der blinde Gehorsam gegenüber euren Lehnsherrn noch gehen darf?«

Der junge Edling aus dem Hause der Wigaldinger legt eine Pause ein, doch keines Menschen Stimme unterbricht in diesem Augenblick die Stille, bis Widukind weiterspricht. »Ich habe jetzt ein großes Erbe anzutreten, und für viele Menschen werde ich der Lehnsherr sein. In dieser Burg, wo dort in der Felsenhalle mein Vater sein Leben aushauchte, verspreche ich vor Edlingen, Freien und Liten, vor siegreichen Kriegern und Besiegten: Niemals will ich einem Untergebenen oder Besiegten meine innere Überzeugung aufzwingen, mag es nun unsere Götter oder den Gott der Christen betreffen. Mögen die Asen mir zur Seite stehen, damit ich niemanden benachteilige, der anderen Glaubens ist als ich.«

Ein Murmeln geht durch die Menge der hier Versammelten, denn solch ein feierliches Versprechen, noch dazu in dieser ungewöhnlichen Form, hatte wohl niemand erwartet. Victor von Vlothove tritt an Widukinds Seite und legt ihm seine große Rechte auf die Schulter. »Nun mein Freund, man wird sehen, die Zeiten ändern sich, und es ist das Recht der führenden Klasse um der bestehenden Ordnung willen, gestern gegebene Versprechungen morgen zu widerrufen.«

Mit ernster Miene schaut Widukind den Grafen an und blickt dann in die Runde, »ich hoffe, es ist einer unter euch, der mir, wenn ich einmal diese Welt verlasse, bestätigen kann, daß ich dieses Versprechen gehalten habe.« Von Widukinds Worten beeindruckt, tritt Abbio auf den Engern-Edling zu und sagt, »es sind nur wenige Menschen, auf die ich Einfluß nehmen könnte, wenn ich mein Erbe auf den Besitzungen des Trendelhofes antrete, aber in dem mir zufallenden Rahmen werde ich es dir gleichtun.«

Nun ergreift Bruno wieder das Wort. »Ihr solltet jetzt wissen, daß wir nur in Frieden leben wollen. Von Gebietsansprüchen kann auf beiden Seiten keine Rede sein. Wenn wir euch jetzt in die Freiheit entlassen, so solltet ihr daran unseren Friedenswillen erkennen. Beim nächsten Mal wird es keine Gnade geben. Sagt euren Herren und allen, die es wissen müssen, wer von euch nach weiteren feindlichen Handlungen in unsere Hände fällt, der wird unsere Gebiete nicht mehr lebend verlassen.«

Unter Aufsicht etlicher berittener Huxorileute, werden die freigelassenen Schiderakrieger bis über die Grenzen von Brunos Machtbereich hinausgeleitet. Sie nehmen es ohne Protest hin, daß ihre Pferde als Kriegsbeute einbehalten werden.

Die Krieger vom Trendelhof versprechen dem jungen Erben des Anwesens ohne Ausnahme die Treue und werden am nächsten Tag zusammen mit ihrem neuen Herrn den Heimweg antreten. Abbio ist sich darüber im klaren, daß die Treueversprechen seiner Männer nichts mit persönlicher Wertschätzung zu tun haben. Er wird sich die Achtung seiner Leute erst verdienen müssen.

Die Krieger von der Düsselburg, die unter Victors Befehl bei der Einnahme von Fischbeck und dann beim Sieg über die Schidera- und Trendelleute dabei waren, werden von Widukind, zu dessen persönliche Krieger sie ja nach Warnekins Tod gehören, zur Burg am Hohenborn geschickt. Sie sollen Abbio unterstützen, seinen ererbten Besitz gegen etwaige Übergriffe von seiten der ehemaligen Freunde seines Vaters zu schützen.

Mit seinen Kriegern aus Vlothove macht Graf Victor sich auf den Weg zurück nach Fischbeck. Ihm folgt der Vogt von Adikenhusen, der gefesselt auf seinem Pferd sitzt, das über eine Leine mit Victors Reitpferd verbunden ist. Nach Fischbeck wird später auch Widukind reiten. Er will dort den Häuptling vom Buckigau wegen seiner schändlichen Taten zur Rede stellen und möglicherweise in Erfahrung bringen, wo Javo, der wertvolle Zuchthengst der Wigaldinger, geblieben ist, der bei dem Überfall auf die Düsselburg gestohlen wurde.

Dann sollen der verbrecherische Häuptling und der verräterische Vogt zusammen in eine Felsenhöhle im Sundal gebracht werden. So wurde es auf Grifos Anraten hin vom Gauthing beschlossen.

Im Gebirgszug des Sundal, der mit weiteren Höhen des Wesergebirges das Flußtal der Weser nach Nordost abgrenzt, gibt es ein zerklüftetes Gebiet, dessen Mittelpunkt eine markante Felsengruppe bildet. Es findet sich dort ein imposantes Naturdenkmal, das wie eine riesige Kanzel weit in das Land hinein sichtbar ist, der Hohenstein. Ein zweiter markanter Felsen in unmittelbarer Nähe ist als sogenannter Grüner Altar dem Gott Wotan geweiht. Das umliegende Gebiet dieses heiligen Hains ist nur einem bestimmten Personenkreis zugänglich. Rohter, der Froste vom Hohenstein, war Grifos Lehrmeister was sächsische Lebensgewohnheiten und den Götterglauben anbetrifft. Seiner Obhut sollen die beiden Gefangenen anvertraut werden, bis das Althing über ihr endgültiges Schicksal entschieden hat.

Auf einer einsamen Waldlichtung an der dem Sonnenuntergang zugewandten Seite des Kreklerberges wird der Leichnam des Grafen Theoderich der Erde übergeben. Nachdem diese Ehrenpflicht von den Trendelhofkriegern erledigt ist, stehen Bruno, Widukind und Abbio vor dem Grab, das mit Feldsteinen gesichert ist, um dem ehemaligen Feind ein kurzes Gedenken zu widmen. »Er war ein Gegner, der gegen uns kämpfte und verlor. Wir haben keinen Grund ihn über den Tod hinaus zu hassen«, sagt Widukind und Bruno ergänzt. »Eben, er war ein Feind und kein Verräter, den wir auch nach seinem Tod noch verachten müßten.« Damit entfernt sich der Pfalzgraf, andere Aufgaben werden auf ihn warten.

War es Absicht oder hat Bruno gar nicht bedacht, daß er Abbio mit diesen Worten treffen würde? Der junge Trendelhoferbe starrt vor sich nieder. Bei nächster Gelegenheit wird er seinen getöteten Vater mit zum Erbhof nehmen und für eine würdige Bestattung sorgen.

Ein Lied fällt ihm ein, das die Frauen des Hofes an den Spinnrädern und Webstühlen mit leisen Stimmen sangen, wenn der Gevatter Tod wieder einmal in ihrem Umfeld zu Gast gewesen war.

>War er ein Bösewicht, oder auch nicht,
>jetzt da er tot ist,
>sitzen die Mächte der anderen Welt
>über ihn zu Gericht.
>Wie lang ist sein Weg nun durch das Reich der Schatten,
>darüber können wir uns kein Urteil gestatten.
>Geht er dann ein in Walhall, ins Licht,
>oder irrt er umher als Geist im Reich der Finsternis?

Ja, er will sich kein Urteil gestatten; Abbio will versuchen, an die guten Tage des Zusammenlebens mit seinem Vater zu denken.

Mitfühlend schaut Widukind den Cheruskersprößling an. »Dein Vater hatte gewiß auch seine guten Seiten. Sicher hat ein schweres Schicksal auch sein Wesen geformt.« Ein dankbarer Blick Abbios ist die Antwort für Widukind. »Was mich am meisten ärgert ist die Tatsache, daß er mich für seine Zwecke benutzt hat wie einen willenlosen Liten, vor allem bei der Entführung deiner Schwester«, sagt er voller Bitternis.

Der Engern-Edling geht auf einen in der Nähe liegenden Baumstamm zu, der von längerer Zeit vom Wind gefällt wurde, und nimmt darauf Platz. »Gestern sind wir unterbrochen worden, sprich doch jetzt weiter«, fordert er Abbio auf. Der nimmt neben Widukind Platz.

Während er mit einem abgebrochenen Zweig in dem bemoosten Grund stochert, beginnt er sein Erzählung fortzusetzen: »Der fränkische Graf kam also an diesem Tag in den Burghof am Hohenborn geritten und war freundlich als könne er kein Wässerchen trüben. Seine Härte mir gegenüber sei nur gutgemeint. Er wolle einen ganzen Kerl aus mir machen. Von dem, was er hier zusammen mit meinem Vater erkämpfen würde, könnte ich nur Vorteile haben, versuchte er mir auf sanfte Weise beizubringen. Wie schon mein Vater, so behauptete auch er, die Angrivarier wären Knechte der Wigaldinger und sie wären darauf aus, die Cherusker immer mehr zu unterdrücken.

Auf meine Frage hin, warum er sich um unsere Angelegenheiten kümmere, ob es nicht doch in der Hauptsache um die fränkische Vorherrschaft ginge, sagte er, ›der König der Franken beauftragte mich, diejenigen zu schützen, die hier im Sachsenland den christlichen Glauben angenommen haben, wenn nötig, sollte ich dazu auch fränkische Krieger anfordern.‹ Ich fragte ihn dann, was mein Vater mit all dem zu tun habe, denn soweit ich wüßte, sei der kein Christ.

Darauf antwortete er. ›Dein Vater ist, wie du weißt, ein Freund des Grafen von Schidera. Er und seine Leute sind den Franken sehr zugetan. Außerdem bestehe enge Bindungen zu einigen Anführern im Waldeck und im Padergau[46], die den christlichen Glauben schon angenommen haben. Diese zusammen bilden eine Waffenbruderschaft, die von: den Franken, also durch mich, unterstützt wird. Gerade jetzt ist der Kriegsherzog der Engern-Sachsen in Huxori, um die Feindschaft zwischen den rückständigen Sachsen und uns zu schüren. Deshalb sah dein Vater sich veranlaßt, uns um Hilfe zu bitten, was wir natürlich nicht ablehnten.‹

So versuchte er mir klarzumachen, daß alle Kriegstreibereien von den

---

[46] heute: Paderborner Land.

Wigaldingern und deren Freunden in Huxori ausgingen. Da auch mein Vater mir ähnliches gesagt hatte, glaubte ich ihm.

Dann forderte er mich auf, an der Verteidigung des Besitzes teilzunehmen, den ich doch einmal erben würde. Unser Machtbereich könnte noch wesentlich größer werden, je mehr wir in diese Waffenbruderschaft einbringen würden. Er deutete an, daß mein Vater mir nicht sehr viel Kampfgeist zutraue, da ich wegen der Erziehung durch meine Tante verweichlicht wäre. Ihm persönlich liege daran, meinem Vater eines besseren zu belehren, sagte der Graf, während er seine Hand wohlwollend auf meine Schulter legte. Diese Art mit mir zu reden, hatte ich bisher nur bei meiner Tante Thora erlebt. Deshalb nahm ich mir vor, ihn nicht zu enttäuschen. Als er dann ankündigte, es käme in den nächsten Tagen zu einer Auseinandersetzung mit den Huxorileuten, bei der auch mein Einsatz von großer Wichtigkeit wäre, da verspürte ich einen gewissen Stolz und war gern bereit, den Auftrag zu erfüllen, der mir vom Grafen aufgetragen wurde.

Ich sollte alle verfügbaren Krieger der Umgebung auf der Burg zusammenziehen und für den Einsatz bereithalten, später sollte ich dann weitere Anweisungen bekommen.

Schon am nächsten Abend kam ein Bote meines Vaters zum Hohenborn mit der Aufforderung an mich, ich solle mit meinen Kriegern in Richtung Bosselborn reiten und an dem Wegkreuz bei der »Römer Esche« auf eine Truppe warten, die vom Grafen Theoderich angeführt würde. So geschah es dann auch. Bei Anbruch des Morgens hatten wir den Treffpunkt erreicht, und schon bald kam der Graf auf uns zu geritten. Er war seiner Truppe, die ich in der Ferne erkennen konnte, vorausgeeilt.

Heute kenne ich den Grund für das Vorgehen des Franken. Doch an dem Tage habe ich seinen Anordnungen blind Folge geleistet. Ehe uns die Reiterschar erreicht hatte, ritten meine Krieger und ich den direkten Weg zum Hohenborn zurück, so wollte es Graf Theoderich. Er sagte mir, sie würden von Huxorileuten verfolgt, und wir sollten diese auf eine falsche Fährte locken.

Der Weg zurück zum Hohenborn führt an der Flanke des Pölderberges entlang, und nach kurzem Ritt konnten wir von dem hochgelegenen Pfad aus im Tal die Truppe des Grafen sehen, die jetzt die Richtung nach Bruchhusen eingeschlagen hatte, während in der Ferne die Reiter aus Huxori auftauchten.

Wie es mit Theoderich abgemacht war, richteten wir es so ein, daß die Verfolger uns sehen konnten, um zu erreichen, daß sie sich aufteilten. Auch der Graf wollte einen Teil der Feinde auf sich ziehen.

Ob und wann ich mich mit meinen Männern auf einen Kampf mit den Huxorileuten einlassen sollte, überließ der Franke meiner Entscheidung. Wir hätten auch direkt zur Burg am Hohenborn reiten können, um uns dort zu verteidigen. Wie ich mich entschieden habe und wie es dann ausgegangen ist, das weißt du ja. In der Burg hätten wir uns besser verteidigen können. Ob eure Leute mich dann gefangengenommen hätten, das ist nicht sicher. Nun ist alles anders gekommen, wie mein Vater und der fränkische Graf es geplant hatten. Wäre ich nicht in eure Gefangenschaft geraten, dann hätte ich sicher den Weg eingeschlagen, den Graf Theoderich mir aufgezeigt hat, den auch mein Vater schon so lange gegangen ist und der ihm wie auch dem Grafen zum Verhängnis geworden ist. So aber erfuhr ich durch mein Gespräch mit Edeltraut und der Kräuterfrau die wahren Zusammenhänge über den Tod meiner Mutter. Du hast mich dann noch nachdenklicher gemacht. Ich hatte ja Zeit zum Nachdenken in dem Loch, in das ihr mich gesteckt hattet. Jetzt muß ich mir eingestehen, sie haben mich belogen und betrogen. Auch ich sollte, wie mein Vater und seine Kumpane, ein Scherge der Franken werden. Als ich die wahren Zusammenhänge erkannte, erwachte in mir der Zorn auf die Männer, die mich in so hinterlistiger Weise zu ihrem Werkzeug machen wollten. Als dann Graf Theoderich und seine Gefolgsleute mich zu befreien versuchten, wußte ich, was mich erwarten würde, wenn es ihnen gelingen sollte. Dann währe ich in Abhängigkeit zu meinen Befreiern geraten, und der fränkische Graf hätte mich, genauso wie meinen Vater, für seine Zwecke ausgenutzt.«

Widukind, der Abbios Worten aufmerksam gelauscht hat, nickt bedächtig. »Du hast also den Weg mit uns gegen die Franken gewählt. Es wird sicher kein leichter Weg sein, aber er ist sicher ehrenvoller als jener andere. Denn nach diesem Beauftragten des fränkischen Königs wird ganz sicher ein anderer mit dem gleichen Auftrag kommen und möglicherweise dann auch mit mehr Kriegern hinter sich.« Abbio antwortet mit fester Stimme. »Ich habe mich für das entschieden, was mein Herz mir sagt. Ich möchte nicht vor mir selbst ausspucken müssen.«

Die Hufschläge der beiden Pferde, die ihre Reiter den steilen Pfad am Brunisberg hinauf zum Burgtor getragen haben, wurden vom Brausen des Sturmes übertönt, genauso wie der Ruf des Bussards, den der Gaugraf als Signal zum Öffnen des Tores ausstößt. Da sie offensichtlich nicht bemerkt werden, ruft Bruno ungeduldig zum Turm hinauf: »Heh! Wollt ihr uns nicht reinlassen?« Als das Tor dann geöffnet wird, reiten Bruno und Widukind in den Burghof ein. Sie übergeben ihre Pferde einem der Torwächter, der sie in den Verschlag hinter der Burg bringt.

Die beiden Edlinge haben in Huxori an der Totenfeier für die Opfer der zwei Überfälle teilgenommen, wobei der Verwalter des gräflichen Hofgutes den kranken Froste vertreten hatte.

Zuvor bemühten Bruno und Widukind sich das tote Pferd Warnekins zu bergen. Es war ein schwieriges Unterfangen, denn der Apfelschimmel war den steilen Abhang hinuntergestürzt, wobei er sich offensichtlich den Hals brach. Um von der Befreiung Abbios abzulenken hatte Graf Theoderich oder der Vogt von Adikenhusen dem Tier einen Stich mit dem Schwert in die Hinterhand versetzt, so daß es in Panik davonstürmte. Nun hat das treue Streitroß des Kriegsherrn Warnekin in der kühlen Erde unterhalb des Brunisberges seinen Platz gefunden. Das Zaumzeug und auch der kostbare Sattel wurden mit ihm begraben, denn in seinem nächsten Leben sollte Warnekin auf sein komplett gesatteltes Pferd nicht verzichten müssen.

Die Zeit der Anwesenheit Widukinds hier auf der Brunisburg neigt sich seinem Ende zu. Aus diesem Grunde hat Hiltrud ein festliches Mahl zubereitet, was bei den gegebenen Umständen gar nicht so leicht war. Nur Hiltrud, Widukind, Bruno, Edeltraut und Grifo haben in der Felsenhalle an der großen Tafel Platz genommen. Grifo, der wegen seiner Lähmung nicht am Tisch Platz nehmen kann, ist mit seinem Krankenlager in die Nähe der beiden Frauen gerückt worden, so daß diese ihm behilflich sein können.

Nachdem alle gesättigt sind, hebt der Engern-Edling seinen Becher mit dem von Edeltraud eingeschenkten Heidelbeerwein und wendet sich an die Gastgeberin. »Sei bedankt für diese vorzüglichen Speisen und für alles, was ihr für uns getan habt.« Mit einem Blick, der die Hoffnung auf ein gutes Verhältnis mit Widukind ausdrückt, erwidert Hiltrud die Dankesworte. »Für euch alle hier waren es aufregende Tage«, spricht der Erbe des Engernfürsten weiter, »es hat Verluste an Menschenleben gegeben und für euch auch große Schäden an Hab und Gut. Hinzu kommt das schlimme Schicksal, das Grifo getroffen hat. Ich hoffe ihr tragt uns Wigaldingern nicht nach, das durch den Besuch meines Vaters, dieses Leid über die Menschen von Huxori kam.« Hiltrud schaut mit verschleiertem Blick zu der Nische hin, wo Warnekin sein Leben ausgehaucht hat. »Wie könnte ich deswegen irgend jemand böse sein«, sagt sie mit schwacher Stimme. »Einer der Gründe seines Hierseins bin doch wohl ich selber gewesen.« »Womit wir bei der Fortsetzung deiner Geschichte wären, denn sicher möchte Widukind, bevor er uns verläßt, den Rest deiner früheren Erlebnisse hören«, fordert Bruno seine Mutter auf.

Während Edeltraud gerade den Trinkbecher des Gastes aus Wigaldinghus nachfüllt, sagt sie. »Auch ich habe inzwischen von Grifo und meiner Mutter erfahren, daß du zwar der Bruder meines Bruders bist, aber doch nicht mein Blutsverwandter.« Mit einem Lächeln antwortet Widukind, »ich hoffe, die Enttäuschung darüber, daß unsere Familien sich so nahe sind, ist bei dir nicht zu groß.« »Keineswegs«, erwidert die schöne Grafentochter in warmem Tonfall, »so darf ich wenigstens sicher sein, daß wir uns nicht aus den Augen verlieren.« Leicht erheitert hat Hildtrud diesem Wortgeplänkel zugehört, dann ergreift sie das Wort. »Nachdem nun alle Beteiligten sich offensichtlich mit der neuen Wahrheit abgefunden haben, will ich versuchen, meine Erlebnisse, die mich letztlich hierher an den Weserfluß gebracht haben, weiterzuerzählen. Wie schon vorher, wird Grifo mich sicher dabei unterstützen.«

Der so Angesprochene nickt von seinem Krankenlager aus, »gewiß doch, vorerst gibt es für mich nicht viel zu berichten, denn während du das Sachsenland entdecktest, saß ich in einem finsteren Verlies und zählte die Tage, indem ich mit einem Steinsplitter Striche in den Boden ritzte.«

Vom Sturm, der um die Brunisburg braust, wird der Fellvorhang, der den Grotteneingang verschließt, nach innen gedrückt. Bisweilen pfeift es durch die schmalen Fensteröffnungen, so daß die für spärliches Licht sorgenden Kienspanfackeln in ihren Halterungen zu flackern beginnen. Einige frisch aufgelegte Holzscheite lassen das Feuer der großen Esse aufflammen. So verbreitet sich in Anbetracht der ungemütlichen Witterung da draußen, hier in der Felsenhalle eine anheimelnde Stimmung.

Hiltruds wohltönende Stimme wird von den Geräuschen der Naturgewalten begleitet, die jedoch hier im Inneren der Burg nur gedämpft zur Geltung kommen.

»Drei Tage und zwei ungemütliche Nächte lagen hinter uns, als wir im Schein einer kalten Wintersonne den Eresberg vor uns sahen. Wir erkannten ihn an den weitläufigen Festungsaufbauten, wie ich sie hier in dem Land der Sachsen nicht erwartet hätte. Für mich war dieses eben das Sachsenland, ob nun Cherusker oder Engern darin lebten. Graf Bruno verhielt sich mir gegenüber nach wie vor sehr edel und rücksichtsvoll. Er gab mir zwar recht unverblümt zu verstehen, daß mein Lebensweg fortan mit dem Seinen verbunden sein würde. Ich konnte und wollte dem auch nichts entgegensetzen.

Das Schneetreiben hatte in der letzten Nacht nachgelassen. Die stolze Erisburg zeichnete sich klar mit ihren dunklen Aufbauten gegen den frostig schimmernden Himmel ab, während die Berge ringsum in ihren winterlichen Kleidern von der mächtigen Burg überragt wurden. Welch riesige Ausmaße die Festung wirklich aufzuweisen hat, kann man auf den ersten Blick gar nicht sehen. Sie dient ja den Menschen der weiten Umgebung hier im Grenzland als Zufluchtsstätte. Ricbert, der einzige Krieger, der uns von Brunos Begleitmannschaft geblieben war, ritt unserem Pferdeschlitten voraus. Auf Befehl seines Herren preschte er den steilen Pfad hinauf zum Tor der großen Ringmauer, die das Bergplateau zu umfassen schien, um uns den Wachen dort zu melden.

Burggraf Ullrich, der Herr über diese starke Festung, empfing uns vor der zweiten Bastion. Ullrich wußte um die Sendung, wegen der Bruno den weiten Weg zum Baiernherzog Odilo unternommen hatte.

Der Burggraf und seine Gemahlin Friederun waren äußerst liebenswürdige Gastgeber. Während draußen der Winter das Leben fast erstarren ließ, genossen wir dort auf der Burg Annehmlichkeiten, die mich an glückliche Tage meiner Kindheit erinnerten. In dieser Zeit waren wegen der Witterung von außen keine Störungen zu erwarten. Wir gaben uns der Ruhe und Entspannung hin, soweit unsere Zukunftssorgen dies zuließen.

Von dem wichtigen Heiligtum, das diese geschichtsträchtige Festung in ihren Mauern barg, erfuhr ich bald nach unserer Ankunft. Auf der höchsten natürlichen Erhebung innerhalb der Burg steht dort, wie ihr ja wißt, jene Irminsul. Diese dem sächsischen Kriegsgott gewidmete Säule mit ihren ausladenden Ornamenten bildet den eigentlichen Mittelpunkt der gesamten Anlage. Sie versinnbildlicht einen, das Himmelsgewölbe tragenden Baum, wie Bruno mir erklärte.

Vom Grafen Ullrich erfuhren wir, daß die Franken vor Einbruch des Winters im Grenzbereich zum Sachsenland starke Truppenverbände zusammengezogen hätten. Es wäre auch schon zu etlichen Vorstößen über die Grenze hinaus gekommen. Man habe das Vieh von den Gehöften fortgetrieben und den dort lebenden Menschen die Speisevorräte für den Winter genommen. Eine so große Streitmacht müsse schließlich auch ernährt werden. Mit sorgenvoller Miene sagte der Burggraf: ›Bei nachlassendem Winterwetter müssen wir mit einem Überfall der Franken auf die Burg rechnen. Ich mache mir große Sorgen, wie wir die vielen Menschen aus dem Umland unterbringen und versorgen sollen, wenn sie vor den anrückenden Franken fliehen. Aber irgendwie muß es gehen!"

Bruno versuchte, die Sorgen des Burggrafen abzuschwächen: ›Die Engernbrüder Warnekin und Edelhard haben doch die Aufgabe übernommen, eine Streitmacht aufzustellen, um den Feinden entgegenzuziehen.‹

Graf Ullrich nickte zustimmend: ;Warnekin ist mit einer ziemlich starken Truppe über den Osning hierher unterwegs, doch wie weit sie vor Wintereinbruch gekommen sind, werden wir erst wissen, wenn der Bote zurück ist, den wir ihm entgegengeschickt haben. Edelhard, so wurde uns berichtet, sitzt auf der Hohensyburg fest. Er mußte sich, wie wir erfuhren, mit seiner Kriegerschar einem Angriff eines anderen Frankenheeres erwehren. Wie der Kampf ausgegangen ist, konnten wir bisher nicht erfahren.‹

›Bleibt also zu hoffen, daß Warnekin uns mit seinen Kriegern früh genug zu Hilfe kommt‹, sagte Bruno und Ullrich erklärte mit kalter Entschlossenheit: ›Leicht werden wir es diesen machtgierigen Franken nicht machen, auch wenn die Hilfe ausbleibt. Dieses ist eine starke Festung und jeder meiner Männer weiß, was er tun muß.‹

So verging zwischen Hoffen und Bangen die Zeit, während der Winter sich mit Frost, Schnee und Stürmen austobte. Die Festungsbesatzung bereitete sich auf eine Belagerung vor. Vorräte wurden herangeschafft und in möglichst haltbarem Zustand untergebracht.

Überlegungen, die Bruno anstellte, mit mir weiter zu seiner Pfalz an der Weser, also nach hier, zu ziehen, um mich in Sicherheit zu bringen, verwarf er gleich wieder. Man hörte von einzelnen feindlichen Banden, die sich im Inneren des Sachsenlandes herumtrieben, um auf eigene Faust Beute zu machen. Da jeder Mann dort in der Festung gebraucht wurde, konnte uns der Burggraf auch keine Begleitmannschaft mitgeben. Außerdem gehörte Bruno durch seine Aufgabe als Vermittler zwischen Herzog Odilo und den Sachsen an die Frontlinie. Er konnte sich nicht, um ein Weib zu schützen, ins Hinterland zurückziehen.

In dieser Zeit mehr oder weniger untätigen Wartens hatten Bruno und ich viel Zeit füreinander. In unserer kleinen Kammer innerhalb der Hauptburg, kamen wir uns natürlich auch menschlich näher. Und so konnte es nicht ausbleiben, daß Bruno seine Rechte als Mann einforderte, auch wenn wir weder nach dem christlichen Glauben noch nach den Stammesgesetzen der Sachsen ein Paar waren. Er war ein liebenswerter und rücksichtsvoller Lebensgefährte, und für mich sprach alles dafür, mein zukünftiges Leben mit dem dieses Mannes zu verbinden.

Nach einer langen Nacht, in der wir den Kelch der Leidenschaft bis zur Neige genossen hatten, erwachte ich am Morgen allein und fröstelnd in der kalten Kemenate. Als Bruno dann endlich zurückkam, war er in Begleitung des Froste von der Erisburg.

Bernfried, so hieß der Opferpriester, dessen verwitterten Züge wie auch sein schneeweißes, schulterlanges Haar von vielen sicher auch ereignisreichen Lebensjahren zeugte, fragte mich, nachdem er mich eingehend gemustert hatte, ob ich als Christin bereit sei, Bruno, den Herrn von Huxori, in sein Haus zu folgen. Seine tiefe Stimme klang fast drohend für mich, als er sagte: »Du mußt wissen, ein vor dem Froste gegebenes Versprechen gilt für uns als unabänderlich. Du gehörst dann nur diesem einen Mann und solltest du deinen Körper einem anderen geben, und sei es auch nur für einen einzigen flüchtigen Augenblick des Leichtsinns, dann bist du nach unseren Gesetzen des Todes.‹

Ich erinnere mich noch gut der kalten Schauer, die mir ob dieser Androhungen über den Rücken liefen; trotzdem habe ich mein Versprechen gegeben. Ganz sicher hätte ich dies auch niemals bereuen müssen, wenn nicht die Nornen, welche nach dem Willen der germanischen Götter die Geschicke der Menschen lenken, mir in so drastischer Weise eine Prüfung auferlegt hätten, der ich dann bald erliegen sollte.«

Nach kurzer Pause, in der Hiltrud ihre Gedanken ordnet, spricht sie weiter:

»Am Abend des gleichen Tages wurde dann die öffentliche Vereinigungszeremonie vollzogen. Vor dem Sockel der Irminsul hatte der Froste auf einer Steinplatte ein kleines Feuer entfacht, und über diese Flammen hinweg reichten Bruno und ich uns beide Hände. Bernfried drückte unsere ineinander verschlungenen Hände so tief über das Feuer, daß ich die Hitze gerade noch ertragen konnte und bestreute sie mit der heißen Holzasche. Dabei sprach er die Worte: ›So wie ihr gemeinsam die Schmerzen durch diese Flammen ertragt, sollt ihr auch bis an das Ende eurer Tage die Glut eurer Liebe spüren und stets Freud und Leid miteinander teilen.‹ An den in unserer Nähe stehenden Burggrafen gewandt, sprach er weiter: ›Als Zeuge dieses Versprechens werdet ihr, Graf Ullrich, euch im Falle des Treuebruches, des heutigen Geschehens erinnern und der Gerechtigkeit den Weg ebnen.‹ «

Leicht verwirrt, als spüre sie noch heute die Unsicherheit jenes Tages, streicht sich Hiltrud eine Haarlocke aus der Stirn.

»Wie ihr wißt, spielt sich im Sachsenland das Treueversprechen eines Paares so oder in ähnlicher Form ab. Für alle Beteiligten ein Tag der Freude, für mich aber war es ein Tag voller Zwiespalt. Natürlich wollte ich für Bruno, dem ich jetzt auf Lebzeiten verbunden war, eine liebende und treue Frau sein; er hatte es gewiß auch nicht anders verdient und doch war ich mir nicht sicher, ob ich ihm soviel geben konnte, wie er von mir erwarten würde.

Der Winter verlor an Kraft und mußte allmählich dem kommenden Frühling weichen. Für die Bewohner der Festung waren diese Anzeichen in diesem Jahr jedoch kein Grund zur Freude, vielmehr wuchs mit der Abschwächung der Kälte die Angst vor dem drohenden Frankenangriff. Immer mehr Menschen aus dem Umland trafen auf der Festung ein. Sie waren vor marodierenden Frankenhorden geflohen. Einer Unterhaltung zwischen Bruno und Ullrich entnahm ich, daß die Heere der Franken durch Söldner aus fremden Ländern verstärkt werden. Diese, aber auch die regulären Frankenkrieger versuchten sich schadlos zu halten für den Sold, den die Frankenherrscher Pippin und Karlmann ihnen nicht geben konnten.

In helle Aufregung versetzte mich die Meldung mehrerer Gruppen, die auf der Eresburg Schutz suchten. Anführer bei vielen Überfällen sei ein fränkischer Edling namens Grifo, man nannte ihn den Bastard von Karl Martell.«

Hiltruds Blick in Grifos Richtung scheint für ihre Worte um Entschuldigung zu bitten, der reagierte mit einer verständnisvollen Geste, wenn auch seine Miene den Zorn über die damalige Schmähung nicht verbergen kann.

Da Grifo jetzt offensichtlich nicht in das Gespräch eingreifen will, spricht Hiltrud weiter:

»Für mich war es wie eine persönliche Beleidigung, als einer dieser Geflohenen sagte: ›Jene Bande, die unser Gehöft überfiel, machte den Eindruck von Strauchdieben, nur der Anführer sah rein äußerlich wie ein Fürst aus und war doch der Gemeinste und Brutalste von allen. Sie nannten ihn Grifo.‹

Ein anderer Mann rief dazwischen: ›Ja, Grifo der Bastard, überall hört man von seinen Schandtaten. Vor keiner Vergewaltigung und keinem Totschlag schreckt er zurück.‹

Ich konnte es nicht mehr hören und rannte weinend in unsere Unterkunft. Bruno war mir gefolgt. Während er mich in seine Arme nahm, habe ich unter Tränen Worte gesagt, so wie ich mich erinnere: ›Das kann doch nicht sein, das ist nicht Grifo!‹ Auch Bruno stimmte mir zu. Da könne etwas nicht stimmen, niemals würde Grifo sich auf diese

Weise zum Werkzeug seiner Halbbrüder machen lassen. ›Nicht der Grifo, den ich kenne‹, sagte er wörtlich.

Dann kam der Tag, an dem wir von den Zinnen der Eresburg das Herannahen des riesigen Frankenheeres sehen konnten. Schon in den Morgenstunden, als die Sonne hinter den Biggenkopf[47] aufgegangen war und ihre Strahlen ab und zu durch die rasch ziehenden Wolken drangen, hatten wir auf der entgegenliegenden Seite, dort wo sie am Abend untergeht, ein seltsames Blinken und Blitzen festgestellt. Bruno erklärte mir diese Erscheinung so: ›Die Franken rücken an, dort drüben im Tal spiegelt sich die Sonne in den blanken Waffen und Rüstungen der Krieger.‹

Für Graf Ullrich war dies der Anlaß, seine Mannen auf ihre Positionen zu rufen. Durch zwei Seitentäler aus Richtung der Mittagssonne strömten die Massen der Feinde auf die Festung zu. Zur entgegengesetzten Seite, wo der Diemelfluß durchs Tal fließt, fällt der Burgberg steil ab. Deshalb hatten die Franken den augenscheinlich leichteren Weg gewählt, um die Eresburg zu bezwingen. Das unübersehbar scheinende Frankenheer, welches sich auf uns zubewegte machte auf mich einen furchteinflößenden Eindruck. Bald konnte man Einzelheiten ausmachen. Vorweg sah man Reiter, die mit Eisen und Leder gepanzert waren und deren Helme zum Teil bunte Verzierungen oder Federbüsche aufwiesen. Auch die Pferde trugen teilweise Schabracken zum Schutz gegen Pfeile und Speere. Riesige Fuhrwerke mit Schleudergeräten, Rammen und Trittbäumen, die zur Überwindung von Mauern und Palisaden gedacht waren, machte ich aus und dazwischen, wie Ameisenschwärme, die zu Fuß laufenden Krieger. Wenn das Ganze nicht so bedrohlich gewesen wäre, hätte man die Fahnen, die zwischen dem Gewirr aus Leibern und Waffen flatterten, als eine farbenprächtige Prozession ansehen können.

In gebührender Entfernung vom ersten Befestigungsring stockte der Anmarsch, und aus der Spitze des auf das Haupttor gerichteten feindli-

---

[47] Berg im Waldeck.

chen Zuges sonderte sich eine Gruppe von Männern ab, die sich mit einer weißen Fahne langsam der Festung näherten.

Von unserem erhöhten Standort auf der Plattform über dem zweiten Tor konnten wir das Geschehen außerhalb der Befestigung überblicken. ›Nachdem sie uns ihre Stärke durch den Anmarsch ihrer Streitmacht gezeigt haben, wollen sie also mit uns verhandeln‹, sagte der Burggraf und bedeutete dem Anführer der Wache von der ersten Bastion, die Abordnung der Franken durchzulassen.

In dem kleinen Vorhof zwischen der ersten und der zweiten Bastion trafen die Verhandlungsführer aufeinander zu. Auf unserer Seite waren dies Graf Ullrich, der Hauptmann der Burgwache, ein alter Haudegen mit Namen Hartmut, der Froste Bernfried und Bruno.

Als die fränkische Gruppe in den Hof einzog, wurde ich an frühere Tage erinnert. Der Mann in der braunen Mönchskutte, der durch seinen leicht gekrümmten Rücken immer einen unterwürfigen Eindruck machte, war mir aus meinem Leben in der Umgebung des Frankenherrschers Karl Martell nur zu gut bekannt: Mauricius, der Erzkaplan der Anulfinger, ein Meister der Intrigen! Bei allen Ränkespielen, die früher dem Hausmeier Karl und jetzt seinen Söhnen Pippin und Karlmann mehr Einfluß und Macht einbrachten, hatte dieser listige Priester seine Hand im Spiele.

Der Anblick dieses Mönches berührte mich in unangenehmer Weise. Als jedoch der nachfolgende Mann seinen federgeschmückten Helm abnahm, steigerte sich meine Abneigung, so daß mir schwarz vor Augen wurde: Theoderich! In Vormatia vergewaltigte er mich, durch seine Mitschuld wurde ich zur Heimatlosen. Vor kurzer Zeit erst nahm er meinen treuen Weggefährten Grifo gefangen. Auf seinen Befehl hin wurde Brunos Begleitmannschaft bis auf einen Mann erschlagen. Welches Unheil würde er jetzt wieder über mich bringen?«

Nachdem Hiltrud tief durchgeatmet und sich mit einem tiefen Schluck Wasser gelabt hat, spricht sie weiter:

»Gewiß, nun hat dieser Theoderich seine verdiente Strafe bekommen! Doch bis zu seinem schändlichen Untergang war er nicht nur für mich der Inbegriff des Bösen. Damals war er noch nicht so ausgezehrt, wie ihr ihn kennengelernt habt. Diesen fanatischen, stechenden Blick und diese Hakennase hatte er damals schon. Gewiß, niemand kann seine Gesichtszüge selber bestimmen, sein raubvogelähnliches Wesen schien aber auch das Äußere des Grafen Theoderich geprägt zu haben.

In weihevoller Art streckte der Mönch mit der Linken seinen langen Holzstecken, an dessen oberem Ende ein Kreuz gearbeitet war, der sächsischen Abordnung entgegen. Während er die Rechte zum Gruß erhob, sprach er: »Mit diesem Zeichen des heiligen Kreuzes, als Erkennungszeichen der Christen, grüße ich euch. Wenn wir auch mit vielen Kriegern gekommen sind, so wollen wir euch doch den Frieden bringen.‹

Nur ein unwilliges Murren war vorerst als Antwort zu vernehmen, denn wie es die Gesetze der Gastlichkeit verlangten, mußte den Ankommenden vor den Verhandlungen erst einmal etwas zu trinken und zu essen angeboten werden. Diese Aufgabe fiel Friederun, der Frau des Grafen Ullrich, zu. Diese hatte mich gebeten, ihr dabei zur Hand zu gehen. Während wir Frauen also die Stufen von der Plattform zum kleinen Burghof hinabgestiegen waren, hatte sich die Gruppe der Franken auf insgesamt fünf Männer vervollständigt. Friederun reichte jedem der Franken den Becher mit Honigwein und mir oblag es, jedem den Brotlaib hinzuhalten, damit er sich ein Stück davon abbrechen konnte. Als ich nun Graf Theoderich das Brot reichte, zitterte meine Hand, und mir drohten die Sinne zu schwinden. Nur zu gut kann ich mich noch erinnern, wie sein dunkelglühender Blick mich traf und er sich hohntriefend vor mir verbeugte.

Unter fadenscheinigen Vorwand versuchten die Franken nach dieser Begrüßung weiter in das Festungsinnere zu gelangen. Sicher hätten sie gern mehr von den Befestigungsanlagen gesehen, aber Graf Ullrich wußte dies zu verhindern. In der Mitte des ringsum mit hohen Mauern umgebenen Vorhofes wurde das nächtliche Wachtfeuer neu entfacht, um die Kälte zu vertreiben. Auf den Sitzgelegenheiten der Wachmannschaft nahmen die kriegerischen Gegner Platz, auf der einen Seite die Sachsen und auf der anderen die Franken.

Als Herr über die Festung eröffnete Graf Ullrich die Verhandlung mit den Worten: ›Ihr behauptet also, uns den Frieden bringen zu wollen und habt schon im Vorfeld die Höfe unserer Bauern in der Umgebung überfallen, gemordet, vergewaltigt und gebrandschatzt. Ihr müßt doch zugeben, daß es uns angesichts dieser Tatsache nicht möglich ist, euren Worten Glauben zu schenken.‹

›Es sind Banden, wie sie in der Umgebung von kriegerischen Auseinandersetzungen immer wieder auftauchen. Unsere regulären Krieger sind, wenn ihr so wollt, die Streiter unseres Gottes, die dort am Fuße dieser Festung hinter ihrem Herrscher stehen. Solltet ihr euch dem einzigen, dem wahren Gott zuwenden und Karlmann und Pippin, die Herrscher der Franken, auch als eure obersten Landesherren anerkennen, dann wird es hier zu keinerlei Blutvergießen kommen.‹ Diese von Mauricius so salbungsvoll gesprochenen Worte ließen den Zorn der Sachsen erst richtig auflodern. Bruno wollte und konnte sich auch sicher nicht mehr zurückhalten. Die Anwesenheit des Grafen Theoderich und die für uns wie Spott und Hohn klingenden Reden des Mönches werden sein Blut zum Kochen gebracht haben. ›Wo ist bei euch der Unterschied zwischen Gotteskriegern und Mordbrennern? Jetzt kommt ihr hierher und redet heuchlerisch von Frieden. Wer ist euer Gott, daß er sich Männern wie dieses Grafen Theoderich bedient, um uns unter sein Joch zu zwingen?‹

Theoderich hatte sich von seinem Platz erhoben und schaute Bruno mit kaltem Blick an. Während Mauricius die Sprache der Sachsen ziemlich gut beherrschte, war die Aussprache Theoderichs ziemlich holperig, als er sagte: ›Da ich euer Feind bin, erwarte ich keine Hochachtung von euch, aber auch ihr solltet wissen, daß solche Feldzüge auch Beutezüge sind. Da kommt es eben auch zu unkontrollierten Übergriffen, der Krieg hat nun mal seine eigenen Gesetze. Sicher habt ihr davon gehört, daß euer Freund Grifo zu den schlimmsten in dieser Beziehung gehört. Karlmann, der Herr über diese Streitmacht, hat ihm die Freiheit zurückgegeben, nachdem er sich bereiterklärt hat, an diesem Feldzug teilzunehmen. Daß er diesen Eifer entwickeln würde, versetzt uns alle in Erstaunen.‹

Mit schiefem Grinsen deutete er in die abgelegene Ecke, von wo

Gräfin Friederun und ich die Gespräche verfolgten. ›Wenn man mich fragt, so würde ich sagen, er will sich auf diese Weise dafür rächen, daß ein Sachse es gewagt hat, ihm die Geliebte wegzunehmen.‹ Für diese Worte hätte ich ihn erwürgen mögen, denn ich kenne keine ehrlichere Freundschaft als so eine, die mich mit Grifo verbindet. Das wußte damals auch Bruno, und ich konnte ihm nachfühlen, wie sehr er sich beherrschen mußte, als er mit bebender Stimme sagte: ›Gib acht, Franke, sonst vergesse ich die Gesetze der Gastlichkeit und schlage dir deine Worte ins eigene Schandmaul zurück.‹

Der zuletzt angekommene Franke trat nun zwischen die Streitenden. Am Hofe der Anulfinger hatte ich ihn früher nicht gesehen, jedoch seinem Auftreten nach schien er ein mächtiger Mann zu sein: ›Wir sind nicht hierhergekommen, um uns in kleinlichen Streitereien zu ergehen, es gibt Wichtigeres zu besprechen!‹ Nach diesen auf herrische Weise gesagten Worten, sprach er dann in die erwartungsvolle Stille hinein: ›Ich bin Markgraf Ruthart, Marschall der fränkischen Herrscher. Wie auch ihr sicher erfahren habt, teilen sich Pippin und Karlmann nach dem Tode ihres Vaters Karl Martell die Macht im Frankenreich. Mein erlauchter Herr Karlmann, Hausmeier in Austrien, fordert euch durch mich auf, diese Festung zu übergeben und ihn als euren Herrscher anzuerkennen, um unnötiges Blutvergießen zu vermeiden.‹

Graf Ullrich trat auf den arroganten Franken zu: ›Woher nehmt ihr das Recht, so mit uns zu reden. Wir unterstehen nur der sächsischen Stammesordnung und sind den Göttern unserer Ahnen verantwortlich, sonst niemandem. Sagt eurem Herrscher, er möge seine Macht ausüben, wo er dazu befugt ist, nicht aber innerhalb unserer Grenzen. ›Ihr steht auf verlorenen Posten‹, sagte der Markgraf, ›euer Komplott, das ihr mit dem Baiernherzog Odilo geschmiedet habt, ist geplatzt, ehe es begonnen hat. Eure Burgen im Grenzland an Sieg, Ruhr und Pader sind in unserer Hand und Pippin, der Herscher des restlichen Frankenreichs, hat die Streitkräfte der Baiern und Slawen zerschlagen.

Diese Darstellung des Franken sollte sich später als pure Lüge erweisen. Er glaubte, damit die Sachsen schneller zum Einlenken bewegen zu können. Doch so leicht ließ sich Graf Ullrich nicht ins Bockshorn jagen. Eine Festung wie die Eresburg mußte erst einmal erobert werden. Wenn die Streitmacht Edelhards bei den genannten Kämpfen geschlagen worden wäre, so konnten wir immer noch auf den Anführer der Engern-Sachsen und seine Krieger hoffen. Den Reden des Marschalls konnte man entnehmen, daß den Franken von dem Kriegsaufgebot des Herzogs Warnekin nichts bekannt war. Deshalb klang Ullrichs Stimme fest und zuversichtlich als er sagte: ›Unsere Boten haben uns noch von keiner Niederlage berichtet, wir werden also kämpfen. Wenn ihr es nicht anders wollt, werdet ihr euch an dieser Festung blutige Köpfe holen.‹

Da nun der Markgraf Ruthart mit seiner Weisheit am Ende war, versuchte der Mönch Mauricius noch einmal Einfluß zu nehmen, um ohne Kampf die Ziele der Franken zu erreichen. ›Wir erwarten ja nicht von euch, daß ihr alles, was für euch als Sachsen wichtig ist, von heute auf morgen aufgebt. Es müßte nur ein Aufbruch in die neue Richtung sein. Sicher würden die Herrscher der Franken es als Zeichen guten Willens ansehen, wenn ihr uns die Festung friedlich öffnet und dem erlauchten Herrn Karlmann als euren Herrn huldigen würdet. Ihr Graf Ullrich habt es in der Hand, einen blutigen Kampf zu verhindern, den ihr nicht gewinnen könnt.‹

Der so angesprochene zuckte mit den Schultern. Offensichtlich war er nicht gewillt, diese Unterhaltung fortzusetzen, weshalb er auffordernd in Brunos Richtung schaute. Der trat auf den Mönch zu, faßte seinen Sax, jenes kurze einschneidige Schwert, das er im Gürtel trug. Die Franken gingen augenblicklich in Abwehrstellung. Er nahm die Klinge in beide Hände und hielt die Waffe vor sich, wie vorher der Mönch sein Kreuz und sagte: ›Dies wird für uns das Zeichen des Sieges sein, wenn es zum Kampf kommen soll. Sagt eurem Herrn Karlmann, er hat hier keine Huldigungen zu erwarten. Diese Festung wird er höchstens als Gefangener betreten. Wir haben euch nicht gerufen, also geht dorthin zurück, wo ihr hergekommen seid, oder kämpft, dann wird sich zeigen, ob ihr die Macht habt, über uns zu herrschen.‹

Mit finsteren und verschlossenen Mienen wandten sich die Franken dem Tor zu, nur Graf Theoderich schien mit dem Ausgang der kurzen Verhandlung zufrieden zu sein. Noch einmal blickte er in meine Richtung, und mit unverschämten Gesten sagte er laut und vernehmlich: ›Wenn wir dann diese Burg eingenommen haben, wird es mir eine Ehre sein, euch in gebührender Weise meine Aufwartung zu machen.‹ So zogen sie ab, um mit Tod und Verwüstung zurückzukommen.

An diesem Tag geschah von seiten der Franken nichts in Sichtnähe der Festung. Am Abend zeugten Rauchsäulen am Horizont von Brandschatzungen in der Umgebung.

Die Erwartung des fränkischen Angriffs und die Ungewißheit über das, was ihnen bevorstand, ließen die Menschen innerhalb der Eresburg den Schlaf vergessen. Wer nicht als Wächter an den Befestigungsanlagen eingeteilt war und auch sonst keine Aufgabe hatte, fand sich am Fuße der Irminsul ein. Der Froste hatte, um die Götter gnädig zu stimmen, drei Schafböcke geopfert. Ein mächtiger Granitblock, in dem mehrere Mulden eingearbeitet waren, diente als Opferstein.

Nachdem die Tiere auf diesem Block abgestochen wurden, ließ der Froste sie so ausbluten, daß die Steinmulden mit dem Lebenssaft gefüllt wurden. Mit ihren Trinkhörnern schöpften dann die Krieger von diesem Blut, um es zu trinken. Ich weiß, daß bei anderen Anlässen dieses Blut mit irgendwelchen berauschenden Getränken vermischt wird, doch für diesen Tag hatte Graf Ullrich diese die Sinne verwirrenden Getränke streng verboten. Ein ständiger Sing-Sang begleitete diese Zeremonie.

Alle Worte dieser Lieder habe ich nicht verstanden. Eines jedoch, das der Froste Bernfried unter wiegenden Bewegungen gesungen hatte, habe ich dem Sinn nach noch in Erinnerung behalten. Es handelte vom Kriegsgott Irmin, der bei den Völkern des Nordens auch Tiu oder Saxenot genannt wird. Eben dieser Gott habe mit den ihm wohlgesonnenen Alfen das gleiche Blut getrunken, bevor sie in den Kampf gegen den Riesen Bauge und den mit ihm befreundeten Schwarzalben zogen, um Asgard, den Palast des Göttervaters, zu verteidigen.

Ehe der Morgen graute wurden an vielen Stellen innerhalb der Festung Feuer angezündet, um Behälter mit Wasser zu erhitzen und Reisigbündel sowie allerlei aufgehäuften Unrat in Brand zu setzen. Die Versuche der Feinde, mit Steigbäumen die Mauern und Palisaden der Festung zu erklimmen, wollte man abwehren, indem man vom Wehrgang heißes Wasser herunter goß oder eben brennende Bündel auf die Eindringlinge nieder warf.

Das matte Licht des anbrechenden Morgens erhellte die Landschaft, als Tumult außerhalb der Festungsmauern den Angriff der Franken ankündigte. Schon vorher zeugte Feuerschein am Fuße des Burgberges davon, daß der Weiler Horhusen von den Franken eingenommen worden war. Sie dürften dort kaum auf Gegenwehr gestoßen sein, denn die Bewohner des Ortes hatten schon während der letzten Tage Zuflucht in der Festung gefunden.

Zum Diemelfluß hin fällt der Festungsberg schroff ab, und auch in Richtung des Ortes Horhusen ist der Hang ziemlich steil, nur der Abendsonne zu setzt sich der Eresberg in einem sich allmählich abschwächenden Bergrücken fort. Die Festungsmauer ist hier besonders stark, und es steht dort auch ein fester Turm.

Von dieser Erhöhung aus versuchte der Feind mit seiner Hauptmacht, die Festung zu erstürmen. Eines von diesen Riesenkatapulten hatten sie in der Dunkelheit auf den höchsten Standort, der Burg gegenüber, in Stellung gebracht. Wie sie das geschafft hatten, war uns damals nicht klar. Es gab auch keine Zeit darüber nachzudenken, denn ehe wir dieses Ungetüm richtig wahrgenommen hatten, schleuderte es seine erste unheilvolle Ladung über den Festungshof. Ein riesiges brennendes Bündel prallte auf eine der vielen notdürftig zusammengefügten Hütten, die sofort in Brand geriet. Später erfuhr ich, daß eine alte Frau und ein kleines Mädchen in den Trümmern starben.

Mit dem Einsatz dieser gewaltigen Schleuder stürmten auch die fränkischen Krieger auf die Mauer zu. Sie wurden von Ullrichs Männern erwartet, die mit ihren Pfeilen und Wurfgeschossen den Angriff zum Stoppen brachten.

Von der Höhe des Turmes auf der zweiten Bastion konnten Friederun und ich das Geschehen ringsum beobachten. Mit brennenden Augen suchte ich unter den vom gegenüberliegenden Bergrücken her angreifenden Reitern nach einem bestimmten jungen Mann, Grifo! Ich konnte und wollte nicht glauben, daß es sich mit ihm so verhalten würde, wie man es nun schon des öfteren beschrieben hatte. Gut konnte ich mich noch erinnern, in welchen Farben und mit welchem Wappen auf dem Schild er bei Kampfspielen oder ähnlichen Anlässen aufgetreten war. Er würde so doch sicher auch hier in den Kampf ziehen, wenn er es war, von dem man sprach. So sehr ich mich auch bemühte, das Zwielicht des anbrechenden Tages ließ noch keine klare Sicht auf größere Entfernung zu.

Deutlich war dann allerdings zu erkennen, wie eine feindliche Truppe auf dem Weg zum Haupttor hin mit schweren Geräten vordrang.

Auch Ullrich und Bruno, die von der ersten Bastion her die Verteidigung leiteten, mußten die Gefahr erkannt haben. Man konnte nun sehen, daß es sich bei dem schweren Gerät um eine Ramme handelte, mit der das große Tor zerstört werden sollte. Da aber augenscheinlich auch an den Steilwänden des Festungsberges angegriffen wurde, waren unsere Krieger im weiten Rund auf den Wehrgängen dabei, den Feind abzuwehren. Für einen Ausfall, um der Gefahr am Tor zu begegnen, standen nur wenige Krieger zur Verfügung. Trotzdem wagte es Bruno, sich mit einer kleinen aber gut bewaffneten Truppe dem Feind entgegenzustellen.

Innerhalb des kleinen Festungshofes, dort wo die Verhandlung mit den Franken stattgefunden hatte, formierten sich die Krieger. Alle waren beritten und trugen starke Lanzen und langstielige Streitäxte.

Die Franken waren der Festung schon ziemlich nahe mit ihrem auf klobigen Rädern rollendem Gefährt, das von vier Pferden gezogen wurde, als die beiden Flügel des Portals plötzlich aufgerissen wurden. Wie Wotans wilde Jagd preschte Bruno mit seinen Reitern auf die überraschten Franken zu. Die vorweg reitende Truppe der Feinde war so überrascht, daß sie keine wirkungsvolle Gegenwehr zustande brachten. Bald waren auch die beiden Reiter auf den vorderen Zugpferden zu Boden gestoßen. Dann sah ich Brunos Axt blitzen, der die Verbindung zwischen dem Gespann und dem fahrbaren Rammbock kappte.

Das Bemühen der fränkischen Krieger, das schwere Gefährt aufzuhalten, war vergeblich. Einmal in Fahrt geraten, prallte die Ramme erst an der Bergseite gegen den Felsen, kippte um, stürzte die steile Böschung des Berghanges hinab und zerschellte. Noch ehe das Gepolter der zu Tal stürzenden Trümmer verstummt war, ertönte unter uns vom Wehrgang der Aufschrei: ›Dort kommt Grifo, der Bastard, mit seiner Meute.‹ Es war einer der aus dem Tal geflohenen Bauern, der diese Worte gerufen hatte, und auch ich sah eine Reitertruppe, die von der Bergflanke her den Festungsweg zu erreichen suchte, um in das Kampfgeschehen einzugreifen.

Tatsächlich erkannte ich den wehenden schwarz-roten Umhang, wie Grifo ihn immer getragen hatte und den schwarzen Schild mit den drei roten Lilien. Diese von oben auf den Weg zustoßenden Reiter wollten unseren Kriegern den Rückzug zum Festungstor abschneiden.

Der mutige Einsatz der Reiter um Bruno war nun eigentlich erfolgreich beendet. Etwa die Hälfte der eingesetzten Reiter hatte den Rückzug angetreten. Bruno jedoch war zusammen mit einigen Kriegern dabei, nachrückende Franken vom Festungsweg zurückzudrängen. Von der Gefahr hinter ihm erfuhr er erst, als es zu spät war.

Als die fränkische Truppe unter der Führung des sogenannten Bastards, Bruno in den Rücken fiel, griffen auch unsere Reiter, die sich schon zurückgezogen hatten, wieder in den Kampf ein. Ein heftiges Schlagen und Stechen entwickelte sich dort am Berghang.

Einige Reiter stürzten dabei mit ihren Pferden von dem schmalen Weg den Steilhang hinab. Schließlich entfernten sich die Franken in Richtung Talboden, und ein Teil unserer Reiter kehrte zur Festung zurück. Mehrere der tapferen Krieger aber waren nicht mehr in der Lage, den sicheren Hort zu erreichen. Zu denen, die nicht zurückkehrten, gehörte auch Bruno. Von Verzweiflung getrieben, eilte ich die Turmsteige abwärts den Ankommenden entgegen. Einer der Reiter mußte sein Pferd mit Gewalt herumreißen, um mich nicht niederzuwerfen, als er das Tor passierte. Graf Ullrich trat an meine Seite und legte besänftigend einen Arm um meine Schulter, während ich die Krieger mit meinen Fragen bestürmte.

Nachdem, was wir in Erfahrung bringen konnten, war Bruno von dem Bastard und mehreren seiner Reiter abgedrängt, in dem Handgemenge vom Pferd gestoßen, um dann gefesselt fortgeschleppt zu werden. Der Burggraf versuchte mich zu trösten: ›Sie werden ihn als Geisel halten. Im Austausch für einige Liten werden wir ihn wohl freibekommen.‹ Damit sollte er nicht Recht behalten, wie sich bald herausstellte.

In unserer Sichtweite auf der Kuppe des Berges, der sich wie eine riesige Schildkröte an den Burgberg anlehnte, befand sich wahrscheinlich der Befehlsstand der Franken. Eine Anzahl von Bäumen und Felsbrocken, die eine natürliche Barriere bildeten, verdeckten zum Teil die dort aufgestellten Zelte. Dort also hielt sich Karlmann auf, der seinen Machtanteil durch die Eroberung sächsischer Gaue zu vergrößern gedachte.

Wenn an dem, was Graf Theoderich gesagt hatte, auch nur ein Teil Wahrheit war, dann mußte jetzt auch Grifo dort in dem Zeltlager sein, wohin er wohl auch seinen Gefangenen gebracht haben würde. Wie mußte er sich dann in so kurzer Zeit verändert haben. Ich konnte es nicht glauben, daß Karlmann und Grifo, die sich in der Vergangenheit nur mit gegenseitiger Verachtung begegnet waren, nun gemeinsame Sache machten und daß Grifo, für mich bisher ein edler verläßlicher Freund, so handeln konnte.

Wie würde Karlmann, dieser hochmütige Anulfinger, Bruno behandeln? Beide Erben des Karl Martell, Pippin wie auch Karlmann, waren schon als Knaben rücksichtslos, wenn es darum gegangen war, die eigenen Interessen durchzusetzen.

Die Ungewißheit über Brunos Schicksal schnürte mir das Herz ein. War er schwer verletzt, lebte er überhaupt noch? Meine persönlichen Sorgen und Nöte hatten mein Interesse an dem Kampfgeschehen um die Eresburg fast verdrängt. Doch im Laufe dieses Tages sorgten die Angreifer immer wieder für Aufregung innerhalb der Festung.

Da der offene Gesamtangriff zu keinem Erfolg geführt hatte, verlegten sie sich auf einzelne Überraschungsangriffe an ständig wechselnden Stellen der Befestigungsanlagen. Dies war eine nervenaufreibende Taktik für die Verteidiger. Hinzu kam noch der Einsatz der Katapulte, die mit ihren verschieden großen Stein- und Brandgeschossen doch etliche Schäden anrichteten. Inzwischen waren auch an anderen Stellen solche Schleudergeräte in Stellung gebracht worden. Sicher hatten diese nicht die Größe des ersten Monstrums, das dort auf dem Berg vor den Zelten der Anführer stand. Sicher hatten die anderen auch nicht so eine günstige Position. Jedoch wurden immer wieder Menschen, die über das Festungsgelände hasteten von geschleuderten Steinen getroffen und verletzt. Vier von den behelfsmäßigen Hütten, die für die geflohenen Menschen aus dem Umland errichtet worden waren, wurden an diesem Tag von den Geschossen des großen Schleudergeräts zerstört.

Da Ullrichs Männer weder mit Pfeil und Bogen noch mit ihren Armbrüsten gegen diese Waffe etwas auszurichten vermochten, erinnert sich der Burgherr eines riesigen Bogens, den sein Vater bei einem slawischen Überfall, der damals erfolgreich abgewehrt werden konnte, erbeutet hatte. Fieberhaft wurde nun daran gearbeitet, diesen Bogen, der eine Spannweite von der Größe zweier ausgewachsener Männer hatte, einsatzbereit zu machen. Dabei erwies sich die Geschicklichkeit Ricberts, jenes Kriegers, der uns nach dem Massaker von Hearulfiesfeld als einziger geblieben war, als sehr nützlich. Er fertigte in der kurzen Zeit etliche Riesenpfeile an, die mit Harz durchtränkten Leinenstreifen umwickelt wurden. Am Abend dann, nachdem die feindlichen Angriffe erfolgreich abgewehrt waren, wurde im Schutz der Dunkelheit auf dem Turm der zweiten Bastion der große Bogen so befestigt, daß man mit ihm in Richtung der Bergkuppe schießen konnte, wo diese gewaltige Schleudermaschine stand.

An den Befestigungsanlagen durfte natürlich auch in der Nacht die Aufmerksamkeit nicht nachlassen, denn man mußte immer bereit sein, Angreifer, welche die Dunkelheit nutzten, zurückzudrängen.

In einer Ecke am Fuße des Turmes war ich, auf einem Holzpflock sitzend, eingeschlafen. Die Erschöpfung hatte Sorgen und Nöte besiegt. Sicher war es kein erquickender Schlaf, aus dem ich gerissen wurde, als gierige Hände an mein Mieder griffen. Augenblicklich war ich hellwach und versuchte, mich dem Kerl zu erwehren. In der Dunkelheit sah ich nur die Umrisse eines grobschlächtigen Körpers und spürte seinen fauligen Atem. Der erste meiner Hilfeschreie erstickte mir in der Kehle. Dann verspürte ich einen Schlag ins Gesicht, der meinen Widerstand brechen sollte. Als mein Mieder zerriß und ich eine Pranke auf der nackten Haut spürte, kämpfte ich die beginnende Ohnmacht nieder. Wut und Verzweiflung gaben mir Kraft zur Gegenwehr. Mein gellender Hilferuf mußte alle aufgeschreckt haben, die sich im vorderen Festungsbereich aufgehalten hatten. Ricbert, Brunos treuer Gefolgsmann, war als erster zur Stelle.

Der Wüstling ließ von mir ab, um zu fliehen. Noch während er von mir ließ, erreichte ihn Ricberts Schwert, er mußte schwergetroffen sein, wie sein Röcheln vermuten ließ.

Mit einer brennenden Fackel in der Hand stand nach wenigen Augenblicken auch Graf Ullrich an meiner Seite. Mit der freien Hand nahm er den Umhang von seiner Schulter und reichte ihn mir. Fröstelnd und mit klappernden Zähnen hüllte ich mich in den warmen Stoff ein, während Ullrich den zu seinen Füßen Liegenden betrachtete. Zornig grollend sagte er, ›Wer ist der Kerl, er gehört nicht zu uns.‹ Ein Schildknappe des Grafen Ullrich, der ebenfalls hinzugetreten war, sagte, nachdem er den Niedergestreckten betrachtet hatte, ›es ist einer von den Bauern, die am Vortag mit ihren Leuten hier eintrafen. Er sagte, sein Hof sei ebenfalls von Grifo überfallen worden.‹

Jetzt erkannte auch ich ihn wieder. Es war jener, der am vergangenen Tag vom Wehrgang her gerufen hatte: ›Dort kommt Grifo, der Bastard.‹

Nachdenklich schaute der Burggraf auf den Mann nieder, der wie tot dalag. Plötzlich versetzte Ullrich ihm einen Tritt mit dem Fuß, so daß dieser schmerzvoll aufstöhnte. ›Du bist kein Bauer aus unserer Umgebung‹, fuhr der Graf ihn an: ›Sag uns, wer du bist, wenn du nicht eines furchtbar schmerzvollen Todes sterben willst.‹ Dabei setzte er die Spitze seines Schwertes am Unterleib des Mannes an, die sicher schon durch die Kleidung gedrungen war. In den Augen des Verletzten stand panische Angst. Vergeblich versuchte er, sich der Schwertspitze zu entziehen. Die Wunde, die Ricbert ihm beigebracht hatte, würde sicher bald zu seinem Tode führen. Unterhalb der Rippen war die Waffe tief in seinen Körper eingedrungen. Ullrichs Drohung erzielte trotzdem den gewünschten Erfolg.

Schwach und stockend begann er zu sprechen: ›Ich bin ein sächsischer Lite, vor einigen Monden sollte ich in Muchohusen sterben... ich hatte...‹ Er stockte, sein Blick traf mich und ich denke, er wurde damals wegen einer ähnlichen Untat zum Tode verurteilt, wie er sie bei mir versucht hatte. Nach einer Pause, in der er einen Schwall halb geronnenen Blutes ausgespuckt hatte, sprach er weiter: ›Ich bin zu den Franken geflohen. Der Graf Theoderich hat mich in seine Dienste genommen. Ich mußte ihm die sächsische Sprache beibringen, und über die Art, wie die Sachsen leben, wollte er alles wissen.‹ Als er dann die Augen schloß und schwieg, brachte der Burggraf ihn dazu weiterzusprechen, indem er sein Schwert wieder einsetzte. ›ich sollte hier von dem Bastard Grifo erzählen.‹ ›Warum solltest du von den Greueltaten dieses Grifo erzählen?‹, wollte Ullrich wissen. Eine Antwort konnte der Kerl uns auf diese Frage nicht mehr geben; wir sollten sie später auf unglaublich dramatischer Weise erfahren.

Letztlich erfuhren wir noch, daß dieser Spitzel den Auftrag hatte, auf ein Zeichen hin in einer der nächsten Nächte innerhalb der Festung Brand zu legen und mit drei weiteren Verrätern, die sich ebenfalls schon in der Festung aufhielten, das große Tor zu öffnen. Für Graf Ullrich galt es nun, jene drei Männer ausfindig zu machen, die sich bei uns eingeschlichen hatten, um den Franken zum Sieg zu verhelfen. Da der Unhold noch während des Verhörs sein verkommenes Leben beendet hatte, war auch die Frage nach dem Zeichen, das Graf Theoderich mit den Männern vereinbart hatte, offengeblieben.

Schon mit dem ersten Morgengrauen erwachte ich in der Kemenate der Frau Friederun, wohin sie mich gebracht hatten. Eine tiefe Leere war in mir. Gerade hatte ich mich in den Schutz eines starken Mannes begeben, wenn auch nicht aus einer großen Liebe heraus, so doch aus tiefer Zuneigung. Ich hoffte in diesen starken Armen Geborgenheit zu finden, und nun war ich schon wieder allein den Unbilden dieses Lebens preisgegeben.

Es blieb mir nicht viel Zeit, mit meinem Schicksal zu hadern. Friederun kam herein und reichte mir einen warmen Kräutertrunk: ›Die Männer versuchen, mit dem großen Bogen auf diese Schleuder zu schießen, die bei uns schon so viel Schaden angerichtet hat. Möge Irmin unsere Pfeile lenken.‹ Mit diesen Worten öffnet sie eine kräftige Bohlentür, die auf eine Plattform vor den hoch im Turm der dritten Bastion liegenden Wohnräume der Grafenfamilie führte. Wir traten hinaus auf diesen Balkon, um den Erfolg oder Mißerfolg dieses Einsatzes miterleben zu können.

Dieser Turm des dritten Befestigungsringes ist das höchste Bauwerk der gesamten Befestigung. Von hier aus konnte man das Geschehen auf dem Torturm der zweiten Bastion gut überblicken. Auch den Bergrücken mit dem wuchtigen Gerüst des Katapults und das Führungslager der Franken im Hintergrund konnte man von dort aus sehen.

Einer von Ricberts Brandpfeilen war inzwischen abgeschossen worden. Aber er hatte sein Ziel nicht erreicht, nur das wuchernde Gebüsch in der Nähe des fränkischen Standortes war in Brand geraten.

Mit Hilfe einer langen Stange, deren Hebelkraft sie nutzten, spannten Ricbert und seine Gehilfen wieder die Sehne des riesigen Bogens und legten einen Pfeil ein, dessen harzgetränkte Umwickelung an einem kleinen Feuer entzündet worden war. Einer der Krieger richtete nun das Geschoß aus, dann wurde die Sehne freigegeben. Diesmal zischte der abgeschossene Feuerpfeil zwar auch an dem Katapult vorbei, doch eins der Zelte ging in Flammen auf, und wir konnten bei den Franken hektische Betriebsamkeit feststellen. Jetzt hatten die Franken ihre Riesenschleuder auf den Turm mit der für sie so gefährlichen Waffe ausgerichtet. Ein dicker Steinbrocken traf die Außenmauer, statt die Plattform zu erreichen, wo er sicher größeren Schaden angerichtet hätte.

Nun wurde unsere Aufmerksamkeit auf den Festungshof unter uns gerichtet. Es war ein Bote von den Befestigungsanlagen an der entgegengesetzten Seite, also oberhalb des Ortes Horhusen, eingetroffen. Er rief dem Grafen Ullrich, der vom Wehrgang aus das Geschehen außerhalb der Burg beobachtet hatte, zu: ›Eine starke Kriegerschar kommt vom unteren Diemeltal her auf den Berg zu, es müssen Sachsen sein. Sie haben Horhusen schon fast erreicht.‹ ›Das muß Herzog

Warnekin mit seinen Kriegern sein!‹, tönte die freudige Stimme des Burgherrn. ›Wenn jetzt Edelhard auch noch mit seinen Mannen eingreift, dann werden wir den Franken das Fürchten lehren.‹

Unwillkürlich schaute ich zum Bergrücken hin. Vom Frankenlager war jetzt nichts mehr zu sehen, nur das Gerüst der Riesenschleuder erkannte ich noch durch Rauch und Flammen. Der Wind war stärker geworden und hatte sich gedreht. Er kam jetzt aus Richtung der Mittagssonne und verstärkte das durch die Brandpfeile entfachte Feuer. Das Buschwerk und Gestrüpp auf dem gesamten Bergrücken verwandelte sich unmittelbar vor der Festung in ein brennendes und qualmendes Inferno.

Schreie und Kommandorufe ließen mich zum Haupttor blicken, denn dort wurden alle verfügbaren Krieger zusammengezogen. Graf Ullrich hatte sich nicht lange über die Ankunft des Sachsenherzogs und dessen Krieger freuen können. Als ich über die Befestigung am Tor hinweg in Richtung Tal blickte, wimmelte es dort von Reitern, die auf die Burg zustrebten. Offensichtlich wollten die Franken die Verwirrung, die in der Festung durch das Feuer entstanden war, nutzen, um mit einem heftigen Angriff in die Festung zu gelangen. Möglicherweise sahen sie dies auch als ihre letzte Gelegenheit an, zum Sieg über die Burg zu kommen, angesichts des Herannahends der sächsischen Krieger unter Warnekin.

Man spürte, daß die Franken nicht mehr auf die Belagerungstaktik aus waren, sondern mit aller Gewalt die Burg einzunehmen versuchten.

Inzwischen hatten die feindlichen Krieger das große Tor und die Mauer der ersten Bastion erreicht. Da sie mit der schwerfälligen Ramme keinen Erfolg gehabt hatten, versuchten sie nun mit schweren Äxten die kräftigen Bohlen des Tores zu zerschlagen. Andere Franken verwendeten Wurfseile, die an ihren Enden mit Eisenhaken versehen waren, um die Mauer zu erklimmen, wenn der Haken irgendwo Halt gefunden hatte. Trotz vielfältiger Abwehrversuche der Verteidiger, gelang es etlichen Franken über die Brüstung ins Festungsinnere vorzudringen.

Wie wir von unserem erhöhten Standort aus sehen konnten, behielten unsere Leute jedoch die Oberhand. Die Feinde, denen es gelang, die Barrieren zu überwinden, ernteten für ihren Mut nur Verletzungen oder gar den Tod.

Für Friederun und mich wurde dieses brutale Aufeinander-Losschlagen zum grausamen Schauspiel. Die Männer dort auf dem Wehrgang hatten keine andere Wahl: töten oder getötet zu werden, auch wenn jede Auseinandersetzung nicht immer einen tödlichen Ausgang hatte, sondern mit unterschiedlich schweren Verletzungen endete.

Gerade wollte ich in den Festungshof gehen, um mich mit anderen Frauen der Verletzten anzunehmen, als Friederun einen Schrei ausstieß und nach meiner Schulter griff: ›Schau dort, es scheint, als wären die Geisterreiter los!‹

Den Eindruck bekam auch ich. Aus der Richtung wo vor Ausbruch des Feuers das Lager Karlmanns zu sehen war, kam aus Flammen und Rauch, eine Reiterkavalde in wilder Jagt über die Flanke des Berges gepreschst. Als ob Donar, der Gott dieser Naturgewalten, sie ausgespien hätte, tauchten sie dort oberhalb des Festungsweges auf, wo der Hang steil abfällt. Ich konnte die Reiter ziemlich deutlich sehen. Vorweg auf einem Apfelschimmel der Mann, der hier unter dem Namen Bastard gefürchtet war, von dem man sagte, er sei Grifo, es deutete alles daraufhin, daß er es war, mein guter Freund.

Statt weiter am Berg entlang zu reiten, um auf den Pfad zu gelangen, der zur Burg führte, so wie er es Tages zuvor getan hatte, als Bruno gefangengenommen wurde, ritt er geradewegs auf den Steilhang zu. Noch waren die drei Reiter unmittelbar hinter ihm, als sein Pferd plötzlich scheute und mit den Vorderhufen in den freien Raum zu greifen schien. Ein gewaltiger Satz brachte schließlich Roß und Reiter über die Steilwand hinaus.

Ich glaube, das Wiehern des in die Tiefe stürzendes Pferdes vermischte sich mit meinem Aufschrei. Es mag aus meinem Unterbewußtsein kommen, doch mir wurde klar, daß der Reiter sich im Fallen nicht von seinem Pferd lösen konnte.

Da der Weg an der Absturzstelle ziemlich schmal war, schlug der

Körper des Apfelschimmels nur kurz am Rande auf und stürzte dann weiter in die Tiefe durch Buschwerk hinab zum Flußbett der Diemel. Ich stellte mir in diesem Augenblick nicht die Frage, ob es der Gewaltmensch war, von dem man hier sprach, der dort nach meiner Überzeugung den Tod gefunden hatte, oder der Bastard aus dem Hause der Anulfinger. Für mich war es der treue Begleiter meines bisherigen Lebens. Ja, ich war mir sicher, daß er es gewesen war, dessen schreckliches Ende ich nun miterlebt hatte. Daß Grifo und dieser besagte »Sachsenschreck« ein und dieselbe Person wären, wollte mir jedoch nicht in den Sinn.

Ich weiß nicht, ob es Friederun war, die mich daran gehindert hat, in meiner Verzweiflung vom Turm zu springen, oder habe ich letztlich doch den Mut nicht aufgebracht, mich umzubringen? Zuviel war in letzter Zeit über mich hereingebrochen. Geist und Körper versagten den Dienst. Später erzählte mir Friederun, ich hätte über lange Zeit völlig apathisch in einer Ecke gehockt. Von dem, was sich in und vor der Festung ereignete, erfuhr ich erst, nachdem ich wieder klar denken konnte.

Grifos Sturz von der Felswand muß von Verrätern als Signal für ihren Einsatz angesehen worden sein, denn in dem Augenblick, als vor der Burg das Schreckliche geschah, stürzten brennende Reisigbündel vom Wehrgang nach Innen auf die Wachen am Tor. Bei dem darauffolgenden Durcheinander muß es einem von diesen Kerlen gelungen sein, dem Feind das Tor zu öffnen. Da waren also Verräter unter unseren eigenen Leuten. Später erfuhr ich, daß es jene Männer waren, von denen der Mensch gesprochen hatte, dessen schändliches Ansinnen ich mit knapper Not entgangen war. Wir haben nie erfahren, was die Franken diesen Überläufern versprochen haben oder womit sie bedroht wurden. Aber bevor sie unschädlich gemacht werden konnten, leisteten sie ganze Arbeit.

Während Graf Ullrichs Mannen verzweifelt versuchten, die in den ersten Burghof einströmenden Franken zurückzuschlagen, entstanden innerhalb der Festung mehrere große Brandherde. Rasch griffen sie um sich und drohten, die aus Holz gebauten Hütten wie auch Teile der Befestigung zu vernichten. Die Verräter wurden bald gefaßt, und ihre sofortige Hinrichtung hätte der Burggraf nicht verhindern können, auch wenn er es gewollt hätte.

Die Feinde hatten noch vor der Nacht mit dem Angriff auf die zweite Befestigungsanlage begonnen. Es war nur eine Frage der Zeit, wie lange die Krieger der Sachsen diese vorletzte Bastion noch halten konnten. Aus der Dunkelheit heraus erfolgten immer wieder Überraschungsangriffe der Franken, so daß unsere Leute nicht zur Ruhe kamen. Nur ich bin irgendwann in einen bleiernen Schlaf gefallen. Als ich daraus erwachte, waren meine Sinne wieder klar, und ich erlebte die Stunden der Bedrängnis ganz bewußt.

Ich erinnere mich, wie Graf Ullrich, der einmal kurz zu uns Frauen kam, als wir uns um die Verletzten kümmerten, mit sorgenvoller Mine sagte: ›Unsere letzte Hoffnung ist Herzog Warnekin mit seinen Kriegern. Im Augenblick allerdings finden unten im Tal bei Horhusen schwere Kämpfe statt, wie man vom Buttenturm aus sehen kann. Wenn der Engernherzog sich nicht früh genug von dort lösen kann, um mit seinen Leuten unseren Angreifern in den Rücken zu fallen, dann, so befürchte ich, werden wir die Burg nicht mehr lange halten können.‹

Als er weitergeeilt war, sagte ich zu Friederun: ›Wenn die Franken die Festung eingenommen haben, werde ich tot sein, lebend bekommen die mich nicht.‹ Ich war fest entschlossen, mich selbst zu töten. Die höhnische Drohung des Grafen Theoderich war mir nur zu bewußt!

Je heller es am Morgen wurde, desto klarer erschien uns die drohende Gefahr. Innerhalb der Mauern zeugten verkohlte Holzgerippe von den Bränden, die Häuser, Wehrgänge und auch einige Türme zerstört hatten. Der Bergrücken, der zur Vorderseite der Festung hin abfällt, war vom Flächenbrand verwüstet. Ab und zu wirbelt der Morgenwind die Asche hoch. Vereinzelt ragen nackte vom Feuer zerfressene Baumreste gegen den Himmel. Oben auf der Kuppe stand noch immer das Gerüst der Riesenschleuder, deren starke Balken dem Feuer standgehalten hatten.

Verloren stand ich auf der hohen Plattform am Turm der dritten Bastion. Den Toten des letzten Abends und der Nacht war der notwendige Dienst erwiesen worden und die Verletzten hatten wir, so gut es möglich war, versorgt. Ich fühlte, es mußte die Ruhe vor dem Sturm sein. Vor den Mauern des zweiten Befestigungsringes, von wo wir den nächsten Angriff erwarteten, bewegte sich nichts. Nur auf dem Pfad, der vom Tal her zur Festung hinaufführte, näherte sich eine starke Truppe unserer Feinde. Sicher waren diese Krieger im Tal nicht mehr erforderlich, weil wir annahmen, daß die Streitmacht des Herzogs Warnekin geschlagen war. Wie auch immer, unsere Krieger würden sich gegen diesen jetzt noch stärkeren Gegner nicht halten können.

Dort im Bereich dieses Festungsweges hatte ich in so kurzer Zeit zwei gute Freunde verloren. Nach meinem Ermessen konnte Grifo den fürchterlichen Sturz nicht überlebt haben. Trotz seiner Jugend habe ich ihm so viel zu verdanken. Ich wußte nicht, wie es weitergehen sollte. Bruno, der Mann, dem ich erst vor einigen Tagen mein Leben anvertraute, war mir jäh entrissen worden. Würde es für uns noch einmal ein gemeinsames Leben geben? Eine Möglichkeit ihn wiederzusehen, könnte es geben, wenn auch ich in fränkische Gefangenschaft käme. So ging es mir durch den Kopf. Das hätte für mich bedeutet, Männern, wie diesem Grafen Theoderich, in die Hände zu fallen und dazu wollte ich es nicht kommen lassen.

Hatten die Nornen es so gelenkt? In dem Raum, den ich nur so kurze Zeit mit dem Mann bewohnt hatte, dem ich Kraft der sächsischen Gesetze angehörte, lag sein Jagdmesser. Bei seinem Kampf vor der Festung brauchte er es nicht. Die Klinge war kurz und kräftig, der Griff bestand aus Hirschhorn. Ich nahm es an mich. Wozu ich es im Falle einer sächsischen Niederlage gebrauchen würde, stand für mich fest.

Wie ein Kleinod, das mich vor dieser schlimmen Welt schützen würde, nahm ich es in die Hand. Noch einmal wanderte mein Blick zu diesem verhängnisvollen Pfad, wo die Spitze der feindlichen Verstärkung der Burg schon ziemlich nahegekommen war. Als ich über den Bergrücken zum Horizont schaute, blieben meine Augen an dem Gebälk des Katapults haften. Dort gab es Bewegungen, mehrere Reiter machte ich aus. Waren es Franken, die dieses Ungetüm wieder instand bringen wollten?

Mehrere Reiter stiegen dort oben von ihren Pferden. Plötzlich stellte ich fest, daß sich dieser hölzerne Koloß auf seinen klobigen Rädern in Bewegung setzte. Auf dem felsigen Boden, geriet das Ungetüm immer mehr in Fahrt. In Richtung auf den Steg zu, der vom Festungsweg aus die letzte Verbindung über einen Graben zum Tor hin herstellte! Das Gelände fiel dort oberhalb des Weges steil ab, so daß man von dort nicht gegen die Flanke des Berges schauen konnte. Somit konnten die Männer, die sich vor der Festung befanden, auch die Gefahr nicht erkennen, die ihnen drohte.

Krachend stürzte das mächtige Gefährt über die Bergkante und riß Reiter und Pferde den steilen Abhang hinab. Der Bohlenweg, auf dem die zur Festung drängenden fränkische Kampftruppe, deren Spitze die erste Bastion fast erreicht hatten, wurde mit Menschen und Tieren in die Tiefe gerissen. Die verzweifelten Schreie der Krieger, das ängstliche Wiehern der Pferde und die Geräusche berstenden Holzes vermischten sich. Unsere Männer hätten diese Krieger sicher nicht aufhalten können, wenn sie nicht so gestoppt worden wären.

Bei der Dramatik des Geschehens hatte ich nicht bemerkt, daß Friederun an meine Seite getreten war. ›Bei Wotan! Das ist Warnekin, er wird uns retten‹, hörte ich sie sagen.

Als die Wolke aus Asche und Staub verflogen war, sah ich, daß keine Verbindung mehr vom Weg zur Festung bestand. Unmittelbar vor der Stelle, wo der Zugang fortgerissen war, hatten einige Reiter Mühe, ihre aufgeregten Pferde zu bändigen. Nun mußten sie zurück, um weiter unten über eine flache Stelle an der Bergflanke entlang zur Festung zu gelangen.

Doch vom Bergrücken her preschte eine starke Reitertruppe ebenfalls auf diese Stelle zu. Allen voran, auf einem großen Rappen, eine stattliche Reitergestalt! Mit blankem Schwert zeigte er den nachfolgenden Reitern die Richtung. ›Das muß der Engernherzog sein.‹ Ich weiß nicht, ob ich diese Worte laut gesprochen habe oder ob es nur meine Gedanken waren. Das Messer, mit dem ich gegebenenfalls mein Leben auslöschen wollte, war meiner Hand entglitten.

Ehe die Franken am Berg sicheren Boden unter ihre Pferdehufe bekamen, wurden sie von Warnekin und seinen Kämpfern zurückgeschlagen. Da die Flachstelle vom Weg in den Hang sehr eng war, hatten die sächsischen Krieger wenig Mühe, dem Feind den Zugang zur Burg abzuschneiden. Während ein Teil der Sachsenkrieger an dem Engpaß kämpfte, waren andere auf den Steilhang geklettert. Es war etwa die Stelle, an der Grifo tags zuvor mit seinem Pferd abstürzte.

Unterhalb dieser Bruchsteinwand drängten sich die fränkischen Reiter auf den schmalen Weg, da ein Vorwärtskommen nach oben nicht möglich war. Mit ihren Streitäxten und Lanzen lockerten Warnekins Männer auf dem Hang Felsbrocken und rollten diese auf die Franken nieder. Durch die herabpolternden Brocken wurden auch in der Felswand Steine gelockert, so daß ein wahrer Steinregen herabhagelte. In Panik versuchten sie aus der Gefahrenzone herauszukommen. Das war nur in Talrichtung möglich, und so kam es zu einem gewaltigen Gedränge bergabwärts. Die kurz vor ihrem Ziel stehenden Franken mußten nun versuchen, auch ohne die erwartete Verstärkung zum Ziel zu kommen. Zurück konnten sie sowieso nicht mehr.

In dem Angriff, der nun folgte, lag wohl alle ihre Wut und Entschlossenheit, aber die sächsischen Verteidiger hatten durch Warnekin wieder Mut gefaßt und verhinderten weitere Feindabsichten. Endgültig wendete sich das Blatt jedoch erst, als weitere sächsische Reiter über den Bergrücken auftauchten, denen sich auch Warnekin mit einem Teil der Leute anschloß.

Dort, wo der Eresberg sich mit dem äußeren Bergausläufer verbindet, gab es über den Burggraben ebenfalls einen hölzernen Steg, der zu einem kleinen Seitentor führte. In diesem Bereich waren die Befestigungsanlagen vom Feuer stark beschädigt. Hier wurden die entscheidenden Kämpfe Mann gegen Mann ausgetragen.

Der Kampfeslärm und immer wieder Schreie von Verletzten oder Sterbenden schallten über lange Zeit durch die Scharten des Turmes, in dem wir Frauen uns aufhielten. Erst als das Herdfeuer und einige Fackeln die einzigen Lichtquellen in dem großen Raum waren, draußen also Finsternis herrschte, wurde es im Festungsbereich ruhiger. Als wir uns dann in den Burghof wagten, wo kurz vorher noch gekämpft worden war, erfuhren wir, daß die Franken aufgegeben hätten. Nun würden Ullrich und Warnekin sie mit allen berittenen Kriegern verfolgen, unter anderem wollte man versuchen, Bruno zu befreien.

Als es hell wurde, war von den zurückkehrenden Reitern vorerst nichts zu sehen. Zwischen Hoffen und Bangen verging die Zeit, bis Geräusche im Burghof die Ankunft einer Reitertruppe ankündigten. Als erster ritt der Burggraf Ullrich durch die mehr oder weniger in Trümmern liegende Befestigungsanlage in den Hof ein. Ihm folgten zwei Reiter, die sich auf den ersten Blick zum Verwechseln ähnlich sahen. In einem von ihnen erkannte ich den Mann, der am Tage vorher den Franken so arg zugesetzt hatte. Nun sah ich den Kriegsherzog der Engern-Sachsen aus nächster Nähe.

Er sprang wie ein Jüngling vom Rücken seines großen Rappens und wandte sich seinem Begleiter zu, dessen Pferd ein bahrenartiges Holzgestell hinter sich herschleifte. Noch ehe einer der anderen bereits abgestiegenen Reiter mit zugreifen konnte, hatte der Engernherzog den Körper eines Mannes von der Bahre auf seine Arme genommen und trug ihn wie ein leichtgewichtiges Kind auf uns zu.

›Bist du jene Frau, die am Hofe der Anulfinger aufgewachsen ist‹, fragte er mich, und ich weiß nicht, was ich geantwortet habe. Es muß etwas ausgesetzt haben, als dieser Mann vor mir stand und mich ansprach. Ob es auch an meiner Verwirrung lag, daß ich den Verletzten den Warnekin in seinen Armen trug, nicht erkannt habe oder allein an der Schwere seiner Verletzungen, kann ich nicht sagen. Sein Gesicht war voll verkrusteten Blutes, seine Kleidung zerrissen und vollkommen verschmutzt. Als der Herzog den Verletzten auf eine Bank vor dem Turmeingang legte, war eine Verkrümmung seines Rückens festzustellen. Ein schmerzliches Stöhnen, das er ausstieß, war das einzige Lebenszeichen von ihm.

Der Engernfürst sagte, während er nachdenklich auf den Mann niederblickte, ›wenn er der Junge ist, der vor dem Kampf um die Eresburg schon einen persönlichen Krieg gegen unsere Leute geführt hat, dann hätte er nicht verdient, daß wir uns um sein Leben bemühen. Doch mein Bruder Edelhard hat da seine Zweifel. Er ist der Meinung, diesem

Franken sei von der Führung unserer Feinde übel mitgespielt worden.‹ Es war also Grifo, oder vielmehr, der er nach diesem gräßlichen Sturz geworden war, den man wie ein Häufchen Elend auf die Burg gebracht hatte.

Sobald mir dies klar geworden war, konnte ich auch wieder denken. Ich bat Graf Ullrich und Warnekin, den Verletzten in den Turm zu bringen, wo ich ihm mit Friederuns Unterstützung so gut wie möglich versorgen konnte. Angesichts seines hoffnungslos scheinenden Zustands mußte ich meine aufkommende Verzweiflung niederkämpfen. Wir konnten nur seine offenen Wunden reinigen und verbinden. Danach versuchte ich, ihm etwas Milch mit Honig einzuflößen. Gegen seine inneren Verletzungen konnten wir nichts tun. ›Verzeih mir Hiltrud, aber bei der Schwere seiner Gebrechen wäre er besser tot‹, sagte Friederun mit leiser Stimme, während sie mir freundschaftlich tröstend einen Arm um die Schulter legte.

Eine tiefe wohltönende Stimme klang aus dem Hintergrund des Raumes. ›Mir scheint, wenn die Norne seinen Tod gewollt hätte, dann wäre er bei dem Sturz umgekommen. Einer, der so etwas überlebt, mit dem haben die Götter noch etwas vor.‹ Mit diesen Worten trat der Mann in den Lichtkreis des flackernden Herdfeuers. Es war unverkennbar Edelhard, der Bruder Warnekins. Die Ähnlichkeit der beiden war mir schon vorher aufgefallen. ›Glaubt mir, ich weiß, wovon ich rede‹, fuhr er fort. ›ich stand unterhalb der Felswand, als es geschah. Die Körper von Reiter und Pferd schlugen in meiner Nähe auf. Im Schutz des dort wuchernden Buschwerks konnte ich, ohne von oben bemerkt zu werden, an die Aufprallstelle gelangen. Was ich dort feststellte, versetzte mich in Verwunderung. Schon während des Fallens zeigte der Reiter eine eigentümliche Haltung und blieb eng mit dem Pferd verbunden. Nun stellte ich fest, daß er mit Seilen an das Tier gebunden war. An den Zügeln gab es Verlängerungen, mit denen man das Pferd vom Sattel eines anderen Pferdes her lenken konnte. Es muß also jemand hinter oder neben diesem Reiter und seinem Pferd geritten sein, der Mensch und Tier dann über die Felskante hinweglenkte.‹ «

Mit Worten der Entrüstung und des Zornes machen sich die Zuhörer in der Felsenhalle Luft. Im Augenblick sind die Anwesenden hier aus der Vergangenheit in die Gegenwart der Brunisburg zurückgekehrt. »Es ist schon erstaunlich, wie einfallsreich Menschen sein können, wenn sie vom Haß getrieben werden«, sagt Widukind. »Aber um Grifo zu beseitigen, hätten die Franken doch einen einfacheren Weg gehen können«, wirft Bruno ein, der mit großem Interesse den Erzählungen aus der Zeit lauscht, die zu Lebzeiten seines Vaters keine Erwähnung in seiner Gegenwart gefunden hatten. Wie schön wäre es gewesen, wenn der Mann, der ihm stets ein guter Vater war, ihm selbst von den Ereignissen hätte erzählen können. Als würde er mit sich selber sprechen, sagt der junge Bruno: »Nun weiß ich, daß der Mann, dessen Namen ich trage und von dem ich Huxori als Erbe übernahm, mich nicht zeugte. Und doch wird er in meiner Erinnerung immer mein Vater bleiben.«

Die Zeit vergeht, und es gibt neben Hiltruds und Grifos Schilderungen aus der Vergangenheit auch drängende Probleme der Gegenwart, die Vorrang haben. Die Schäden des Überfalls an Behausungen und Verteidigungsanlagen müssen beseitigt werden, denn der Winter steht vor der Tür. Gern steht Widukind seinem Halbbruder mit Rat und Tat zur Seite. Für Gespräche bleibt da nur die Zeit, wenn man abends am Feuer beieinander sitzt. So zieht sich die Schilderung der damaligen Ereignisse über mehrere Tage hin. Doch wie Bruno, so will auch Widukind alles erfahren. Er weiß, wenn er die Beweggründe der Menschen kennt, mit denen er zu tun hat, dann wird er auch ihr Handeln besser verstehen. Deshalb verschiebt er seine Abreise zur Barbilonje.

Hiltrud eröffnet nun aufs Neue das Gespräch: »Warum warum die Franken so niederträchtig vorgegangen sind um Grifo zu beseitigen, darüber kann er euch am besten selber erzählen. Er, der als Halbbruder der Frankenherrscher Pippin und Karlmann, zum Sachsenfroste Remo wurde. Ich hoffe, er ist in der Lage, uns zu berichten, wie es dazu kam.«

Der so Angesprochene lächelt matt und sagt: »Zuhören und reden, das ist alles, was ich noch tun kann, aber ich beklage mich nicht. Die Jahre zwischen dem damaligen Sturz in die Tiefe und meiner neuerlichen Verletzung waren geschenkte Jahre, eine Zeit, die mich mit den Mächten, die unsere Geschicke lenken, versöhnte.«

»Um nun an Hiltruds Worten anzuknüpfen, die Anulfinger konnten mich nicht einfach umbringen oder dies von einem ihrer Schergen, wie dem Grafen Theoderich, besorgen lassen. Ich muß in diesem Zusammenhang auf die ersten Tage unserer damaligen Flucht zurückkommen: Meine Mutter Swanahild versuchte bei ihrem Verwandten, dem Herzog Odilo, Schutz für uns zu finden. Aber der wollte nicht noch zusätzliche Schwierigkeiten auf sich nehmen. Deshalb kam er auf die glorreiche Idee, uns dem Schutz der Kirche anzuempfehlen.

So ergab es sich, daß Swanahild dem mächtigen Kirchenmann Windfried-Bonifatius von unserer Not berichten konnte. Natürlich erklärte dieser sich bereit, uns seine oder vielmehr die Hilfe der Kirche angedeihen zu lassen. Er bot meiner Mutter und Hiltrud an, sich dem Zugriff der weltlichen Macht dadurch zu entziehen, indem sie den Schleier der Nonnen annehmen sollten, um so ein gesichertes Leben hinter Klostermauern führen zu können. Auch mir könne niemand etwas anhaben, wenn ich die Tonsur der Klosterbrüder annähme, so lautete seine Empfehlung an mich. Da Hiltrud dies ablehnte, so wie ich, ist Swanahild ihren Weg also allein gegangen, und sie hat dabei versucht, für uns das Beste herauszuholen.

Den Anulfingern Karlmann und Pippin wurde also, dem Wunsch meiner Mutter gemäß, von der römischen Kirche klargemacht, daß man ein wachsames Auge auf das Leben des dritten Sohnes von Karl Martell haben möge. Wenn meine Halbbrüder sich also des Brudermordes schuldig gemacht hätten, wäre nämlich der Kirchenbann die logische Folge.

Eine Auseinandersetzung in dieser Form konnten sich die Frankenherrscher nicht leisten. Immerhin gab es noch den Merowinger Childerich III., der dem Titel nach König der Franken war. Wenn er auch kaum Macht ausübte, so besaß er doch die Reichskrone, die nun mindestens von Pippin heiß begehrt wurde. Um dieses Ziel zu erlangen, war das Wohlwollen des Papstes und seiner Kirche erforderlich.

Der einzige vorzeitige Tod, der keinen Mordverdacht aufkommen lassen würde, war also der Heldentod. Wer würde Böses vermuten, wenn ich im Kampf gegen die Heiden bei einem mutigen Einsatz ums Leben kommen würde, nachdem ich schon vorher meine Einsatzfreude in dieser Hinsicht bewiesen hatte. Um dieses makabere Possenspiel aufführen zu können, brauchten meine Halbbrüder einen geeigneten Mitwisser, den sie in dem Grafen Theoderich gefunden haben. Schließlich haßte er mich abgrundtief. Als ich damals in Wormatia zu spät kam, um Hiltrud vor einer Vergewaltigung zu schützen, verletzte ich ihn im nachhinein bei einem Kampf dermaßen, daß seine Männlichkeit dahin war. Seitdem suchte er sein Vergnügen darin, Frauen auf abartige Weise zu quälen.

Während ich noch in Büraberg eingekerkert war, was nur wenige Eingeweihte wußten, hat Graf Theoderich als Grifo, der Bastard, also unter meinem Namen, mit einem räuberischen Haufen sächsische Höfe überfallen. Da er bei diesen Raubzügen die Kleidung trug, mit der man mich kannte und auch mein Wappen benutzte, sich aber sonst in fränkischen Kreisen nur als Theoderich zeigte, wurden seine Taten oder, besser gesagt, Untaten eben mir angelastet.

Als man mich aus dem Kerker herausgeholt hatte und zur Eresburg brachte, um mich für den Auftritt dort am Steilhang herzurichten, bei dem ich eigentlich ums Leben kommen sollte, brüstete sich der niederträchtige Graf damit, in meinem Namen sächsische Höfe überfallen zu haben. Manch ein Heidenleben, wie er sich ausdrückte, sei also von dem Sachsenschreck Grifo ausgelöscht worden. Männer, die zu Theoderichs Mordbrennern gehörten, schwatzten von Vergewaltigungen, zu denen der Graf sie aufgefordert und angefeuert habe.

Als sie mich auf dem Pferd festgebunden hatten und Theoderich die verlängerten Zügel übernahm, um mein Pferd zu lenken, konnte er es sich in seiner Widerwärtigkeit nicht verkneifen, mir genau zu erklären, was sie mit mir vorhatten. Vorbei an brennendem Buschwerk durch eine kahle Senke, wo zwar der Rauch niederging, das Feuer jedoch keine Nahrung fand, trieb der von Haß erfüllte Graf mich auf den steilen Abhang zu.

Mir war klar, daß mein Leben dort zu Ende gehen sollte. Abgestumpft und irgendwie gefühllos fand ich mich damit ab. Die Tage im finsteren Verließ von Fritzlar hatten mich zermürbt. Nur dieses Pferd, auf dem ich saß, tat mir leid. Deshalb forderte ich den Grafen auf, das Leben des Tieres zu schonen. Da er ja über eine reiche Phantasie verfüge, wenn es ums Töten ging, würde ihm doch sicher eine andere, ebenso effektvolle Methode einfallen. Er lehnte mit den Worten ab: ›Unserem gnädigen Herrn Karlmann ist es gewiß eines seiner Pferde wert, wenn er dich so loswerden kann. Da du ja ein Freund der Sachsen bist, solltest du wissen, daß es bei denen so üblich ist, einem angesehenen Toten sein Pferd mit auf die Reise ins Jenseits zu geben.‹

Der Sturz sollte sich nach Theoderichs Vorstellung so abspielen, daß ich mit dem Pferd irgendwo unterhalb des Festungsweges aufschlagen und liegenbleiben würde. Dort sollten dann zwei Vertrauensleute des Grafen unauffällig die Stricke entfernen, die ja auf einen Mord hingewiesen hätten. Zu welchem Zweck kann ich nicht sagen, jedenfalls habe ich unmittelbar vor dem Abhang dem Pferd meine Hacken in die Flanken geschlagen. Dazu stieß ich wohl einen lauten Schrei aus, und das erschreckte Tier, das schon vorher von Theoderich traktiert worden war, machte einen gewaltigen Satz ins Leere. Wir prallten auf die Kante des Weges auf, wahrscheinlich hat sich mein Pferd schon dabei das Genick gebrochen, und stürzten dann weiter den Hang hinab durch wucherndes Gestrüpp bis ins Endlose.«

Da Grifo im Augenblick mit Schmerzen seiner neuerlichen Verletzung zu kämpfen hat, übernimmt Hiltrud wieder das Gespräch: »Daß Grifo dort nicht zu Tode gekommen ist, hat er neben anderen Zufälligkeiten dem dichten Buschbewuchs am Abhang zu verdanken. Die Rettung seines Lebens war letztlich jedoch nur möglich, weil Warnekins Bruder Edelhard vom Tal aus den Sturz gesehen hat. Wie es dazu kam, werde ich euch sagen.

Eine Niederlage seiner Streitmacht bei der Hohensyburg war seinem Ritt zur Eresburg vorausgegangen. Von Verrat des Burggrafen war die Rede. Ich erinnere mich, wie Edelhard damals berichtete, die Burg dort in der Nähe des Ruhrflusses sei von starken fränkischen Kampftruppen belagert gewesen. Deshalb habe der Engernfürst auf Anraten des Burggrafen mit einer kleinen Truppe einen Ausfall unternommen, um eine Streitmacht aus den Gauen an Ems und Hase, die an der Parder auf ihren Einsatz wartete, zur Hohensyburg zu führen. Zusammen mit diesen Kriegern wollte er den Feind von außen her angreifen, um so den Burgverteidigern Entlastung zu verschaffen.

Edelhard stand übrigens damals den südlichen Gefilden des Engernlandes und Teilen Westfalens als Kriegsherzog vor, während Warnekin als kriegerischer Führer der nördlichen Sachsen gewählt war. Als er mit der frischen Truppe die Burg am Ruhrtal erreichte, waren die Franken schon Herren der Burg. Er geriet mit seinen Sachsen in einen Hinterhalt, aus dem der Engernfürst nur mit einer Handvoll Kriegern entkommen konnte. Diese Männer schlugen sich bis zur Eresburg durch, wo die Kämpfe gerade voll entbrannt waren.

Dort teilten sie sich auf, um die Lage zu erkunden. Dadurch kam Edelhard gerade in die Nähe der Stelle, an der Grifo vor seinen Augen zu Tal stürzte. Als er durch das Dickicht hindurch die Stelle des Aufpralles erreichte, sah er das Pferd, das seinen Reiter fast ganz unter sich begraben hatte, mit gebrochenem Hals dort liegen. Roß und Reiter waren auf einen größeren Holunderbusch gestürzt, so daß von Grifo nur ein Bein zu sehen war und die Schulter, die aus dem Buscherk ragte. Bei genauerem Hinsehen stellte der Engern-Sachse zu seinem Erstaunen fest, daß der unglückliche Reiter an sein Pferd gefesselt war. Das erklärte auch seine seltsame Haltung beim Sturz, und für die Verlängerung der Zügel konnte er sich den Grund vorstellen. Gerade versuchte Edelhard an den Reiter heranzukommen, da wurde er von polterndem Steinen und Stimmen, die sich näherten, aufgeschreckt. Da er sein Pferd in der Nähe des Diemelflusses zurückgelassen hatte, war es für ihn kein Problem, in dem dichten Buschwerk Deckung zu suchen. So konnte er die zwei Männer, die schräg vom Hang herabgeklettert kamen, beobachten, ohne selbst gesehen zu werden. Es handelte sich um fränkische Krieger, wie Edelhard feststellte, die gezielt der Aufschlagstelle zustrebten. Für die beiden Franken gab es nach kurzer Überprüfung keinen Zweifel an Grifos Tod. ›So endet also der Lieblingssohn des großen Martell‹, stellte einer der Männer fest. ›Ja, wenn sie uns namenlosen Krieger loswerden wollen, dann brauchen sie nicht so einen Aufwand zu betreiben‹, meinte der andere, während er die Stricke, mit denen der Reiter an sein Pferd gefesselt war, und die Zügelverlängerungen entfernte.

›Unsere Herren haben hier weder Mensch noch Tier ein Begräbnis zugedacht, sollen sie also hier verrotten. Wenn jemand in diese Wildnis vordringt, dann können sie ja den beiden Kadavern, die letzte Ehre erweisen, ohne etwas Böses zu ahnen.‹ In Bezugnahme auf die letzten Worte hebt der Franke die Hand, mit der er die verräterischen Stricke zusammenraffte. Dann entfernten sich die beiden in Richtung des Festungsweges, wobei sie sich gegenseitig davor warnten, das gefährliche Wissen um die Vorgänge, welche zum Tod des Herrschersohnes führten, jemals preiszugeben.«

Grifo, der mit geschlossenen Augen Hiltruds Erzählungen lauschte, hebt nun die Hand und sagt:

»An dieser Stelle sollten wir erwähnen, daß unter den Toten und Verletzten, die am Festungsweg nach jenem Steinhagel, den Warnekins Leute ausgelöst hatten, auch die Leichen dieser beiden Krieger gefunden wurden. Wie wir später von Warnekin hörten, erkannte Edelhard diese beiden einwandfrei unter die toten Franken. Die von den Waffen der Sachsen getroffenen Krieger lagen natürlich dort, wo auch gekämpft worden war, aber nicht unterhalb des Steilhanges, wo zu der Zeit kein sächsischer Krieger hinkam. Also ist anzunehmen, daß Theoderich kein Risiko eingehen wollte und diese beiden Mitwisser kurzerhand beseitigt hat. Ob nun auf Karlmanns Befehl hin oder ohne diesen, wer kann das wissen.«

Müde lehnt sich der halb Gelähmte auf seine Liegestatt zurück.

»Zum Charakter dieses Grafen Theoderich passen diese zusätzlichen Morde allemal«, nimmt Hiltrud das Gespräch wieder auf. »Wie ich Karlmann und auch Pippin damals einschätzte, dürften deren Domestiken entsprechend abgerichtet sein, daß es für solcherart Aufgaben keines direkten Befehls bedurfte. Sicher waren sie der Meinung, somit ihr eigenes Gewissen, falls sie eins hatten, nicht noch zusätzlich belasten zu müssen.

Doch zurück zu Grifos Schicksal. Als die beiden fränkischen Krieger weit genug entfernt waren, beeilte sich Edelhard, den angeblich toten Sohn des Karl Martell, wie die Franken ihn nannten, genauer zu betrachten. Natürlich waren ihm die Zusammenhänge schleierhaft. Nachdem er die abgeknickten Zweige zur Seite geräumt hatte, war es nicht schwierig, den Körper des Abgestürzten unter dem Pferd hervorzuziehen, da eine Mulde unter dem toten Pferd dem Körper des Reiters etwas Freiraum ließ.

Erstaunt vernahm der Engern-Sachse, als er den vermeintlich leblosen Körper in den Armen hielt, einen leisen Seufzer. Vorsichtig legte er ihn auf den Boden zurück und suchte gründlich nach einem Lebenszeichen. Bald gab es für Edelhard kein Zweifeln mehr, es war noch Leben in diesem so arg geschundenen Leib. Irgendwie hat der Engernfürst es dann geschafft, den Schwerverletzten in Sicherheit zu bringen und sich später seinem Bruder Warnekin anzuschließen.

Dank des Eingreifens von Warnekin und seiner Krieger, die er zum Teil aus dem sächsischen Tiefland im Norden hierherführte, wurde Karlmanns Streitmacht in die Flucht geschlagen.

Als der Burggraf Ullrich und die beiden Engernbrüder mit den mehr tot als lebendigen Grifo in die Festung geritten kamen, brachen die hier Ansässigen und auch jene, die hier Zuflucht fanden, in Jubel aus. Sie waren der Gefahr, das fränkische Joch aufgebürdet zu bekommen, entronnen.

Mir aber war nicht nach Jubeln zu Mute. Meine Sorge galt erst einmal dem armen Grifo, und ich war verzweifelt, als ich das Ausmaß seiner Verletzungen erkannte. So wie es aussah, würde sein Körper durch die schlimme Verletzung des Rückrates sicher bis zu den Hüften gelähmt bleiben, zudem waren seine linke Schulter und der Arm total zertrümmert. Die stolzen, jugendlich-männlichen Züge waren total entstellt. Die tiefen Fleisch- und Schürfwunden würden zwar einige Narben hinterlassen, doch sicher verheilen, wenn es uns gelingen sollte, dieses Leben zu erhalten. Auch der gebrochene Nasenknochen könnte wieder zusammenwachsen. Aber der kräftige Mann, der er einmal war, würde er nie mehr sein können. War ein Leben als Krüppel, so wie er es erwarten mußte, denn überhaupt noch lebenswert?

Ich hockte vor Grifos Krankenlager, nachdem ich mit Frideruns Unterstützung alles für ihn getan hatte, was möglich war. Es genügte sicher nicht, aber mehr lag nicht in unserer Macht.

Von Grifo gingen meine Gedanken zu Bruno. Wo mochte er sein? Würden die Franken die Wut über ihre Niederlage an ihren Gefangenen auslassen? Sicher war Bruno nicht der einzige, den sie mitnahmen.

Verzweiflung und Mutlosigkeit drückten mich wieder einmal nieder, während ich darauf wartete, daß mein schwerverletzter Weggefährte aus seiner Ohnmacht erwachte. Plötzlich spürte ich, wie sich eine Hand leicht auf meine Schulter legte. Ich habe seitdem oft darüber nachgedacht. Ich glaube es ist möglich, wenn zwei Menschen einander begegnen, sich berühren, sei es für die Augen der anderen auch nur eine flüchtige Geste, daß in diesem Moment ein Funke zwischen diesen beiden überspringt. Ein Funke, der zum lodernden Feuer der Liebe wird. Oder war es nur die Glut der Leidenschaft? Nein, bei mir war es mehr.«

Ihre Zuhörer merkten es. Hiltruds Worte werden jetzt von ihren aufwallenden Gefühlen geprägt, und keiner unterbricht das Schweigen, als sie nachdenklich auf den Boden zu ihren Füßen schaut. Bei dem, was sie jetzt zu berichten hat, muß sie sich selber überwinden. Nun wird sie vor den beiden jungen Männern, die zwar den gleichen Vater haben, von denen jedoch nur einer ihr Sohn ist, ihre Seele entblößen müssen. In ihrer Stimme liegt ein leichtes Zittern, als sie weiterspricht.

»Er nahm seine Hand nicht von mir. Ich wußte nicht, ob ich mich dieser Berührung entziehen sollte. Durfte ich mich dem Bewußtsein seiner Nähe hingeben? Von dieser Begegnung ging für mich eine Gefahr aus, das spürte ich. Damals hätte ich mich mit dem Schmetterling vergleichen können, der dem Feuer entgegenfliegt, obwohl er unweigerlich darin verglühen wird.

›Er bedeutet dir sehr viel, nicht wahr?‹, fragte Warnekin auf Grifo zeigend, und ich erinnerte mich einer ähnlichen Frage, die Bruno vor einiger Zeit in der Klause an mich richtete. Die Antwort war mehr oder weniger die gleiche: ›Wie einen lieben Bruder, der sein junges Leben für das meine einsetzte, der mir oft genug seinen Edelmut bewiesen hat, so sehe ich ihn.‹

Die Stimme des Herzogs klang warm und gefühlvoll, und seine Hand lag noch immer auf meiner Schulter als er sagte: ›Wir haben keinen Grund an seiner Ehrbarkeit zu zweifeln, warum hätten seine Brüder ihn umbringen sollen, wenn er jener Sachsenschreck gewesen wäre. Wir werden dich und auch ihn bei uns aufnehmen, als hättet ihr immer zu uns gehört.‹

Ich erhob mich und stand ihm, der mich um Haupteslänge überragte, gegenüber. Warnekins stahlblaue Augen fingen meinen Blick ein. Ich vergaß für den Augenblick, was ich sagen wollte. Fast hätte ich mich an seine breite Brust geworfen, um dort Geborgenheit zu suchen und nur zu schweigen. Gewaltsam habe ich mich dann seinem unsichtbaren Bannkreis entzogen. Meine Stimme klang vielleicht etwas zu schroff, als ich sagte: ›Ich danke euch für dieses Angebot. Was habe ich hier noch zu suchen, wenn Grifo stirbt und wenn Bruno von Huxori, der hier unter der Irmunsul mein Mann geworden ist, bei den Franken festgehalten wird?‹

Der Sachenanführer machte eine Geste, als wolle er mich in seine Arme schließen, aber auch er schien sich schnell auf den Boden der Wirklichkeit zurückzuzwingen. Seine Arme sanken wie kraftlos an seinem Körper nieder. ›Du solltest den Mut nicht verlieren‹, versuchte er mich zu ermuntern, ›wir können den Franken im Austausch für den Pfalzgrafen etliche ihrer Leute, die bei uns in Gefangenschaft sitzen, anbieten und dieser Mann hier, den ihr Grifo nennt, den…‹ Warnekin wurde unterbrochen. Die schwere Tür, die von diesem Turmgemach ins Freie führte, quietschte in ihren Angeln, und in Begleitung des Grafen Ullrich erschien Herzog Edelhard. Nachdem er auf Grifo geschaut hatte, blickte er mich mit freundlichen Augen an.

Um einiges älter als Warnekin schien er zu sein. Wenn sie sich auch sehr ähnelten mit ihren grau melierten gestutzten Bärten, so war Edelhard doch etwas untersetzter und nicht ganz so groß wie sein Bruder. Beide trugen unter einem lose um den Körper fallenden Umhang aus grob gewirktem Stoff einen Waffenrock, jeder mit seinem persönlichen Wappen.

Mit seiner tiefen Stimme und in seiner ruhigen ausgeglichenen Art, die ich bald an ihm schätzen lernte, sagte Edelhard: ›Ullrich hat mich über alles informiert, was sich hier ereignet hat. Wir sollten dieser Frau keine falschen Hoffnungen machen, was unseren Freund Bruno anbetrifft. Wir müssen davon ausgehen, daß die Franken vom Tode des dritten Sohnes von Karl Martell überzeugt sind. Ich meine, wir sollten sie in diesem Glauben lassen. Wenn also dieser Grifo durchkommt, was ich sehr hoffe‹, mit leichtem Lächeln in meine Richtung sprach er weiter, ›denn ich hoffe, die Mühe, die es mich gekostet hat, ihn da unten aus dem Dickicht zu schleppen, war nicht umsonst. Dann also sollte er anonym bleiben, wir müßten ihm einen anderen Namen geben.‹ Ich kann nicht sagen, wie ich darauf kam, aber ganz spontan kam mir über die Lippen: ›Er soll Remo heißen.‹ ›Also gut, nennen wir ihn in Zukunft Remo‹, bestätigte Edelhard, ›doch, was nun den Pfalzgrafen anbetrifft, so hörte ich, er wäre von dem, den man den Bastard nannte, gefangengenommen worden. Wenn der aber nicht Grifo war, dann wird Bruno über seine wahre Identität Bescheid wissen. Da aber die Franken die Wahrheit um diese schmutzige Angelegenheit vertuschen wollen, ist nicht damit zu rechnen, daß sie Bruno freilassen, auch wenn wir einen noch so guten Tausch anbieten.‹ Die Zukunft sollte zeigen, wie Recht der Engernfürst hatte.

In das bedrückende Schweigen hinein erklang Warnekins angenehme Stimme: ›Das kann natürlich nicht heißen, daß wir den tapferen Bruno einfach seinem Schicksal überlassen.‹ Edelhard fiel ihm ins Wort: ›Ich bin durch die Wahl beim letzten Thing zum Kriegsherrn auch über Wethi- und Nethegau bestimmt worden, also bin ich für Bruno im gewissen Sinne verantwortlich und werde versuchen, ihn zu befreien.‹

Die zwei Brüder einigten sich darauf, daß Edelhard mit einigen guten Kriegern die Verfolgung der Franken aufnehmen sollte, um Bruno, und wenn möglich, auch andere gefangene Sachsen zu befreien. Später erfuhr ich, daß sich Ricbert, Brunos treuer Gefährte, ebenfalls dieser Truppe angeschlossen hatte.

Graf Ullrichs Vorschlag, Edelhard möge doch einen Trupp als Späher vorausschicken, um dann selber an der Siegesfeier, die am kommenden Abend stattfinden sollte, teilnehmen zu können, lehnte dieser mit den Worten ab: ›Ich gehöre nicht zu den Siegern dieser Kämpfe, die Niederlage an der Hohensyburg hat mich viele tapfere Krieger gekostet. Wenn auch Verrat des Burgherrn im Spiel gewesen ist, so kann mir niemand die Verantwortung für diese Schmach abnehmen.‹

Auch mir war ganz und gar nicht nach Feiern zumute, deshalb bereitete ich mir einen Schlafplatz neben Grifos Krankenlager. Wenn dieser zu sich kommen würde, dann wollte ich bei ihm sein. Aufgewühlt und sorgenvoll wie ich war, lag ich über lange Zeit wach unter der wärmenden Felldecke, während vom Platz der Irminsul der Lärm der Siegesfeier bis in diese Turmkammer drang. Aus dem unruhigen Schlaf, der mich dann doch umfangen hatte, erwachte ich irgendwann in der Nacht. Ich mußte mich erst vergewissern, ob diese Gestalt, die vor mir stand und auf mich niederblickte, eine Traumerscheinung war oder in Wirklichkeit Herzog Warnekin. Durch das Licht der Fackel, die in der Halterung an der Säule hinter ihm hing, wurde seine Erscheinung auf seltsame Weise erleuchtet. Als er feststellte, daß ich aufgewacht war, sagte er leise: ›Ich wollte deinen Schlaf nicht stören, aber als ich dieses Bild einer schlafenden Elfe sah, die einen verletzten Krieger bewacht, da konnte ich nicht vorbeigehen. Mögen die Götter mich dafür strafen, aber an dir werde ich niemals vorbeikommen.‹

In der damaligen Nacht habe ich den Sinn seiner Worte nicht ganz verstanden. Bald schon wußte ich, daß keiner von uns beiden an dem anderen vorbeikommen würde.

Wegen dieser seiner Worte und dem glühenden Blick seiner Augen, die bei dieser spärlichen Beleuchtung ihr eigenes Licht zu erzeugen schienen, brachte ich in meiner Verwirrung kein Wort hervor. Nachdem Warnekin eine Zeit lang so dagestanden hatte, wandte er sich der Stiege zu, die zu den oberen Räumen des Turmes führte.

Ehe er die erste Stufe nahm, blieb er noch einmal stehen und sagte: ›Übrigens, was deinen jungen Freund Grifo anbetrifft, so kenne ich nur einen Menschen, der ihm helfen kann: Rother, der Froste vom Hohenstein! Er hat schon Verletzungen geheilt, daß es ans Übernatürliche grenzt. Wenn du willst, bringen wir ihn dorthin. Ein Problem ist nur die lange Reise. Wenn er die übersteht, ist schon viel gewonnen.‹

Ich hatte meine Sprache wiedergefunden: ›Wenn es Erfolg verspricht, dann sollte uns kein Weg zu weit sein, wir müssen ihn so vorsichtig wie möglich transportieren.‹ ›Gut‹, entschied der Herzog, ›dann schlaf wohl. Bei Anbruch des neuen Tages brechen wir auf.‹

Mit diesem neuen Tag begann für mich ein Irrweg, der mich den Gesetzen der Sachsen nach normalerweise das Leben gekostet hätte, aber ich kann bis auf den heutigen Tag nicht bereuen, was durch die Begegnung mit Warnekin geschehen ist.

Vielleicht wäre es normal gewesen, auf der Eresburg die Rückkehr Edelhards und seiner Männer zu erwarten, die dann eventuell Bruno, meinen Mann, befreit zu mir zurückbringen würden. Doch ich war der Meinung, mich um Grifo kümmern zu müssen. Außerdem ermunterte Warnekin mich mitzukommen. Der Weg führe über die Villa Huxori, meiner neuen Heimat, wo ich, wenn für Grifo alles getan ist, ebensogut auf Brunos Rückkehr warten konnte. Nach all den Jahren frage ich mich heute, ob dies wahre Gründe für meine Entscheidung, Warnekin zu begleiten, waren oder nur Vorwände.

Zeitweise dem Lauf der Diemel folgend, dann über Pfade, die durch bergiges Land führten bis zum Tal des Weserflusses, ritten wir tiefer in das für mich so geheimnisvolle Sachsenland hinein. Auf einer Bahre, die an Seilen zwischen zwei ruhigen Pferden befestigt war, wurde Grifo transportiert.

Während der ersten Etappe unserer Reise mied ich fast ängstlich die Nähe Warnekins, der unseren Zug anführte. Von den vier Kriegern, die unser Geleit bildeten, lenkte einer die Pferde mit Grifos provisorischer Sänfte. Während die Positionen der anderen Reiter öfter wechselten, versuchte ich mich am Ende der Formation zu halten. Ich fühlte mich beklommen, etwa so wie ein der Kinderzeit noch nicht ganz entwachsenes Mädchen, das die Obhut der heimatlichen Hütte verlassen hat, um sich dem ersten Liebesabenteuer hinzugeben. Dabei lag die heimatliche Stätte schon so unendlich weit hinter mir, und die Obhut, aus der ich nun entfloh, wäre die von Brunos Armen gewesen.

Ein leiser Schreck durchfuhr mich, als ich plötzlich aus meinen Gedanken gerissen wurde. Eine Hand legte sich auf meinen Arm, der die Zügel hielt. Als ich aufschaute, blickte ich in Warnekins Augen. Von mir unbemerkt, mußte er sein Pferd unmittelbar neben meines gelenkt haben. Mit sanfter Stimme sprach er: ›Du bist so traurig, doch welche Stimmung dich auch immer bewegt, es tut deiner Schönheit keinen Abbruch. Was aber kann ich tun, um dich einmal lachen zu sehen?‹ «

Versonnen lächelnd blickt Hiltrud zu der aus dem Felsen geschlagenen Säule in der Nähe der Feuerstelle, wo Widukind stehengeblieben ist, nachdem er sich die Füße ein wenig vertreten hat: »Ja, er konnte schöne Reden führen, dein Vater«, sagte sie zu dem jungen Wigaldinger. »Wenn er damals auch älter war als du heute bist, so strahlte er doch oft eine entwaffnende Jugendhaftigkeit aus.«

Ernst und mit leichtem Vorwurf in der Stimme antwortet Widukind: »Zu der Zeit gab es eine Frau in Wigaldinghus, die mit ihrer Tochter Ravena auf die Heimkehr dieses, wie du sagen würdest, strahlenden Helden wartete. Auch die beiden hätten sicher gern ein paar nette Worte von dem Mann gehört.«

Mit niedergeschlagenen Augen geht Hiltrud auf diese Vorwürfe ein: ›Was du in diesen Tagen über deinen Vater hörst, das paßt nicht zu dem Bild, welches in deiner arglosen Phantasie von ihm besteht. Du würdest sicher gerne weiterhin zu ihm aufschauen, ihn als Mensch ohne Fehl und Tadel sehen. In den Augen meines Sohnes Bruno habe ich während meiner Schilderung die gleichen Vorwürfe gelesen. Wenn ihr beiden euch jetzt über uns als Richter erheben möchtet, so fragt euch vorher, was euch dazu berechtigt. Der größte Teil eures Lebens liegt noch vor euch, und ihr könnt nicht wissen, welche Überraschungen die Nornen für euch in dieser Hinsicht bereithalten. Ich wünsche euch, daß jeder eine Gefährtin fürs Leben findet, mit der dann auch die wahre große Liebe zu euch kommt, selbstverständlich ist das jedoch nicht.«

Mit einer Handbewegung Bruno das Wort abschneidend, fährt sie mit gedämpfter Erregung in der Stimme fort: »Was glaubt ihr, wie viele Menschen ihren Weg auf dieser Erde beenden, ohne je die echte Liebe kennengelernt zu haben. Diese Menschen wissen nicht, was ihnen entgeht, weil ihre Wege eben den Pflichten angemessen, ohne jene Höhen und Tiefen verläuft, die ein erfülltes Leben prägen. Sie sollten aber auch nicht den Stab über jemanden brechen, dessen Schicksal es ist, aus dem normalen Ordnungsgefüge herausgefallen zu sein, weil tiefgehende Gefühle sich oft nicht mit gesellschaftlichen Zwängen vereinbaren lassen. Dadurch, daß ihr nun wißt was damals geschah, sollte sich für euch nichts ändern.

Ihr seid doch nach wie vor die Unbescholtenen. Wenn man von der Enttäuschung absieht, die ihr nun einmal hinnehmen müßt, ist euch durch mein und Warnekins Verhalten kein Schade entstanden.

Du mein Sohn möchtest jetzt fragen, warum ich mein Leben mit dem deines Vaters verbunden habe, wenn die Liebe nicht groß genug war. Sicherlich würdest du, Widukind, eine diesbetreffende Frage an deinen Vater richten, wenn dies noch möglich wäre.

Ich kann in Gewißheit nur für mich sprechen, als ich dort unter der Irminsul dem Pfalzgrafen Bruno mein Wort fürs Leben gegeben habe. Da tat ich es aus vollem Herzen. Er war es, der die Frau in mir weckte, mit ihm wollte ich mein Leben teilen. Das Schutzbedürfnis, das mich anfangs in seine Nähe getrieben hat, spielte da keine Rolle. Ob es die Götter wollten, daß ich nach so kurzer Zeit des Zusammenlebens mit Bruno in den Armen eines anderen eine noch größere Liebe erfahren würde, das kann ich nicht sagen. Das die bösen Mächte dabei ihre Hand im Spiel hatten, kann ich nicht glauben, denn dafür war es zu schön.

Ihr werdet sagen, wir hätten trotz allem widerstehen müssen. Ich aber bin heute noch froh und glücklich, damals doch schwach geworden zu sein. Was wir in der kurzen Zeit unseres Beisammenseins einander gegeben haben, das konnte Kunhilde Warnekin während eines ganzes Lebens nicht geben. Auch bei Bruno und mir war es nicht anders. Trotzdem bin ich sicher, daß der Engernherzog seiner eigentlichen Lebensgefährtin ein guter Mann war. Gestohlene Zeit war es, als wir uns die Freiheit nahmen unsere große Liebe für eine kurze Zeit auszuleben. Aber mußte Kunhilde deshalb auf etwas verzichten? Könntest du, Widukind, oder du, mein Sohn Bruno, sagen, ihr hättet in eurem heimatlichen Hag etwa mehr von Zwietracht gespürt, als es der normale Lebensablauf mit sich bringt.

Warnekin und auch ich, wir wollten niemandem etwas nehmen, wir waren nur darauf bedacht, uns alles zu geben. Es gab Augenblicke, da hätten wir ohne weiteres den Tod hingenommen, als Strafe für unser Tun.

Um sich so etwas Vollkommenes schenken zu können, da müssen die Gefühle beider Beteiligten übermächtig sein. Ich glaube, es geschieht höchst selten, daß sich zwei Menschen begegnen, die sich solchermaßen ergänzen in ihrem Gefühlsleben, daß sie wie Warnekin und ich damals ineinander aufgehen. Ja, wir sind damals ausgebrochen, aus der Normalität, haben gegebene Treueversprechen gebrochen und uns schuldig gemacht. Da uns nun kein irdischer Richter verurteilte, werden wir möglicherweise im anderen Leben zur Verantwortung gezogen, doch daß sollte euch nicht berühren."

Hiltrud sprach, sicher unbewußt, mit spürbarer Leidenschaft. Nun, da es ihr bewußt wird, schaut sie ihren Sohn Bruno wie um Verzeihung bittend an, und sagt:»Du kannst stolz darauf sein, daß du den Namen dieses Mannes trägst, den du bislang für deinen Vater gehalten hast. Als er vor einigen Monden starb und du als Bruno II. sein Erbe als Pfalzgraf angetreten hast, da hatte er in seiner Großmut mir schon längst verziehen. Es gibt also nur einen Menschen, vor dem ich mich jetzt noch verantworten müßte: Kunhilde! Ich würde mich ihr zu Füßen werfen, sie könnte alles von mir verlangen. Wenn sie jedoch von mir erwartet, ich solle bereuen, was ich damals getan habe, ich könnte es nicht.«

Widukind stößt sich von der Säule, an der lehnte, ab und nimmt seinen Platz Hiltrud gegenüber an der Tafel wieder ein. Dann sagt er: »Du hast Recht, es steht uns nicht zu, über unserer Eltern Schuld zu urteilen. Was meine Mutter Kunhilde anbetrifft, so wird ihr Stolz es nicht zulassen, nach dem Tod meines Vaters an dessen Ehre zu deuten, denn darum geht es ja in diesem Falle.«

»Die Ehre eines Kriegers, auch wenn er Herzog ist, besteht sicher nicht darin, stets seinem Eheweib die Treue zu bewahren. Sollte das der

Fall sein, dann würde es sicher wenig Männer geben, die diese Eigenschaft für sich in Anspruch nehmen dürfen. Denke an meine Worte, auch dich werden sie einmal betreffen."

Nachdem Hiltrud so ihren Standpunkt klargemacht hat, sagt sie nun in freundlichem Tonfall: »Wenn ihr nun wollt, dann werde ich euch auch über den Rest der damaligen Geschehnisse berichten.«

»Seit jenem Abend, an dem ich in Warnekins Arme gesunken war, durchlebte ich eine Welt voller Widersprüche. Oft wurde ich von Selbstvorwürfen zu Boden gedrückt, dann wieder beflügelten sich die Lebensgeister in mir, und ich hätte die ganze Welt umarmen mögen.

Längst schon ritt der Herzog wieder an der Spitze unserer kleinen Truppe, in mir aber klangen seine Worte noch immer nach. Bislang mußte ich manches Mal erfahren, wie mein Äußeres auf Männer wirkte. Oft waren es nur anzügliche Reden, die ich hören mußte, doch wie ihr wißt, gab es auch Kerle, die mir mit roher Gewalt ihre primitiven Gelüste aufzwingen wollten. In Warnekins Augen aber erkannte ich Bewunderung und Zärtlichkeit, wenn er mich anschaute.

Den Weserfluß erreichten wir am Abend des zweiten Tages unserer Reise. Die kommende Nacht wollten wir eigentlich in der Villa Huxori verbringen, doch da wir Rücksicht auf den schwerverletzten Grifo nehmen mußten, erreichten wir die Pfalz an diesem Abend nicht mehr. So schlugen wir also auf einer Anhöhe in Flußnähe unsere Lager auf. Es war ein warmer Frühlingsabend, an dem nur ein leichtes Säuseln durch das frische Grün der Bäume fuhr. Grifo, den wir jetzt Remo nannten, hatte endlich die Augen aufgemacht. Ein schmerzvolles Stöhnen unterdrückend, fragte er leise, was mit ihm geschehen sei. Ich strich beruhigend über sein Gesicht und versuchte, ihm etwas Nahrung einzuflößen. Meinen Bemühungen war aber kaum Erfolg beschieden, denn bald sank er in tiefe Ohnmacht zurück. Nun saß ich da, den Kopf des Bewußtlosen im Schoß und grübelte vor mich hin, als ich wieder Warnekins Blick auf mich gerichtet fühlte.

Zwei von unseren Begleitern standen abseits vom Lager, um Wache zu halten, während die anderen sich in ihre Felldecken gehüllt zum Schlafen niedergelegt hatten. Das Lagerfeuer war fast niedergebrannt.

Hinter den Eggebergen zeugte der rötlich schimmernde Horizont noch von der Glut der untergehenden Sonne, und über dem Solling war schon ein blasser Halbmond zu sehen. In solchen Stunden zwischen Tag und Traum werden sicher die schönsten Romanzen geboren. Ja, auch für uns war es eine Romanze, doch daraus wurde nur zu bald ein Drama.

Behutsam ließ ich den Oberkörper Remos auf sein Lager zurückgleiten, während ich den Blick meines Gegenübers erwiderte. Schweigend saßen wir da. Worte waren überflüssig. Sie wären dem, was zwischen uns geschah, eh nicht gerecht geworden.

Soweit ich mich erinnere, bin ich dann wie eine Schlafwandlerin auf das Ufer des Flusses zugegangen. Ein aufgescheuchtes Haubentaucherpaar flatterte dem anderen Ufer zu, und während ich versuchte, meine Sinne unter Kontrolle zu bringen, spürte ich das Herannahen des Mannes. Zwei Hände legten sich auf meine Schultern, in mir brannte es lichterloh. War es Warnekins Kraft, die mich in seine Arme gerissen hat? Oder hat mein eigenes Verlangen mich an seine Brust geworfen? Es kam sicher auf eins hinaus. Die Küsse und Liebkosungen ließen uns in dieser Nacht alles um uns herum vergessen.

›Hiltrud, wohin treiben wir, mögen uns die Götter gnädig sein!‹ Nur an diese Worte, die Warnekin wie ein Ertrinkender von sich gegeben hatte, erinnere ich mich.

In der folgenden Zeit waren alle Probleme der Welt Nebensache, vor allem gab es erst einmal uns beide. Doch oft holte uns die Wirklichkeit auch ein. So zum Beispiel, als wir in Huxori eintrafen. ›Der alte Pfalzgraf‹, Hiltrud nickte dem jungen Bruno zu, ›dein Großvater also, war ja schon längere Zeit tot. Er war beim Kampf gegen die Sorben gefallen, deshalb war während der Abwesenheit deines Vaters, dessen Mutter Walburga für das Geschehen im Hause des Pfalzgrafen verantwortlich. Sicher ist es Warnekin nicht leichtgefallen, mich dieser Frau als Brunos Lebensgefährtin vorzustellen, und auch ich wäre lieber diesem Zusammentreffen ausgewichen, aber es bestand keine Möglichkeit dazu.

Nachdem sie nun wußte, wer ich war, schaute die Pflazgräfin mich mit abschätzendem Blick an und ich spürte die Mißbilligung, die sie mir entgegenbrachte. Als ich dann am nächsten Morgen mit Warnekin und seinen Leuten aufbrach, um Remo zum Sundal zu bringen, tadelte sie mich, und auch der Engernherzog bekam ihren Unwillen zu spüren. ›Eine Frau hat am Hohenstein nichts zu suchen, es sei denn, sie hat ihr Leben verwirkt, und der Froste müßte durch ein Brandopfer die Götter besänftigen. Ihr, Warnekin, solltet das wissen. Was ist geschehen, wieso zieht der Kriegsherzog der Engern-Sachsen mit dem Weib eines anderen umher?‹

Ihr könnt euch vorstellen, daß diese Worte der alten Pfalzgräfin mich wie Keulenhiebe trafen. Auch Warnekin fühlte sich tief getroffen. Während ich mit betretenem Schweigen reagierte, brauste der Herzog auf: ›was erlaubt ihr euch, Frau. Auch wenn der Hauch des Alters mir Achtung gebietet, gestatte ich nicht, daß man so mit mir spricht!‹ In gemäßigtem Tonfall sprach er dann weiter, ›es geht um nichts anderes als diesem jungen Mann namens Remo, der von den Franken so übel zugerichtet wurde, zu helfen.‹ Ihr wißt doch selber auch, daß der Froste vom Hohen Stein, wohin wir ihn bringen, einer unserer besten Wundheiler ist. Da er von Geburt an zu Hiltruds Dasein dazugehört, ist es selbstverständlich, daß sie sich um ihn kümmert, zumal dieser Jüngling ihr vor einiger Zeit selber das Leben gerettet hat. Was mich anbetrifft, so möchte ich zu meinem Heimathof heimkehren.‹

›Ich hoffe nur, der Herr Edelhard bringt meinen Sohn Bruno hierher zurück, dann überlegt euch gut, was ihr ihm zu sagen habt.‹ Mit diesen Worten unterbrach die streitbare alte Dame Warnekins Rede und verschwand dann im Haus.

Die Pfalz an der Weser lag schon weit hinter uns, als Warnekin sein Pferd wieder neben meines lenkte. ›Man möchte meinen, die betagte Frau habe das zweite Gesicht, woher sonst könnte sie um unser Verhältnis wissen‹, sagte er, und es hörte sich nicht so selbstbewußt an, wie dies sonst bei ihm der Fall war. ›Dabei haben wir ihr doch nicht den geringsten Anlaß zu irgendwelchen Vermutungen gegeben‹, sinnierte er weiter.

Auch ich konnte an nichts anderes mehr denken. Nur die Tatsache, daß ich mit zum Sundal reiten wollte, konnte Brunos Mutter doch nicht so geärgert haben. Später als ich alles nüchterner betrachten konnte, überlegte ich mir dann, wenn auch keine direkte Geste uns verraten hatte, so konnte ihr schon ein verliebter Blick aufgefallen sein, den Warnekin und ich möglicherweise austauschten, ohne uns dessen bewußt geworden zu sein.

Als habe ich die größte Schuld der Welt auf mich geladen, so fühlte ich mich jetzt. Wenn Warnekin an dem Tage versucht hätte, mich zu berühren, ich wäre ihm gewiß entflohen. Er ritt über lange Strecken wortlos und gedankenversunken an der Spitze des Zuges. Jedoch, als wir am Nachmittag dieses Tages die Weser durchquerten, war er mir behilflich. Vor mir am Boden stehend, während ich im Sattel saß, klopfte er meinem Pferd den Hals, schaute mich an, so daß es mir durch und durch ging, und sagte: ›Wenn ich allein die Verantwortung für unser Tun tragen könnte, ich nähme gern die Folgen auf mich, auch wenn ich einen Freund verlieren und eine andere Frau, die alles Glück der Welt verdient, unglücklich machen würde.‹ Dann bestieg er wieder sein Pferd. ›Aber was rede ich, können wir denn noch voneinander lassen?‹

Auf seine Frage wußte ich im Augenblick auch keine Antwort, und er erwartete wohl auch keine.

Zur Zeit der langen Schatten, als der Tageslauf der Sonne sich dem Ende zu neigte, näherten wir uns der Bergkette, die von Warnekin als Sundal benannt wurde. Mit einer gewissen Ehrfurcht in der Stimme hörte ich ihn sagen: ›Wo immer wir unsere Götter auch suchen, dort am hohen Stein spürt man die Nähe Wotans, und in den Grotten und Höhlen dieses Berglandes läßt die geheimnisvolle Mystik einen erschauern.‹

Entschlossen lenkte ich mein Pferd in die Nähe des Herzogs, während wir über sanfte Anhöhen aus den Weserauen hinaus auf diese Berge, wo die Sachsen ihrem Gott Wotan nahe zu sein glauben, zuritten und stellte ihm die Frage, die mich bewegte: ›Sage mir, was habe ich für den begangenen Treuebruch nach euren Gesetzen für eine Strafe zu erwarten? Für den Preis, kurze Zeit totales Glück zu erleben, habe ich einer ehrbaren Sächsin den Mann genommen. Für die Frau tut es mir leid, aber ungeschehen machen kann und will ich es nicht!‹

›Dazu müßte erst einmal jemand deine Bestrafung fordern, und das könnte nur Bruno, wenn er den Franken entkommen sollte, oder Kunhilde im fernen Wigaldinghus. Mach dir keine Sorgen, meine Liebe, Bruno und ich, wir würden die Sache mit dem Schwert zwischen uns bereinigen, und Kunhilde wäre zu stolz, um damit vor ein Tribunal zu gehen‹, versuchte Warnekin mich zu beruhigen. Dabei war ich weit davon entfernt, mich nach diesen Worten besser zu fühlen.

Wie Brunos Mutter bereits gesagt hatte, war es den Frauen verboten, zum Hohenstein im Sundal vorzudringen. Deshalb besorgte Warnekin mir eine Bleibe am Rande des Gebirges, derweil er mit seinen Männern und dem Verletzten zum Hohenstein weiterzog, wo der Froste Rother in einer Felsengrotte hauste.

In einem Wiesental, das in die hier ziemlich schroff ansteigenden Hänge des Sundal hineinreichte, stand eine anmutige Kate, deren Bewohner mir eine kleine Kammer überlassen hatten.

Dies wäre der rechte Platz für mich gewesen, um in Ruhe und Abgeschiedenheit zu mir selbst zurückzufinden und auf Remos Genesung zu warten. Da aber Warnekin sich nicht wie vorgesehen dazu entschließen wollte oder konnte, nach Widalginghus weiterzureiten, wurde Vernunft und Seelenfriede erst einmal zurückgedrängt.

Um die Mittagszeit des nächsten Tages stand ich auf dem Steg an der Längsseite des Häuschens, wo ein munterer Bach, aus den Bergen kommend, der Weser zufloß. An einem Holzgeländer gelehnt, schaute ich dem Mühlrad zu, das hier zu meinen Füßen von der starken Strömung angetrieben wurde. Oberhalb des sich emsig drehenden Schaufelrades ist das Wasser gestaut. Der so entstandene See war zum größten Teil von Seerosen und Sumpfdotterblumen bewachsen.

Mit dem Wasser, das über den Staudamm sprudelte, gerieten auch einige Forellen in das talwärts fließende Wasser. Sie hatten sich vom Sog des Wassers treiben lassen, und wurden so mit dem Strudel in die Tiefe gerissen, heraus aus dem gewohnten ruhigen Wasser, des jetzt von blühenden Gewächsen überwucherten Sees, ins Unbekannte hinein.

Ich wechselte hinüber zur anderen Seite des Steges und konnte dort im ruhiger fließenden klaren Wasser die Fische beobachten, wie sie versuchten, gegen die Strömung zurück in den See zu gelangen, was natürlich nicht möglich war. So paßten sie sich der Fließrichtung des Baches an, um dann unvermeidlich in den großen Strom zu gelangen, der dann ihr Dasein bestimmen würde. Ein Zurück in das sanfte Dümpeln des kleinen Sees aber würde es niemals mehr geben.

Diese Fische, so grübelte ich, waren wie ich, aus der vertrauten Umgebung herausgerissen worden, ob durch unglückliche Umstände, ob durch eigenen Übermut. Was ändert sich, wenn es einmal geschehen ist, dadurch, daß man die Gründe kennt? Wie diese Fische, so würde ich sicherlich auch nicht in meine heimatlichen Gefilde zurückkehren können, aber mußte ich deshalb im großen Strom weiterschwimmen, diesem willenlos ausgeliefert? Jetzt hatte ich den Versuch gemacht, aus dem normalen Lebensfluß auszubrechen. Aber drohte ich nun nicht, in diesem Strudel umzukommen oder würde ich mich noch einmal freischwimmen können? Ja, könnte es einen Menschen geben, um bei meinem Gleichnis zu bleiben, der mich in ungefährliche stille Gewässer führen würde? Ihr wißt jetzt, daß es diesen Mann gegeben hat.«

Hiltrud sieht mit warmem Blick ihren Sohn an. »Ich muß ihm unendlich dankbar sein, dem, der für dich ein guter Vater und mir ein lieber Mann war, dessen Name, Bruno, auch du trägst. Zwischenzeitlich jedoch war ich näher daran, eines schmählichen Todes zu sterben, denn als Pfalzgräfin hier ein mehr oder weniger ausgeglichenes Leben zu führen.

Von den Fischen im Wasser wurde dann meine Aufmerksamkeit auf den Reiter gelenkt, der dort durch ein sonnenüberflutetes Blumenmeer, als solches sah ich diese herrliche Frühjahrswiese, auf mich zupreschte. Kurz vor dem kleinen See parierte er seinen Rappen und sprang aus dem Sattel wie ein junger Bursche.

Als gäbe es auf der Welt nur uns beide, so stürmten wir aufeinander zu, doch ehe wir einander in die Arme fielen, stoppten unsere Schritte wie auf einen geheimen Befehl. Die Arme, die einander umschlingen wollten, sanken leer hinab, und für kurze Zeit sahen wir uns verzweifelt an. Als die kurze Zeit der Verlegenheit vorbei war, fragte ich Warnekin nach Remos Befinden und ob der Froste ihm würde helfen können. ›Rother ist ein großartiger Mann‹, sagte er, ›nicht so ein Opferpriester, der nur für seine mystischen Aufgaben lebt, nein, er ist in erster Linie Mensch. Auch wenn er schon alt ist, so hat er doch sehr viel Verständnis für alle Belange des Lebens. Er werde das Leben des Jünglings erhalten können, dessen war er sicher. Eine weit schwierigere Aufgabe wäre es dann für ihn, diesem verunstalteten jungen Menschen wieder einen Lebenssinn zu vermitteln.‹

Die Müllersleute, in deren Häuschen ich Obdach fand, hatten etwa die Mitte des Lebens erreicht. Es waren schlichte Menschen, die ihr mühevolles Leben ohne Murren hinnahmen. Einer der Söhne war zu der Zeit im Dienst des Grafen von Vlothove, der zweite war auf tragische Weise ums Leben gekommen. Ich spürte, daß sie nicht darüber reden wollten. Dann gab es eine Tochter, die einem rechtschaffenen Bauern aus dem Vorland des Sundal in dessen Haus gefolgt war. Angesichts des Ranges, den Warnekin bekleidete, waren sie ihm und auch mir gegenüber fast unterwürfig. Sicher spielte die vom Herzog versprochene Belohnung für Beköstigung und Unterkunft hier auch eine Rolle.

Nachdem wir fast schweigend ein schlichtes aber wohlschmeckendes Mal verzehrt hatten, das uns die Müllerin vorsetzte, forderte Warnekin mich zu einer kleinen Wanderung auf. Als er die Richtung zum Sundal einschlug, erklärte er mir auf mein Zögern hin, es gäbe nur im Bannkreis des Hohensteins und der Höhlen am Ith ein Verbot für Frauen.

So wanderten wir durch das frische Grün des üppig mit Bäumen und Büschen bewachsenen Berglandes. Vorerst drehte sich unsere spärliche Unterhaltung nur um belanglose, unverfängliche Themen, bis ich dann über einen zerbrochenen Ast stolperte und fast zu Boden gefallen wäre, wenn Warnekin mich nicht aufgefangen hätte. Nun standen wir uns dort auf der Waldlichtung gegenüber. Da er mich nun einmal in den Armen hielt, schien er mich nicht mehr loslassen zu wollen. Nun stellte ich ihm eine Frage, die mir schon lange auf den Lippen brannte. ›Wann wirst du nach Wigaldinghus zurückkehren zu deiner…‹

Weiter kam ich nicht, denn er legte mir zwei Finger auf die Lippen, und während er mich bedeutungsvoll anschaute, fragte er mich: ›Möchtest du denn, daß ich sobald aus deinem Leben verschwinde?‹, worauf ich mit einer Gegenfrage antwortete: ›Glaubst du denn dein Pferd könnte dich so weit tragen, bis es dich für mich nicht mehr gibt?‹ Seine heißen Lippen verschlossen mir dann den Mund, und alle Ängste wegen der Folgen unseres Tuns waren verflogen.

Einige Nächte und Tage lebte ich nun schon in Sichtweite des Hohensteins. Die Tage habe ich nicht gezählt, denn einer wie der andere verging wie im Rausch. Warnekin hatte eine unbewohnte Köhlerhütte entdeckt, die wir uns wohnlich einrichteten, und nur wenig Zeit verbrachte ich noch in der Mühle.

Wenn Selbstvorwürfe und Zukunftsangst in mir aufkamen, dann flüchtete ich mich in die starken Arme meines Geliebten, um für den Augenblick einfach nur glücklich zu sein, bis seine Pflichtren ihn wieder meinen Armen entzogen haben.

Einen waren Festschmaus reichte die Müllerin an diesen Mittag ihrem Mann und auch mir. Irgendwie schien dies für die beiden auch ein Feiertag zu sein. Da sie sich mir gegenüber jedoch sehr zurückhaltend zeigten, stellte ich keine diesbezüglichen Fragen, sondern verließ das Haus, um diese Harmonie nicht zu stören. Im Windschatten einer Schlehenhecke legte ich mich ins blumendurchwirkte Gras und genoß die warmen Frühlingssonnenstrahlen in der stillen Hoffnung, sie würden auch mein Innerstes durchdringen.

Der unruhige Schlaf, in den ich dann gefallen war, wurde bald gestört durch ausgelassenes Lachen der Müllerin und der tiefen Stimme des Mannes, die nach unmißverständlichen Geräuschen verstummte. ›Du wirst einem alten Mann noch die letzte Luft zum Atmen mit deinen Küssen nehmen‹, hörte ich nach einiger Zeit die Stimme des Müllers sagen. Der herrliche Frühlingstag hatte also dieses Paar ins Freie gelockt. Die vielen Jahre des Lebens, die sie miteinander teilten, hatten der Liebe dieser beiden betagten Menschen offensichtlich nichts anhaben können.

Sicher hätten sie sich ein anderes Plätzchen für ihr eheliches Liebesspiel gesucht, wenn sie um die Lauscherin an der anderen Seite der

Hecke gewußt hätten. Ich aber wagte nicht, mich zu bewegen, um diese schönen Augenblicke des Paares nicht zu stören. So lag ich da, schaute den Federwolken am Himmel zu, und als die Leidenschaft zwischen der Frau und dem Mann den Höhepunkt überschritten hatte, erklang noch etwas atemlos die Stimme der Müllerin.

›Nun leben wir schon so lange zusammen, und es ist schön wie am ersten Tag. Ich verstehe nicht, daß Leute wie der Engernherzog und diese fränkische Hure sich das Leben auf diese Weise zerstören können.‹

Mit seiner ruhigen Stimme versuchte der Mann, sie zu beschwichtigen.

›Ach mein Liebes, das sind Leute eines anderen Schlages. Wir einfachen Menschen sollten uns nicht in das Treiben der Mächtigen einmischen, das bringt nur Unglück.‹

Dieses Schimpfwort, das die Frau für mich gebrauchte, klang mir in den Ohren während der ganzen Zeit, die ich wartete, um zur Köhlerhütte laufen zu können. Hure! War ich eine Hure, nur weil ich meinen ehrlichen Gefühlen nachgegeben hatte? Weil die Norne uns einen Streich spielten als sie zuließen, daß sich meine Wege mit denen Warnekins kreuzten. Wie schnell doch ist man in den Augen seiner Mitmenschen abgestempelt und verurteilt. Weinend verbarg ich meinen Kopf in die Armbeuge, bis das Paar sich wieder dem Haus zugewandt hatte. Auch wenn ich das Gespräch ungewollt mit angehört habe, so trifft doch auch hier jenes Sprichwort zu, von dem heimlichen Lauscher an der Wand, ja auch ich hörte meine eigene Schand‹.

Während ich auf den Bergwald zueilte, um mich mit meiner Verzweiflung in der Köhlerhütte zu verkriechen, Unwillkürlich wanderte mein Blick immer wieder zu der wie eine riesige Kanzel wirkenden Felsformation des Hohensteins, der dort alle anderen Berge und Felsen überragte. Für mich wirkte dieser markante Felsen mit dem daneben sichtbaren Grünen Altar, als habe Wotan ihn persönlich erbaut, damit die Menschen ihm dort ihre Opfer darbringen. Was mich fröstelnd machte, war die Tatsache, daß dort auf dem Opferstein zu besonderen Anlässen noch Menschen geopfert wurden, wie Warnekin mir gesagt hatte.

Gerade wollte ich vom sonnenbeschienenen Wiesental in den schattigen Waldweg einbiegen, als plötzlich, wie aus dem Boden geschossen, die Gestalt eines großen, kräftigen Mannes mit schlohweißen langen Haaren vor mir stand. Sein Bart, von etwas dunklerer Farbe als das Haupthaar, reichte bis über die Mitte seiner Brust hinab. Insgesamt machte die ganze Erscheinung auf mich den Eindruck, als wäre mir der Gott erschienen, dem der Altar geweiht war, den ich in der Höhe hinter seinem Rücken sehen konnte. ›Du mußt Hiltrud, die Frau aus dem Frankenland sein.‹ So sprach er mich an. Ich glaubte, er machte keinen Versuch seine Abneigung mir gegenüber zu verbergen. Doch da kam in mir so ein Gefühl wie Trotz auf, und ich erwiderte in abweisendem Tonfall. ›Mein Name ist Hiltrud, wie du sagst.‹ Mit großem Interesse betrachtete er mich. ›So also sieht die Frau aus, die den mächtigen und unerschrockenen Engernherzog zum hirnlosen Lakaien hat werden lassen.‹ ›Wer bist du, alter Mann, daß du es wagst, so von einen tapferen Krieger zu reden, der gerade erst bei der Eresburg seinem Namen alle Ehre gemacht hat?‹, fuhr ich ihn an. ›Ich bin Rother, der Froste vom Hohenstein, und zur Zeit besteht meine wichtigste Tätigkeit darin, deinem jungen Freund Remo ein einigermaßen menschenwürdiges Leben zu erhalten.‹

Augenblicklich änderte ich meine Haltung dem Mann gegenüber. Wie um Entschuldigung bittend, ging ich auf ihn zu und legte meine Rechte auf seinen Arm. ›Wie geht es Remo? Wie Warnekin mir berichtete, wäre er außer Lebensgefahr.‹ ›So ist es‹, bestätigte der Froste, ›nur er will dieses Leben, das ihm bevorsteht, nicht. Da kann selbst die beste Medizin nicht helfen. Jetzt ist es wichtig, ihm aufzuzeigen, daß ein Leben in schwerer Behinderung, und dazu noch mit dieser äußerlichen Entstellung, trotz allem noch lebenswert ist.‹ Nach einer kleinen Pause des Überlegens fragte ich ihn: ›Sollte ich nicht einmal versuchen, mit ihm zu reden?‹ Auch Rother brauchte jetzt einen Augenblick zum Nachdenken. ›Könntest du ihm denn in die Augen schauen?‹ Jetzt brauchte ich nicht nachdenken, spontan sprudelte es aus mir heraus: ›Ja, das könnte ich, er wäre auch der einzige, der mich verstehen würde, auch wenn er mein Handeln nicht gut heißen könnte. Trotz seiner Jugend und Unerfahrenheit wüßte Grifo, eh, Remo eine Erklärung für mein Verhalten.‹

›Mädchen, wer sagt dir, daß ich dich nicht verstehe. Schließlich hat mich eine Liebe, die nicht sein durfte in die Einsamkeit des Sundal getrieben‹, sagte mit wehmütigem Lächeln der Froste. Mit ernster Mine fährt er fort, ›es würde mir wehtun, wenn ich wieder einmal eine junge Frau vom Leben in den Tod befördern müßte, solltest du denn der Untreue deinem Mann gegenüber bezichtigt werden. So lange ich auch das Amt des Froste hier bekleide, an diese, dazugehörige Pflicht werde ich mich niemals gewöhnen.‹ Mit diesen Worten machte er kehrt und schritt in Richtung Hohenstein davon.

Ich aber eilte der Hütte zu. Nachdem ich eingetreten war und den Mann erkannte, der mich dort im Halbdunkel erwartete, durchfuhr es mich eiskalt. War es Verachtung oder nur tiefe Enttäuschung, die aus seinen Augen sprach? In seiner Stimme jedoch lag nichts als Traurigkeit als er sagte: ›Ja ich bin es und nicht der Sieger Warnekin. Es wäre sicher besser gewesen, Edelhard hätte mich nicht befreit oder mein Leben wäre durch die Waffe eines Franken beendet worden.‹ «

Offensichtlich fällt es Hiltrud schwer weiterzusprechen, selbst nach so vielen Jahren schien sie mit Selbstvorwürfen zu kämpfen. Deshalb ergreift Grifo das Wort:

»Zur gleichen Zeit als Hiltrud in der Köhlerhütte auf Bruno getroffen ist, standen sich Edelhard und sein Bruder Warnekin gegenüber. Das war in Rothers Behausung unterhalb des Hohensteins, wo auch mein Krankenlager stand. Einer Felsenhöhle, die nicht sehr weit in den Berg hineinreichte, war eine geräumige Hütte vorgelagert, die, unmittelbar an die Felswand gebaut, den Vorraum zur Wohngrotte bildete. Alles machte dort einen äußerst gepflegten Eindruck und zeugte von dem hohen Grad der Kultur seines Bewohners.

Dank der Heilkunst des Frostes war ich soweit wiederhergestellt, daß ich meine Beine und den rechten Arm wieder bewegen konnte, wenn auch unter Schmerzen. Auch die anderen Blessuren waren einigermaßen verheilt. Rother war jedoch ehrlich genug, mir zu sagen, mit welchen Gebrechen ich mein zukünftiges Dasein würde fristen müssen. Deshalb war ich zu der Zeit niedergeschlagen und zeigte der Gegenwart gegenüber keinerlei Interesse. Erst als Bruno dort auftauchte und der Name Hiltrud in einem heftigen Streitgespräch mit Warnekin genannt wurde, erwachte ich aus meiner Lethargie und hörte genauer hin.

Was ich da hörte und mir zusammenreimen konnte, ließ mich mein eigenes Mißgeschick vergessen. Den primitiven Gelüsten der Männer in der Umgebung der fränkischen Herrscher war sie ausgesetzt gewesen. Oft belästigt und sogar vergewaltigt hatte man sie. Nach all den schlimmen Erfahrungen hat Hiltrud endlich Schutz und ganz sicher auch Liebe in den starken Armen von Bruno gefunden. Ein Hohn des Schicksals oder der Norne, wie man hier sagt, scheint es zu sein, was ihr dann widerfuhr. Es bleibt ihr nicht einmal die Zeit, sich an die Nähe ihres Mannes zu gewöhnen, da wird er ihr auch schon von den Franken entrissen. Da begegnet ihr in der Person Warnekins die ganz große Liebe. Wie ihr wißt, war der alte Pfalzgraf Bruno mein väterlicher Freund, und doch kann ich Hiltrud nicht verübeln, ihren Gefühlen nachgegeben zu haben. Es hätte mir unsäglich leid getan, wenn ihr diese kurze Zeit des Glücks zum Verhängnis geworden wäre. Bevor Bruno zur Köhlerhütte abstieg, hatte es hier eine heftige Auseinandersetzung gegeben.

Wie ich den Worten der Streitenden entnahm, sollte es zu einem Duell zwischen ihnen kommen, um so der Mannesehre Genüge zu tun. Während sie sich darüber einig geworden waren, daß nur einer von beiden weiterleben dürfe, tauchte in meinem Blickfeld ein Mann auf, den ich später als den Engernfürsten Edelhard kennenlernte.

Mit beruhigender Geste sagte er. ›Ihr solltet beide die sächsischen Gesetze so gut kennen, um zu wissen, daß so eine blutige Fehde ein anderes Blutgericht nach sich ziehen würde. Nehmen wir an, Bruno, du würdest Warnekin in deinem, ich gebe zu, berechtigten Zorn töten, dann müßte Hiltrud die Schuld für das vergossene Blut bezahlen und eines schändlichen Todes sterben. Du aber würdest als Gehörnter weiterleben und wärest um einige Freunde ärmer, ganz zu schweigen von der Frau, die du ja trotz allem liebst. Oder zählt hier nur euer verdammter Egoismus? Und du Warnekin, du hast dich gehenlassen, hast

Liebe und Leidenschaft über den Verstand gestellt. Würdest du Bruno im Duell töten, so wäre Rother gezwungen, für Hiltrud einen Scheiterhaufen zu errichten, denn nach unseren Gesetzen trüge sie die Schuld am Tode ihres Mannes. Dich aber würde bis an das Ende deiner Tage der Fluch verfolgen, den Tod Hiltruds und den unseres gemeinsamen Freundes, dem du die Frau genommen hast, verschuldet zu haben. Ihr seht also, durch einen Entscheid mit dem Schwert kann niemand etwas gewinnen, es sei denn, man würde seine verlorengegangene Ehre dem Leben der beteiligten Menschen vorziehen.‹

In die Denkpause hinein, die Edelhards Worten folgte, ertönte die Stimme des Froste, der vom Eingang her in diese Männerrunde eintrat. Er legte Bruno seine Hand auf die Schulter. ›Wir haben oft gemeinsam am Feuer gesessen. Auch wenn ich um einiges älter bin als du, so sind wir doch Freunde geworden. Die Geschichte meines Lebens ist dir bekannt.‹ Während er Warnekin anschaute, sprach er weiter. ›Ich rede nicht gern darüber, aber jetzt muß es wohl sein, denn was ich erlebte, sollt ihr erfahren, ehe jetzt voreilige Entscheidungen getroffen werden. Der Frau das Leben zu retten, mit der ich eine Zeit der verbotenen Liebe und Leidenschaft genoß, diese Möglichkeit blieb mir nicht. Sie starb eines fürchterlichen Todes. Seither zählte ich so manchen Winter, denn einen Sommer gibt es für mich nicht mehr. Das Bild der im Moor versinkenden, geliebten Frau kann ich nicht vergessen. Erst in der letzten Nacht, als der Schlaf mich für eine Zeit von Vergangenem und Gegenwärtigem abschirmte, stand plötzlich das Bild jenes Moores im Threcwitigau[48] vor mir, aus dem sich eine zierliche Hand in die Höhe reckte. So manche Nacht in der Zeit nach dem schrecklichen geschehen, wagte ich nicht, die Augen wieder zu schließen, nachdem mir solche oder ähnliche Bilder den Schlaf raubten. Ich weiß nicht, wer härter bestraft wurde, die Frau, deren Sterben zwar grausam aber kurz war, oder ich mit meinem langen Leben voller Selbstvorwürfe und Erinnerungen. Ihr aber haltet euer Schicksal und das der Dame Hiltrud in den eigenen Händen.‹

---

[48] heute: Osnabrücker Land.

Die Wirkung von Rothers Worten war deutlich in den Gesichtern von Warnekin und Bruno zu sehen.

›Du müßtest deinen Stolz überwinden, Bruno, und die Frau in Gnaden in dein Haus aufnehmen‹, war der Rat des Froste. Doch der Pfalzgraf brauste auf, das ist doch wohl zu viel, was du da von mir verlangst.‹ Beschwichtigend hob Rother die Hand. ›Es kann niemand erwarten, daß du Warnekin ohne weiteres verzeihst und Hiltrud mit offenen Armen empfängst. Sieh doch ein, es ist niemandem damit gedient, wenn du auf diesem Recht bestehst, indem du Warnekin vor deine Waffe forderst und Hiltruds Schicksal einem Tribunal überläßt. Wer von euch beiden auch überlebt, Hiltrud würde immer für den Tod des anderen verantwortlich gemacht. Laßt ihr aber Vernunft walten, kann niemand außer du selber die Frau der Untreue bezichtigen, es sei denn, Kunhilde, Warnekins Gemahlin, würde sich dazu herablassen, was ich mir nicht vorstellen kann.‹

›Dazu müßte sie ja auch erst etwas von dem Brunftverhalten dieser beiden Hirsche erfahren‹, warf Edelhard ein. ›Sie müßte eigentlich Kenntnis darüber erhalten, daß der Kriegsheld nun zum Frauenhelden geworden ist‹, grollt Bruno. Da ihn die lockere Art ärgert, mit der Edelhard die für ihn so ärgerliche Sache behandelt, spricht er nun beide an: ›Ihr beiden Wigaldingerbrüder seid zwar in Kriegsfällen vom Allthing zu unseren Anführern bestimmt worden, doch dies gibt euch auf keinen Fall das Recht, anderen Männern die Frauen zu nehmen und euch derer zu bedienen, alls hättet ihr Sonderrechte.‹

›Du hast ja Recht mit deinem Zorn‹, beschwichtigt Edelhard, ›was das anbetrifft, haben wir keinerlei Vorrechte und dürfen uns nicht mehr erlauben als jeder andere Freie im Sachsenland. Ich bitte dich nur darum, jetzt nicht in deinem Zorn unüberlegt zu handeln. Bekanntlich heilt die Zeit alle Wunden, laß doch erst einmal etwas Zeit vergehen.‹

›Was du so redest!‹, ereifert sich Bruno: ›Es ist doch selbstverständlich, daß ich Genugtuung von Warnekin verlange, und für Männer unseres Standes kann das nur durch das Schwert geschehen. Die Schmach, das Weib öffentlich des Treuebruchs zu bezichtigen, werde ich mir nicht antun. Sie hat mein Haus bisher kaum betreten, ich habe mit ihr nichts mehr gemein.‹

Der sonst so stolze Warnekin hat sicher nie unangenehmere Augenblicke erlebt als die dort in Rothers Behausung. Seine Stimme klang auch nicht so selbstbewußt, wie das sonst bei ihm der Fall war, als er sprach: ›Ich gebe dir jede Revanche, die du willst, es ist dein gutes Recht, mich zur Verantwortung zu ziehen. Glaub mir Bruno, es tut mir leid um unsere Freundschaft und wenn du sagst, ich hätte eher daran und an die vielen Kämpfe denken sollen, in denen unsere Waffenbrüderschaft der Garant für den Sieg war, so gebe ich dir Recht. Wie ich kennst du die Frau um derer Willen wir hier streiten, und sicher liebst du sie auch immer noch. Deshalb beschwöre ich dich, versuch es noch einmal mit ihr. Wenn du sie deines Hauses verweist, käme das einem Todesurteil gleich; du kennst unsere Gesetze. Ich bitte dich nur um eines, laß uns unsere Rivalitäten nicht auf Hiltruds Rücken austragen.‹

Nun konnte auch ich mich nicht mehr zurückhalten und stellte fest: ›Was sind die Männer doch für Helden. Meine Mutter Swanahild, die von dem Frankenherrscher Karl Martell als Mätresse in sein Bett gezwungen wurde, zog sich in ein Kloster zurück, nachdem sie Hiltrud vor den gierigen Händen des Grafen Theoderich in Sicherheit glaubte. Diese Frau, die das Vertrauen zu den Menschen fast verloren hatte, hoffte hier, fern ihrer Heimat, zur Ruhe zu kommen, Menschen zu finden, denen sie vertrauen kann. Nun soll ihr letzten Endes der Eigensinn dieser Männer, bei denen sie versuchte, Vergangenes zu vergessen, zum Verhängnis werden? Warum habt ihr mein Leben gerettet, wenn ihr jetzt das Leben von Hiltrud zerstören wollt?‹

Als ich den Namen meiner Mutter nannte, war Edelhard hellhörig geworden, wie ich merkte, doch er hatte mich ausreden lassen. ›Swanahild? Kann es sein, daß sie dem Kloster Fritzlar angehört?‹, fragte er mich. ›Ich weiß es nicht. Als sie uns in Juvarum verließ, war nicht zu erfahren, wohin sie gehen würde‹, war meine Antwort. Sich an Bruno wendend, sagte er: ›So hieß die Frau, der du deine Freiheit zu verdanken hast. Der Name war mir entfallen, aber ich bin sicher, sie wurde Swanahild genannt und war noch keine Nonne, soweit ich das verstanden habe. In Kürze sollte sie zur Braut des Herrn werden, wie der Pater sich ausdrückte, der sie nach deiner Freilassung in Empfang nahm.‹

Für den Augenblick waren die Streitigkeiten zurückgestellt. Auch Bruno zeigte Interesse für die geheimnisvolle Frau: ›Wenn es Hiltruds Verwandte war, dann könnte man sich ihr seltsames Verhalten erklären, so wie du es mir erzählt hast‹, sinnierte er. Von fieberhaftem Interesse erfaßt, bat ich Edelhard um eine Beschreibung und kam dadurch zu der Gewißheit, daß es sich um meine Mutter handelte.

Auf weitere Fragen hin erfuhr ich, daß Edelhard mit seinen Leuten von der Eresburg aus, die sich zurückziehenden Franken in Richtung Fritzlar-Büraberg verfolgt hätte. In der Annahme, daß dort Bruno gefangengehalten würde, warteten die Sachsen in der Umgebung der Festung auf eine Gelegenheit, den Pfalzgrafen zu befreien.

Durch die Unvorsichtigkeit einiger seiner Krieger wurden sie von den Franken entdeckt, und es kam zu einer Auseinandersetzung, aus der die Franken nur mit Mühe entfliehen konnten. Am Tag darauf lagerte Edelhard mit seinen Kriegern auf einer Anhöhe, einen halben Tagesritt von Fritzlar entfernt. Von ihrem Standort aus konnten sie einen großen Teil des Weges, den sie nun von dem befestigten Ort entfernt waren, überblicken. In der Ferne entdeckten sie einen größeren Reitertrupp, und man konnte sicher sein, daß es fränkische Krieger waren, die ihre Verfolgung aufgenommen hatten. Zudem gewahrte Edelhard einen einzelnen Reiter, der dem Pulk weit vorausritt, als ob er auf der Flucht wäre. Ricbert, Brunos treuer Gefolgsmann, wurde beauftragt, diesen, ob er nun Fliehender oder Kundschafter war, mit einigen Kriegern abzufangen. Als sie zurückkamen, war der Engernfürst einigermaßen erstaunt, daß die Männer mit einer Frau zurück kamen, deren Pferd ziemlich abgehetzt erschien. Die Frau habe ein seltsames Kleid getragen, berichtete Edelhard. Nicht wie die fränkischen Frauen im allgemeinen und auch nicht wie eine christliche Nonne. Er konnte nicht wissen, daß die Novizinnen, also die angehenden Nonnen, eine besondere Tracht haben.

Diese Frau, so sagte Edelhard, habe sich mehr oder weniger als Geisel im Austausch für Bruno zur Verfügung gestellt. Auch wenn er ihre

Beweggründe nicht gekannt habe, so wäre er doch darauf eingegangen. Es läge ihr sehr daran, daß dieser sächsische Pfalzgraf zu den Seinen zurück kehren könne, wäre ihre Erklärung gewesen. Sie habe Warnekin ein silbernes Kreuz übergeben, das sie an einer Kette um den Hals getragen hätte. Dies sollte ein Bote dem Festungshauptmann in Fritzlar übergeben, um so die Freilassung Brunos im Austausch gegen diese Nonne zu erreichen. Ricbert mit seinen guten fränkischen Sprachkenntnissen sei, nach Edelhards Überzeugung, wieder einmal der richtige Mann für diese Aufgabe gewesen.

Zur Mittagszeit des nachfolgenden Tages kehrte er in Begleitung eines Mönchs und zweier fränkischer Adliger zurück. Bruno würde bei der Truppe festgehalten, die Edelhard und seine Männer verfolgt hätte, so habe Ricbert berichtet. Bei seinem Ritt mit dem Kreuz der Nonne in Richtung Fritzlar sei er auf diese Krieger gestoßen, und einer der Anführer habe ihn dann zur Festung geleitet.

Der Mönch hätte in vorwurfsvollem Ton auf die Nonne eingeredet, sei aber von ihr kaum einer Antwort gewürdigt worden. Stolz habe sie über die Männer hinweg gesehen, die sie zurückbringen wollten. Der Wechsel zwischen Nonne und Pfalzgraf sei dann problemlos möglich gewesen.

Ihr könnt euch sicher vorstellen, wie Edelhards Bericht über das Auftauchen meiner Mutter auf mich wirkte. Nachdenklich sprach Bruno vor sich hin. ›Es war also Swanahild, ich erinnere mich. Als sie beim Austausch in einiger Entfernung an mir vorbeigeführt wurde, versuchte sie, in meine Nähe zu gelangen, was der Mönch jedoch verhinderte.‹

Ja, Bruno war nachdenklich geworden, und für kurze Zeit schien in diesem wohnlichen Raum jeder seinen Gedanken nachzugehen.

Plötzlich stellte der Pfalzgraf an Warnekin die Frage: ›Wo finde ich Hiltrud?‹ Ohne allzulange Überlegung sagte der Engernherzog, ›in einer Köhlerhütte unten im Ahorntal. Aber...‹ Doch mehr wollte Bruno nicht wissen, ohne weitere Worte stürmte er hinaus.

Edelhard verstellte seinem Bruder den Weg am Ausgang, als dieser den Pfalzgrafen verfolgen wollte. ›Bleib Warnekin, Bruno wird schon das Richtige tun.‹

Die ganze Aufregung hatte mir zugesetzt, meine Verletzungen machten mir noch sehr zu schaffen. Deshalb war ich über die Streitgespräche eingeschlafen. Durch Warnekins Ausruf vom Eingang der Behausung her erwachte ich: ›Er wagt es, Hiltrud in Fesseln hierherzubringen! Sie muß hinter seinem Pferd herlaufen.‹ Auch Edelhard schien entsetzt zu sein, und ich wäre dem Pfalzgrafen wahrscheinlich an die Gurgel gesprungen, wenn meine Verletzung mich nicht daran gehindert hätte, als ich Hiltrud sah. Wie eine gemeine Verbrecherin, an den Händen gefesselt, führte er sie an einem Strick in den Raum. Rother hatte große Mühe, Warnekin zurückzuhalten, der sich in seiner Entrüstung auf Bruno stürzen wollte. Der nahm, ohne eine Mine zu verziehen, Hiltrud die Fesseln ab. Ich hielt ihr von meinem Lager aus die Hände entgegen, und sie stürzte auf die Knie, um weinend ihr Gesicht in die Felldecke zu drücken, mit der ich zugedeckt war.

Ein leichtes Zittern in der Stimme konnte Bruno nicht verhindern, als er sagte: ›Ich habe dieses Weib hierhergebracht, in den Bannkreis des Hohensteins, wohin man sonst nur Frauen bringt, deren Leben dem großen Wotan dargebracht werden soll. Soweit mir bekannt ist, hat noch keine Frau dieses verbotene Gebiet lebend wieder verlassen, wenn sie es einmal betreten hat. Ihr alle habt von mir verlangt, ich solle Hiltrud schonen. Nun ist es an euch, für alle Zeit glaubhaft zu dieser Großherzigkeit zu stehen.‹

Der Froste trat einen Schritt auf Bruno zu. In seinem Gesicht stand ein Lächeln, was ich zu dem Zeitpunkt nicht verstehen konnte. ›Ich habe dich verstanden, du willst sicher gehen, daß wir alle, wegen des Vorgefallenen in, dieses Geheimnis mit eingebunden sind und zu schweigen haben, wenn uns am eigenen Leben‹ etwas liegt.

Um auch uns allen klarzumachen, was Bruno mit dieser für Hiltrud so peinlichen Vorführung bezweckt hatte, versuchte Rother uns die Situation zu verdeutlichen. Dabei berücksichtigte er Hiltruds und meine Unkenntnis in der sächsischen Gerichtsbarkeit.

›Hierher bringt man Menschen, die sich schwerer Verbrechen zu verantworten haben‹, begann er seine Erklärung. ›Sie werden in den Höhlen des Ith, die zum Bannkreis des Hohensteins gehören, gefangengehalten, bis ein Thing über ihr Schicksal entschieden hat. In den meisten Fällen wird hier dann auch ihr Todesurteil vollstreckt. Es ist nur eigens dafür bestimmten Männern gestattet, dieses bezeichnete Gebiet zu betreten. Edelhard, Warnekin und Bruno gehören dazu. Bei Männern kann ich selber Ausnahmen gestatten, wie es bei dir, Remo, der Fall war. Frauen aber haben hier keinen Zutritt, es sei denn, sie sind Todeskandidatinnen.‹

Bei diesen Worten stand Hiltrud, aus ihrer knienden Stellung in meiner Nähe auf und sagte mit fester Stimme: ›Wenn ich dann sterben soll, so macht es kurz und erspart mir dieses Getue um eure Gesetzmäßigkeit, mit der Männer in solchen Fällen nur ihre eigene Schuld zu verdrängen pflegen. Das ist wohl bei den Sachsen nicht anders als bei den Franken.‹

›Ich sagte bereits, daß ich deinen Tod nicht will‹, sagte der Froste und als er weitersprach, stand wieder ein verschmitztes Lächeln in seinem Gesicht. ›Wenn Bruno darauf aus wäre, dir zu schaden, dann hätte er sich sicher anders verhalten. Es ist so, auch wenn du es jetzt noch anders sehen mußt.‹

Auch Edelhard schien trotz der brisanten Situation leicht belustigt. ›Inzwischen habe auch ich begriffen, was Bruno erreichen will. Wenn er dich, Hiltrud, für deine Untreue auf seine Art bestraft und das Weitere der Zeit und den Nornen überlassen hätte, dann wäret ihr auch auf unser Stillschweigen angewiesen, hättet aber nicht die Gewißheit gehabt, ob nicht doch irgendwann jemand geredet hätte. So aber hat Bruno euer beider Schicksal ohne Wenn und Aber in unsere Hände gelegt. Er scheint uns alle gut genug zu kennen, sonst wäre er dieses Wagnis nicht eingegangen. Wenn wir jetzt, da du hier in den Bannkreis geführt worden bist, einfach das, was geschehen ist, vergessen, dann haben wir uns gegen sächsische Gesetze gestellt. Sollte unser Verhalten also bekannt werden, dann müßten wir uns vor dem nächsten Allthing in Markloh verantworten.‹

›Da alle hier anwesenden Männer zum großen Thingrat gehören, Remo natürlich ausgenommen, würde das für uns besonders schwerwiegende Folgen nach sich ziehen‹, schaltete sich der Froste wieder ein.

Sich direkt an Bruno wendend, will er von diesem wissen: ›Sag mir, woher nimmst du bei mir die Gewißheit für eine Einstellung in deinem Sinne, wie du sie ja bei Warnekin und Edelhard voraussetzen konntest?‹ ›Ich kenne die Geschichte jener Magd vom Silberborn‹, antwortete der Pfalzgraf, ›die sich mit dem Bauern eingelassen hatte und dafür von der Frau des Bauern vor das Gauthing in Fischbeck gebracht wurde. Man verurteilte sie zum Tode auf den Scheiterhaufen. Du aber, als der zuständige Froste, hast dich bislang geweigert, das Urteil zu vollstrecken.‹

Rother nickte. ›Da spielen wohl auch die Erlebnisse aus meinem eigenen Leben eine Rolle. Hinzu kommt, daß der zuständige Lehnsherr in diesem Falle gnädig beide Augen schließt. Es ist Graf Victor von Vlothove, der trotz seiner grobschlächtigen Art ein gutherziger Mann sein kann.‹

Eine ganze Weile des Schweigens folgte diesen Ausführungen. Ein Jeder schien mit seinen eigenen Gedanken beschäftigt zu sein, bis der Froste einen großen Trinkhumpen in Umlauf brachte, aus dem jeder der Männer einen kräftigen Zug nahm. Danach wurde von Allen dort Stillschweigen über das Geschehene vereinbart und mit gegenseitigem Händedruck besiegelt. Nur Warnekin und Bruno vermieden es, sich die Hände zu reichen.«

Die Anwesenden in der Felsenhalle atmen tief durch, und der junge Gaugraf nickt Widukind zu, als wolle er im nachhinein die Entscheidung ihrer Vorgänger bestätigen.

Grifo versucht, auf seinem Krankenlager eine günstigere Lage einzunehmen, wobei er schmerzlich sein Gesicht verzieht. Mit leiser Stimme sagt er dann: ›In all den Jahren, die ich nun hier im Sachsenland lebe, habe ich durch manches Beispiel erfahren, daß hier zwar streng auf Einhaltung der alten Sitten geachtet wird, doch Leben, sei es nun menschliches oder auch das von Tieren, genießt hier hohe Achtung. Das Töten von Menschen geschieht nur, wenn es unumgänglich ist.

Tiere werden dann getötet, wenn es für des Menschen Leben erforderlich ist, nicht etwa zur Belustigung der Fürsten oder um deren Ruhm zu mehren. In den christlichen Ländern meiner Kindheit hieß es, im Norden Germaniens würden blutrünstige Heiden leben. Die Opferfeuer, auf denen Menschen ihr Leben lassen müssen, würden nicht ausgehen. Nun, ich kann beurteilen, wo bedenkenlos Leben vernichtet wird. Die Karolinger haben mir gezeigt, wie hoch bei denen ein Menschenleben eingeschätzt wird, soweit es sich nicht um das eigene handelt. Sie töten bedenkenlos, und sei es nur, um ihre Gier zu befriedigen.« Bitter klingen seine Worte, doch er weiß, wovon er spricht. Nun aber schließt er müde und geschwächt die Augen.

Widukind schaut seinen Halbbruder an, und mit leichtem Lächeln sagt er: »Diese Abende des Zuhörens sind für uns unruhigen Geister sicher etwas ungewohnt und doch ist alles, was wir erfuhren, für uns von Wichtigkeit. Denn, wenn man genügend voneinander weiß, kann man auch besser Verständnis für das Tun des anderen aufbringen.

Bruno verzieht etwas die Lippen, und im trockenem Tonfall meint er: »Nun, auf eine der wichtigen Neuigkeiten hätte ich für meinen Teil gut verzichten können, denn bisher habe ich ganz gut gelebt, ohne zu wissen, daß Warnekin mein wirklicher Vater ist.«

Hiltrud schaltet sich wieder ein. »Da hast du sicher recht, Bruno. Wir haben uns damals versprochen, im Falle des Todes von Warnekin oder wenn ich vor ihm sterben sollte, müßten aller Lug und Trug beseitigt werden, der mit unserem damaligen Verhältnis zu tun haben.«

Nachdem sie Grifo, der inzwischen eingeschlafen ist, mit einer Hirschfelldecke eingehüllt hat, spricht Hiltrud weiter: »Laßt mich den Rest der Ereignisse noch erzählen, dann bildet eure eigenen Urteile, doch lasset die Toten in Frieden ruhen.«

»Bruno erzwang also eine klare und unwiderrufliche Entscheidung, indem er mich auf diese brutale Weise vorführte. Unmißverständlich machte er mir jedoch klar, daß er meine Untreue nie werde vergessen können. Als Warnekin versuchte, seinem bisherigen Freund Bruno doch noch die Hand zu reichen, um ihm für seine Großmut zu danken, bekam er eine schroffe Antwort: ›Deine Hand werde ich nicht berühren, es ist die, mit der du mir das Herz aus dem Leibe gerissen hast. Ich bin mit dir noch nicht fertig. An billige Rache denke ich nicht. Auch von der ehemaligen Freundschaft, die uns als Waffenbrüder vereinte, wird nur ein der Notwendigkeit gehorchendes Bündnis bleiben, wie es zwischen uns besteht.‹

Warnekin äußerte Verständnis für Brunos Haltung. Da beide, der Pfalzgraf und der Kriegsherzog, Verpflichtungen übernommen hätten, dürften für Land und Leute, ihrer Gaue private Zwistigkeiten diese Aufgaben nicht beeinflussen.

Danach trat er auf mich zu und reichte mir die Hand. Ich war nicht in der Lage, ein Wort zu sagen. Auch er sah mich nur schweigend an, aber seine Augen sprachen deutlicher als es sein Mund hätte tun können. Nachdem sie sich von Rother und Grifo oder Remo, wie wir ihn ja nannten, verabschiedet hatten, ritten Warnekin und Edelhard davon.

Den edelmütigen Bruder Waknekins habe ich nie wieder gesehen. Im Lenz des nach fränkischer Zeitrechnung zählenden Jahres 753 starb Edelhard den Heldentod am großen Weserbogen bei den Rehmehöfen. Pippin, der jüngere von Grifos Halbbrüdern hatte sich inzwischen zum König der Franken gemacht. Sein Bruder Karlmann wählte aus Gründen, die sicher nur wenige Menschen kennen, ein Leben als Mönch im Kloster. Den von seinem Vater Karl Martell geerbten Machtanteil im Reich der Franken überließ er seinem Bruder. Ob dies nun Karlemann seine freiwillige Entscheidung war, das darf bezweifelt werden.

Mit einem starken Heer war König Pippin gegen die Sachsen gezogen und über den Osning hinaus bis zur Westfalenpforte[49] vorgedrungen. Da Warnekin in der Nordmark im Kampf gegen marodierende Slawen stand, warf sich Edelhard mit einer eilends aufgestellten Streitmacht den Franken entgegen. Der Schwerttod, der ihn dabei ereilte, war jedoch nicht umsonst. Pippins Heer erlitt so schwere Verluste bei der Schlacht an der Weser, daß er sich mit dem Rest seiner Krieger hinter fränkische Grenzen zurückzog.

Bevor für Bruno und mich der Abschied von Grifo und Rother kam,

---

49 heute: Porta Westfalica bei Minden.

sprach ich zum Froste von meinen Bedenken gegenüber den Müllersleuten unten am Bach, die sich ja, wie ich selber gehört hatte, über mein Verhalten entrüsteten. Wenn diese biederen Menschen nun über das, was sie von Warnekin und mir wußten, zu ihren Lehnsherrn reden würden, könnte es doch noch zu einer Anklage gegen mich kommen. Doch Rother beruhigte mich. Er würde diesen Leuten schon klarmachen, daß es besser sei zu schweigen.

Schweigend, da keiner die rechten Worte für den Anderen fand, ritten Bruno und ich durch das Wiesental auf die Mühle zu, als wir einen Mann wahrnahmen, der dort beim Haus an sein gesatteltes Pferd gelehnt stand und uns anschaute. Ihr kennt ihn: Es war Victor von Vlothove! Gewiß war er damals jünger, aber schon genau so bärtig und burschikos. Allein wegen des unverschämten Blickes, mit dem er mich betrachtete, hätte ich ihn damals würgen können, als wir vor ihm anhielten und Bruno mich als seine Frau vorstellte. Er verbeugte sich höflich, und ohne Ironie sagte er mit seiner dröhnenden Stimme: ›Bei Heimdall[50], der auf dem Regenbogen reitet, was denken sich die Götter nur dabei, wenn sie uns mit so schönen Frauen strafen?‹

Dann wandte er sich an Bruno, als gäbe es etwas unter Männern zu besprechen. Beide begaben sich außerhalb meiner Hörweite, um ein angeregtes Gespräch zu führen. Zum Abschluß der Unterredung schlug Bruno seinem Gesprächspartner auf die Schulter, und ich konnte die dann lauter gesprochenen Worte des Grafen Victor verstehen. ›Du brauchst dich nicht bei mir zu bedanken, denn ich stand schon vorher in deiner Schuld. Schließlich ist es dein Verdienst, daß ich dem Gnom vom Buckigau dieses Fleckchen Erde streitig machen konnte.‹

Viel später erst verstand ich den Sinn dieser Unterhaltung. Als sich das Verhältnis zwischen Bruno und mir normalisiert hatte, erzählte er mir, worum es sich bei seinem Gespräch mit Victor handelte: An dem Tag war der Graf von Vlothove, dessen eigentlicher Besitz ja auf dieser Seite, also links der Weser, liegt, bei einen Kontrollritt über seine Besit-

---

[50] Auch Schwertase genannt. Er ist Wächter von Asgard, dem Wohnsitz der guten Geister.

zungen jenseits des Flusses zur Mühle gekommen. Die Müllersleute sind dem Grafen gegenüber lehnspflichtig. Einer seiner Knappen ist hier zu Hause, Somit hatte Victor sich von der Müllerin eine Mahlzeit vorsetzen lassen. Bei der Gelegenheit wollte die Frau dann sicher die Last ihres Wissens um Herzog Warnekins Irrweg, den er mit dieser fremdländischen Frau eingeschlagen hatte, an Victor loswerden. Doch der, so hatte er Bruno erzählt, habe den Leuten unter Androhung fürchterlicher Folgen verboten, zu irgend jemand über diese Sache zu reden. Nun, da er sehe, daß sowieso alles nur Hirngespinste seien, würde er den beiden noch einmal auf die Füße treten.

Nachdem nun alles für mich gut verlaufen war, wenn ich von dem Schmerz und der Trauer um den Verzicht auf das, was nicht sein durfte, absah, habe ich versucht mein Leben wieder in den Griff zu bekommen.

Oft mußte ich daran denken, welches Schicksal andere Frauen hinnehmen mußten,, für deren Leben nicht so starke Fürsprecher eingetreten waren, und die von ihren Männern nicht so eine Großmut erwarten konnten. Sie müßten dann dafür, daß ihnen die große Liebe zu spät begegnet ist und sie ihr nicht widerstanden haben, mit ihrem Leben zahlen.

Einen Vorwurf habe ich von Bruno eigentlich nie zu hören bekommen. Er behandelte mich stets höflich und zuvorkommend. Wenn seine Mutter wieder einmal recht unfreundlich zu mir war, dann tadelte er sie bisweilen. Von seinen Gefühlen, die er mir auf der Eresburg so deutlich gezeigt hatte, spürte ich jedoch über lange Zeit nichts. Vielmehr vermied er es, mich auch auf noch so harmlose Art zu berühren. Ich erinnere mich, als ich bei einer Gelegenheit meine Hand auf seinen Arm legte, daß er zusammenzuckte und meiner Nähe entfloh. Oft spürte ich seinen Blick auf mir ruhen, wenn er sich unbeobachtet glaubte. Er tat mir unendlich leid in dieser Zeit, und wenn ich auch bis heute nicht bereuen kann, Warnekins Geliebte gewesen zu sein. Bruno hatte es ganz sicher nicht verdient, von mir so hintergangen zu werden.

Schlimm wurde es dann noch einmal, als ich ihm eingestehen mußte, ein Kind zu erwarten. Er mußte nicht lange überlegen, um zu wissen wer der Vater dieses Kindes sein würde. ›Warnekin!‹ Er preßte diesen Namen zwischen den Lippen hervor. Seit unserem Abschied vom Sundal war der Name zwischen uns nicht mehr gefallen. ›Du bekommst also ein Kind von ihm.‹ Nur ein Kopfnicken konnte ich ihm als Antwort geben. Sein Blick war leer, als er mich jetzt betrachtete. Danach drehte er sich um und verließ stumm den Raum. Es dauerte eine Weile, bis ich sah, daß er auf seinem Pferd Huxori verließ.

Tränen der Verzweiflung stiegen in mir auf. Ich mußte sie unterdrücken, weil Brunos Mutter auf mich zukam. Völlig verändert war sie. Meine Verwirrung wurde noch größer, als sie mich in ihre Arme schloß und sagte: ›Bruno hat es mir gesagt, du bekommst ein Kind. Mein Sohn wird Vater, das ist gut so. Er hörte sich seltsam an, als er mit mir darüber sprach, bevor er fortgeritten ist. Er muß sich eben mit der Tatsache vertraut machen, daß in diesen dumpfen Mauern, in absehbarer Zeit Kinderlachen ertönen wird.‹ In meinem Inneren herrschte ein totales Durcheinander. Bruno hatte also seiner Mutter gegenüber die Geburt meines Kindes angekündigt, als ob es von ihm wäre. Irgendwie entrang ich mir die Frage, wohin Bruno geritten sei. Mögen die Götter diese Männer verstehen‹, kam es in drolliger Entrüstung von ihr, ›er habe Dringendes zu erledigen, es könnte einige Tage dauern, sagte er mir. Ja so sind sie. Statt jetzt beim Weib und dem werdenden Kind auszuharren, suchen sie das Weite, um sich mit Freunden zu besaufen.‹ Tröstend legte sie mir ihre Rechte auf die Schulter. ›Irgendwo wird er Warnekin, Edelhard oder den Trunkenbold von Vlothove finden, möglicherweise auch alle drei. Dann werden sie ein grausames Zechgelage abhalten, und wenn seine Eingeweide keinen Met mehr annehmen wollen, dann kommt er zu dir zurück. Zu deinen sonstigen Mühen kannst du ihn dann auch noch gesundpflegen.‹

Die betagte Frau kannte glücklicherweise unsere wirklichen Probleme nicht. Sie konnte ja auf die Erfahrungen eines langen Lebens zurückblicken. Ja, manch einer seiner Artgenossen hätte in so einer Lage allen Grund gehabt, sich zu betrinken. Bei Bruno konnte ich mir so etwas nicht vorstellen. Sein Verhalten war für mich rätselhaft, und zwischen Hoffen und Bangen erwartete ich seine Rückkehr. Einige Tage waren seither vergangen, als Dago zu mir in den Kräutergarten kam, um mir eine Nachricht von Bruno zu bringen. Schon damals war dieser Sorbe, der längst nicht mehr als Kriegsgefangener galt, sondern als normaler Lite dem Gaugrafen als Schmied und für andere Dienste zur Verfügung stand, der Mann für alle Fälle.

Ich wurde also durch Dago aufgefordert, mich in seiner Begleitung zur Brunisburg hinaufzubegeben. Falls ich nicht reiten wolle oder könne, sollte Dago mich mit dem Ochsenkarren bringen. Dieser Vorschlag schien für den Schmied unverständlich zu sein, er wußte ja, wie gut ich reiten konnte. Aber es sprach für Bruno, daß er an diese Vorsichtsmaßnahme dachte. Selbstverständlich entschied ich mich dafür, selber zu reiten, denn so weit war es ja noch nicht mit dem jungen Leben in mir, daß dieser Ritt eine Gefahr bedeutet hätte.

Die Burg hier stand zu der Zeit vor ihren Umbau. Es gab die beiden Steinbauten noch nicht, und auch die Grotte war noch nicht so wohnlich ausgestattet, wie das jetzt der Fall ist. Ein seltsames Gefühl bemächtigte sich meiner, als wir in den Burghof einritten. Zwei Pferde standen dort vor einer Futterkrippe nebeneinander. Eines davon gehörte Bruno, und wenn ich das andere Tier nicht erkannt hätte, so waren doch Sattel und Zaumzeug für mich unverkennbar. Bei dem Gedanken, bald Warnekin gegenüberzustehen, verspürte ich es heiß in mir aufsteigen, es blieb mir jedoch nicht viel Zeit zum Überlegen, denn Bruno erschien im Grotteneingang.

Wortlos ließ er mich eintreten, dann zeigte er auf den Mann, der dort mit gekreuzten Armen stand und sagte: ›Ich habe den Vater deines werdenden Kindes hierher geholt, es ist nötig, daß wir zusammen darüber reden.‹

Warnekin und ich gingen aufeinander zu, doch unsere Begrüßung fiel sehr zurückhaltend aus, weder er noch ich wollten Bruno provozieren.

Der Gaugraf kam dann auch gleich zur Sache. ›Mein Verhalten mag mir von denen, die um das Geschehene wissen, als Schwäche ausgelegt werden, trotzdem fühle ich mich an das Versprechen gebunden, das ich dir in der Klause von Sturmius gegeben habe. Nicht das Gelöbnis unter der Irminsul zählt jetzt noch für mich, denn das hast du gebrochen. Dort im Frankenland, als du dich hilflos mir anvertrautest, da habe ich dir und mir geschworen, dich nie im Stich zu lassen. Das zählt auch heute noch für mich, trotz allem. Deshalb müssen wir jetzt eine Möglichkeit finden, dem Kind, das du erwartest, eine Zukunft zu geben und für uns ein möglichst problemloses Zusammenleben.‹ Keines Wortes war ich mächtig, in dieser Lage und nach den Worten dieses Mannes, den ich doch so enttäuscht hatte.

Warnekin räusperte sich, es war ihm anzumerken, wie unwohl er sich in seiner Haut fühlte. ›Kein Mensch, der dich kennt, wird dein Verhalten als Schwäche auslegen. Ich kann nur sagen, daß du mich tief beschämst, und wenn du auch jetzt von unserer Freundschaft nichts mehr wissen willst, so bin ich doch stolz, dich zum Freund gehabt zu haben.‹ Danach wandte sich der Herzog an mich. ›Hiltrud, du weißt wie ich, was erforderlich ist. Wenn ich das Kind, das du erwartest, anerkennen würde, dann würdest du einen Bastard gebären, und alles was wir am Hohenstein erreicht haben, wäre hinfällig. Wenn nun aber Bruno in seinem Edelmut bereit ist, das Kind als seines anzuerkennen, dann ist allen geholfen, und bei ihm bin ich sicher, daß er dem Kind ein guter Vater sein wird.‹

Ja, ich war damit einverstanden, auch wenn ich eine andere Wahl gehabt hätte. Konnte ich mir denn einen besseren Lebenspartner wünschen, nachdem ich erfahren hatte, was es einem einbringen kann, wenn man sich nur von seinen Gefühlen und nicht vom klaren Verstand leiten läßt?

Die Aufklärungspflicht für den, der den anderen überleben würde, bekräftigten alle noch einmal und Bruno machte Warnekin unmißverständlich klar, daß seine Anwesenheit in Huxori nicht erwünscht wäre. Mir war klar, meine Zukunft würde völlig in Brunos Händen liegen. Der Name Warnekin bedeutete für mich nur noch Verzicht und Vergessen, auch wenn ich sein Kind zur Welt bringen würde. Mein Gefühlsleben war in dieser Zeit von unendlicher Leere, und so sollte es auch noch einige Zeit bleiben. Doch es heißt, daß die Zeit Wunden heilt, bei Bruno war das der Fall, und da er mir ein verständnisvoller

Mann war, fiel es mir nicht schwer, ihm eine treue anpassungsfähige Lebensgefährtin zu sein.

Erst einmal führten neue kriegerische Auseinandersetzungen an einer anderen Grenze des Sachsenlandes zu einer Trennung auf Zeit für uns. Ein Bote vom Kriegsherzog der Ostfalen traf in Huxori ein, gleich nachdem Warnekin fortgeritten war. Er überreichte Bruno einen zusammengerollten Lederstreifen, auf dem Runen gezeichnet waren. Durch diese Botschaft und dem, was der Ostfalenreiter bei einer kräftigen Mahlzeit berichtete, erfuhren wir von thüringischen Überfällen auf sächsisches Gebiet, in der Umgebung des unheimlichen Berglandes, das man Harzwald nennt. Der größte Teil dieses Landes gehöre zum Besitz der Billunger, einem dort ansässigen sächsischen Adelsgeschlecht. Die Übermacht der Thüringer sei erdrückend, deshalb ersuche der Anführer der Landesverteidiger um Waffenhilfe der Engern.

Bruno schickte unverzüglich einen Reiter hinter Warnekin her, damit dieser über den Hilferuf der östlichen Stammesbrüder in Kenntnis gesetzt würde, da er ja als Kriegsherzog den Oberbefehl über alle Krieger aus dem Engernland übernehmen mußte. Tags darauf ist dann Bruno mit einem großen Teil waffenfähiger Männer seines Gaues aufgebrochen, um mit Schwert und Streitaxt nach echter Männerart dem Stärkeren das Recht zu verschaffen, wie es nun einmal üblich ist.

Dreimal wechselte der Mond bis Bruno nach Huxori zurückkehrte. Fünf seiner Männer mußten ihr Leben lassen, in diesem Kampf zwischen Gegnern, die noch vor gar nicht langer Zeit im Kampf gegen die Franken verbündet waren.

Nachdem er versuchte, tröstliche Worte für die Angehörigen der Toten zu finden, hörte ich wie Bruno von den Großtaten des Herzogs Warnekin sprach. Durch die kluge und mutige Führung der Engernkrieger wäre es gelungen, die Feinde bis weit hinter den Harzwald zurückzuschlagen. Damit man künftig ein Bollwerk gegen diesen Gegner habe, würde die eroberte Burg, die einst der thüringische Fürst Quitilo baute, zu einer starken Festung ausgebaut.

Später erfuhr ich von Bruno, daß Warnekin in diesen Kämpfen den Tod offensichtlich gesucht habe, doch der Kriegsgott Tiu sei mit ihm gewesen. Als der Engernfürst von der thüringischen Grenze zu seinem heimatlichen Hof, Wigaldinghus, zurückkehren wollte, nachdem er seit dem Holzmonat des vorherigen Jahres fern dieser Gefilde gewesen war, erfuhr er auf den Weg dorthin, seine Frau Kunigunde würde ihn in der Babilonje im Lidbekegau erwarten. Als er dort in der Festung angekommen sei, habe die schöne Fürstentochter von der Insel Rügen ihn mit dem vor einigen Tagen geborenen Sohn auf den Armen empfangen.«

Lächelnd schaut Hiltrud zu dem jungen Wigaldingererben hin, der mit großem Interesse die Geschehnisse jener Zeit erfahren hatte. »Das war dann wohl der kleine Widukind, also ich«, war seine schelmische Feststellung. »So ist es«, bestätigte Brunos Mutter. »Zwischen deiner Geburt und der meines Sohnes liegt nicht einmal ein Jahr, doch fraglos bist du Warnekins Ältester.«

Mit liebevollem Blick schaut Hiltrud nun den Pfalzgrafen an und sagt: »Als du, mein Sohn, im Steinbau von Huxori deinen ersten Schrei erschallen ließest, da war es für mich als ob die Göttin Freya[51] oder auch der Christengott, auf den ich getauft bin, alles Leid der Vergangenheit für mich vergessen machen wollten. Dein Ziehvater, dessen Namen du trägst, ließ auf keinen Fall den Anschein aufkommen, nicht dein wirklicher Vater zu sein. Durch sein Verhalten erreichte er bei mir ein tiefes und ehrliches Gefühl der Zuneigung. So kam es dann auch bald zu dem, was neben anderem ein Leben zwischen Mann und Frau ausmacht. Die offensichtliche Folge daraus war die Geburt unserer lieblichen Tochter Edeltraud, die von seiner väterlichen Liebe reich beschränkt wurde.«

»Diese Idylle einer glücklichen Familie habe ich nach meiner Genesung über viele Jahre, bis zum Tode meines alten Freundes Bruno, miterleben dürfen.« Mit diesen Worten übernimmt jetzt wieder Grifo von seinem Schmerzenslager her das Gespräch. Nachdem er mit Hiltrud einen Blick des Einverständnisses ausgetauscht hat, spricht er weiter: »Jeder unbeteiligte Beobachter dieses Zusammenlebens mußte, auch wenn

---

[51] Göttin der Liebe und der Familie.

er nicht um die vorangegangene Belastung des Verhältnisses gewußt hätte., zu der Beurteilung kommen, daß manch ein von Anbeginn sich normal entwickeltes Familienleben nicht so einen harmonischen Verlauf aufweisen konnte. Als Vater Bruno vor einigen Monden seinen irdischen Weg beendete, weil sein Herz plötzlich zu schlagen aufhörte, da konnten alle die von Schmerz um ihn gebeugt waren als Trost die Gewißheit in sich tragen, daß dieses Leben eines wahren Edelmannes ohne Umwegen im Licht Walhallas übergehen würde. Das jedenfalls ist meine Meinung, denn ich wüßte nicht, durch welchen Fehltritt er den Umweg durch das Schattenreich verdient hätte. Schließlich war mir die Möglichkeit, ja das Glück gegeben, seinen Lebensweg über lange Zeit zu begleiten.«

Wieder einmal ist das Feuer der Esse im großen Gewölbe niedergebrannt. Als gute Hüterin des heimischen Feuers deckt Hiltrud die Glut sorgfältig ab, damit sie es zu Beginn des neuen Tages wieder entfachen kann.

Im Schein der nur noch spärliches Licht verbreitenden Kienspanfackeln wendet Hiltrud sich noch einmal den beiden jungen Männern zu, die nun , jeder für sich, ein Vermächtnis zu tragen haben. »Nun wißt ihr von den seltsamen Fügungen der Norne, die euch zu Halbbrüdern gemacht hat. Jeder von euch kann stolz auf den Mann sein, der zu Lebzeiten Vaterpflichten an ihm erfüllte und sollte ohne Groll im Herzen den ihm zugedachten Weg gehen.«

KAPITEL VII

leich einem aus Stein gehauenen Denkmal stehen Reiter und Pferd dort auf der hohen Warte, wo der Blick weit über das bergige Land, gen Süden zu schweifen vermag. Die erste Frostnacht des sich ankündigenden Winters hat die Natur an diesem Morgen mit einem Rauhreifschimmer überzogen. Erstarrt liegt die Landschaft hier im Lidbekegau wie in Erwartung der unausweichlichen Veränderungen, die hier auf die Heimat der Engern und Westfalen zukommen werden.

Mit einem starken Gefühl für diese seine Heimat schaut Widukind in die Ferne. Er ist dieser einsame Reiter, der dort auf den Rücken von Fiolo, seinem Schimmelhengst, sitzt und über die sanft abfallenden Hänge des Wiehengebirges hinausblickt, über das Talbecken, das am Horizont durch die Kette des Osning eingegrenzt wird.

Von seinem hohen Standort aus, der seinen Namen ›Hohe Warte‹ alle Ehre macht, kann er sich jeder Himmelsrichtung zuwenden, er sieht immer freies Sachsenland. Jedoch wie lange noch werden sich die Menschen hier dem Joch der Franken erwehren können? So geht es dem jungen Engernfürsten durch den Kopf. Die Ermahnungen und Ratschläge, die sein Vater ihm auf dem Sterbelager ans Herz legte, sind noch zu frisch in seiner Erinnerung, als daß er auch nur ein Wort davon vergessen hätte.

Wie ein Schwur, den er vor sich selber und vor diesem fruchtbaren Land leistet, klingt es in ihm: »Ja, ich werde dafür kämpfen, meinem Volk die Eigenständigkeit und somit ein Leben innerhalb der alten Traditionen zu erhalten.«

Doch würden die Götter seiner Ahnen stark genug sein, um sich gegen diesen offensichtlich doch sehr starken ›Christen-Gott‹ zu behaupten?

Während er sich diese bange Frage stellt, wendet Widukind seinen Fiolo und reitet in Richtung der alten Festung, die jenseits am Hang des Wiehengebirgskammes, also in nördlicher Richtung liegt. Fast die ganze sternenklare Nacht hindurch ist er geritten, um noch vor seiner Mutter in der Babilonje einzutreffen.

Diese aus Erdwällen, Bruchsteinmauern und Holzbarrikaden bestehende Volksburg wurde schon angelegt, als die Sachsen noch nicht aus ihrer nordischen Heimat, über den Elbefluß in die weite Ebene, bis in das mittlere Bergland Germaniens, vorgedrungen waren. Widukind weiß das, und manches mehr, über die Vergangenheit seines Volkes. Er ist schon von frühester Jugend an ein aufmerksamer Zuhörer gewesen. Bei kaltem Winter-Wetter, wenn die sonst so fleißigen Leute zur Muße gezwungen wurden, oder an den Abenden nach getaner Arbeit, saßen die Menschen beisammen und sprachen über alles, was sie bewegte. Der junge Zuhörer war besonders aufmerksam, wenn von vergangenen Zeiten die Rede war. Daher auch weiß er Einiges von der wechselvollen Geschichte dieses Landes. Chauken, Cherusker, Chamaven und Brukterer wechselten einander im Besitz dieser Gaue am Wiehengebirge und dem Osning ab. Aus dem Lande der aufgehenden Sonne war zudem noch ein wildes Reitervolk, das man die Hunnen nannte, über die hier lebenden Menschen hergefallen. So erfüllten Zufluchtstätten, wie diese Burg, seit eh und je ihren Zweck, und nun wird die Bedrohung durch die Franken den Bestand solcher Anlagen einen neuen Sinn geben.

Die Festung und große Teile des sie umgebenden Gebietes gehören jetzt zum Besitz der Wigaldingersippe, deren Sproß ja auch Widukind ist. Zu bestimmten Anlässen, an denen möglichst viele von diesem Clan teilhaben sollen, trifft man sich hier in der Babilonje.

Da ein fränkisches Schwert dem Leben Edelhards, des Herrn dieser Besitzungen, ein Ende setzte, übernahm sein Bruder Warnekin zu seinen Ländereien in Wigaldinghus, Twente und Düsselborg, auch noch diese im Lidbekegau. Nun, da auch sein Vater dem Großmachtstreben des Frankenkönigs zum Opfer gefallen war und Widukind als Erbe all seiner Besitzungen gilt, gehört ihm vorläufig auch diese ehemalige Domäne seines Onkels Edelhard. Doch endgültig muß der Sippenrat darüber entscheiden.

Gelassen sieht der junge Edling dem Ergebnis dieser Abstimmung entgegen, wann immer es auch dazu kommen mag. Sollte man dabei zu der Entscheidung kommen, ein anderes Mitglied seiner weitverzweigten Verwandtschaft habe ältere Rechte oder stärkere Argumente, um Festung und Land sein Eigen nennen zu können, dann sollte es ihm Recht sein.

Um dem Vermächtnis seines Vaters gerecht zu werden, braucht er eine starke Hausmacht, die ihm den Rücken stärkt. Kleinliche Streitereien um einige Hufe Land kann er sich da nicht leisten. Diese Festung hier wird im Bedarfsfall, wie auch die anderen Volksburgen des Sachsenlandes, allen Schutzbedürftigen und allen Verteidigern seines Volkes zur Verfügung stehen. Dann würde der Kriegsherzog der Engern hier das Sagen haben. Wer also in Friedenszeiten Herrenrechte in der Babilonje ausübt, ist für Widukind nicht so wichtig, wenn der Besitz nur innerhalb seiner Sippe bleibt.

Das weite Oval des unteren Festungsringes ist mit mehreren Hütten unterschiedlicher Bauart und Größe ausgefüllt. Mit drei Plattformen ist die Burg vom Fuß des Berges bis zu dessen Gipfel, an den Hang gebaut. Jeder Familienzweig der Wigaldinger hat hier eine mehr oder weniger aufwendige Behausung, für die Zeit des Aufenthalts in der Babilonje. Im unteren Teil steht dem großen turmbewehrten Tor ein wuchtiger Bau, der aus starken Baumstämmen gefügt wurde gegenüber. An der Verwitterung der Außenwände, dem starken Moosbewuchs und dem Grasbewuchs auf dem Dach, wo auch einige Sträucher Wurzeln geschlagen haben, wird deutlich, daß dieses Bauwerk manch einem Winter und Sommer getrotzt hat. Durch seine Größe und die zentralen Lage an dem großen Vorplatz weist sich dieser Bau klar als das Haupthaus der Festung aus. Eine Besonderheit zeichnet diese alte Anlage aus, von der nur Eingeweihte wissen: Wenn dieses alte Festung eingenommen würde, dann hätten sich die Insassen immer noch die Möglichkeit sich durch ein weitverzweigtes Stollensystem in Sicherheit zu bringen.

Der Posten auf dem Ausguck am Tor hat den jungen Fürsten erkannt, der geradewegs auf das besagte Gebäude zureitet. Für alle in der Burg anwesenden Menschen ertönt ein Hornsignal, das den Festungsherrn ankündigt, und augenblicklich wird es innerhalb der Erdwälle und Palisaden lebendig. Aus einigen der Hütten treten Sippenmitglieder heraus, die vom Tode Warnekins hörten und sich unverzüglich hierherbegeben haben, um an der Beisetzung der ›Herz-Urne‹ teilzunehmen. Sicher wollen sie auch wissen, wie es nun nach dem gewaltsamen Sterben ihres Kriegsherzogs weitergeht. Adelar, der Verwalter der Babilonje, kommt mit eiligen Schritten aus dem Wirtschaftsgebäude der Festung, um Widukind als seinen neuen Herrn zu begrüßen. Fahrig wischt er seine blutbeschmutzten Hände an der verwitterten und ebenfalls rotbesudelten Schürze ab und verbeugt sich in achtungsvoller Manier vor dem Ankommenden, um dann in totale Verlegenheit zu geraten, als Widukind ihm lachend wegen seines Äußeren hänselt. »Ja, sag mal Adelar, was für eine Schlacht liegt hinter dir? Du schaust ja gefährlich aus.«

Eilends versucht der so angesprochene sich die arg befleckte Schürze vom Körper zu zerren, als aus dem Haupthaus eine Frau heraustritt, deren Leinenkittel zwar kein Blut aber doch unübersehbare Schmutz- und Wasserflecken zeigt. Vergeblich versucht sie, im Laufen ihr leicht angegrautes, wallendes Haar zu ordnen und schimpft auf den verdatterten Mann ein. »Du Lodderbaß, schämst du dich nicht, so vor deinem Herrn zu erscheinen?« Dann wendet sie sich dem Edling zu. Nach einer etwas mißglückten Kniebeuge sagt sie, wohl auch im Hinblick auf ihre nicht ganz hoffähige Erscheinung: »Ihr müßt schon entschuldigen

Herr Widukind, aber wie ihr wißt, werden viele Leute hierherkommen, und da gibt es allerhand vorzubereiten. Adelar ist beim Schlachten und ich bin dabei, eure Unterkunft wohnlich herzurichten. Die gnädige Frau Kunhilde wird ja auch bald hier sein, und ich möchte nicht wieder ihren Unwillen erregen.«

Behende ist Widukind aus dem Sattel gesprungen und umfaßt die Schulter der Frau in vertrauter Weise. »Erst einmal laß dir sagen, Walburga, ich bin immer noch der Widukind, dem du neben dem Laufen noch manch‹ anderes beigebracht hast. Den Herrn kannst du vergessen. Was nun die Arbeiten hier anbetrifft, so solltet ihr vom Quernhof mehr Liten anfordern, wenn es nötig ist. Ihr müßt ja nicht alles selber machen.«

Einem jungen Mann, der sich anschickt, das Pferd des jungen Fürsten zu versorgen, klopft er dankbar auf die Schulter. »Laß nur, Fiolo ist möglicherweise beleidigt, wenn ich es nicht selber mache.«

Lächelnd, und mit einem Ausdruck von Stolz schaut Walburga ihrem ehemaligen Zögling hinterher, wie er sein Pferd zur Tränke führt, es absattelt und striegelt, während der Knecht einen Weidenkorb mit Futter bereitstellt.

Ein naßkalter Abend senkt sich über das Land, und nur ein blasser Schimmer ist vom Licht der untergehenden Sonne über der Hügellandschaft zu erkennen. Widukind hat sich zu Fuß auf den Weg gemacht, um über die dreifachen Wallanlagen der Festung hinweg an die nach Norden abfallende Seite des Burgberges zu gelangen. Ein wenig trist wirkt jetzt dieses flache Land, das sich vor ihm ausbreitet. Um diese Jahreszeit hat die Natur in Erwartung des Winters den Scharm der wärmeren Jahreszeit abgelegt.

Vorbei an Sümpfen, die von Schilf und Buchwerk umrahmt werden, durch Wiesengründe und Wälder mit dichtem Unterholz, führt ein Weg von Wigaldinghus bis hierher, der zum Teil als Knüppeldamm befestigt wurde. Auf diesem Pfad, dessen Anriß sich in der Ferne verflüchtigt, sieht Widukind, was er zu erblicken hoffte. Ein Ochsenkarren, der von vier Reitern begleitet wird, nähert sich auf den in Schlangenlinien bergan führenden Weg. Seine Mutter, die bei früheren

Reisen mit seinem Vater nie dazu gebracht werden konnte, vom Rücken ihrer Pferde auf ein holpriges Fuhrwerk umzusteigen, hat jetzt also doch die Art, sich über längere Wegstrecken fortzubewegen, angenommen, wie es sich für Frauen ihres Alters geziemt, überlegt der junge Wigaldinger in der Überzeugung, seine Mutter würde sich in dem schwerfälligen Karren transportieren lassen.

Ein Reiter mit flatternder Haarmähne löst sich jetzt von der Gruppe. Wahrscheinlich hat er dem Pferd die Hacken zu forsch in die Flanken gesetzt, denn das große Tier steigt auf die Hinterhand und prescht den Bergpfad aufwärts. Widukind springt über eine Erdaufschüttung hinweg, um ebenfalls auf den Bergpfad zu gelangen. Kopfschüttelnd sieht er, wie der Reiter hinter der letzten Wegbiegung verschwindet; bald muß er vor ihm auftauchen. Wieso hat er den Fuchswallach nicht vorher erkannt, der da nun auf ihn zu galoppiert, und diese Reiterin? Unzählige Male schon bewunderte er das reiterliche Können seiner Mutter. Sein Vater Warnekin sagte einmal, ich glaube deine Mutter ist auf einem Pferdesattel zur Welt gekommen.

Mit der Leichtigkeit eines jungen Mädchens springt Kunhilde aus dem Sattel, während ihr Sohn nach den Zügeln des Pferdes greift, das in seiner Haltung keine Müdigkeit zeigt, auch wenn sein Fell jetzt von Schweiß feucht glänzt. »Mutter, ich dachte, du würdest in dem Fuhrwerk reisen.« Indem Widukind dies sagt, stellt er auch schon fest, wie wenig geistreich seine Worte sind. »Aber mein Junge, dafür solltest du mich kennen«, entgegnet Kunhilde. »Wenn ich nicht mehr auf einem Pferderücken sitzen kann, ja dann sollen die Nornen mir gnädig sein und mich, auf einer Wolke reitend, in ein anderes Leben holen.«

Nach kurzer Umarmung und einem mütterlichen Kuß auf die Stirne des Sohnes betrachtet Widukind aufmerksam seine Mutter. Nicht eine gramgebeugte Frau steht da vor ihm, nein, er sieht seine immer noch schöne Mutter, die ihre Gefühle wie immer unter Kontrolle hat, und er weiß, auf sie wird er sich stets verlassen können. Nur da unten am Berg, als sie allen Grund zu der Annahme hatte, hier oben ihren Sohn zu treffen, da muß doch etwas ihrer Disziplin entglitten sein, und wenn es nur ihre Hacken waren, die in die Weichen des Pferdes schlugen. Bei diesem

Gedanken verkneift sich der Edling ein Grinsen, während sich die Frau, seine Hilfestellung ablehnend, in den Sattel schwingt.

Von der Höhe des Pferderückens herab sagt Kunhilde, nachdem sie ihren Sohn mit einem warmen Blick umfangen hat: »Als Warnekin den Weg zum heiligen Hain und nach Huxori antrat, da war in mir ein Gefühl, als ob ich ihn nicht wiedersehen würde, nie vorher, wenn er in irgendeinen Kampf zog, habe ich das gespürt. Er hat also in Hiltruds Armen sein Leben ausgehaucht. Ich muß es hinnehmen, aber daß meine Tochter diesen Franken ausgeliefert ist, das werde ich nicht dulden. Auch du solltest alles daran setzen, Ravena ihren Händen zu entreißen.

Durch das Herannahen des Ochsenkarrens und der drei Reiter wird Widukind einer Antwort enthoben. Noch unter dem Eindruck der heftigen Worte seiner Mutter erkennt er den Mann, der es sich in dem Gefährt auf Heu und Felldecken bequem gemacht hat. Wolfram sein väterlicher Freund, der so viel von der Welt weiß, wie kein anderer Mensch, den er kennt.

In der Art, wie die beiden im allgemeinen miteinander umzugehen pflegen, findet auch die Begrüßung statt. »He, Alter, daß du deinen alten Knochen diese Strapazen noch zumutest, ist ja erfreulich«, kommt es locker von Widukind.

»Man sieht ja, was dabei rauskommt, wenn man euch alleine läßt«, gibt Wolfram sarkastisch zurück, um dann im ernsten Tonfall weiterzusprechen, »es ist für mich Ehrensache, meinem Weggenossen Warnekin die letzte Ehre zu geben, wenn die Götter nun einmal beschlossen haben, ihn vor mir auf die große Reise zu schicken.«

Nachdem Widukind den drei Reitern, zu denen auch sein Knappe Dingolf gehört, ein freundliches Hallo zugerufen hat, schwingt er sich zu Wolfram auf das schwerfällige Gefährt. Zwischen den zwei Männern gibt es viel zu besprechen.

Die zum Winterschlaf bereite Landschaft ist an diesem Morgen mit einer leichten Schneedecke überzogen, da Warnekins Herz seinen endgültigen Platz auf dieser Erde bekommen soll.« Ein Leichentuch für Warnekin.« Das waren Wolframs Worte, als er, auf Widukinds Arm gestützt, in der Dämmerung des neuen Tages die Hütte in der Babilonje verließ und das Schneetreiben gewahrte. Ein langer Zug von Reitern, denen eine Gruppe Fußgängern folgt, zieht sich von der Kuppe des Wiehengebirges hinab in Richtung des Querhofes des zu Babiloni gehörenden Bauerngutes. An einer Bruchsteinwand, von der nicht mehr zu erkennen ist, zu welchem Zweck sie einmal errichtet wurde, steht eine mächtige Eiche. Der Stamm ist schon vor vielen Jahren einmal vom Blitzschlag gespalten worden. Unter den hier lebenden Menschen ist dieser knorrige Baum, dessen weitausladende Äste jetzt kahl, stellenweise von Schneekristallen verziert, in den weißverhangenen Himmel ragen als Donareiche bekannt. Dies ist das Ziel des langen Zuges, der von Kunhilde angeführt wird. Ihren Fuchswallach Arco lenkt sie nur mit den Schenkeln, denn in den Händen hält die Witwe, wie ein kostbares Kleinod, das Tongefäß mit dem Herzen ihres toten Mannes. Es ist alles, was auf seinen eigenen Wunsch hin nicht den Flammen preisgegeben wurde.

Zwischen den Wurzeln der Donareiche, des Symbolbaumes der Wigaldinger, ist ein Erdloch ausgehoben. Hierher begibt sich die stolze Frau des toten Kriegsherzogs. Bevor sie vom Pferd steigt, übergibt sie Widukind die ›Herz-Urne‹. Dieser ist der Prozession weit vorausgeritten, um seine Mutter und die Gäste hier zu empfangen. Während der junge Edling, kniend und weit vorgebeugt, das Tongefäß mit dem hären Inhalt in die Erde versenkt, steht seine Mutter hocherhobenen Hauptes neben ihm. Ein Reiter schert aus der Reihe des Trosses aus. Es ist Wolfram. Zu diesem Zweck hat er mit großer Anstrengung und unter lautem Geächze den Rücken eines Pferdes bestiegen. »Gewiß wird es für mich das letzte Mal sein«, hatte er zu Widukind gesagt, der ihm behilflich war. Doch der meinte frotzelnd: »Bei dir weiß man das nicht so genau. Komm nur nicht auf die Idee, mich begleiten zu wollen, wenn ich gegen die Franken reite.«

Der alte Mann im wallenden Fellumhang, dessen Greisenhaftigkeit durch das lange weiße Haupt- und Barthaar noch unterstrichen wird, lenkt sein ruhiges Pferd so, daß er Kunhilde und Widukind an seiner Seite hat. Dann spricht er mit fester Stimme, die man einem Menschen seines Alters nicht zutrauen würde:»Warnekin war ein Mann der Tat, ihn an dieser Stelle mit Worten zu rühmen, das erübrigt sich. Wir alle, da bin ich sicher, werden seiner mit Hochachtung gedenken. Doch nicht in die Vergangenheit sei unser Sinn gerichtet, sondern in die Zukunft. Warnekin ist tot, es lebe Widukind!«

Aufmerksam beobachtet der junge Mann, der durch diese Proklamation Wolframs zum Anführer seiner Sippe ausgerufen wurde, die Reaktion der Menschen hier. Fast alle Anwesenden stimmen in die Antwort ein: »Es lebe Widukind!« Nur vier Personen, die sich etwas abgesondert haben, schweigen dazu. Wenn er diesen Mann, der etwa das Alter seines Vaters erreicht haben dürfte, mit der schwarzhaarigen Frau und den beiden Söhnen, von denen der Ältere an die zwanzig Lenze zählt und der Jüngere vielleicht sechzehn Jahre alt ist, auch noch nicht oft gesehen hat, so weiß Widukind doch, daß es sich um die Leute vom großen Tadenhof handelt. Das Familienoberhaupt, Ulf von Tadenhusen, ist ein Vetter Warnekins. Daß die beiden Männer kein gutes Verhältnis miteinander hatten, ist innerhalb der Sippe bekannt.

Zum Clanthing, das am gleichen Abend noch stattfindet, ist der große Bau bis in den letzten Winkel gefüllt. Zum Wortführer wurde Roderich vom Limberg gewählt. Er ist ein Großonkel Widukind. Achtung die sein hohes Alter gebietet, sowie seine ausgleichende und ru-hige Art lassen ihn, wie keinen Anderen, für den Vorsitz dieser Versammlung geeignet erscheinen. Nach einleitenden Worten kommt er zum Zweck dieses Things. »An der Donareiche habt ihr heute Warnekins Wunsch bestätigt. Er hat bislang die Interessen des Wigaldingergeschlechts in Engern, aber auch im gesamten Sachsenland in hervorragender Weise vertreten. Nun, da er nicht mehr unter uns weilt, schlage ich vor seinen Sohn Widukind zu unserem Anführer zu machen. Diese Sippe ist eine der angesehensten des Landes, deshalb sollten wir darauf bedacht sein, bei der Führung und Verteidigung der Heimat eine gewichtige Rolle zu spielen. Das ist nur möglich, wenn ein starker Mann, hinter dem wir geschlossen stehen, uns führt. Warnekin hat bewiesen, daß er der richtige

Mann für uns war, nur leider ist es ihm nicht gelungen, die Großen des Landes auf eine gemeinsame Linie einzuschwören. Laßt uns also nach Kräften dazu beitragen, daß es seinem Nachfolger gelingt, Einigkeit in die eigenen Reihen zu bringen, um so die Gefahr von uns abzuwenden, Freiheit und Identität zu verlieren.«

Anerkennendes Murmeln erfüllt nach Roderichs Worten den Raum. Doch jetzt meldet sich Ulf von Tadenhusen zu Wort. Unter denen, die um die Rivalität zwischen dieser Familie und Widukinds Umgebung wissen, werden bezeichnende Blicke ausgetauscht. Mit einer Miene, die etwas wie Feindseligkeit ausdrückt, schaut der Mann vom Landgut Tadenhusen in die Gesichter der Versammelten und sagt: »Möge Warnekin seinen Frieden finden an dem Ort, den die Götter für ihn bestimmten, das wünsche ich ihm, auch wenn ich keinen Grund habe, seiner in Freundschaft zu gedenken. Er hat sich immer genommen, was er wollte, ohne Rücksicht auf andere. So auch diese Domäne mit der Babilonje und dem Quernhof. Ich behaupte, die gleichen Rechte auf diesen Besitz zu haben, denn Edelhards und Warnekins Vater war ein Zwilling meines Erzeugers, wie ihr wißt."

Für Aufregung sorgt jetzt Kunhildes Auftritt. Noch während der Tadenhusener sprach, ist sie vor die Versammlung getreten. Die beschwichtigenden Handbewegungen ignorierend, ruft sie in schneidendem Ton: »Ich lasse es nicht zu, daß Warnekins Andenken von diesem Mann in den Schmutz gezogen wird.« Den Versuch des Edlen von Tadenhusen, seine Rede wieder aufzunehmen, verhindert Kunhilde, indem sie ihm direkt gegenübertritt und mit fast sanfter Stimme fragt: »Wo warst du als Edelhard starb? Hast du mit ihm gegen die Franken gekämpft oder standest du an Warnekins Seite, während er gegen die Sorben focht? Nein, du magst von gleichem Blute sein, aber vom Sinne her hast du mit den beiden nichts gemein. Während jene auf Leben und Tod für die Sache der Sachsen stritten, saßest du auf deinem Landgut, um deinen Reichtum zu mehren. Wie kannst du erwarten, die an deren Leben du nie teilgenommen hast, würden sich deiner im Tode erinnern?«

»Seit wann haben Weiber im Rat der Wigaldinger das Sagen?«, schallt es aus der Menge der Zuhörer. Wernher, der Ältere der Tadenhusbrüder, hatte diesen Ausruf von sich gegeben. Er konnte jedoch nicht verhindern, daß sein Kopf danach von Verlegenheitsröte glühte. Warnekins Witwe blieb ihm allerdings darauf nicht die Antwort schuldig. »Wenn dein Vater dich nicht ausschließlich dazu erzogen hätte, die Liten anzutreiben, damit Scheune und Faß immer besser gefüllt sind, dann wüßtest du von den Überlieferungen, daß in diesem Lande, wann immer große Ereignisse auf das Leben der Menschen Einfluß nahmen, auch Frauen daran beteiligt waren.« Sich an die Allgemeinheit wendend fährt sie fort. »Wenn nun die christlichen Franken ihre Füße über unsere Schwelle setzen, um unser Leben und das unserer Kinder aus den bewährten Fugen zu heben, dann sollten wir Frauen nicht unbeteiligt zusehen müssen.«

Mit heftiger Gestik meldet sich Ulf zu Worte: »Hier und jetzt geht es nicht um Belange zwischen Sachsen und Franken, sondern darum, wem der hiesige Besitz zusteht und wem nicht. Es kann doch nicht sein, daß die ganze stolze Sippe der Wigaldinger vor den Leuten aus Warnekins Familie katzbuckelt, und alle Forderungen nach Macht und Besitz einfach hinnimmt«.

Nun ist es an der Zeit für Widukind, das Wort zu ergreifen. Seiner Mutter, die gerade wieder zu sprechen anhebt ein Zeichen gebend, tritt er auf den Edlen vom Tadenhof zu. In höflicher aber bestimmter Manier sagt er: »Kein Mensch, sei er nun Lite oder was auch immer, nicht einmal ein geschlagener Gegner muß vor uns katzbuckeln, wie du dich ausdrücktest, Onkel. Nie hätte mein Vater seine Hand nach einem Besitz ausgestreckt, wenn dieser ihm nicht auf rechtmäßige Weise dargeboten worden wäre. Für die Menschen, denen wir Brot und Arbeit geben müssen, reichen unsere Ländereien aus, deshalb lege ich keinen Wert auf die Bewirtschaftung des Quernhofes. Um dem letzten Wunsch meines Vaters gerecht zu werden, kann ich mich nicht darauf konzentrieren, für meine Familie Reichtümer zu erwerben. Meine Aufgabe für die Zukunft liegt vielmehr darin, die Macht der Wigaldinger, der Engern, ja, des ganzen Volkes der Sachsen zu mehren, und zum Wohle der Allgemeinheit zu konzentrieren.«

»Hört, hört!«, lamentiert Wernher von Tadenhusen, »gerade ist er zum Anführer der Sippe gemacht worden, und schon greift er nach der Macht über das ganze Sachsenland. Das stellt selbst den Machthunger seines Vaters in den Schatten.« Widukind hält es für richtig, nicht direkt auf diese Worte einzugehen, sondern er wendet sich der Versammlung zu. »Wer meinen Vater gut genug kannte, und ihn ohne Vorurteile sah, der weiß, daß nicht Machtgier, sondern nur die Sorge um den Fortbestand der altgewohnten Ordnung sein Handeln bestimmte. Auch ich werde mich niemals nach der Macht drängen. Ich bin gern bereit jemandem zu folgen, der in der Lage ist, alle Gaue Sachsens für die noblen Ziele, die wir alle kennen, zu einen Menschen, die von selbstsüchtigen Zielen beherrscht sind, können diese Aufgabe niemals erfüllen, genauso wenig wie selbst der schönste und stärkste Hengst eine Herde nicht leiten kann, wenn er nur daran denkt, seinen eigenen Bauch zu füllen. Um den Streit wegen dieser Domäne zu beenden, verfüge ich als rechtmäßiger Erbe, daß alle Ländereien des Quernhofes, als Lehen an den bisherigen Verwalter dieser Festung, Adelar, übergeben werden. Als sein Lehnsherr erkläre ich ihn und seine Lebensgefährtin Wallburga hiermit zu freien Bauern. Er soll Herr über alle Liten sein, die zu diesem Besitz gehören. Diese Festung soll noch so lange von Adelar verwaltet werden, bis ich einen fähigen Kommandanten hierfür bestimmt habe.«

»Das geht doch wohl zu weit! Er maßt sich Rechte an die ihm nicht zustehen!« protestiert Ulf von Tadenhusen. In der ihm eigenen ruhigen Weise belehrt der greise Roderich den Aufbrausenden: »Ehe du von Anmaßungen oder ähnlichen Dingen redest, solltest du dich mit unseren Gesetzen besser vertraut machen. Um nun den Erbstreit endlich abzuschließen, laßt euch sagen, daß ich Zeuge war, als Warnekin und Edelhard sich gegenseitige Erbfolge zugesichert haben, die auf ihre Nachkommen übertragen werden soll. Da nun Edelhard kinderlos verschieden ist, kommt nur Widukind als sein Erbe in Frage."

Ulf glaubt noch etwas einwenden zu können: »Wenn ich richtig informiert bin, dann bist du, Roderich, doch hier der Häuptling, und nach unseren Gesetzen muß eine Endscheidung, ob jemand in den Stand der Freien erhoben wird, vom zuständigen Gauvorsteher bestätigt werden. Widukind aber hat bei Adelars Erhebung einfach über deinen Kopf hinweg gehandelt. Wenn du das hinnimmst, weil er der Sohn des großen Warnekin ist, dann müssen wir dies noch lange nicht gutheißen.«

Der alte Mann vom Limberg versucht auch weiterhin geduldig aufzuklären: »Du bist wieder einmal nicht richtig informiert, mein Freund. Ich übte seit Edelhards Tod dieses Amt nur in Vertretung aus. Der rechtmäßige Häuptling war bisher Warnekin und jetzt ist es Widukind. Ich habe damals auf Wunsch des Kriegsherzogs seine Aufgaben hier übernommen, da er wegen seiner anderen Verpflichtungen nicht auch noch hier im Lidbekegau zur Verfügung stehen konnte. Beim alljährlichen Gauthing wurde diese bestehende Ordnung nie geändert. Somit ist nun Widukind der Häuptling, es sei denn er tritt zurück oder er würde beim Thing im Holzmonat abgewählt. Jetzt aber kann er die Entscheidung, die er als Lehnsherr trifft, auch als Häuptling bestätigen, ob es dir nun gefällt oder nicht.« Dem hat Ulf nichts mehr entgegenzusetzen. Während er undeutliche Worte zwischen den Zähnen hervorpreßt, deren Sinn für die Betroffenen sicher nicht schmeichelhaft ist, verläßt er den Raum. Seine Frau und die Söhne folgen ihm.

Wallburga und Adelar können ihr Glück kaum fassen. Aus ihrer dunklen Ecke heraus, wo sie Widukinds Ankündigung hörten, zerrt die Frau ihren Mann am Arm durch die Menge der Versammelten, um sich bei dem jungen Herrn zu bedanken. Während des Streitgesprächs zwischen Ulf und Roderich bleiben sie jedoch in gebührendem Abstand stehen, und Wallburgas Blicke, die den Tadenhuser treffen, sprechen eine deutliche Sprache. Nun da der Weg frei ist, wollen sich die beiden vor dem jungen Edling auf die Knie werfen, doch mit seinen Gesten verhindert Widukind dies, und sagt: »Ehe ihr euch bedankt, hört erst einmal meine Bedingungen, denn ganz und gar selbstlos ist mein Handeln nicht. Ich erwarte von euch, daß ihr diese Burg ständig in verteidigungsfähigem Zustand haltet und für den Fall einer Belagerung genügend Vorräte anlegt. Die sollen dann mit unserem Lehnsanteil verrechnet werden. Wie bisher werden die Wigaldinger hier ihren Mittelpunkt und ihren Versammlungsort haben, deshalb behalte ich mir über die Babilonje die freie Verfügungsgewalt vor. Den Quernhof sollt ihr nach eurem Ermessen bewirtschaften. Er wird den Sattelmeierhöfen zugeordnet. Die Verpflichtung, die euch daraus erwächst, für mich und meinen Troß immer frische Pferde bereithalten zu müssen, solltet ihr kennen. Alle Einzelheiten werden wir dann noch in Ruhe klären.«

Wallburga scheint für diese Verpflichtungen, die mit diesem Privileg auf sie zukommen, kein Ohr zu haben. Sie denkt daran, endlich eine freie Bäuerin zu sein. »Ich danke euch Herr! Ihr könnt euch darauf verlassen, daß wir immer noch eure treuen Diener sind, auch wenn euer Großmut uns in dem Stand der Freien erhoben hat.« Mit leuchtenden Augen steht Adelar daneben und nickt zu den Worten seiner Frau. Schon immer hat er sich gewünscht, ein Bauer zu sein, der in freier Entscheidung seine Scholle beackern und sein Vieh aufziehen kann. Wenn er auch als Burgverwalter ein angesehener Mann unter Seinesgleichen war, so geht doch nichts über die endgültige Freiheit.

Roderich, der durch die Nähe seines Besitzes zur Babilonje mit dem Verwalterpaar vertraut ist, kann sich jetzt nicht verkneifen eine Bemerkung in Wallburgas Richtung loszulassen: »Meine Liebe, du mußt jetzt auch daran denken, daß nicht nur du den Stand der Freien erlangtest, sondern auch dein Mann Adelar.« Die Frau geht auf den scherzhaften Hinweis des alten Mannes ein und erwidert ihren Mann zärtlich anlachend: »Der ist immer so frei gewesen, wie er es selber wollte, in unserem Zusammenleben. Wer das anders sieht, der kann Adelar ja einmal fragen. Aber nur in meinem Beisein!« Nach diesem erheiterndem Auftritt geht es in dem Versammlungsraum gleich wieder ernst zu. Es gibt noch vieles zu bereden und wie das bei Männer einmal ist, möchte jeder bei solchen Gelegenheiten zu Wort kommen, um seine persönliche Wichtigkeit zu unterstreichen.

Der leichte Schneefall des Vortages hat sich über Nacht in Nieselregen verwandelt. Nur noch an geschützten Stellen sind Schneereste zu sehen. Ein naßkalter, wolkenverhangener Tag, der die Stimmung der Menschen niederdrückt, neigt sich dem Abend zu. Auf der Bank, die durch den Überstand des schweren Steinplattendaches vor Regen einigermaßen geschützt ist, sitzt in seinem Fellmantel eingehüllt der alte Wolfram. Wie das bei älteren Menschen, die lange Zeit ihres Lebens allein verbringen, oft der Fall ist, so neigt auch er dazu, Selbstgespräche zu führen. Während seine Augen versuchen, das graue Einerlei des Firmaments zu durchdringen, bewegen sich die Lippen lautlos im Gespräch mit sich selber. Es ziehen Bilder aus den bewegten Jahren seines Lebens an ihm vorüber, als er durch aller Herrenländer zog, Lebensgewohnheiten wie Religionen anderer Völker kennengelernte, um Lehren für sich daraus zu ziehen. Ja, manches was er bei solchen Gelegenheiten für erstrebenswert erachtete, hätte er gern hier ins Sachsenland übertragen, doch daß unbeugsame Festhalten an dem Althergebrachten, stand dem entgegen. Aber es gab seiner Meinung nach auch einiges, was die »kultivierteren" Menschen von denen lernen konnten, die sie ab und an »Barbaren" nannten. Da fiel ihm vor allem die Einstellung zur Natur, der Umgang mit den darin lebenden Tieren, aber auch die Achtung vor den Mitmenschen ein.

Die Gedanken des Greises werden unterbrochen, als vom hölzernen Turm am Haupttor der Wächter des Herannahens des Burgherrn meldet. Noch ist der Klang seines Hornes nicht verhallt, als Widukind auf seinem treuen Fiolo in den Burghof reitet. »Mir scheint, du vermißt die Einsamkeit und den weiten Horizont im flachen Lande der Hunte. Aber glaube mir, bei diesem Wetter ist es auch dort nicht angenehmer. In deinem Alter sollte man jetzt am wärmenden Herdfeuer sitzen.« Während Widukind dies zu seinem weißhaarigen Freund sagt, steigt er vom Pferd. Auf dem weiten Ritt zur Poggenmühle, und von dort hierher zurück, sind seine Kleider völlig durchnäßt.

Die von Edelhard über Warnekin nun in seinen Besitz gelangte Wassermühle ist zur Zeit ganz und gar kein Hort familiären Glücks, wie man beim gestrigen Sippentreffen von einer Verwandten erfahren hatte. Der lehenspflichtige Müller lebt dort zur Zeit allein mit einem alten Knecht, da seine Frau vor einiger Zeit vom Kindbettfieber dahingerafft wurde. Er sei ziemlich heruntergekommen und dem Suff verfallen. Schlimm sei dies vor allem für jenes kleine Kind, bei dessen Geburt die Mutter gestorben war. Den Versuch einer Bäuerin, aus Widukinds Sippe, die in der Nähe der Mühle mit ihrer Familie einen Hof bewirtschaftet, das kleine Würmchen in ihr Haus zu holen, damit es in ordentlicher Pflege aufwachsen könne, habe der Trunkenbold mit groben Tätlichkeiten verhindert. Früh am Morgen dieses Tages war Widukind dorthin geritten, um diese Zustände zu ändern.

»Nun Häuptling Widukind, hast du deine erste Führungsaufgabe hier gelöst, die daraus bestand, einen Versumpften zur Vernunft zu bringen?«, ist die lakonische Frage des Alten, nachdem Widukind sein Pferd versorgt und selber trockene Kleidung angelegt hat. Die Antwort des Jüngeren fällt nicht weniger ironisch aus: »Mein verehrter Wolfram, deine Frage spiegelt wenig von der zweifellos vorhandenen Weisheit wieder, denn vorrangig bin ich heute Morgen ausgezogen, um zu versuchen, einem sehr jungen Mitglied unseres Stammes den Weg in ein ordentliches Leben zu ebnen. Wenn auch dabei der unglückliche Trinker wieder in ein geordnetes Leben zurückfindet, dann sollte man sich darüber freuen.« »Du hast ja Recht«, lenkt Wolfram ein, »doch ich habe in meinem Leben schon manchen Säufer kennengelernt. Oft bekam ich den Eindruck, man kann eher einem Ochsen das Milchgeben beibringen, als so einen vom Met wegzukriegen.«

Inzwischen ist auch Kunhilde hinzugetreten. Sie hat einen Teil des Gesprächs mitbekommen und geht darauf ein. »Es ist gut, wenn mein Sohn die Zeit findet, sich auch bestimmten Einzelschicksalen zu widmen, doch ich fürchte in der Zukunft wird dafür nicht allzuviel Zeit übrigbleiben. Jetzt ist es doch vorrangig, Ravena zurückzuholen, denn wie ich schon sagte, möchte ich nicht mehr lange auf meine Tochter verzichten.« Mit besorgter Miene schaut Widukind seine Mutter an. »Du hast ja Recht, nur müssen wir uns diese Befreiungsaktion genauestens überlegen. Mit Waffengewalt können wir nicht vorgehen, man würde nur Ravenas und das Leben unserer Leute riskieren. Also kann uns nur eine List zum Erfolg bringen.« »Wie ich hörte, hat man sie in Richtung Büraberg - Fritzlar verschleppt«, mischt sich Wolfram ein. »Uns ist aus dieser Gegend die Ansiedlung Geismar besser bekannt. Dort stand vor Jahren auch eine mächtige Donareiche. Dieser angelsächsische Mönch Windfried-Bonifatius, den die Friesen vor zwei Jah-

ren umbrachten, ließ sie fällen. In der Nähe dieses Ortes baute er dem Christengott ein großes Haus, dabei wurde auch das Holz jener Eiche verwendet. Den Standort dieses Hauses nennen sie Fritzlar. Der Name hat im fränkischen irgendwas mit Frieden-bringen zu tun. Es ließen sich dort sogenannte Missionare nieder, die uns, den Heiden, mit dem Glauben an ihren Gott also diesen Frieden bringen wollen. Doch wie das so ist, wird die Macht ihres Gottes durch die Kraft ihrer Keulen und Schwerter unterstützt. Dafür ist die Frankenfeste Büraberg zuständig. Ravena aus diesem Gebiet mit Waffengewalt zu befreien, das können wir, wie Widukind schon sagte, vergessen. Meiner Meinung nach wäre es wichtig, Leute unseres Vertrauens dort hinzuschicken, die nicht als Sachsen erkannt werden, sich also ohne aufzufallen umsehen können, damit wir wissen, ob und wie unser Mädchen dort festgehalten wird.«
Gemeinsam entwerfen die drei nun einen Plan, und schon am nächsten Morgen beginnen sie damit, ihn in die Tat umzusetzen.

KAPITEL VIII

wei Ochsen ziehen ein schwerfälliges Gefährt holpernd über den Weg, der, von der sächsischen Grenze kommend, an dem Ederfluß folgend, über die Geißmarhöfe zur Feste Büraberg führt. Möglicherweise zogen auch die römischen Legionen vor langer Zeit über diese Route, als sie sich anschickten, die Heimat der sogenannten Barbaren im Norden zu erobern.

Der zweiräderige Karren ist mit einem Aufbau aus Weidengeflecht versehen und mit einer Plane überspannt, die aus verschiedenen Fellen zusammengestückelt wurde. Der Lenker des Ochsengespannes muß schon manchen Sommer und Winter gesehen haben. Er ist fast ganz in seinen riesigen Fellmantel eingehüllt, aus dessen Kapuze man ein runzeliges Gesicht erkennt, soweit es nicht von dem strähnigen, weißen Bart verdeckt wird.

Vor dem Fuhrwerk reitet eine Frau, die allerdings nur durch ihre im Wind flatternde Haarpracht und die anmutig, fraulichen Gesichtszüge als eine solche zu erkennen ist. Ansonsten sitzt sie wie ein junger Mann auf den Rücken ihres Pferdes. Gegen die empfindliche Kälte des beginnenden Winters schützt sie sich ebenfalls mit einen Mantel aus nordischen Tierfellen.

Ein junger Reiter, in schafwollenem Wams und ebensolcher Kopfbedeckung, der den Abschluß der Gruppe bildet, treibt sein Pferd jetzt an, um zu der Frau aufzuschließen. Mit verhaltener Aufregung deutet er auf den Bergrücken voraus. Er hat dort zwischen dem Baumbewuchs hindurch einige Reiter gesehen, die sich dem kleinen Treck sicherlich bald in den Weg hat stellen werden. »Auch ich habe sie gesehen Dingolf«, sagt die Frau, nachdem der Mann glaubte, sie auf die Gefahr aufmerksam machen zu müssen. »Es werden Franken sein, wir sind ja nicht mehr weit von Büraberg entfernt. Achte also darauf, daß du dich und uns, durch dein Verhalten, nicht verrätst«, ermahnt sie den jungen Reiter.

Der Berghang, auf den sie sich zubewegen, ist jetzt um die Mittagszeit am oberen Teil noch vom leichten, nächtlichen Schneefall überzuckert, während der ungleichmäßige Nadelholzbewuchs im unteren Teil sich in fast bedrohlichem Dunkel zeigt. Als die kleine Schar den Fuß des Berges erreicht, wird der Weg plötzlich von vier Reitern versperrt und auch hinter ihnen sprengen zwei Krieger auf ihren Pferden aus dem Wald hervor. Die Männer sind nach Art der Franken bewaffnet. Einer von ihnen ist durch sein Äußeres als Anführer zu erkennen. Ein leichter, glänzender Harnisch schützt seine Brust und der blanke Helm auf seinem Kopf ist mit einem Federbusch verziert.

Die Sprache, in der dieser Mann sie anspricht, ist nur dem alten Mann geläufig, wie es scheint. Der antwortet dann auch auf die Frage nach dem Woher und Wohin: »Wie ihr seht, sind wir friedliche Handelsleute. Dinge, die den Menschen des Nordens von der Natur geschenkt werden, oder die sie in den langen Wolfsnächten anfertigen, bringen wir den Leuten in südlicheren Ländern, da es derlei Sachen dort nicht gibt. Im Austausch erstehen wir edle Weine, Gewürze und Geräte aus Metallen, wie man sie nur dort bekommen kann, um in unserer Heimat wiederum Bernstein oder begehrte Naturprodukte dafür zuerhalten.« »Und um nebenbei für die Sachsen bei uns zu spionieren«, ergänzt auf seine Weise der fränkische Anführer. »Außerdem«, so spricht er weiter, nachdem er den Alten kritisch musterte, »solltest du dich in deinem hohen Alter am Feuer deiner Hütte auf den Weg ins Jenseits vorbereiten, statt immer noch durch die Lande zu ziehen.«

»Das laß nur meine Sorge sein, Franke. Du kannst ja, wenn dich nicht schon vorher jemand aufgespießt hat, den Tod in deinem eigenen Leichentuch erwarten. Mir aber ist es gleich, wo er mich erwischt, seiner harren aber werde ich nicht.« Einen strafenden Blick handelt sich der betagte Ochsenlenker von der Reiterin ein wegen dieser kecken Worte, und auch der junge Begleiter schaut mit besorgtem Blick zu den Franken hinüber. Doch der Krieger mit dem metallenen Harnisch sagt unter spöttischem Grinsen: »Nun reiß dein zahnloses Maul nur nicht zu weit auf!" Darauf wendet er sein Pferd um mit ironischem Unterton zu sagen: »Ihr werdet sicher nichts dagegen haben, wenn wir euch nach Büraberg begleiten."

Hier im Grenzland zwischen Sachsen und Franken kommt es zu dieser Zeit immer wieder zu Übergriffen von der einen oder der anderen Seite, deshalb ist diese Festung von besonderer Bedeutung. Die Tatsache, daß ein christlicher Kirchenfürst in Büraberg residiert, unterstreicht die Wichtigkeit dieser Region. Eine starke Festung, an den wichtigsten Stellen aus trutzigen Steinmauern bestehend, dient hier dem Schutz des Bischofs, der noch von Bonifatius eingesetzt wurde. Für die Franken ist dies einer der wichtigsten Stützpunkte hier im Grenzland.

»He, Worad! Was bringst du uns denn da?«, wird der Anführer von einem Manne gefragt, als die Gruppe mit dem Ochsenkarren im Zentrum der Feste angekommen ist. Ein Krieger von hohem Rang scheint es zu sein, der dort vor dem wuchtigen Steinbau steht und den Ankommenden entgegensieht. Der braune kurzgehaltene Haarschopf und ein gestutzter Vollbart umrahmen ein rundliches Gesicht, dem die braunen Augen einen ironisch-verschmitzten Ausdruck geben. Der aus derbem Stoff gefertigte Waffenrock beigener Farbe ist mit Hermelinpelzen abgesetzt. In seinem reich verzierten Gürtel steckt ein langes Schwert mit klobigem Knauf.

Der als Worad Angesprochene steigt von seinem Pferd und deutet eine leichte Verbeugung in Richtung des Mannes an und sagt: »Da ihr,

Graf Bernhard[52] dank eurer mächtigen Anverwandten, über die nötigen Mittel verfügen dürftet, könnte es zwischen euch und diesen Leuten zu einem Handel kommen. Sie bieten nämlich Bernstein und derlei schöne Sachen aus den Ländern des Nordens feil.«

Das Haus vor dem dieser Bernhard steht, befindet sich am Rande eines freien Platzes gegenüber der Kirche und dem daran anschließenden Haus, das offensichtlich den Bischof von Büraberg beherbergt. Die erwähnten Bauten sind aus Sandstein gefertigt. Aus Holz sind dagegen mehrere kleine Hütten gebaut worden, die hinter dem Bischofsgebäude von einem mannshohen Zaun umgeben sind. Auf dem freien Gelände zischen dem Haus der Weltlichen- und dem der kirchlichen Macht stehen Wassertröge und Futterkrippen für die Versorgung von Reit- und Zugtiere bereit.

Den angeblichen Handelsleuten, als solche haben sich ja Kunhilde und der alte Wolfram mit Widukinds Knappen Dingolf ausgegeben, ist klar geworden, daß in der Person dieses Karolingers der fränkische Befehlshaber dieser Festung vor ihnen steht. Der trutzige Bau, vor dem er steht, stellt einen Kontrast zu den anderen Häusern dar und weist deutlich auf den Zweck, die Macht zu verkörpern, hin. Frauen und Männer, die sich innerhalb der Festungsanlage aufhalten, haben ihre Tätigkeit ruhen lassen, damit sie das Geschehen um die Neuangekommenen verfolgen können. Am auffälligsten ist die Frau, die sich gerade an die Seite des Grafen Bernhard begibt und von ihm mit einem freundlichen Lächeln bedacht wird.

Lange dunkle Haare reichen ihr fast bis zum Gürtel. Ihr liebliches Antlitz hat den Ausdruck unschuldiger Jugend noch nicht verloren, und das hellblaue bis zu den Knöcheln reichende Gewand, das von einer roten Kordel um die Taille gehalten wird, unterstreicht den feenhaften Eindruck.

Auch wenn Mißtrauen in der Haltung des Franken zu erkennen ist, bleibt in seinem Gesicht dieser Ausdruck schelmischer Freundlichkeit erhalten. »Habt ihr den Wagen durchsucht, Graf Worad?«, wendet er

---

[52] Ein Halbbruder des Frankenkönigs Pippin.

sich an den Anführer der fränkischen Reiter. »Das wollten wir hier in der Festung erledigen, um nicht dort draußen irgendwelche Überraschungen zu erleben«, antwortet er und gibt daraufhin zwei seiner Leute einen Wink, worauf diese auf den Ochsenkarren klettern, um festzustellen, was sich unter der Plane befindet. Um selber den Wageninhalt zu begutachten, treten Bernhard und Worad nahe an das Gefährt heran.

Währenddessen sitzt Kunhilde noch immer im Sattel ihres Arko. Scheinbar gleichgültig schaut sie sich um. Eine bohrende Frage, die sie bewegt, ob unter den Menschen, deren Interesse von ihnen erregt wurde, eventuell die vertraute Gestalt ihrer Tochter zu sehen ist, vermag sie gut zu verbergen. Auch wenn Ravena hier als Gefangene gehalten wird, kann sich Kunhilde vorstellen, daß sie sich innerhalb der Festung mehr oder weniger frei bewegen darf, wie das bei Geiseln oder Kriegsgefangenen der Sachsen auch oft der Fall ist.

An dem Zaun, der die kleinen Hütten von der Außenwelt trennt, sind jetzt einige Frauengestalten zu erkennen. Kunhilde muß sich beherrschen, um nicht den Namen ihrer Tochter auszurufen. Jener lange blonde Haarschopf an dem sie Ravena zu erkennen glaubt, könnte natürlich auch einer anderen Frau gehören. Doch wie so oft, könnte auch hier der Wunsch, Vater des Gedankens sein.

KAPITEL IX

orgen um das Wohlergehen seiner Mutter und aller, deren Schicksal mit dieser riskanten Reise verbunden ist, bedrängen Widukind während seiner rastlosen Aktionen am Tage und lassen ihn auch während der Nacht nicht recht zur Ruhe kommen. All' seine Überredungskraft hat er eingesetzt, um Kunhilde von dem seiner Meinung nach wahnwitzigen Plan abzuhalten, den Wolfram entwarf, nachdem er, Widukind, vorgetragen hatte, was er zu unternehmen gedachte, um Ravena den Händen der Franken zu entreißen. Da ja der Aufenthaltsort des Mädchens nicht mit letzter Sicherheit bekannt ist, waren seine Mutter und Wolfram der Meinung, durch ihren Einsatz Widukinds Unternehmungen, die ihn zunächst nach Fritzlar führen sollten, zu unterstützen oder gar zu ergänzen, falls sie Widukinds Schwester in der Feste Büraberg aufspüren sollten. Den Einwand, Wolfram sei zu alt für derlei Strapazen, noch dazu jetzt im Winter, begegnete er mit den Worten: »Ich kenne niemanden, der sich für diese Aufgabe besser eignet als ich. Die Zeit meines Aufenthalts bei den Franken hat mich ihre Lebensgewohnheiten und Sprache gelehrt, und wer würde einem so alten Mann wie mir nicht eher den Drang nach lohnendem Handel abnehmen, als die Lust auf irgendwelche Abenteuer.«

Widukind hatte mit seinen eigenen Aktionen reichlich zu tun, deshalb waren Kunhilde und Wolfram auf sich gestellt, bei ihren Vorbereitungen für die Reise ins Frankenland. Es galt bei Verwandten und Bekannten Schmuck, Pelze und sonstige Wertsachen aufzutreiben. Schließlich mußten sie ja ein Beträchtliches an »Ware« mitsichführen, um glaubwürdig als Handelsleute auftreten zu können. Das Wissen um die listige Verschlagenheit seines betagten Lehrers und dem Realitätsbewußtsein, das seine Mutter auszeichnet, gibt Widukind trotz seiner Sorgen die Hoffnung auf ein gesundes Wiedersehen.

Die Sonne, die diesem Tag des beginnenden Heiligmondes, wie die Franken den Monat des beginnenden Winters nennen, ein wenig Glanz verlieh, hat ihre Runde beendet. Hinter den Bergen in Richtung des Theotmalligaues (Detmolderland) zeugt allmählich verblassendes Rot nur noch wenig von Baldurs strahlender Macht.

Widukind hat mit seinem einzigen Begleiter, dem Müller von der Poggenmühle, das Ziel für heute fast erreicht. Ein wuchtiger Bergkegel erhebt sich vor ihnen, dessen Flanken nur vereinzelt mit niedrigem Buschwerk bewachsen ist. Der gleichmäßige Verlauf der Gipfellinie und die in der Abgrenzung zum Hang teilweise eingearbeiteten Baumstämme, die bei genauerem Hinsehen zu erkennen sind, deuten auf Veränderungen der natürlichen Beschaffenheit durch Menschenhand hin. »Wenn die Überlieferungen aus der Zeit, als hier die Cherusker sich gegen die Römer zu verteidigen hatten, stimmen, dann ist diese Anlage dort oben, die Herminiusburg und wurde von Aminus, dem Legionenbezwinger gebaut, der in dieser Gegend zuhause war«, erklärt Widukind seinem Weggefährten, während er auf die markante Erhebung weist.

Doch der scheint sich nicht sonderlich für seine Umwelt zu interessieren, denn er hängt schlaff nach vorne gebeugt auf seinem Pferd und scheint sich nur mit Mühe im Sattel halten zu können. »Was geht mich dieser Cherusker an!«, kommt es krächzend von ihm.

Mit gemischten Gefühlen schaut der Engern-Edling die unglückliche Gestalt des Müllers an. Der Suff hat aus dem einst tatkräftigen, stattlichen Burschen einen Mann ohne Haltung gemacht, mit tiefliegenden Augen, die von Tränensäcken entstellten sind. Ein Schicksalsschlag warf ihn aus der Bahn, und Widukind empfindet Mitleid für ihn. In seinem noch jungen Leben mußte er schon einmal mit ansehen, wie ein Mann sich mit gegorenen Getränken zu Grunde richtete. Ein Freund seines Vaters war es, und sein Schicksal ging dem damals zwölf Sommer zählenden Widukind sehr nahe. Er zeigte Verachtung gegen seine Altersgenossen, die angesichts des Betrunkenen ein Spottlied anstimmten:

> Ein Mann bist du, drum trink was drauf
> und nimmt dein Leben nicht den rechten Lauf,
> dann sauf, stehst du am Morgen grantig auf.
> Denn wenn du nicht betrunken bist,
> taugt für dich das Leben nicht.
> Du mußt nun trinken ohne Ende,
> denn sonst zittern dir nicht nur die Hände.
> Zum Aufhören bist du doch zu schwach,
> drum trink nur, damit auch der Tod noch über dich lacht.

Jener Mann damals hatte es nicht geschafft. Im Buschwerk verborgen wie ein waidwundes Tier, mit blutunterlaufenen Augen einen leeren Krug umklammernd, so fanden sein Vater und er den Ärmsten, als sie von der Jagd heimkehren wollten. Den Versuch, ihn in die nächste Hütte zu tragen lehnte er ab. Er habe schon zu oft, wenn die Trunkenheit nicht stark genug war, die hämischen Blicke und Spötteleien hinnehmen müssen. Mühsam brachte er noch einige Worte hervor, er sprach Warnekin seinen Dank für so viele Freundschaftsdienste aus, die dieser so schlecht entlohnt habe. Der Blick seiner geröteten, trüben Augen war dann zu Widukind gewechselt, und um die Lippen in dem so unnatürlich gelben Gesicht hatte ein Lächeln gelegen als er leise sagte: »Ich weiß, daß du nie mitgesungen hast.«

Vater Warnekin hatte seinen Jagdrock ausgezogen, um Kopf und Oberkörper des Kranken darauf zu betten. Sich neben ihn ins Moos setzend, nahm er eine Hand des Todgeweihten, um sie in seiner Rechten zu halten. Auf des Herzogs Wunsch hin war Widukind nach Wigaldinghus geeilt, um im Morgengrauen mit zwei Männern und einer

Trage zurückzukehren. Als sie sich dem Ort des Sterbens näherten, blieb Widukind einen Augenblick auf Sichtweite stehen, und auch seine Begleiter hielten den Schritt an. Dieses Bild, das sich ihnen bot, prägte sich dem Jüngling ein und oft in den Jahren danach, wenn der Sohn sich über vermeintliche Rücksichtslosigkeiten des Vaters ärgerte, kam ihm die Erinnerung an diesen Morgen in den Sinn. Vor Müdigkeit überwältigt war der Kopf Warnekins auf seine angezogenen Knie gesunken, und der Mann neben ihm lag reglos mit einer Miene da, als sei er von einem angenehmen Traum umfangen, doch er atmete nicht mehr. Als Widukind seinen Vater an der Schulter berührte, stellte dieser fest, daß er noch immer die Hand seines toten Freundes umklammert hielt.

Diesem Manne konnte man nur noch die kurze Zeit des Sterbens erleichtern. Everhard, der Müller, aber war noch im besten Mannesalter. Seine Tochter würde zwar auf die leibliche Mutter verzichten müssen, der Vater sollte ihr erhalten bleiben. Als Widukind das bedauernswerte Kind von der Mühle zu seinen Verwandten gebracht hatte, nahm er sich vor, alles in seiner Macht stehende zu tun, damit dieses Mädchen später mit Achtung zu ihrem Vater Everhard würde aufsehen können.

Wenn er den Müller in seinem gewohnten Umfeld belassen hätte, wo ihn alles an seine verstorbene Frau und dem ihm gewaltsam entrissenen Kind erinnerte, so wäre es für ihn noch schwerer, wenn nicht unmöglich, gewesen, diese verhängnisvolle Sucht zu bezwingen. Das war der Grund für Widukind, am Tage seines Aufbruchs mit Gerold bei der Poggenmühle vorbeizureiten, den betrunkenen Müller auf einem Pferd festzubinden und ihn in Richtung des Wehsigaus[53] mitzunehmen.

Gerold war inzwischen mit einer Botschaft seines Herrn zum Grafen von Vlothove unterwegs. Der Engern-Edling war also mit dem sich zwischen Sucht und Wahnsinn dahinquälenden Müller allein. Da dieser lange Zeit von einer Trunkenheit in die andere gefallen war, machte

---

[53] heute: Herford und Umgebung.

er jetzt eine schlimme Zeit durch, da er auf seine Suchtmittel verzichten mußte.

»Du mußt da durch, auch wenn es noch so hart ist, Everhard. Denke daran, daß du dein Töchterchen als gestandener Mann und mit klarem Blick wiedersehen willst«, ermahnt Widukind seinen Begleiter, und in härterem Tonfall fährt er fort: »Bald werde ich deine Dienste als Krieger gebrauchen. Ich weiß, daß du unter meinem Onkel Edelhard schon gegen Franken und Thüringer kämpftest. Bald wird es sich zeigen, ob du mein Vertrauen wert bist oder nicht.« »In meinem jetzigen Zustand könnte ich kaum einen Sax, geschweige denn eine Streitaxt halten«, erwidert kleinlaut der Müller, worauf Widukind antwortet: »Vorerst werden wir auch nicht mit diesen Waffen kämpfen, sondern mit unserem Verstand und, wenn es nötig ist auch mit List.«

Am Fuße des Berges, der auf seiner Kuppe die Hermanisburg trägt, liegt zwischen hohen Bäumen ein einsames Gehöft. Um dort hinzugelangen, müssen die beiden Reiter den Bach überqueren, dessen ruhig dahinplätscherndes Wasser, zwischen bewaldeten Bergen und tief begrünten Auen hindurch, dem Flüßchen Emmer zufließt. Ein hölzerner Steg, dem man ansieht, daß er schon oft ausgebessert wurde, führt an einem fast zerfallenen Palisadenzaun entlang, zum Hoftor. Das Anwesen selbst scheint in gutem Zustand zu sein, und Widukind erkennt, daß es von fleißigen Menschen bewirtschaftet wird.

Während der Edling und der Müller auf das Langhaus zureiten, zeigt Widukind auf die zusammen gepferchte Rinderherde, die hinter den Speichern und Scheunen innerhalb einer Umzäunung zu sehen sind. »Ein Teil der Tributzahlung von uns an die Franken. Nach der letzten großen Niederlage der Sachsen, hat man sich auf diesen Handel geeignet. Um bis auf weiteres vor kriegerischen Handlungen sicher zu sein, müssen wir den Frankenkriegern diese Rinder bringen, damit sie während des Winters nicht Hunger leiden müssen. Ob unsere Leute derweil Not leiden, das dürfte dort niemandem interessieren.«

Während der junge Häuptling dies sagt, kommt vom großen Langhaus her ein Mann auf sie zu, der nach seinem Äußeren schlecht einzuschätzen ist. Der Bauer kann er nicht sein und ein Knecht eigentlich auch nicht. »Was führt euch hier her, Fremde?«, ruft er schon von weitem den Ankommenden entgegen. »Den Herrn dieses Hofes will ich sprechen. Da ich annehme, daß du es nicht bist, sage mir, wo ich ihn finde.« Selbstsicher und unmißverständlich kommen diese Worte von Widukind. »Vorher müßte ich wissen, wer ihr seid!« Der Blick des Mannes ist lauernd und zeugt von Mißtrauen, doch zu einer Erwiderung kommt es nicht, denn in der großen Tür des Hauses erscheint ein Mann mit silbergrauen Haaren, dessen Rücken offensichtlich von der Last der Jahre niedergedrückt wurde.

Seine Stimme aber klingt fest und angenehm als er sagt: »Ich bin der Bauer Wego. Ihr wollt mich also sprechen, wie aber ist euer Name?« »Ich bin Widukind, Warnekins Sohn, Häuptling im Lidbekegau.« Während er dies sagt, beobachtet der Engern-Edling aus den Augenwinkeln den jüngeren Mann, von dem er nicht weiß, welche Rolle er hier spielt. Er sieht seine Vermutung an der kaum wahrnehmbaren Reaktion bestätigt, welche die Nennung seines Namens bei dem Fremden auslöst. Auch Wego scheint irgendwie peinlich berührt zu sein wegen dieses Besuches. »Ich habe euren Vater gekannt und von seinem Tod gehört. Es tut mir leid.« Unsicherheit klingt in seiner Stimme mit. Man merkt dem Bauern an, daß er nicht weiß, wie er sich verhalten soll. »Ich hätte mit euch zu reden. Können wir nicht in euer Haus gehen?« Auf diese Worte von Widukind hin kann Wego kaum anders, als ihn hineinzulassen, ob es ihm nun recht ist oder nicht. Als der Mann, der sie auf dem Hof empfing, sich anschickt mit ins Haus zu kommen, stoppt Widukind auf der Türschwelle und macht ihm unmißverständlich klar, daß er den Bauern allein zu sprechen wünscht . Ein zorniger Blick ist die Antwort des undurchsichtigen Menschen.

In den Ställen zu beiden Seiten der Tenne ist das Vieh, das hier überwintern soll, untergebracht, und die Hielen darüber sind vollgestopft mit Heu und Stroh. Auch hier erkennt Widukind den Fleiß der Hofleute. Der Bauer geht dem jungen Häuptling voraus zum Fled, dem

Wohnteil des Langhauses. Hier werkelt eine Frau am Herdfeuer. Auch an ihr sind die arbeitsreichen Jahre nicht spurlos vorüber gegangen. »Meine Bäuerin, Ida«, stellt Wego sie vor, während die Frau sich an der Leinenschürze die Hände abwischt.

»Ihr bringt uns in arge Verlegenheit«, sagt der Bauer, nachdem die Männer am Feuer Platz genommen haben. Als müsse er einen Lauscher fürchten, irren seine Augen umher, ehe er leise weiterspricht. »Sicher wißt ihr, wie der Graf von Schiedera zu eurem Vater stand und daß er ein Vertrauensmann der Franken ist. Ich bin in seiner Hand, alles was sich hier tut, wird ihm zugetragen. Der Bursche, den ihr kennengelernt habt, ist der Wachhund des Grafen für mich.« »Ich habe es mir gedacht«, spricht Widukind. »Wir sind hier, um dem hinterlistigen Treiben des Frankenfreundes ein Ende zu setzen.« Von draußen ertönt sich rasch entfernender Hufschlag. Wego erhebt sich, und mit Erregung in der Stimme sagt er: »Das ist Graf Ottmars Mann, er reitet nach Schiedera und noch vor Mitternacht werden die Krieger hier sein, ihr solltet euch in Sicherheit bringen.« »Im Gegenteil«, erwidert Widukind, »genauso habe ich es geplant. Sagt mir nur, ob noch mehr von den Leuten, die sich hier aufhalten, zum Grafen gehören.«

Ehe der Bauer antworten kann, ist an der kleinen Seitentür, die von dem Wohnteil in den Gemüsegarten führt, lautes Gepolter und ein Fluch aus männlicher Kehle zu hören. Gleich darauf öffnet sich die Tür, und das Gesicht des Müllers ist im dürftigen Licht zu erkennen. Er schleift den Körper eines Mannes hinter sich her. »Der Kerl versuchte an der Tür zu lauschen, vorher besprach er sich mit dem unfreundlichen Menschen, der uns empfangen hat. Der ist eben fortgeritten.« Bauer und Bäuerin wissen natürlich noch immer nicht recht, was hier gespielt wird. Die Ungewißheit spiegelt sich in den Gesichtern der beiden wieder als Wego sagt: »Das ist der zweite Spitzel des Grafen. Hast du ihn erschlagen?« Eine Antwort erübrigt sich, denn der Mann beginnt sich zu regen, deshalb greift Everhard fester zu, um ihn zu halten, während Widukind ihn fesselt.

Als dies geschehen ist, wendet sich der Engernhäuptling an die Bauersleute: »Ihr braucht euch keine Sorgen machen, in den Wäldern der

Umgebung stehen viele Krieger, die euch von der Knute des Schiedera-Grafen befreien sollen. Ich werde euch alles erklären, nur vorher müssen wir einen Mann auf die Hermaniusburg schicken, der als vereinbartes Zeichen ein Feuer an der Nordseite des Berges entzündet.«

Hugbert, einer der Söhne des Bauern, wird mit dieser Aufgabe betraut und nachdem Widukind seinen Plan erklärte, sind Wego und Ida voller Hoffnung, den Fluch, der mit dem verbrecherischen Grafen über dem Theotmaligau liegt, loszuwerden. Zum Abschluß seiner Erklärungen sagt Widukind: »Der Grund für die Eile und den Aufwand an Kriegern bei dieser Aktion ist die Tatsache, daß ich vorhabe, ins Frankenland nach Fritzlar-Büraberg vorzudringen. Da wir von der Rinderherde wußten, die als Tributzahlung, noch vor dem großen christlichen Fest dorthin gebracht werden soll, kam ich auf die Idee, die Lieferung an die Franken selber durchzuführen, um so dorthin zu kommen. Nur so glaube ich, etwas über meine entführte Schwester Ravena in Erfahrung zu bringen und sie dann letztendlich auch befreien zu können. Vorher muß jedoch der Graf von Schiedera in unsere Hände gelangen.«

Nachdem Ida dies hörte, tritt sie an die Seite ihres Mannes und verdrängt die ihr eigene Zurückhaltung. Mit leiser Stimme, in der Hoffnung mitschwingt, spricht sie: »Dann kann Herr Widukind doch sicher auch nach unserer Tochter Addila forschen. Möglicherweise wird sie am gleichen Ort festgehalten wie seine Schwester.« Der Engern-Edling schaut interessiert. »Eure Tochter, ist auch sie entführt worden von den Franken?« »Die Sache liegt etwas anders«, beginnt Wego zu erklären. »Vor längerer Zeit ist Addila von der Familie des Grafen von Schiedera als Hausmagd gedungen worden. Damals lebte der alte Graf noch, der junge Ottmar war fern der Heimat. Man vermutet, daß er einige Jahre bei den Franken lebte. Zwei Sommer sind vergangen, seit er zurückkam, und mit seiner Anwesenheit hier kam Unfrieden zu uns. Bald starb der alte Graf, und ein unheimlicher Franke, man sagte ein Freund von Ottmar, machte sich in Schiedera breit. Ein schrecklicher Mensch namens Theoderich. Ich hörte von seinem sicher verdienten Tode auf der Brunisburg.

Der regelmäßige Besuch unserer Tochter in ihrem Elternhaus blieb plötzlich aus, seitdem Graf Ottmar die Herrschaft führte. Von Frauen und Mädchen aus der Umgebung war die Rede, die er wegen Lehenspflichten in seine Dienste zwang, und nachdem sie ihm für wer weiß was gedient haben, an die Franken weitergereicht hat, angeblich um dort den christlichen Glauben kennenzulernen, um dann in die Heimat zurückzukehren. Da wir auch nichts von ihr hörten, machte ich mich auf den Weg, um mich nach ihr zu erkundigen. Ich traf den Grafen in Begleitung dieses finsteren Grafen Theoderich an. Meine Tochter wäre auf eigenen Wunsch mit mehreren jungen Leuten ins Frankenland gereist, um den christlichen Glauben näher kennenzulernen. Erst später gewahrte ich die Ironie in seinen Worten, als er sich erstaunt zeigte, daß ich darüber nicht informiert wäre. Dann zeigte der Untermensch sein wahres Gesicht. Man hörte schlimme Sachen, von wüsten Gelagen und Vergewaltigungen war die Rede. Die Ungewißheit über das Schicksal unserer Tochter raubte uns des Nachts den Schlaf.«

Wego schaut zu Boden, und sein Rücken scheint sich noch mehr zu verkrümmen, als er weiterspricht. »Ich weiß nicht, was uns schlimmer trifft, der Verlust unserer Tochter, was immer auch geschehen ist, oder das Wissen um einen mißratenen Sohn.« Als müsse sie ihm Kraft geben, legt Ida einen Arm um die Schulter ihres Mannes. Der scheint sich einen Ruck zu geben, bevor er mit Groll in der Stimme sagt: »Wir haben ihn Heermann genannt, nach dem großen Vorbild der Cherusker. Er aber, unser ältester Sohn, hat seine Familie, sein Volk, verraten, indem er zum Freund der Franken wurde. Wie der Graf, so behauptet auch er, daß unsere Tochter sich freiwillig im Frankenland aufhalte. Sie habe die Liebe eines Mannes, der dem Herrscherhaus der Franken angehöre, gewonnen. Allein, um ihr nicht zu schaden, dürften wir uns der Freundschaft mit den Franken nicht verschließen.

Wir mußten mit ansehen, wie die eigenen Leute betrogen wurden, indem die Schiederabande einen Teil der Tributleistung für sich behielt. Als ich meinen Sohn einmal fragte, ob die Umtriebe, an die auch er beteiligt ist, mit dem christlichen Glauben, den die Franken uns aufzwingen wollen, zu vereinbaren sei, lachte er und sagte: ›Das eine hat mit dem anderem nichts zu tun. Gut und Böse gibt es bei Franken wie bei Sachsen. Ich habe allerdings gelernt, daß der Starke mit seiner Macht immer versuchen wird, den Schwachen zu unterdrücken.‹ Wenn es das ist, was uns die neue Zeit bringt, die uns mit dem Joch der Franken erwartet, dann werden wir noch oft dem Althergebrachten nachtrauern.« Nach dieser bitteren Feststellung schweigt der Bauer, und auch Widukind hängt für kurze Zeit seinen Gedanken nach.

»Übrigens, die Rinderherde soll morgen unter Führung meines Sohnes in Richtung Fritzlar getrieben werden«, fängt Wego noch einmal zu sprechen an, dann fragt er mit besorgter Miene: »Wenn nun Heermann die Krieger des Grafen anführt, die sicher spätestens im Morgengrauen hierherkommen, was werdet ihr dann mit ihm tun, wenn ihr sie besiegt habt?« Widukind ließ sich eine genaue Beschreibung dieses Mannes geben und versprach alles, was ihm möglich wäre, zu unternehmen, um den Sohn Wegos lebend in die Hände zu bekommen.

Dunkelheit herrscht rings um den Meierhof unterhalb der Hermaniusburg, als Widukind ins Freie tritt. Nur in Umrissen sind Berge und Wälder der Umgebung zu erkennen. Der Mond, der jetzt eine fast volle Scheibe zeigen müßte, ist von dunklen Wolken verdeckt, die jedoch den Blick auf einige flimmernde Sterne freigeben. Oben an der Kante des Bergkegels in Richtung Pirmund[54], brennt nun ein Feuer, wie der junge Häuptling es mit seinen Leuten vereinbarte.

Schattenhaft taucht neben ihm die Gestalt des Müllers auf. »Im Wald jenseits des Baches stehen die Krieger, die wir erwarten«, berichtet er, »ich hörte eben den dreimaligen Ruf des Uhus.« Widukind nickt und klopft Everhard anerkennend auf die Schulter. Ja, er hat sich gut gehalten und die persönlichen Schwierigkeiten tapfer unterdrückt. Seine Hände zu einer Muschel formend, kommt aus dem Mund des Edlings der Jagdruf des Bussards, den er dreimal wiederholt. Als Antwort kommt aus dem Wald an der anderen Seite des Tales nochmals der Ruf des Nachtvogels, und bald sind die Geräusche sich nähernder Reiter aus der Richtung zu hören.«

54 heute: Bad Pyrmont.

Mit dem Schwung seiner Jugend springt der erste Reiter vor Widukind vom Pferd. Trotz der Dunkelheit erkennen sie einander und begrüßen sich wie zwei alte Freunde. »Abio, es ist noch nicht viel Zeit vergangen, seit wir uns das letzte Mal sahen«, kommt es freundlich von Widukind, worauf der Angesprochene sagt: »Wie du weißt, ist es vom Hohenborn, wo meine Erbburg steht, nach hier nicht weit. Ich war froh, als mich deine Botschaft erreichte. So kommt es dann schon bald zur Entscheidung zwischen dem schurkischen Grafen und uns. Ein Teil der Krieger, die du mir zum Schutz gegen ihn überlassen hast, steht mit meinen Leuten am Waldrand in Deckung, um unter Befehl deines Knappen Gerold die Schiederaleute zu empfangen. Die Männer aus dem Lidbekegau reiten mit Graf Victor und den Rest deiner Leute direkt gegen Schiedera, so wie du es haben wolltest.« »Alles läuft also nach Plan«, stellt Widukind zufrieden fest. Vergeblich versucht er dann den Reiter hinter Abio zu erkennen, doch es gelingt ihm nicht. »Sag' wer reitet dort, als sei er dein Schatten, hast du jetzt auch einen Knappen?« Die Frage des Edlings wird nicht von dem beantwortet, an dem sie gerichtet ist, nein, es erklingt eine ihm gut bekannte Frauenstimme. »Als Steigbügelhalter für einen Mann eigne ich mich nicht, wer immer es auch ist«, und als sie ihr Pferd in seine Nähe lenkt, erkennt Widukind die schlanke Gestalt und das lange Haar, das bei der Dunkelheit wie ein großes Kopftuch wirkt. »Edeltraud!«, entfährt es dem Engernhäuptling, »seit wann nehmen wir Frauen mit uns in den Kampf?« Sich an Abio wendend, sagt er in scherzendem Ton: »Du bist wirklich für jede Überraschung gut. Als ich dich kennenlernte, kämpftest du gegen die Männer, die dich gerade befreit hatten, und jetzt willst du zusammen mit deiner Liebsten gegen den Feind ziehen, wo es möglicherweise auf Leben und Tod geht.«

»Ich werde euch nicht stören, wenn ihr einander die Köpfe einschlagen wollt, und ihr braucht auch keine Sorge zu haben, daß ich euch einen Gegner streitig machen könnte« Abio kann über Edeltrauds kratzbürstigen Worte nicht lachen. Für ihn scheint das Ganze ziemlich peinlich zu sein, trotzdem versucht er zu erklären: »Sie hatte mich am Hohenborn besucht, als dein Bote ankam. Als ich dann mit den Kriegern aufbrach, wollte sie uns unbedingt begleiten. Den Kämpfen will sie sich fernhalten, das hat sie mir versprochen.« Widukind kann nicht umhin, noch eine ironische Bemerkung zu machen: »Deine Tapferkeit mit der Waffe in der Hand hast du inzwischen bewiesen, nur, wenn es heißt, einer Frau Paroli zu bieten, daran mußt du noch arbeiten.« »Sag ja, Papa!«, diese Aufforderung an Abio muß Edeltraud noch loswerden.

Aus Richtung des Wesertales zeigt sich zögernd das Licht des kommenden Tages. Zwischen den Wolken drängt sich dort die Helligkeit hervor, um sich stetig weiter auszubreiten. Am Weg, der, dem Emmerflüßchen folgend, von Schiedera, vorbei an Wegos Gehöft, nach Pirmund führt, stehen, hinter Buschwerk gut gedeckt, drei Reiter. »Gerold, hast du deine Schleuder dabei?«, fragt Widukind den Reiter neben sich. Der zieht die aus Leder gefertigte leichte Waffe aus seinem Gürtel hervor und zeigt sie dem Häuptling mit den Worten: »Du weißt doch, daß dieses Ding für mich genau so wichtig ist, wie für dich der Sax.« »Dann paß gut auf«, fordert ihn Widukind auf, »wenn die Schiederaleute kommen, dann werde ich dir einen Mann zeigen, der diesen Kampf unbedingt überleben muß. Deshalb sollst du ihn gleich zu Beginn mit deinem Schleudergeschoß aus den Sattel schmeißen. Achte nur darauf, daß du ihn nicht zu hart triffst.« »Auch ich kann normalerweise mit einer Schleuder umgehen«, meldet sich Everhard zu Worte, der mit seinem Pferd hinter den beiden Männern aus Wigaldinghus steht. »Gut, dann halte dich bereit, falls Gerald sein Ziel verfehlt«, beeilt sich Widukind zu sagen, denn die Geräusche eines Pferdes sind zu hören. Gleich darauf taucht Abio in ihrem Blickfeld auf. Da ihm die Gegend hier am besten vertraut ist, hat er es übernommen als Späher in Richtung Schiedera zu reiten, um die anrückenden Männer des Grafen zu melden.

Der Erbe vom Trendelhof pariert vor Widukind sein Pferd und hebt zweimal beide Hände mit gespreizten Fingern, um so die Anzahl der Gegner kundzutun. Gedämpft läßt der Häuptling noch einmal den Ruf des Bussards hören, worauf Geräusche im Wald das Herannahen von Widukinds und Abios Kriegern ankündigen.

Die Reiter aus Schiedera scheinen sich keiner Gefahr bewußt zu sein. Schließlich wissen sie ja nur von der Ankunft Widukinds und seines Begleiters am Hofe des Bauern Wego. Wenn auch das spärliche Licht des Morgens keine gute Sicht zu läßt, so erkennt Widukind in einem von den beiden Reitern, die den Trupp anführen, doch den Mann, von dem er weiß, daß er ein Spitzel des Grafen ist, während der andere, nach Wegos Beschreibung, dessen Sohn Heermann sein müßte.

Der Häuptling hebt die Hand, um Gerald den Mann zu zeigen, den er vom Pferd holen soll, als ein Geschoß an ihm vorbeipfeift. Der Reiter mit der langen Blondmähne stößt einen kurzen Schrei aus und kippt nach vorn auf den Nacken seines Pferdes. Erschreckt durch diese heftige Bewegung seines Herrn prescht das Tier mit donnernden Hufen davon. Nur leicht muß Widukind die Hacken in die Flanke seines Fiolo schlagen, um die Verfolgung aufnehmen zu können. Hinter ihm kündet lauter Kampflärm von der Auseinandersetzung, die nun ohne ihn begann. In dem Augenblick, als er die Zügel des durchgehenden Pferdes erhaschte, rutscht der leblosscheinende Körper des Reiters endgültig aus dem Sattel. In kürzester Zeit ist der Bewußtlose, dessen Stirn eine taubeneigroße Beule aufweist, gefesselt. Als Widukind sich dann dem Kampfgeschehen zuwendet, stellt er fest, daß dort schon alles entschieden ist. Die fast doppelte Anzahl von Widukinds und Abios Kriegern hatte leichtes Spiel mit den völlig überraschten Schiederaleuten, von denen der Mann, der als Spitzel über den Bauern Wego gewacht hatte, seine Dienste mit dem Leben bezahlen mußte und drei weitere verletzt wurden. Alle anderen haben es vorgezogen, sich zu ergeben. Sie wurden gefangengenommen.

Nachdem Widukind feststellt, daß von den eigenen Leuten keiner zu Schaden gekommen ist, ordnet er an, die Gefangenen zusammen mit den Verletzten zum Hof an der Hermanisusburg zu bringen. Mit fünf Kriegern zur Unterstützung teilt er für diese Aufgabe seinen Knappen ein, der jedoch bitterböse Worte gegen den Müller schleudert, weil dieser zu voreilig mit seinem Katapult auf diesen Heermann geschossen habe und ihm nicht den Vortritt gelassen hat. Mit den Worten: »Besser hättest du ihn auch nicht treffen können«, versucht Widukind den Streit zu beenden, doch Gerolds Blick zeugt nicht von Besänftigung, als er davonreitet.

Der Engern-Edling hebt aus dem Sattel heraus die Rechte. Während er mit der Linken die Zügel herumreißt, ruft er: »Auf geht's Männer! Wir reiten jetzt nach Schiedera. Victor von Vlotho wird unsere Unterstützung brauchen.

Eine Rauchsäule, die in den frostigen Morgenhimmel steigt, kündet von Außergewöhnlichem, als sie sich der Ansiedlung nähern, zu der auch das befestigte Haus des Grafen von Schiedera gehört. Als das vom Emmerflüßchen durchzogene Tal mit den verstreut liegenden Häusern vor ihnen liegt, hält Widukind sein Pferd an und alle anderen tun es ihm gleich. Unmittelbar am Fluß liegt dort ein klotziger Steinbau, zum Teil von Wasser umgeben und mit Mauern und Palisaden geschützt. Innerhalb der Befestigung stehen, mit der Rückseite zur Festungsmauer, drei Häuser, die der Unterbringung von Haustieren und Vorräten dienen. Von ihrem erhöhten Standort am Rande der Senke können Widukind und seine Begleiter gut überblicken, was sich dort unten abspielt.

Die Angreifer, wie vorher vereinbart, stehen unter dem Befehl des Grafen von Vlothove, haben ziemliche Schwierigkeiten. Beim Haupttor findet ein offener Kampf statt. Entweder hat dort ein Teil der Verteidiger einen Ausfall gewagt oder sie haben von außen in die Auseinandersetzung eingegriffen. An zwei weiteren Stellen wird versucht, die Befestigung zu überwinden. Die Besatzung der Burg jedoch scheint sich zu behaupten.

In kürzester Zeit muß der Häuptling entscheiden, wie er seine Leute einsetzen will, um den Angriff doch noch zum erfolgreichen Ende zu bringen. Sein Blick ist auf einen behelfsmäßig aufgestellten Schuppen gefallen, der etwas abseits am Waldrand steht und mit Stroh angefüllt ist. Sich an Abio wendend, sagt er: »Ich überlasse dir zehn Männer. Schleppt mit euren Pferden den Schuppen dort samt seinem Inhalt zur Festung, dort in die Nähe von Victors Leuten. Du siehst, sie haben Feuer und versuchen, mit Brandpfeilen etwas zu erreichen. Häuft also Stroh und Holz an den Palisadenzaun und setzt es in Brand, damit die Holzbohlen ebenfalls Feuer fangen. Wir anderen werden uns am Kampf beim großen Tor beteiligen. Dann sehen wir weiter.«

Die Schiedera-Männer, die den Grafen von Vlothove und seine Krieger in arge Bedrängnis brachten, waren jetzt durch das Eingreifen Widukinds und seiner Kämpfer klar unterlegen. Als sie ihre Niederlage einsehen müssen, drängen sie zum Tor hin, um sich in den Schutz der Burg zu flüchten. Doch es wird nicht geöffnet. Soweit sie noch dazu in der Lage sind, stehen die Verlierer dieser Vorentscheidung mit dem Rücken zu den Flügeln des verschlossenen Tores. Sie sind so ihren Bezwingern ausgeliefert. In seinem angestauten Zorn, über die Tatsache, nur durch Widukinds Hilfe einer Niederlage entgangenzusein, stürmt Graf Victor auf die Männer zu, in der einen Hand die Streitaxt und in der anderen das Schwert. »Ich werde euch eigenhändig an das Holz eurer Burg nageln!« Sicher deuten seine Worte und Gebärden eher auf solche Grausamkeiten hin, als seine Taten. Widukind hält ihn und alle anderen Krieger, die, wie es leider oft der Fall ist, ihren Blutrausch nicht kontrollieren können, in Schach, indem er mit ausgebreiteten Armen dazwischentritt. »Runter mit den Waffen! Nehmt sie gefangen!"

Abio und seine Männer haben ganze Arbeit geleistet. Als der Engern-Edling mit einem Teil seiner Krieger die Stelle der Befestigungsanlage erreicht, die für diesen Einsatz vorgesehen ist, steht der aus dicken Baumstämmen bestehende Zaun in hellen Flammen. Auch auf eines der Vorratshäuser hat das Feuer übergegriffen. Die hinzukommende Rauchentwicklung erschwert in diesem Bereich die Verteidigung noch zusätzlich. Das gibt den Angreifern mit Widukind und Abio die Möglichkeit, sich möglichst nahe an das Feuer heranzuwagen, um dort, wo die Flammen nicht hinreichen, den Holzzaun niederzureißen, um so in das Innere der Festung vorzudringen.

Von der gegenüberliegenden Seite der Anlage her ist es den Kriegern, die vom Grafen Victor angeführt werden, ebenfalls gelungen, die Befestigung zu überwinden. Angesichts der in den Hof stürmenden

Angreifer muß Ottmar von Schiedera sich die Niederlage eingestehen. Irgendwie ist es ihm gelungen, mit zwei seiner Getreusten zu den Pferdeställen zu gelangen. Möglicherweise hat er für den Fall, daß die Burg eingenommen würde Vorsorge getroffen. Während im Burghof noch Mann gegen Mann gefochten wird, reißen plötzlich zwei Männer, die ihre Pferde am Zügel halten, das große Tor auf, und ein einzelner Reiter stürmt von den Ställen her auf einen langbeinigen Rappen durch das Tor. »Der feige Kerl versucht auszureißen!«, übertönt die donnernde Stimme Victors den Kampflärm. Widukind rennt so schnell er kann zu seinem Pferd, um die Verfolgung aufzunehmen. Als er mit Fiolo den Weg am Tor erreicht, ist der Fliehende schon außer Sichtweite. Doch der junge Häuptling nimmt an, daß Ottmar den schnellsten Weg zur fränkischen Grenze einschlagen wird. Wenn es dem verräterischen Grafen gelingt zu entkommen, dann ist Widukinds Plan für die Befreiung Ravenas hinfällig, geht es ihm durch den Sinn, während er weit über dem Nacken seines Pferdes gelehnt, vorwärtsstürmt. Auch Fiolo scheint zu wissen, worum es geht, denn sein Reiter braucht keinerlei anspornende Mittel einzusetzen, um äußerste Leistung zu erreichen. Doch auch der Graf von Schiedera scheint ein schnelles Pferd zu reiten.

Die eingenommene Burg liegt nun schon weit hinter ihm, als Widukind in der Ferne zwei Reiter auf sich zukommen sieht. Bald stellt er fest, daß einer der Reiter gefesselt auf seinem Pferd sitzt, und wenig später weiß er auch, wer der andere Reiter ist, Gerald sein Knappe, der die Gefangenen Krieger zum Hof des Bauern Wego bringen sollte. Da dieser nun mit dem gefangenen Grafen von Schiedera auf Widukind zureitet, weiß der Edling im Augenblick nicht, ob er seinen Knappen für diese Tat loben soll oder für die fragwürdige Ausführung des vorangegangenen Befehles tadeln.

»Das wirst du noch bereuen, kleiner Wigaldinger!«, tönt Ottmar von Schiedera als die Reiter voreinanderstehen. Ein schmerzhafter Ruck an der Schlinge, die Gerald um seinen Hals legte, und die er gemeinsam mit den Zügeln vom Pferd des Grafen in der Hand hält, bringt ihn schnell zum Schweigen. Widukinds Frage vorwegnehmend, erklärt Gerald: »Ich habe zusammen mit den fünf Kriegern die Gefangenen zum

Hermaniushof, oder wie immer er heißt, gebracht und in einen Stall eingesperrt. Die Krieger sind zur Bewachung dortgeblieben. Du hast nicht gesagt, daß auch ich dortbleiben soll, deshalb bin ich euch nach Schiedera hinterhergeritten. Die Burg war inzwischen eingenommen, doch als ich darauf zureiten wollte, sah ich ihn hier, wie er das Weite suchte, und machte mich an seine Verfolgung.«

»Nun wirst du dich für deine Untaten verantworten müssen, Ottmar von Schiedera.« Widukinds Stimme klingt kalt und voller Verachtung, als er dies sagt. Der Graf jedoch zeigt sich trotz seiner Fesseln hochmütig. »Wessen willst du mich bezichtigen, Grünschnabel.« Das bringt ihm von Gerald wieder einen schmerzhaften Ruck an seiner Halsfessel ein. Trotzdem spricht er weiter: »Daß ich als Mittler zwischen Franken und Sachsen gewirkt habe und Christ geworden bin, das kann man mir nicht zum Vorwurf machen. Schon vor einigen Jahren, als du noch am Rockzipfel deiner Mutter gehangen hast, haben die Anführer des sächsischen Bundes beschlossen, jedem die freie Entscheidung zwischen den alten Göttern und dem Christengott zu überlassen.«

Während sie die Richtung zurück nach Schiedera einschlagen, antwortet Widukind auf Ottmars Ausführungen: »Ich kann mir nicht vorstellen, daß die Christen auf so ein Mitglied ihrer Gemeinschaft stolz sein können. Aber wegen deines Glaubens an den neuen Gott klagen wir dich nicht an, sondern wegen deines offensichtlichen Glaubens, du könntest nach deiner eigenen Moral Verrat, Betrug und Unterschlagung begehen. Das Schlimmste aber, und das wird dich das schändliche Leben kosten, sind deine Verbrechen an den Frauen, von denen du zumindest einige vergewaltigt hast, und dann, welch' ein Hohn, zu den Franken schicktest, damit sie Christinnen werden sollten. Ich verspreche dir, sollte meiner Schwester ähnliches passiert sein, dann kann dich nichts und niemand vor meinem Schwert retten.« Nur ein irre klingendes Lachen ist die Antwort des schändlichen Grafen auf Widukinds Anklage hin. Das Verhalten der Sieger gegenüber den Besiegten nach dem Kampf kennt der junge Edling bisher nur vom Hörensagen, und auch Abio hat solcher Art Siegesfeste noch nicht erlebt. Voll Zorn eilt er auf Widukind zu, als dieser mit Gerald und dem Gefangenen in den Burghof einreitet. »Wir wollen das Böse bekämpfen, was in diesen Gauen durch die Person dieses Grafen um sich greift und doch sind unsere eigenen Männer in ihrem Siegestaumel nicht viel besser als unsere Gegner!« »Ha, ha, noch so ein Unschuldsknabe, der glaubt, die Welt verbessern zu können«, tönt hämisch die Stimme des Grafen von Schiedera.

Keiner der siegreichen Krieger hätte Verständnis dafür, wenn man ihm das Recht des Siegers verweigern wollte. Nach Widukinds Ansicht sollten sie einen Ochsen am Spieß braten, sich der Vorräte an Speisen und Getränke des Grafen bemächtigen, seine Waffen nebst etwa vorhandenen Schmuck unter sich aufteilen. Damit jedoch haben sich die Eroberer der Festung nicht zufriedengegeben, für sie gehörten auch die hier lebenden Frauen zur Siegesbeute. Erfüllt von rasendem Zorn ergreift Widukind einen im Hof liegenden Hütestock, reißt eine Gruppe von grölenden Kriegern auseinander, die sich daran ergötzen, wie zwei ihrer Mitstreiter in gemeinster Weise mit einem jungen Mädchen beschäftigt sind. Dem einen schlägt er den Stock über die Schulter, während der andere einen Fußtritt vor die Brust bekommt, so daß er zurücktaumelt. Der stämmige Kerl, der den Stock zu spüren bekam, ist schnell auf den Beinen. Widukind erkennt seine groben Gesichtszüge. Es ist einer von den Leuten des Grafen von Vlothove. Jener Hagere, der den Fußtritt hinnehmen mußte, hat sich jetzt aufgerappelt. Beide wollen sich in blinder Wut auf den jungen Häuptling stürzen, doch Abio springt dazwischen mit gezücktem Schwert. Es kommt allerdings nicht zu Handgreiflichkeiten, denn die beiden Vergewaltiger haben Widukind erkannt und halten sich unter Murren zurück. »Solcherlei Vergnügungen sind wohl nur den Anführern vorenthalten«, grollt der Schmale, worauf Widukind wissen will, wie das gemeint ist. Mit bösem Grinsen im Gesicht sagt der korpulentere Bursche: »Was glaubst du, macht unser Graf im Augenblick, und wirft einen bezeichnenden Blick zu dem großen Steinbau hin.«

Eine einzige große Halle ist das Steinhaus des Grafen von Schiedera. An den Längsseiten befinden sich einige Verschläge, die allem Anschein nach als Schlafstellen dienen. Dem Eingang gegenüber wird ein Teil der

Stirnwand von der Feuerstelle eingenommen, während links davon in erhöhter Position eine riesige Ruhestatt ins Auge fällt. Das ist die Lustwiese des Hausherrn, wie Widukind bald erfahren sollte. Jetzt steht der Graf von Vlothove davor und bringt sein Äußeres in Ordnung. Aus einem irdenen Krug nimmt er zwischendurch einen tiefen Zug und grunzt geräuschvoll, als er ihn absetzt. Während er mit dem Handrücken den Mund abwischt, steht Widukind plötzlich vor ihm.

Es bedarf keiner Phantasie um festzustellen, was hier geschehen ist. Eine nackte Frau versucht ihre auf dem großen Bett verstreuten Bekleidungsstücke an sich zu raffen, die zum Teil zerrissen sind. »Vlothove! Ich verfluche den Tag, der euch zu meinem Waffenbruder gemacht hat. Wie könnt ihr es wagen, unseren Kriegern solch ein Beispiel zu geben?« Widukinds Worte scheinen auf Victor von Vlothove eher belustigend zu wirken, als daß sie ihn beleidigen. Wie es seine Art ist, lärmt er: »Ho, junger Freund, du wirst im Laufe der Zeit noch erfahren, wie weit man mit solchen Moralbegriffen kommt.«

Die Frau hat inzwischen einen Teil ihrer Kleider übergestreift. Sie wirkt völlig ruhig und scheint von dem eben erlebten kaum berührt zu sein, als sie sagt: »Es besteht kein Grund dafür, daß ihr euch meinetwegen erzürnt. Seit ich die Frau des Grafen von Schiedera bin, wurde ich so oft gedemütigt, da kommt es auf diese eine Vergewaltigung nicht mehr an. Schlimm ist es nur für die Mägde, die glaubten, jetzt, da es ihrem Peiniger an den Kragen ginge, könnten sie aufatmen, und nun kommen sie vom Regen in die Traufe.« Wie viele sind es?«, fragt Widukind mit verkniffener Miene. »Es sind drei Mädchen, sie stammen aus Familien, die dem Grafen oder einem seiner Freunde verpflichtet sind. Es ist ein Freundeskreis, der alle Schlechtigkeiten, die man sich vorstellen kann, miteinander teilt. Da war zum Beispiel der Häuptling vom Buckigau, der den gleichen abartigen Neigungen frönt. Sie tauschten untereinander oft Mädchen aus, die so die Bringschuld ihrer Familien abgelten mußten. Sicher wären auch diese zu den Franken geschickt worden, wenn ihr diesem widerlichen Treiben jetzt nicht ein Ende setzen würdet.«

Mit Abios Hilfe gelingt es Widukind, neben den bereits gefundenen

Mädchen auch die zwei anderen ausfindig zu machen. Dann läßt er zum Sammeln blasen, doch diesem Bemühen ist nur ein mäßiger Erfolg beschieden. Viele der Krieger sind nicht nur vom Sieg trunken, sondern volltrunken von den Met- und Weinvorräten der Schiederaleute. Daraufhin schickt der junge Häuptling einige von seinen mehr oder weniger aufrechten Kriegern mit Wasserkübeln los, um so den Rest der Streiter wieder munter zu bekommen.

Noch eine heftige Enttäuschung erfährt Widukind, als Gerald ein menschliches Bündel vor seine Füße gleiten läßt.»Hier bringe ich deinen Schützling, bei dem nützt auch ein Kübel mit kaltem Wasser nichts.« Der Häuptling hat jetzt jedoch keine Gelegenheit, sich um Everhard, den Müller, zu kümmern.

Die mehr oder weniger aufmerksame Kriegsschar, bestehend aus seinen eigenen Leuten, der kleinen Schar, die Abio zur Verfügung hat, und den abenteuerlichen Männern um den Grafen von Vlothove, die, wie Victor selbst, von Skrupeln im allgemeinen nicht geplagt werden, hören nun, was Widukind ihnen zu sagen hat: »Wir haben einen Sieg errungen, und doch kann ich nicht stolz darauf sein. Frauen, die darauf hofften, von uns vor den gemeinen Machenschaften des Schiedergrafen und seiner Genossen gerettet zu werden, wurden von unseren eigenen Leuten genauso behandelt, wie sie es vorher von ihren Peinigern kennenlernen mußten. Ich schäme mich dafür. Das Geschehene kann man nicht ungeschehen machen, aber wir sollten unseren guten Willen zeigen, indem wir auf die Beute hier verzichten und diese den Frauen als kleine Wiedergutmachung überlassen. Damit jedes der Mädchen mit einem Anteil aus dem schiederschen Hausstand zum Hof ihrer Eltern zurückkehren kann. Für die unglückliche Frau des Grafen von Schiedera sollte natürlich auch etwas übrigbleiben, denn diese hatte ja unter der Schändlichkeit ihres Mannes selber gelitten. Es ist das Wenigste was wir für die Frauen tun können.«

Zusammen mit der Gräfin, die allerdings bis jetzt mehr wie eine Sklavin leben mußte, stehen die jungen Mädchen etwas abseits an dem Haus, das zuvor ihr Gefängnis gewesen war und lauschten hoffnungsvoll den Worten des Engernhäuptlings. Doch das Murren aus den Reihen der Krieger klingt weniger verheißungsvoll, als die Worte Widukinds. »Ich habe keine Frau vergewaltigt und kenne es nicht anders, als daß die Beute unter den Siegern geteilt wird.« Es ist einer von den Engernkriegern aus Düsselborg, der dies sagt, ein alter Haudegen, der schon unter Warnekin so manch einen Kampf bestanden hat. »Sollen doch die Vlothoveleute ihre Beute abgeben,« sagt ein anderer, »denn nur die und ihr Graf selber waren die Vergewaltiger.« Der Stimme des Engern-Edlings ist anzumerken, daß er sich mühsam beherrschen muß, als er sagt: »Wir waren eine Kampfeinheit, wo jeder für den anderen einzustehen hat. Wer nun der Täter war und wer nur zuschaute oder es einfach geschehen ließ, das will ich jetzt nicht wissen. Derjenige aber, der auch in Zukunft mit mir reiten will, von dem erwarte ich mehr Ehrgefühl als ihr es heute gezeigt habt.« Ein häßliches Hohngelächter läßt der gefangene Graf von Schiedera vernehmen, den man in der Nähe des Hauses an einen Baum gebunden hat.

Graf Victor von Vlothove, der sich in der Nähe seiner Krieger auf die Kante einer Pferdetränke gesetzt hatte und bislang schweigend zuhörte, erhebt sich nun und tritt an Widukinds Seite. Er will dem jungen Häuptling kameradschaftlich seine Rechte auf die Schulter legen. Doch der weicht aus, worauf Victor ein schiefes Grinsen zeigt, dann sagt er mit ruhiger ausgeglichener Stimme: »Wenn ich als Graf auch einen höheren Rang innehabe als dieser junge Wigaldinger, so ist er doch der Sohn und Erbe des Kriegsherzogs Warnekin, meines toten Freundes, und ich habe mich mit meinen Männern seinem Befehl untergeordnet.« Er macht eine Atempause und spricht dann langsam und eindringlich: »Wenn nun unser Anführer Widukind, der uns mit viel Geschick zum Sieg führte, und ich muß zugeben, daß er uns aus einer ziemlich heiklen Lage herausgehauen hat, wenn er also von uns verlangt, diesmal auf Beute zu verzichten, dann will ihn doch wohl keiner widersprechen!« Die letzten Worte bellt der Graf den Kriegern mit seiner kräftigen Stimme förmlich entgegen. Ein Raunen geht noch einmal durch die Reihen der Männer, doch es widerspricht niemand mehr.

Nachdem der Frankenfreund von Schiedera nun Widukinds Pläne nicht mehr gefährden und auch sonst keinen Schaden mehr anrichten kann, wird es für den Edling höchste Zeit, nach seinem endgültigen Plan vorzugehen, um Ravenas Aufenthaltsort zu erfahren. Dann erst kann er daran gehen, die Befreiung seiner Schwester vorzubereiten. Zu diesem Zweck hat er sich für eine äußerst ungewöhnliche Vorgehensweise entschieden.

Ein Viehtrieb in der Zeit des anbrechenden Winters, noch dazu, um den Franken die Bäuche zu füllen, das ist es sicher nicht, was sich Widukind und seine Mannen wünschen würden. Doch da es nun einmal so sein muß, versuchen sie so rasch als möglich diese dreißig Rinder und zwanzig Schafe nach Fritzlar zu treiben. So hofft der Engern-Edling, ohne Schwierigkeiten in diese Gegend jenseits der Grenze zu gelangen, wo sich ein starker Stützpunkt der Franken befindet. Hier hofft Widukind etwas über den Aufenthalt seiner entführten Schwester zu erfahren.

Aus diesem Grunde war es auch erforderlich, vorher den Grafen von Schidera gefangenzunehmen. Es wurde ja ohnehin höchste Zeit, seinem verbrecherischen Treiben ein Ende zu setzen. Wie schon erwähnt, war der Graf bisher als Mittelsmann zwischen Sachsen und Franken auch dafür zuständig, die Tributzahlung in Form von Rindern, Pferden und Schafen aus einem Teil des sächsischen Bundes einzufordern und an die Franken weiterzuleiten.

Der Verdacht, bei solchen Gelegenheiten mehr Tiere von den Sachsen eingetrieben zu haben, als er dann bei den Franken ablieferte, ist für Widukind in den letzten Tagen immer stärker geworden. Dazu wurde ihm klar, daß es im Sachsenland etliche Männer gibt, die bei den ehrlichen und gutgläubigen Menschen seiner Heimat aus und ein gehen, und doch als Komplizen solcher Kreaturen wie den Grafen von Schiedera, die eigenen Leute betrügen und verraten. Diese Verbrecher zu entlarven, das wird Sache aller Gauhäuptlinge sein, die noch treu zur sächsischen Tradition stehen.

Von größter Wichtigkeit ist es für Widukind, Heermann, den ältesten Sohn des Bauern Wego, bei der Reise ins Frankenland dabei zu haben. Als Vertrauter des Grafen von Schiedera hat er die Viehtriebe der letzten Jahre geleitet, dadurch ist er auch bei den Franken in Fritzlar und Büraberg bekannt, wie Widukind in Erfahrung bringen konnte. So dürften sie bei den Feinden wohl kaum Verdacht erregen. Es war ihm jedoch lange nicht klar, wie er diesen willfährigen Handlanger des Grafen Ottmar für seine Zwecke gewinnen könnte. Deshalb sah Widukind eigentlich keine andere Möglichkeit, als ihn zur Teilname an diese Aktion zu zwingen. Doch dann kam ihm ein Umstand zu Hilfe, den er vorher nicht einkalkulieren konnte.

Gepa, die unglückliche Gräfin, hatte Widukind um ein Gespräch unter vier Augen gebeten, als er mit seinen Kriegern die eingenommene Festung in Richtung Hermaniosburg verlassen wollte. Sie erkundigte sich nach Heermann. Als Widukind ihr sagte, daß dieser auf den Hof seines Vaters gefangengehalten würde, gab sie ihm eine Erklärung für das Verhalten des jungen Mannes, durch das er sich mit den Leuten auf dem Hermaniushof überworfen hatte.

»Zwei Jahre sind vergangen, seit ich vom heimatlichen Hof an der fränkischen Grenze hierherkam«, begann sie zu erzählen. »Ich mußte dann schon bald feststellen, an welch verkommenen Menschen mein Vater mich, ganz sicher unwissentlich, vergeben hatte. So wurde Heermann einmal zufällig Zeuge, wie Ottmar auf brutale Art meine Teilname an einer widerwärtigen Orgie erzwingen wollte. Ich erkannte das Mitgefühl in seinen Augen und erhoffte mir in meiner Not, Hilfe von diesem jungen Mann, wenn ich bei nächster Gelegenheit zu fliehen versuchen würde. Schon bald kamen wir uns näher, und die Leichtigkeit, mit der sich unser Alleinsein ergab, hätte uns warnen müssen. Doch wir nutzten die erstbeste Möglichkeit zur Flucht.

Der Graf jedoch hatte uns überlistet. Wie ich annehme, verfolgte er die Entwicklung zwischen Heermann und mir, um dann die Tatsache unserer gegenseitigen Zuneigung in seine eigenen Pläne mit einzubeziehen. Als wir während der ersten Nacht unserer Flucht in einem Stall übernachteten, stand der Graf plötzlich mit höhnischem Lachen in Begleitung einiger Krieger vor uns. Was danach mit Heermann geschehen ist, weiß ich nicht. Als ich ihn dann nach einiger Zeit wiedersah, war er irgendwie verändert. Er stand total unter Ottmars Einfluß, und mir ist er seitdem regelrecht hörig. Immer wieder machte ich es mir selber zum Vorwurf, nichts dagegen unternommen zu haben. Ich habe es vielmehr als angenehm empfunden, in ihm einen Menschen in meiner Nähe zu wissen, der nicht so verroht und verdorben ist wie alle anderen Männer, die ich hier kannte. Ich nahm es als gegeben hin, daß er sich durch seine Abhängigkeit zu mir auch immer mehr dem Grafen auslieferte.«

Der junge Edling betrachtete Gepa aufmerksam, während sie sprach. Er kann gut verstehen, daß ein Mann dieser Frau total verfällt. Mit ihren üppigen Formen, dem wirren blonden Haarschopf und den so unschuldig blickenden blauen Augen. Einem guten Mann würde sie sicher ein liebevolles Weib und gute Mutter für die Kinder sein können, doch die Norne hatten sie in das Lotterbett dieses Lustmolches gezwungen, den der Graf von Vlothove jetzt zu seinen Spießgesellen in den Sundal gebracht hat, damit auch er dort in der Gefängnishöhle sein Urteil erwarten kann. Gepa wird vor ihm nicht mehr zittern müssen und Heermann wird, frei von dem unseligen Zwang, nach eigenem Gutdünken handeln.

»Wie stehst du zu ihm?«, wollte Widukind wissen. »War er für dich nur eben der beste Mann in dieser Umgebung?« Die blonde Frau blickte ihn darauf mit großen Augen an und sagte mit zitternder Stimme: »Ich kann nicht glauben, daß du mich mit deinen Worten beleidigen willst, freiwillig bin ich nicht hierhergekommen, und ich wollte Heermann auch nicht in diesen Schmutz hineinziehen. Wenn dieser verkommene Graf mich nicht zur ehrlosen Frau gemacht hätte, ja, dann würde ich gerne ein neues Leben mit Heermann beginnen, aber das darf ich ihn doch nicht zumuten. Ich möchte euch nur bitten, ihn für seine Handlungen im Dienste des Grafen nicht so hart zu bestrafen, da ihr nun seine Beweggründe kennt.«

Widukind versprach, sich dafür einzusetze, daß Heermann nicht bestraft würde, worauf Gepa darum bat, mit zu Heermanns Heimathof reiten zu dürfen. Dort erklärte Widukind dann dem Bauern und dessen Söhnen seinen Plan, durch den er ins Frankenland gelangen wollte. Als Heermann von der Rolle erfuhr, die er dabei spielen sollte, war er nicht gerade begeistert, verweigern aber mochte er sich wohl auch nicht.

Noch am gleichen Abend kam es zwischen dem jungen Bauernsohn und seinen Eltern zur Versöhnung. Gepa jedoch wurde von Wego und seiner Frau nicht besonders freundlich aufgenommen. Edeltraud aber, die auf dem Hof gewartet hatte, bis die Männer von ihrem Kampf um Schiedera zurückkamen, fand in der jungen Gräfin eine Frau, der sie schon bei der ersten Begegnung Sympathie entgegenbrachte. Als sie hörte, was die Frauen in Schiedera von dem Grafen samt seinen Freunden hatten erdulden müssen und wie sie dann noch von den Siegern behandelt wurden, stieß sie zornig hervor: »Da kann einem das Vertrauen zu den Kerlen ja total abhanden kommen.« Als sie darauf Abio mit funkelnden Augen ansah, beeilte sich Widukind ihr zu versichern, daß dieser an der Siegesorgie keinerlei Anteil gehabt hätte.

»Meinetwegen kann er tun und lassen was immer er will. Ich werde mich an keinen Mann binden, so wie es jetzt in mir aussieht. Nein, von euch Helden habe ich die Nase voll, ehe meine Erfahrungen in dieser Hinsicht noch größer werden!« »Aber Mädchen, woher diese plötzliche Verbitterung«, will der junge Häuptling wissen, und in seinem Gesicht zeigt sich ein leicht ironisches Lachen. Doch Edeltrauts dunkle Augen sprühen jetzt förmlich vor Zorn. »Was ich in letzter Zeit über Männer erfahren habe, das ist bei allen Göttern nicht dazu angetan um euch vertrauensvoll in die Arme zu sinken. Fangen wir bei dem an, was uns meine Mutter vor kurzem erzählt hat. Du weißt ja, dein Vater und seine großen Taten. Wenn ich dann noch die Ereignisse der letzten Zeit in Betracht ziehe, brauche ich auf neue Beweise männlichen Edelmuts nicht neugierig zu sein.

Sieh dir Gepas Schicksal an! Weil sie von dem Widerling von Schiedera erniedrigt wurde, wird sie jetzt vom Bauern Wego wie eine Aussätzige behandelt, und ich habe bis jetzt nicht feststellen können, daß Heermann ihr zur Seite steht.« Zum Versuch, die Aufgebrachte zu besänftigen, kommt Widukind nicht mehr. Gepa, die sich durch die Abneigung des Bauern beleidigt fühlt, hat ihr Pferd bestiegen, um den Hof zu verlassen. Edeltraut schließt sich ihr an, ohne auf Widukinds Einwände zu achten.

Ein üppiges Mahl gibt es an der riesigen Tafel, auf dem Hof unterhalb der Hermaniusburg. Es gilt schließlich den Sieg über den Despoten von Schiedera zu feiern. Die Menschen hier in der Umgebung können aufatmen, denn der Graf hatte alle, die ihm ausgeliefert waren, drangsaliert. Widukind aber kann an diesem Abend nicht froh werden, und auch Abbio und Heermann beteiligen sich nicht an der lebhaften Unterhaltung. Letztere beiden jungen Männer haben, jeder für sich, mit Problemen zu tun, die das Verhältnis zum anderen Geschlecht oft mit sich bringen. Der Edling aus Wigaldinghus aber denkt nach diesem gewonnenen Kampf, dem er eigentlich keine große Bedeutung zumißt, an die Auseinandersetzungen, die ihm noch bevorstehen.

Nein, er ist kein Mann des Krieges. Wie schön waren jene Zeiten, in denen er mit Wolfram am Feuer gesessen hat, um dessen klugen Worten zu lauschen. Gern auch würde er noch einmal die Tage erleben, an denen er mit seinem Vater durch Wälder und Auen geritten ist, um das Land, seine Heimat, kennenzulernen. Manches wird in der vor ihm liegenden Zeit nicht mehr möglich sein. Bei allem, was an Pflichten und Kämpfen auf ihn zukommt, will er sich aber doch für einen Menschen so viel Zeit nehmen, wie er irgendwie ermöglichen kann. Dabei taucht das Bild jener Frühlingswiese vor seinem geistigen Auge auf, zwischen den Hügeln in der Nähe seines Heimathofes, wo er sich mit seiner holden Geva geliebt hatte. Ja, trotz aller Drangsale der Zeit, will Widukind diese seine Liebe, und das gegenseitige Treueversprechen nicht vergessen. Treu will er sich selber bleiben, mögen die Götter ihm auch noch so harte Prüfungen auferlegen.

KAPITEL X

n der Frühe des nächsten Morgens wurden dann Rinder und Schafe für den Zug gen Süden zusammengetrieben. Dabei stellte sich heraus, daß vierzehn Rinder und acht Schafe mehr von den sächsischen Bauern eingefordert wurden, als den Franken für die entsprechenden Zeitraum zustehen, und Widukind sah dies als weiteren Beweis für die schmutzigen Machenschaften des Grafen von Schiedera an. »Auf diese Weise muß der Graf sich eine riesige Herde ergaunert haben! Wo mag er mit den Tieren geblieben sein?« Will Widukind von Heermann wissen. »Der Vogt von Adikenhusen hat einen Teil der Rinder bekommen. Pferde, die übrig waren, hat er oft auf eigene Faust an die Franken verschachert, wohin die anderen überzähligen Tiere gekommen sind, weiß ich nicht.« Etwas mürrisch gibt Heermann diese Erklärung von sich, die neue Situation ist ihm anscheinend noch nicht recht vertraut, und Widukind ist sich noch nicht sicher, ob er sich auf Heermann wird verlassen können. Das ist auch der Grund, weswegen Gerald und Everhard ihn nicht aus den Augen lassen, seit sie mit der Herde unterwegs sind.

Der kurze, aber heftige Rückfall Everhards in die Trunksucht, hatte ihm hinterher schwer zu schaffen gemacht. Widukind hielt es für richtig, ihn mit dem unweigerlich folgenden Katzenjammer und seinen Selbstvorwürfen alleinzulassen. Am Morgen, als das Vieh für den Abmarsch vorbereitet wurde, war der Müller in ebenso jämmerlichen Zustand, wie er ihn erst vor wenigen Tagen überwunden hatte, am Gatter der Weide aufgetaucht. Er brachte es nicht fertig, dem jungen Häuptling in die Augen zu schauen. Dieser betrachtete ihn mit enttäuschter Miene und sagte:»Es gibt sicher Augenblicke, an denen man besser einen Krug mit Met in sich hineinschüttet, als sonstwas zu tun. Aber ehe du so weitermachst, überlege erst, ob es nicht besser wäre, dein Leben mit einer Waffe zu beenden. Es ist zwar auch nicht ehrenvoll, durch die eigene Waffe zu sterben, aber es wäre für dich sicher einfacher, als langsam aber sicher durch den Suff zu verrecken.« Everhard war ihm die Antwort schuldig geblieben.

Die Grenze zum Frankenland haben sie jetzt längst überschritten, und auch die Begegnung mit der ersten fränkischen Reiterpatrouille haben sie ohne Probleme überstanden. Man sieht schließlich in ihnen Leute, die sich mit der Oberhoheit der Franken abgefunden haben und als Zeichen dieser Unterwerfung diese Tributleistung erbringen. Es ist sicher gut, daß es Widukind und seinen Männern nicht anzusehen ist, wieweit sie von dieser inneren Einstellung entfernt sind. Abio, der mit zwei seiner Männer vom Trendelhof den Schluß des Zuges bildete, kommt jetzt an Widukinds Seite, als sie sich dem Ziel nähern.»Ich hörte, es gäbe hier einen Ort, an dem jener Mönch Bonifatius eine Donareiche gefällt habe«, ruft er seinem Mitstreiter aus Wigaldinghus zu und hofft, das Blöken der Schafe und das Muhen der Rinder zu übertönen. Auch Heermann hat die Worte des Trendelhoferben gehört. Er lenkt sein Pferd in Widukinds Nähe und zeigt auf eine Ansammlung von mehreren Gehöften, die zu ihrer Rechten auf einer Anhöhe sichtbar werden.

»Dort seht ihr den Ort Geismar, da stand die riesige Eiche, die dem Gott Donar geweiht war. Der Mönch, der den heiligen Baum vor nun über dreißig Jahren, schändete, wurde ein mächtiger Kirchenmann im Frankenland, und weil die alten Götter diese Tat ungestraft geschehen ließen, sahen die hier lebenden Chatten ein, daß der Christengott doch mächtiger sein muß, als die alten Götter ihrer Väter.« Da im Augenblick jeder seinen eigenen Gedanken über das damalige Geschehen nachhängt, spricht Heermann weiter: »Wie auch immer, eine mutige Tat war es allemal von diesem Bonifatius, wenn man es einmal aus der Sicht der Christen sieht.«

Seit sie unterwegs sind, ist es das erste Mal, daß der frühere Erfüllungsgehilfe des Grafen von Schiedera sich in der Form an einer Unterhaltung beteiligt. Widukind sieht es als gutes Zeichen an und geht freundlich darauf ein. Er zeigt auf die Hügelkette, die jenseits des vor ihnen liegenden Edertales zu sehen ist und sagt: »Wenn ich richtig informiert bin, dann liegt dort die Frankenfeste Büraberg. Also werden bei dem Unternehmen des Mönchs die Frankenkrieger nicht fern gewesen sein, und unter dem Schutz starker Truppen kann man leicht mutig sein. Ich will diesem Diener des Christengottes nichts unrechtes nachsagen, dafür weiß ich auch zu wenig über ihn. Aber es gibt zu viele Beispiele, bei denen die weltliche Macht, der Aussagekraft der Priester den nötigen Nachdruck verschaffte, wie mein weiser Lehrer Wolfram zu sagen pflegte.«

»Wenn man es sich recht überlegt«, sinniert Heermann laut weiter, »so besteht eine besondere Tragik in der Tatsache, daß Bonifatius vor zwei Jahren bei einer ähnlichen Aktion erschlagen wurde. So ist es im Leben, für eine Tat bekommt einer einmal allerhöchsten Lohn, während derselbe Mensch ein anderes Mal für gleiches Handeln den Tod erntet.« »Dich soll einer verstehen.« entfährt es Abbio, »bist du nun jener Mann, der im Dienste des Grafen von Schiedera die eigenen Leute drangsalierte und betrog, dazu noch an dessen schändlichem Treiben teilhatte, oder müssen wir dich als einen Menschen sehen, der sich die Sache der Christen zueigen gemacht hat?«

Der so Angesprochene schaut mit dunklen Augen erst Abbio und dann Widukind an und fragt: »Wenn man das Brot eines Verbrechers ißt und unter dessen Dach schläft, weil es keine andere Möglichkeit gibt sich selbst und andere Menschen vor einem noch schlimmeren Schicksal zu bewahren, ist man dann gleich auch selber ein Gauner? An den wüsten Orgien des Grafen hatte ich keinen Anteil. Das hätten euch alle Frauen, die in das schiedersche Haus gezwungen wurden, bestätigen können.« »Du hast sicher Recht mit deiner Entrüstung«, besänftigt ihn Widukind. »Wir Menschen neigen allzuschnell dazu, jemanden vorzuverurteilen.«

Nun, da die Männer mit ihrer Herde die Talauen des Ederflusses erreicht haben, sehen sie vor sich eine Ansammlung von Häusern, wie Widukind sie in der Größenordnung noch nie zuvor sah. Inmitten der zusammengedrängten Häuser, die zum Teil aus Stein und zum anderen aus Holz gebaut wurden, erhebt sich ein mächtiges Bauwerk. Schon aus der Entfernung heraus sind an einigen Stellen Holzgerüste zu erkennen und beim Näherkommen stellen die Männer fest, daß an dem steinernen Riesenbau noch gearbeitet wird.

»Das also ist der Ort, den dieser Bonifatius ›Freideslar‹ genannt hat, damit von hier aus der Friede zu den Völkern der sogenannten Heiden gebracht werde.« »Nun da gibt es eben auch die nahegelegene Büraburg. So wie die Krieger von dort aus damals bei der Fällung der Donareiche für Frieden sorgten, so nehmen sie auf der anderen Seite diesem Ort seine Namensberechtigung.« Es ist Heermann, der dies sagt, und Widukind ist wieder einmal erstaunt über die Tiefsinnigkeit der hier offenbarten Gedankengänge dieses Bauernsohnes.

Abbio hat mit großen Augen diese Wohnstätte so vieler Menschen betrachtet. Da sie sich dem Ort von Norden nähern, haben die Männer zunächst einige Bauerngehöfte vor sich, wie man sie ähnlich auch in der eigenen Heimat kennt. Doch die kleineren Häuser, die sich in großer Zahl im Schatten des imposanten Steinbaues zu ducken scheinen, so etwas sah der junge Trendelhoferbe bisher noch nicht.

Auf die ihm eigene Art tut er sein Erstaunen kund: »Das ist mir ja eine seltsame Festung! Wenn man bei uns Holzwände durch Stein ersetzt, dann sehen wir es als vernünftiger an, diese Steinmauern als äußere Befestigung einer Ansiedlung zu errichten. Hier aber hat man die schutzlosen Holzhütten um diesen wuchtigen Steinbau herumgruppiert, als sollten diese die starke Burg in ihrer Mitte schützen.«

Ein Mann in einer bis zum Boden reichenden, braunen Kutte und einen Hirtenstab in der Hand, der seine Körpergröße überragt, steht am Rande des Weges, der in den Ort führt, als erwarte er die Männer mit den Rindern und Schafen. Der geschorene Schädel des Mannes, bei dem vom Haupthaar nur ein Kranz übriggeblieben ist, gibt ihm ein seltsames Aussehen. Neben Widukind und Abbio haben auch die anderen Begleiter der Herde schon vorher einen Mönch gesehen oder von deren seltsamer Haartracht gehört, die man Tonsur nennt. Er muß Abbios Worte gehört haben, denn während er nahe an dessen Pferd herantritt, sagt er: »Mein Sohn, aus deiner Rede spricht die Unwissenheit eines Hei... äh Nichtchristen. Diese starke Burg, wie du sagst, ist das Haus unseres Gottes, und die kleinen Hütten ringsum, das sind die Behausungen und Werkstätten der Mönche und ihrer Helfer. Nun ist es nicht etwa so, daß wir mit unseren Hütten den mächtigen Dom schützen wollen, vielmehr haben wir uns unter den Schutz des einzigen Gottes gestellt, zu dessen Ehre dieses großartige Haus gebaut wurde, auf daß er darin wohne. Gegen die Menschen, die hierherkommen, wollen wir uns nicht abschotten, wie es in einer Festung üblich ist. Nein, sie sollen nach dem Willen des großen Bonifatius, der dieses Kloster gründete, hierherkommen, um im Hause Gottes Frieden zu finden.«

Gern würde Widukind auf die frommen Worte des Mönches eingehen. Ja, er muß an sich halten, um nicht zu sagen, daß es in seinem Volke so eines Riesensteinbaues nicht bedarf, um den Göttern zu begegnen. Doch er muß den Schein wahren, er kommt mit seinen Begleitern als Viehtreiber im Dienste des Grafen von Schidera hierher. Diesem Eindruck muß er gerecht werden und da kann er sich nicht auf geistreiche Diskussionen einlassen. Sein warnender Blick begegnet Abio, der es sich jetzt ebenfalls verkneift, dem Christenpriester eine Antwort nach seinem Geschmack zu geben.

Um weiteren Wortwechsel zu vermeiden, treibt Heermann sein Pferd in die Nähe des Mannes mit dem Hütestab und spricht ihn an: »Bruder Eusebius! Ihr kennt mich von den letzten Tributleistungen her, sagt mir, sollen wir alle Rinder und Schafe hier übergeben oder müssen wir, wie beim letzten Mal, einen Teil der Herde zur Feste Büraberg bringen?« Der so Gefragte bedeutet ihm, daß alles Vieh hierbleiben soll. Er winkt einige Männer herbei, die damit beschäftigt sind, Wasser und Futter für die Tiere heranzuschaffen, damit diese nun die Rinder von den Schafen trennen und alle Tiere in die dafür vorgesehene Gatter treiben. Noch einmal wendet sich der Bruder Eusebius den vermeintlichen Viehtreibern zu: »Nicht, daß ihr nun glaubt, wir hier in Fritzlar würden uns auf Kosten eurer Leute die Bäuche vollschlagen. Hier bleibt nur ein kleiner Anteil. Die wesentlich größere Anzahl der Tiere geht an die Mächte des Königs. Das nur zu eurer Kenntnisnahme. Nun sollt ihr nach den Strapazen der letzten Tage unsere Klosterküche aufsuchen, damit man euch dort eine anständige Mahlzeit vorsetzt.«

KAPITEL XI

rüben bei den eingezäunten Hütten sind die Frauen jetzt verschwunden, die Kunhildes Aufmerksamkeit erregten. Natürlich konnte die blonde Frau in ihrer Mitte Ravena sein, aber auf diese Entfernung hätte man das nicht mit Gewissheit sagen können. Also wendet sich die Aufmerksamkeit von Widukinds Mutter wieder dem Geschehen zwischen dem fränkischen Kommandanten und der Dame mit den langen schwarzen Haaren zu.

Eine Halskette, kunstvoll aus Bronze gearbeitet mit einem Anhänger, der eine winzige Hand mit einer Bernsteinkugel darstellt, hält Bernhard, der Festungskommandant, in den Händen, als er auf die schöne junge Frau zugeht. Er hat das Schmuckstück bei den Tauschwaren dieser Handelsleute aus dem Norden Germanius gefunden.

»Das fein gearbeitete Schmuckstück wird meiner kleinen Addila sicher gefallen.« Mit diesen Worten legt Bernhard ihr die Kette um den Hals, worauf er zum Dank von der holden Maid einen Kuß erntet. Sie könnten ebenso gut Vater und Tochter sein, geht es in Kunhilde durch den Kopf, aber ähnliche Verhältnisse gibt es ja auch bei den Sachsen, wie sie aus eigener Erfahrung weiß. »Es steht euch wirklich gut, schöne Frau«, preist sie ihr Handelsgut an, während sie vom Pferd steigt und auf das Paar zugeht. »Was erwartest du als Gegenleistung für diese Kette?«, will Bernhard von Kunhilde wissen. Die scheint zu überlegen, was sie von dieser hochgestellten Persönlichkeit erwarten kann. »Ich würde noch ein Armband dazulegen, wenn wir ein paar Tage hier rasten dürfen. Mein alter Vater«, sie deutet dabei auf Wolpert, »bedarf nach dieser langen Reise ein paar Tage der Ruhe.« Innerlich dürfte Wolpert belustigt darüber sein, daß die stolze Witwe des Kriegsherzogs ihn als ihren Vater ausgibt, denn so gut war bisher das Verhältnis zwischen den beiden nicht. Deshalb kann man davon ausgehen, daß ihn der Schelm reitet, als er sagt: »Du mußt deine eigene Reisemüdigkeit nicht auf meine alten Knochen abwälzen, Tochter.«

»Wie es auch immer sein mag«, ertönt die helle Stimme Addilas, »ich würde mich freuen wenn ihr unsere Gastfreundschaft genießen würdet. Es wäre für euch sicher interessant einmal ein christliches Weihnachtsfest mitzuerleben.« Ob Bernhard der gleichen Meinung ist wie seine junge Geliebte, bleibt im Augenblick offen, denn vom Haus des Bischofs her eilt ein Mönch auf die Gruppe zu. Als er vor Bernhard steht, deutet er eine leichte Verbeugung an. »Herr Graf, wir konnten das Leben des Bischofs trotz aller Bemühungen nicht erhalten. Der hochwürdige Herr Albuin ist tot.« Mit gesenktem Haupt steht Bernhard da, nach kurzer Zeit des Schweigens sagt er: »Mit ihm hat Gott nun auch einen der letzten Gefolgsleute des Bonifatius' zu sich berufen. Pfalzgraf Worad, ihr wißt was zu tun ist!« Nach dieser Aufforderung an seinen Stellvertreter wendet er sich kurz seiner Lebensgefährtin zu. »Wenn du möchtest, daß diese Leute unsere Gäste sind, soll es mir recht sein.« Damit geht er in Begleitung des Mönchs auf das Haus zu, wo es gilt, dem toten Kirchenfürsten die letzte Ehre zu erweisen.

Der dumpfe Klang des Hornes, der den Menschen vom Tode Bischof Albuins kündet, ist verstummt. Das Leben hier im Grenzland, wo der Tod ein allzu oft anwesender Gast ist, geht trotzdem weiter. Man nimmt zur Kenntnis, daß er wieder einmal zugeschlagen hat, aber so lange es nicht das persönliche Umfeld betrifft, wird der Lebensrhythmus dadurch nicht gestört.

Kunhilde und Wolfram sind von Addila in das Haus des Festungsherrn geladen worden. Die behagliche Wärme des großen Herdfeuers genießend, sitzen die beiden Frauen sich gegenüber, während Wolfram scheinbar unbeteiligt in einer Nische vor sich hindöst. Schon bei den ersten Worten, die sie von Addila hörte, war Kunhilde über deren Aussprache erstaunt gewesen, denn so sprach man, wie sie wußte, in den Gauen Theotmali und Wethi. Sie hatte jedoch ihre Neugier bis jetzt gezügelt. Auf die nun dahingehend gestellte Frage antwortet die junge Frau: »Ich bin die Tochter eines Bauern aus der Umgebung von Schiedera. Kaum dem Kindesalter entwachsen, schickte mein Vater mich zum Grafen Ottmar, dort sollte ich als Magd in Haus und Stall arbeiten. Ich erinnere mich noch daran, wie meine Mutter beim Abschied sagte, es wäre gut für mich, bei so einem großen Herrn Dienst zu tun. Dort würden auch junge Burschen von anderen Höfen, gemäß ihrer Lehnspflicht, über bestimmte Zeiten zur Arbeit verpflichtet. So hätte ich gute Möglichkeiten, einen Mann fürs Leben zu finden, denn für ein junges Mädchen wie mich wäre es wichtig, beizeiten unter die Haube zu kommen.

Doch ich fand dort alles andere, als einen Mann fürs Leben. Was ich im Hause dieses widerlichen Grafen erleben mußte, darüber möchte ich lieber schweigen. Für mich ist der Kerl schlechthin die Verkörperung des Bösen. Als mein ältester Bruder Heermann mich einmal vor den gierigen Händen eines Freundes des Grafen schützen wollte, mußte ich mit ansehen, wie dieser brutal zusammengeschlagen wurde. Um aus dieser Lasterhöhle herauszukommen, war mir alles recht. Einmal habe ich versucht, zum Hof meines Vaters zu fliehen, doch die Schergen des Grafen fingen mich wieder ein, und Graf Ottmar machte mir klar, was meine Eltern und Brüder zu erwarten hätten, wenn sie sich gegen ihn stellen würden.

Als nun ein fränkischer Anführer mit dem Namen Theoderich, der oft in Schiedera zu Gast war, mir anbot, mich ins Frankenland mitzunehmen, willigte ich ohne zu zögern ein. Schlechter als bei dem Grafen Ottmar könnte es mir bei den Franken auch nicht ergehen. Außerdem versprach er mir, dafür Sorge zu tragen, daß meine Leute nicht weiter drangsaliert würden. Dem Grafen von Schiedera gefiel das gar nicht, aber dieser Theoderich hatte, wie ich feststellen konnte, totale Macht über ihn.«

Kunhilde ist erfreut über die Redseligkeit der jungen Frau und hofft darauf, daß Graf Bernhard noch möglichst lange auf ihre Gesellschaft verzichten kann. Durch sie findet sich möglicherweise auch die Gelegenheit, etwas über Ravena zu hören.

Nachdem sich beide Frauen an einem Becher heißer Milch mit Honig labten, bekommt die Frau aus dem Norden die Erklärung für den freimütigen Redefluß Addilas. »Ich freue mich einmal zwanglos mit jemandem aus mehr oder weniger heimatlichen Gefilden reden zu können. Vor allem auch in der Sprache, die mir geläufiger ist, als die hiesige Art zu sprechen. Es gibt hier zwar auch außer mir noch einige Frauen oder Mädchen aus dem Sachsenland. Wie man hört, sind es Töchter von Edlingen, die hier von frommen Frauen im Glauben an den Christengott unterrichtet werden. Leider habe ich höchst selten Gelegenheit, mit einer von ihnen zu reden und wenn, dann nur in Anwesenheit einer der fränkischen Nonnen. Ansonsten kann ich mich hier nicht beklagen. Graf Bernhard, der ein Halbbruder von König Pippin ist, trägt mich auf Händen. Der fränkische Freund des Grafen von Schiedera war mir zwar vom ersten Tag an unheimlich, und seine Verhaltensweise mir gegenüber war oft abstoßend, doch mußte ich ihm nie direkt zu Willen sein.

Als ich in seiner Begleitung vor etwa zwei Jahren hier in der Feste Büraberg eintraf, war Graf Bernhard seit einigen Tagen hier als Kommandant eingesetzt. Gleich am Abend unserer Ankunft stand ich ihm hier gegenüber und fühlte mich seinen Augen förmlich ausgeliefert. Nun am Tag darauf war Graf Theoderich nicht mehr hier, und Bernhard schien mich als sein Eigentum zu betrachten. Was sich da für einen Handel um meine Person, zwischen den beiden Franken abgespielt hat weiß ich nicht. Der Karolinger wurde jedoch niemals grob zu mir und wie ihr ja heute selber feststellen konntet, behandelt er mich so, wie ich es mir besser nicht wünschen kann. Inzwischen mußte er einmal an einem Feldzug gegen den Herzog von Aquitanien, ich glaube er hieß Waifar, teilnehmen. Da hat er mich bis zur Königspfalz in Diedenhofen mitgenommen. Dort mußte ich bis zu seiner Rückkehr bleiben. Das war sehr unangenehm für mich, denn dort lebte auch die nach christlichem Recht mit ihm verbundene Frau.«

Geräusche am Eingang des Hauses lassen sie verstummen, und gleich darauf betritt Graf Bernhard mit wuchtigen Schritten den Raum. Ihm folgt ein älterer Krieger, der Befehl hat, den Gästen ihre Unterkünfte für den Aufenthalt hier in der Festung zuzuweisen.

Die Hoffnungen Kunhildes, sie würde im Hause der frommen Frauen Quartier finden, haben sich nicht erfüllt. In einem Verschlag, der, falls erforderlich, auch als Gefängnis dienen kann, müssen sie sich für die Nacht einrichten. »Dieses feuchte Loch ist für meine alten Knochen genausogut wie Frost und Schnee für die Kirschenblüten«, mault Wolfram und bekommt von Kunhilde die schnippische Antwort: »Du hättest eben Widukinds Rat befolgen sollen, in deiner windschiefen Hütte an der hohen Warte zu bleiben.« »Dann meine Tochter, würdet ihr möglicherweise auch in diesem Verließ sitzen, aber ihr wäret gefesselt und die Tür wäre verriegelt, weil ihr euch selbst verraten hättet.« »Störrischer alter Klepper!« Diese undeutlich gemurmelten Worte nimmt der alte Mann mit einem grunzenden Lachen hin und rollt sich fest in seine schützende Felldecke ein. Auf Kunhilde wirkt die ungastliche Behausung ebenfalls nicht angenehm, wenn sie sich auch in ihre wärmenden Felle hüllt, um Schlaf zu finden.

Ein neuer Morgen mit Hoffnungen und Wünschen, die an den vorangegangenen Tagen nicht erfüllt wurden, wird vom Weckruf eines Hornes angekündigt. Schwerfällig auf seinen Stock gestützt, begibt sich der alte Lehrer Wolfram in den Festungshof. Dort brennt ein Feuer, das seinen Rauch dem frostig klaren Morgenhimmel entgegenschickt. Ein einzelner Mann sitzt dort, um sich zu wärmen; es ist Dingolf. Die Wachen, die während der Nacht die Glut hier erhalten haben, suchen soeben ihre Schlafstätten auf, und die Ablösung macht die übliche Inspektionsrunde. Als Widukinds Knappe den alten Lehrer seines Herrn sieht, geht er auf diesen zu, während er vorsichtig nach Lauschern Ausschau hält.

»Ich habe etwas erfahren, Wolfram.« Als dieser sich in der Nähe des Feuers niedergelassen hat, fordert er Dingolf zum Reden auf. »Einen großen Krug voller Met werdet ihr auf unserem Karren vermissen, ich habe ihn gebraucht, um die Zungen der Frankenkrieger zu lösen, die in der vergangenen Nacht hier Wache hielten.« Wolfram erwidert: »Ich hoffe, du bist nicht unvorsichtig gewesen! Es könnte schon verdächtig wirken, wenn du als Pferdeknecht dieses Kauderwelsch beherrschst, das im Grenzland zwischen Sachsen und Franken gesprochen wird.«

»Keine Sorge«, beseitigt Dingolf die Befürchtungen des alten Mannes, »ich habe mich mit denen fast ausschließlich durch Gesten verständigt. Da die fränkischen Krieger annehmen mußten, ich würde ihre Sprache nicht verstehen, unterhielten sie sich miteinander um so zwangloser. Wenn ich auch nicht alles verstand, denn, nachdem der Met ihre Sinne aufgepeitscht hatte, redeten sie ziemlich viel, das Wichtigste aber habe ich begriffen. Wie das bei Kriegern, die fern der Heimat Dienst tun müssen, nun einmal ist, sie sind scharf darauf, eine Frau auf den Rücken zu legen. Jeder Weiberrock regt ihre Phantasie an, dabei jubeln sie sich gegenseitig hoch.«

»Nun peitsch du dich nicht auch noch in diese Richtung, denk daran, der Schorlenhof, wo deine Liebste lebt, ist weit.« Für Wolframs trocken eingeworfenen Ratschlag hat Dingolf nur ein schiefes Grinsen, ehe er weiterspricht: »Sie sprachen also von Frauen im allgemeinen, wieviel Zeit seit dem letzten Mal nun schon vergangen wäre, und einer der Kerle sagte, die blonde Tochter eines sächsischen Herzogs, welche die Nonnen dort drüben unter ihren Fittichen hätten, die würde ihm gefallen. Ein anderer sagte darauf, von den Frauen, die in der Obhut der frommen Frauen wären, könne man nur träumen. Wenn man so eine haben wolle, dann müsse man sie mit Gewalt nehmen und darauf stände der Tod.«

»Sie haben dort also eine blonde sächsische Herzogstochter«, überlegt Wolfram laut, »damit kann Ravena gemeint sein. Wie aber bekommen wir sie dort aus dem Kloster heraus, wenn sie es denn ist?«

KAPITEL XII

ber den Pferdeställen des Klostergutes von Friedeslar oder Fritzlar, wie der Ortsname in abgewandelter Form heißt, haben Widukind und seine Mannen die Nacht verbracht. Am Abend vorher bekamen sie ein kräftiges Abendessen, und Bruder Manus lud die Männer ein, noch einige Tage zu bleiben, denn es würde sicher in den nächsten Tagen Schnee geben. Es wäre ohne Zweifel ein unvergeßliches Erlebnis, die Christmette in dem herrlichen, neuerbauten Dom mitzuerleben, auch wenn das Weihnachtsfest in diesem Jahr nicht so feierlich ausfallen würde, da der hochwürdige Herr Bischof von Büraberg am Tag zuvor verstorben sei.

Welches Interesse der Mann mit der Tonsur auch einem längeren Aufenthalt der Sachsen entgegen bringt, Widukind ist es durchaus recht. Seine Gründe, länger hier zu bleiben, sind natürlich ganz anderer Art. Schließlich war für sie der Zweck dieser Reise nicht der, den Franken und diesen Mönchen den Festschmaus in Form der Rinder und Schafe aus den Ställen der eigenen Leute zu überbringen.

Am Gatter des Geheges, in dem sie am Tag zuvor die Rinder getrieben hatten, stehen Widukind, Abbio und Heermann. Die Tiere sind inzwischen auf die einzelnen Nutznießer der Tributleistung verteilt worden. Die Koppeln sind also leer. Die drei Männer sind hier, außerhalb des geschäftigen Treibens, daß in dem Ort herrscht, zusammen gekommen, um vor Lauschern sicher zu sein

Auf dem kahlen Wiesenhof, wo ein schneidend kalter Wind aus Richtung der Morgensonne an den Disteln zerrt, die von den Tieren als Futter verschmäht wurden. Die Köpfe zwischen den Schulten gezogen, stehen sie scheinbar gelangweilt da, während die Kälte ihnen das Wasser in die Augen treibt. An einen Pfahl gelehnt, schaut Widukind über das bewaldete Bergland. Es ist hier überwiegend mit Buchen, Eichen und Birken bewachsen. Somit zeigen die Berghänge in dieser Zeit der kalten Mond, ein etwas tristes Bild, und doch hat auch so dieses Landschaftsbild seine Reize. Die Äste der Laubbäume ragen mit dem spärlichen Rest ihres gelb-braun gefärbten Blattgefieders in die Höhen und der Wind zerrt daran mit brausendem Getöse, als wäre Wodan mit seiner kläffenden Meute unterwegs. Will er dem Betrachter sagen: »Schaut her, auch für Büsche und Bäume kommt, wie für euch Menschen, immer wieder die Zeit, in der sie, bar aller schmückender Kleider, ihr wirkliches Sein offenbaren müssen.« Doch wer immer für den Zauber der sich auf wundersame Weise immer wieder regenerierenden Natur zuständig ist, er hat auch der Lebewesen gedacht, die nicht schon vor Beginn der ersten Herbststürme, die Flucht vor den Unbilden des Winters ergreifen können, wie das bei den Zugvögeln der Fall ist. Zum Schutz eben dieses Lebens, behaupten sich einzelne Fichten und Tannen mit dunkel verhülltem Geäst, zwischen den nun bald nackend dastehenden Laubbäumen,

»Es muß uns gelingen, mit meiner Mutter und Wolfram Kontakt aufzunehmen. Doch wie können wir vorgehen? Büraberg ist immerhin eine der wichtigsten fränkischen Stützpunkte hier im Grenzland, dort wird nicht jeder Fremde ein und aus gehen können wie es ihm gefällt.« Während Widukind dies sagt, schweift sein Blick zu Heermann hin, der auch gleich darauf eingeht. »Wenn ihr einverstanden seid, so besuche ich meine Schwester dort im Hause des Grafen Bernhard und...« Widukind unterbricht ihm mit den Worten: »Ich habe daran gedacht. Du könntest bei der Gelegenheit einen von uns mitnehmen, der dann versucht mit unseren Leuten dort in Verbindung zu treten.« »Vergiß es!

Entweder reite ich alleine oder gar nicht. Wenn ihr euer Mißtrauen gegen mich noch weiterhin beibehalten wollt, dann erwartet von mir kein Entgegenkommen mehr.« Heermanns heftiges Aufbegehren entlockt Widukind ein leichtes Lächeln. Er legt dem erregten Cherusker seine Rechte auf die Schulter. »Nein, es sollte zwischen uns kein Mißtrauen geben. Reite also, aber laß dich von äußerster Vorsicht leiten.« Er greift unter seinem schafwollenen Überwurf, wie Viehtreiber und Hirten ihn um diese Jahreszeit nun einmal zu tragen pflegen, und zieht eine bronzene Fibel hervor. Diese hat die Form eines Fisches, den der Dorn dieser Spange, wie ein Pfeil durchbohrt. Es ist ein Geschenk, das Widukind von seiner Mutter bekam. »Wenn es dir möglich ist Heermann, dann gib sie der Frau, die sich als fahrende Händlerin ausgibt. Dann weiß sie, von wem du kommst.«

»Ich werde mir dieses gewaltige Gebäude, das sie ihrem Gott erbauten, einmal genauer anschauen«, wendet sich Widukind an Abbio, nachdem Heermann sich in Richtung der Pferdeställe entfernte. »Wenn ich darf, möchte ich dich begleiten. Graf Theoderich hat uns oft an den Abenden auf dem Trendelhof von wirklichen Wundern menschlicher Baukunst erzählt, die in südlichen Ländern zu Ehren des Christengottes entstehen. Da ist dieser Dom sicher nur ein kleines Beispiel.« Nachdenklich nickt der junge Häuptling zu Abbios Worten. »Wir Naturmenschen, die wir in die erhabene Schöpfung nur eingreifen, um leben zu können, brauchen nicht solcher Art Momente, um die Verehrung unserer Götter zu verdeutlichen. Sie haben uns durch die natürlichen Wunderwerke dieser Welt reichlich Beispiele ihrer Größe gegeben. Dagegen kann jeder Dom, jede Burg nur ein Beweis menschlicher Unzulänglichkeit sein.«

Ein alter Mönch, dessen Haltung von ständiger Demut zeugen würde, wenn sein hochmütig, mißtrauischer Blick dem nicht entgegen stände, schaut den beiden Fremdlingen entgegen. Als sie durch das große Portal die Kirche betreten wollen, spricht er die beiden jungen Männer an: »Ich sah euch bisher noch nicht, woher kommt ihr?« Widukind kannte sich zu wenig mit Männern der christlichen Kirche aus, um zu wissen, daß in der Person dieses Greises der Prior von Friedeslar vor ihm steht. Wie er sich auch in seiner Heimat älteren Menschen gegenüber verhalten hätte, so verneigt er sich leicht und sagt: »Wir gehören zu den Viehtreibern aus dem Sachsenland.«

Verstehend nickt der Mönch. Aufmerksam betrachtet er die beiden jungen Männer, bis sich seine erstaunlich klaren Augen, an Widukind festzusaugen scheinen. »Warum hast du dich an diesem Viehtrieb beteiligt?« Für einen Augenblick ist der Engern-Edling durch diese Frage irritiert, doch schnell hat er sich gefangen, um sich nicht zu verraten. »Es muß eben getan werden, der Vater fragt nicht, wer Lust hat, er bestimmt. Doch jetzt bin ich froh, dabei zu sein. Wann hätte ich sonst etwas so Großartiges gesehen.«

»Ja, wir sind mit Recht stolz auf das, was uns hier zu Ehren unseres Gottes gelungen ist. Die kleinen Kirche, bei der das Holz der Donareiche, die vom großen Bonifatius gefällt wurde, genügte den Mönchen nicht mehr. An ihrer Stelle baute Abt Wigbert diesen prächtigen Dom von über hundertdreißig Fuß Länge und sechzig Fuß Breite. Ich durfte beide erleben und überleben, den Märtyrer Bonifatius und den Abt Wigbert, meinen Lehrer. Sie werden jetzt zur Rechten unseres Herrn im Himmel sitzen und auf uns niederschauen, und sie werden des Lobes voll sein über die Vervollständigung ihres Werkes durch uns, ihre Nachfolger. Geht hinein, ihr Armen, denen es noch nicht vergönnt ist, in der Heimat solche Bollwerke des Glaubens zu besitzen, damit ihr in Andacht die Knie beugt.« Jäh beendet der Prior seine pathetische Rede, schaut beide Männer mit tiefen Ernst an und sagt: »Seit ihr eigentlich getauft oder hat man uns Heiden geschickt?«

Es ist Abbio, der dieses mal die richtigen Worte findet, denn Widukind hätte sich wahrscheinlich lieber die Zunge abgebissen, als diese Tauflüge auszusprechen. »Es war ein Mönch namens Wunibald, er lebte eine Zeitlang in Theotmali, und von dort aus kam er auch zu uns.« »Ah, ja! Die beiden Brüder Wunibald und Willibald, sie gehörten zu den Begleitern des Bonifatius und sind von hier aus in das Sachsenland gereist, um dort zu missionieren.« Unbewußt verhindert so der Prior selber, daß Abbio die Unwahrheit über eine etwaige Taufe ausspricht.

Ein Reiter kommt zwischen den Häusern, die den Kirchplatz eingrenzen, hindurchgeprescht. Als er die Männergruppe vor dem Portal erblickt, hält er darauf zu. Sie scheinen einander zu kennen, denn während der Prior grüßend die Hand hebt, steigt der Reiter vom Pferd und grüßt ehrerbietig. »Hochwürdiger Herr Prior, ich soll euch die Grüße meines allergnädigsten Gebieters, des Abtes Sturmius, überbringen. Er wird am Tage nach St. Stephanus[55] in Fulda aufbrechen, um der Beisetzung vom Herrn Albuin beizuwohnen.« Der so angesprochene bedankt sich und lädt den Reiter in sein Haus ein, damit er eine Stärkung zu sich nehme. Ehe der Prior sich entfernt, wendet er sich noch einmal Widukind und Abbio zu: »Geht also in das Gotteshaus hinein, um den Schöpfer zu lobpreisen.«

Kurze Zeit stehen die Männer aus dem Sachsenland noch im Eingang und schauen dem frommen Mann hinterher. Mit schelmischem Grinsen sagt Abbio: »Also, irgendwie habe ich diesen hohen Herrn nicht richtig verstanden. Sollen wir nun die von ihm so erhaben dargestellten Männer, die dieses Haus geschaffen und vervollständigt haben, loben und preisen oder ihren Gott, den er ja auch nebenbei erwähnte?« Leise lachend, schlägt Widukind ihn in die Seite. »So sind oft die Menschen, würde mein alter Freund Wolfram sagen, wenn es darum geht, sich und seines Gleichen auf die Schulter zu klopfen. Dann geraten die übergeordneten Mächte oft in den Schatten.«

Als Abbio den Türflügel aufzieht, steht im Kircheninneren der Müller Everhard vor ihm, den er mit gedämpfter Stimme anspricht: »He, Müller was machst du hier. Ich hörte, die christlichen Priester trinken bei ihren Zeremonien stets etwas Wein aus einem Kelch und sagen es wäre das Blut ihres Erlösers. Du hast doch nicht...« Mit ungeduldiger Gebärde unterbricht ihn Everhard und wendet sich dem jungen Häuptling zu: »Widukind, ich hätte da eine Idee, wie wir deine Schwester freibekommen könnten.« Erstaunt sieht dieser ihn an. »Nicht hier! Geh

---

[55] Tag nach dem 2. Weihnachtstag.

zum Gatter, wo wir die Rinder ablieferten. Auch ich werde dahinkommen.«

Nicht der Eindruck, den ein Missionar sich erhofft hätte, bewirkt das Innere des Domes auf Widukind, für ihn hat es etwas Kaltes, Unwirkliches, das sein Inneres nicht erreicht. Sicher fehlt ihm auch die Einstellung, die ein aufgeklärter Christ hierher mitbringt.

Wieder die freie Natur vor sich sehend, erwacht in Widukind die poetische Ader, und er murmelt vor sich hin:

»Ein Dom ersetzt den alt ehrwürdigen Götterhain.
Fürwahr, ein stolzes Haus. Jedoch erbaut aus kaltem Stein,
der niemals durchdrungen wird vom warmen Sonnenschein.
Mensch, brauchst du das um deinen Gott nahe zu sein?
Genügen dafür nicht die Wunder der Schöpfung ganz allein?
Man möge mir dieses Gleichnis gnädigst verzeihen,
ich fühl mich eingeengt und denk' an einen Totenschrein.«

Fröstelnd wartet Everhard auf Widukind. Er scheint sein persönliches Problem zur Zeit im Griff zu haben, wirkt ruhig und ausgeglichen, auch die Rötung seiner Augen ist verschwunden. Nachdem der Edling an seine Seite getreten ist, beginnt der Müller zu sprechen. »Auch ich wollte einmal so ein christliches Gotteshaus von innen sehen. Als ich mich darin umschaute, kam ein Mönch in Begleitung eines Mannes herein. Wie ich bald erfuhr, handelte es sich dabei um den Baumeister der Kirche. Um nicht entdeckt zu werden, versteckte ich mich hinter einem Holzgestell, von dem ich nicht weiß, wozu man es gebraucht. So hörte ich, wie die Männer über einen Sarkophag mit den sterblichen Überresten des früheren Abtes Wigbert sprachen. Er solle einen Ehrenplatz innerhalb des Hauses bekommen. Auch der tote Bischof von Büraberg würde seinen Platz hier im Dom finden, so hörte ich. Doch dieser Wigbert wurde bereits als Heiliger verehrt und seine Gebeine müßte man als höchstes Gut innerhalb dieser Mauern betrachten. Dementsprechend sollte auch das Behältnis dafür gestaltet sein.« Everhard legt eine Pause ein. Widukind sieht ihn erwartungsvoll an, deshalb spricht er weiter: »Ich weiß genau, wo diese wertvolle Leiche aufbewahrt wird. Wenn wir nun bei passender Gelegenheit diesen Toten in unseren Besitz bringen und ihn an einen sicheren Ort verstecken, dann hätten wir ein Druckmittel, um deine Schwester freizubekommen.

Mit auf den Rücken verschränkten Händen und gesenktem Haupt geht der Engern-Edling einige Schritte am Weidegatter auf und ab, dann bleibt er vor dem Müller stehen. »Es widerstrebt mir, die Gebeine von Toten in meinen Kampf einzubeziehen, aber wenn es keine andere Möglichkeit gibt, dann wäre das ein Weg.«

Der Abend dieses Tages sieht einen nachdenklichen Widukind. Heermann überbrachte bei der Rückkehr vom Besuch bei seiner Schwester eine Botschaft Kunhildes, sie wäre mit Wolfram und Dingolf ohne Schwierigkeiten in der Feste Büraberg aufgenommen worden. Auch über Ravenas erzwungenen Aufenthalt dort dürfte es jetzt keinen Zweifel mehr geben. Nun gilt es eine günstige Gelegenheit für ihre Befreiung zu finden. Wenn sie sich jetzt und hier einen Fehler leisten, dann wäre nicht nur Ravenas Leben in Gefahr, sondern auch das seiner Mutter.

In diesem Zusammenhang will ihm der Name dieses Abtes von Fulda nicht aus dem Kopf, der in den nächsten Tagen hier eintreffen wird. Gut erinnert er sich noch der Erzählung Hiltruds über jenen Mönch in der Klause bei Haerulfisfeld, der ebenfalls den Namen Sturmius trug, und nun im fortgeschrittenen Mannesalter sein müßte. Sollte der damalige junge Klausenmönch jetzt dieser Abt sein, von dem man hier mit so großer Hochachtung sprach? Wenn dem so ist und die erreichte Machtstellung ihn nicht in seinem Verhältnis zu den Mitmenschen verändert hat, dann könnte man mit seiner Hilfe möglicherweise Ravena ohne Gefahr an Leib und Leben freibekommen. Diese und ähnliche Überlegungen lassen Widukind in dieser Nacht keinen Schlaf finden. Auch Everhards Vorschlag geht ihm noch einmal durch den Kopf. Dann schweifen seine Gedanken weiter in die, ach so ungewisse Zukunft, und der Platz auf dem Heuboden über den Pferdeställen wird ihm zu eng. Deshalb ergreift er seine Felldecke und steigt leise, um seine Mitstreiter nicht zu wecken, die Leiter hinunter. Verhaltenes Schnauben seines Fiolo, der trotz der Dunkelheit seinen Herrn erkennt. Er scheint ihm zu sagen: ›Es ist Schlafenszeit, drum komme auch du zur Ruhe.‹ Starker Schneefall, der sich tags zuvor schon ankündigte, mit tiefhängenden Wolken und naßkaltem Wind aus der Richtung der nördlichen Meere, hüllt das Land ein. Für einen langen Winter vorsorglich im Herbst geschlagenes Feuerholz ist hier in der Nähe des Hauseingangs so gestapelt, daß eine kleine Grotte entstanden ist. Hier läßt sich der Ruhelose auf einem Holzbündel nieder, wie er selber etliche im letzten Holzmonat in den Wäldern um Wigaldinghus gefertigt hatte. In herdfeuergerechter Länge und handlichem Umfang, mit einer geschmeidigen Weidenrute zusammengefaßt. Die wärmende Decke um seine Schultern ziehend, schaut er dem stetigen Reigen der tanzenden großen Flocken zu, die ihm, wie es scheint, für diese Zeit durch den wallenden Schneevorhang abschirmt. Förmlich in sich hinein kriechend, verspürt er ein Schaudern das sein Innerstes erwärmt. Die unguten Einflüsse dieser Welt scheinen ihn jetzt nicht mehr erreichen zu können. Eine wohltuende Einsamkeit umgibt ihn in dieser kleinen Nische. Jetzt und hier reift in ihm der Gedanke, eine friedliche Lösung für die Probleme seines Volkes im Verhältnis zu den Franken zu finden. Auch wenn er für sich selber den Gedanken an eine christliche Taufe strickt ablehnt, so empfindet er doch eine gewisse Hochachtung Menschen gegenüber, die wie so viele Missionare ihre Heimat im fernen Irland verließen, um hier den Glauben an jenen Gott zu verkünden, den sie für den einzig wahren halten. Er erinnert sich des Versprechens, das er vor einiger Zeit auf der Brunisburg vor seinen Zuhörern und sich selbst abgegeben hat, keinen Menschen wegen seiner Glaubenszugehörigkeit zu benachteiligen. Wäre es denn nicht möglich, daß Menschen, die ihren alten Götterglauben beibehalten wollen, friedlich mit den Christen zusammenleben könnten? Die weltliche Macht müßte sich dann auf beiden Seiten aus den Angelegenheiten des Glaubens heraushalten. Die persönliche Einstellung jedes einzelnen Menschen zu seinen Göttern oder eben zu dem einen Gott müßte jedem freigestellt sein! Alle Begriffe von Moral und Ethik sind doch auf beiden Seiten nicht so weit voneinander entfernt. Da wo es nötig ist, wäre es doch sicher auch möglich, Brücken zu schlagen. Ja, so könnte ganz sicher manches Blutvergießen vermieden werden, doch der junge Edling ist trotz seiner augenblicklichen Stimmung, auch Realist und weiß, daß die menschliche Unzulänglichkeit der Möglichkeit einer solchen Entwicklung entgegensteht.

Die Trennwand aus weißen Flocken, die ihn für kurze Zeit von der Realität der Außenwelt abschirmte, ist mit nachlassendem Schneefall durchsichtiger geworden. Die Umrisse einer menschlichen Gestalt zeichnen sich von ihm ab und lassen Widukind zum Sax an seinen Gürtel greifen. Die Stimme Heermanns jedoch bewirkt sofortige Entspannung bei ihm. »Darf ich deine Einsamkeit stören? Auch ich kann nicht schlafen.« »Setz dich her und laß uns reden«, fordert Widukind ihn auf. »Ja reden, ich hatte in letzter Zeit nicht viel Gelegenheit, mit jemandem über das zu sprechen, was mich wirklich bewegt.« Wie zu sich selbst sagt Widukind darauf: »Leute, die mir zuhören, habe ich immer genügend um mich gehabt, ob sie auch immer den tieferen Sinn meiner Worte verstanden haben, da bin ich mir nicht so sicher.« »Verständnis für seine Mitmenschen aufzubringen«, nickt Heermann, »das ist es, was uns leider zu oft nicht gelingt. Auch wenn ich damit rechnen muß, daß du es nicht verstehen wirst, muß ich es dir sagen: Ich bin ein getaufter Christ.«

Die Antwort, die der Bauernsohn vom Hof bei der Hermaniusburg erwartet, bleibt eine Weile aus. Die Stimme des jungen Häuptlings klingt dann ohne Groll, als er sagt: »Du bist mir in keiner Weise Rechenschaft darüber schuldig. Aber wenn meine Meinung für dich wichtig ist, dann laß dir sagen, Verständnis habe ich nicht dafür, wenn einer mit den Traditionen seiner Väter bricht. Das heißt aber nicht, ich würde dich deswegen verachten. Deine Gründe würden mich schon interessieren, denn um irgendwelcher materiellen Vorteile willen hast du die christliche Taufe nicht angenommen, dessen bin ich mir sicher.« »Daß du es so siehst, macht mich froh. Glaube mir, wenn du den christlichen Priester näher kennen würdest, der mich von der Wahrheit seiner Mission überzeugte, dann könntest du meinen Entschluß besser verstehen. Ich war verzweifelt und hatte mehr oder weniger mit dem Leben abgeschlossen, als der Mönch Sturmius sich meiner annahm. Meine Schwester Addila hatte mich tief verletzt, als sie mir offen eingestand, sie habe sich in den Karolinger Grafen Bernhard verliebt. Sie wollte seine Geliebte bleiben, auch wenn er sie nicht zur Frau nehmen könnte, weil auf seinem Stammgut ein Weib mit Kindern auf ihn warten würde.

Nun war sie dem schändlichen Treiben in der Lasterhöhle des Grafen von Schiedera entkommen, um sich dann als Konkubine in die Arme dieses Franken zu werfen. Das wollte ich nicht einfach so hinnehmen. Gegen den Schurken von Schiedera konnte ich nichts unternehmen, weil dieser dann seinen Zorn gegen meine Angehörigen gerichtet hätte. Dieser Bernhard aber hatte keinen Zugriff auf meine Leute daheim auf dem Hof, deshalb trat ich ihm bei einer sich bietenden Gelegenheit entgegen. Er lachte über mich und das was ich ihm zu sagen hatte. Herablassend versuchte er, mich zu besänftigen, ich solle froh sein, so eine schöne Schwester zu haben. Doch seine Worte, die er unter ironischen Grinsen sprach, machten mich nur noch wütender, und ich ergriff meine Streitaxt, um ihn zu töten. Mir war klar, daß auch ich dann sterben würde, aber so konnte ich Addila vielleicht zu Vernunft bringen. Sie aber schützte diesen Karolinger mit ihrem Körper gegen meine Waffe. Ich wurde überwältigt und brutal zusammengeschlagen. Meine Schwester hatte versucht, das Schlimmste zu verhindern, sonst hätten mich die Krieger des fränkischen Grafen sicherlich erschlagen, daran erinnerte ich mich, als ich in einem dunklen Kerker aufwachte.

Einige Tage muß ich dort unter quälenden Schmerzen, in Gesellschaft von Ratten, deren ich mich kaum erwehren konnte, zugebracht haben. Der Mönch Sturmius hat mich dann eigenhändig aus dem feuchten Loch herausgeholt. In einem Haus, das dem Bischof von Büraberg gehörte, wurden meine Wunden von einer Frau gereinigt und verbunden. Ihr Name war Swanahild, diese gute Fee werde ich nie vergessen. Von ihr wurde ich noch einige Tage gepflegt, und der Mönch kam zu mir, um sich mit mir zu unterhalten. So erfuhr ich, daß Addila sich, nachdem man mich mehr tot als lebendig in den Kerker geworfen hatte, an Swanahild um Hilfe wandte. Ich weiß nicht, wie ich das sagen soll. Für mich steht fest, um diese Frau gibt es ein Geheimnis. Man begegnete ihr mit großer Hochachtung und doch schien sie eine Gefangene zu sein. Wie auch immer, durch sie lernte ich den christlichen Priester kennen, der sich für einige Zeit im Gebiet von Fritzlar-Büraberg aufhielt. Im Verlauf meiner Genesung hatte ich oft Gelegenheit zu einem Gespräch mit ihm. Er vermittelte mir einen neuen Lebenssinn, und ich spürte, daß es diesem Mann nicht darauf ankam, einfach einen Heiden mehr zum Christen zu machen. Er wollte mein Innerstes erreichen, mich wirklich überzeugen. Nicht eine Unterwerfung, wie sie die Mönche fordern, die mit den Frankenkriegern einherziehen, war sein Ziel, sondern meine innere Überzeugung erreichen.« »Das kann nur jener Mönch sein, von dem ich vorher schon einmal hörte, denn sehr viele Menschen mit diesem Charakterbild und dann noch den selben Namen kann es nicht geben.« Während Widukind dies sagt, steigert sich die Hoffnung in ihm, durch diesen Sturmius doch auf friedlichem Wege etwas zu bewegen.

»Möglich ist es, daß wir den gleichen Mann meinen«, nickt Heermann. Er ist einer, dessen Augen vor Überzeugungskraft glühen, wenn man sich mit ihm unterhält. Er sagte, ich müßte Verständnis aufbringen für Menschen wie meine Schwester Addilar und den Grafen Bernhard, die in Sünde leben und in ihrer Leidenschaft auf niemand Rücksicht nehmen, sich keine Gedanken machen, ob sie durch ihr Handeln nahestehende Menschen unglücklich machen. Ich erinnere mich an einen Spruch, den Sturmius mich in diesem Zusammenhang lehrte:

Es steht uns Menschen nicht zu, den Stab zu brechen,
sollte jemand nicht unseren Moralbegriffen entsprechen.
Dafür gibt es einen Richter, der über uns steht.
Wenn du einst tot bist, dann bestimmt dieser stets,
wohin mit dir die Reise ohne Wiederkehr geht.
Seine Gesetze überdauern die Zeit.
Ob er nun arm ist, oder auch noch so reich.
Das ist so der Ausgleich der Gerechtigkeit.

Dem Einfluß des Sturmius' ist also auch zu verdanke n, daß ich meinen Frieden mit Addila und Bernhard machte. Der Karolingergraf war gleich nach unserem Streit abgereist und hatte meine Schwester mitgenommen, wie ich später erfuhr. Er mußte an einem Feldzug des Königs Pippin teilnehmen. Addila war nur noch die Gelegenheit geblieben, Swanahilds Hilfe für mich zu erbitten. Ich sah beide erst im letzten Wonnemonat wieder, als ich eine Tributleistung hierherbringen mußte.

Sturmius ist, wie ich hörte, Abt des großen Klosters in Fulda, und auf seinen Einfluß ist es wahrscheinlich zurückzuführen, daß Graf Bernhard mir den damaligen Tötungsversuch verziehen hat.«

Es ist der Tag, dem nach christlichem Verständnis die heilige Nacht folgt. Ein friedliches Bild bietet die, eigentlich zu kriegerischen Zwecken erbaute, Feste Büraberg in dem strahlend weißen Winterkleid. Knöcheltief liegt der frisch gefallene Schnee, der jetzt von einer fahlen Morgensonne beschienen wird, als Kunhilde auf die Kirche zugeht. Da sie nun einmal hier ist, will sie auch einmal so ein christliches Gotteshaus von innen sehen Außerdem ist ihr bekannt, daß dort der Leichnam des verstorbenen Bischofs über die kommenden Feiertage aufgebahrt ist, bis er dann nach Fritzlar gebracht wird.

Durch die kleinen Fenster dringt nur spärliches Licht in den Innenraum der Kirche. Ein wuchtiges Kreuz aus dunklem Holz, das in einer etwa acht Fuß hohen Steinpyramide verankert ist, gibt dem Raum sein Gepräge. Den Hintergrund bildet eine tannengrün geschmückte Rückwand. Ein aus Steinen gefügtes Gebilde, das den Altarraum vervollständigt, drängt Kunhilde Vergleiche zu einem heidnischen Opfertisch auf. Sie kann ja nicht wissen, daß dieser Begriff auch auf die christliche Eucharistie zutrifft, wenn auch in abgewandelter Form. Von einem Talglicht beleuchtet, stehen auf diesen Tisch ein glänzender Metallkelch und ein Zinnteller, auf dem ein Stück hellen Brotes liegt. Man mag den Eindruck gewinnen, hier habe jemand seine Mahlzeit unterbrochen.

Zur Linken der Steinpyramide steht unter dem Kreuz ein aus dicken

Eichenbrettern gefügter Sarg mit der sterblichen Hülle des Bischofs. Zwei weitere Lichter werfen von beiden Seiten ihren flackernden Schein auf die weiß gewandete Leiche, die ein kleines Kreuz in den gefalteten Händen hält. Die Mystik dieses Raumes mit dem so Aufgebahrten in solch unwirklicher Beleuchtung läßt Kunhilde leicht erschauern, auch wenn sie selber keine Erklärung für solche Gefühlsregungen hat. Sie ist eine Frau, die vom Leben auch die häßlicheren Seiten kennenlernte. So manch einen Toten hat sie schon gesehen und jeder, der sie näher kennt, weiß, daß die Lebensgefährtin des toten Kriegsherzogs der Engern-Sachsen nicht zimperlich, nicht verweichlicht ist. Gedanken an den eigenen Tod drängen sich ihr auf. Wie kann sie in diesem Raum, mit dem sie nichts verbindet, zu dem sie ganz und gar kein Verhältnis hat, so von beklemmenden Gefühlen gefangen sein? Ihr eigener Tod! Noch muß sie leben, denn ihre Tochter Ravena und auch ihr Sohn Widukind brauchen sie. Ärgerlich auf sich selber, gibt die, sonst so realitätsnahe Frau, sich einen Ruck, um loszukommen von diesem Bild des Todes und der so gänzlich unverständlichen Mythologie.

Kunhildes Augen haben sich inzwischen an die Lichtverhältnisse im Inneren der Kirche gewöhnt. So erkennt sie nun auch jene Frauengestalt, die in einiger Entfernung von ihr kniet. Nur zum Teil wird deren langes Haar von einem weißen Tuch bedeckt und selbst bei diesem Licht erkennt man die Silberfäden, von denen der wallende Schopf durchzogen ist: »Swanahild! Das also ist jene geheimnisvolle Frau, von der Addila erzählte«, denkt Kunhilde, als ihr Blick sich auf die Betende richtet. Wieder muß sich die sonst so nüchtern und real denkende Frau fragen, welchem Einfluß sie im Augenblick unterliegt. Bisher hat sie noch nicht einmal in die Augen dieser Swanahild geschaut, geschweige denn ein Wort mit ihr gewechselt und doch spürt Kunhilde eine vertrauensvolle Ausstrahlung, die von dieser fremden Dame ausgeht. In ihrer Nähe wird Ravena sich seit der Entführung aufhalten, wie Kunhilde mit Recht annehmen darf.

Kunhilde schließt für einen Augenblick die Augen, um sich zu konzentrieren. Ein Bild das ihrer Phantasie entspringt, scheint Swanahild mit der geisterhaft durchschimmernden Erscheinung der Göttin Freya zu verschmelzen. Ist es möglich, daß diese Beschützerin der Familien und allem was die Liebe hervor bringt, sich der Person Swanahilds bedient, um ihre Tochter zu beschützen? Das Knarren der schweren Kirchentür und ein kalter Luftzug reißen Kunhilde aus ihren wirklichkeitsfernen Gedanken. Dann erklingt vom Eingang her das gekünstelte Husten einer Frau. Für Swanahild scheint dies ein Signal zu sein. Mit einer Kniebeuge und ihrer Verneigung in Richtung des Kreuzes wendet sie sich zum Gehen. Für einen kurzen Augenblick verhält die Frau ihren Schritt als sie an Kunhilde vorbeigeht. Ihre Blicke kreuzen sich, und sehr leise, so daß nur die besorgte Mutter es hören kann, sagt Swanahild: »Ravena hat euch erkannt. Es geht ihr gut, handelt nicht voreilig und unüberlegt.«

Ohne Hast, wie jemand, der weiß, daß er nichts zu versäumen hat, geht sie auf die an der Tür wartenden Frau zu. Während Swanahild ein schlichtes Leinenkleid mit beigefarbenen Wollumhang trägt, ist die andere Frau in einer Tracht gekleidet wie Kunhilde sie noch nicht gesehen hatte, bevor sie nach Büraberg gekommen waren. Es sind Nonnen, hatte Wolfram sie aufgeklärt. Es sollen sogar Mädchen und Frauen aus Fürstenhäusern darunter sein, die auf ihre Familien, ihren Reichtum, eben alles was sie zuvor liebten und schätzten, verzichtet haben, um allein dem Christengott zu dienen.

Als Kunhilde ins Freie tritt, wird sie erst einmal vom grellen Licht dieses freundlichen Wintertages geblendet. Dann schaut sie in den tiefblauen Himmel, um darauf das Bild der schneebedeckten Landschaft in sich aufzunehmen. »Solange ich lebe, wird die Schöpfermacht, von der alles ausgeht, für mich nur in der freien Natur erreichbar sein«, geht es ihr durch den Sinn, während sie das dunkle Haus christlicher Andacht hinter sich läßt.

Auf dem Platz, der den kirchlichen Bereich von dem des Festungskerns trennt, unterhalten sich Addila und Wolfram. Als Kunhilde sich dazugesellt, lächelt der alte Mann sie an und klärt sie über den Inhalt des

Gespräches zwischen der jungen Frau und ihm auf. »Diese schöne Frau, die dem Halbbruder des Frankenkönigs das Bett warm hält und ihm die Tage des beginnenden Alters verschönt, spricht mit mir gerade über die inneren Nöte wegen ihres derzeitigen Lebenswandels. Ich meine, sie tut gut daran, mit jemandem darüber zu reden. Da es hier in der Festung niemand gibt, dem sie sich anvertrauen kann, sollten wir versuchen, ihr von unserer Lebenserfahrung etwas auf ihren zukünftigen Weg mitzugeben.« »Es gäbe schon jemand hier, mit der ich gern über alles, was mich bedrückt, sprechen möchte«, unterbricht ihn Addila, »es ist die Dame Swanahild. Anfangs konnte sie sich hier freier bewegen, da haben wir uns einmal allein unterhalten. Dieses Gespräch hat mir sehr viel gegeben. Dann hat sie im letzten Holzmonat einem Sachsenkrieger die Flucht ermöglicht. Ich hörte, wie Bernhard sie deswegen zur Rede stellte: Vor Jahren habe sie das Gleiche schon einmal getan, deshalb müsse man sie jetzt unter Bewachung stellen. Seitdem hält sich ständig eine Nonne in ihrer Nähe auf. Ihre heutige Wächterin ist etwas schwerhörig, deshalb kann man mit Swanahild schon mal einige Worte wechseln, wenn die Nonne Wachdienst hat. Unterkriegen läßt sie sich allerdings auch jetzt noch nicht. Der Abt vom Kloster Fulda, er heißt Sturmius, ist ihr stärkster Fürsprecher.«

»Ja, sie scheint eine starke Frau zu sein«, stellt Kunhilde fest. »Ich kann mir vorstellen, daß allein ihre Anwesenheit hier allerhand Gutes bewirkt. Doch sag Addila, bist du eigentlich getaufte Christin?« Die so Gefragte zeigt eine etwas betretene Miene, als sie sagt: »Der Bischof, der jetzt tot ist, war der Meinung, da ich mit dem Grafen Bernhard in Sünde leben würde, wäre es gleich, ob ich nun Heide bleiben würde oder eine sündige Christin wäre. Als ich ihm entgegenhielt, Bernhard sei ein Christ und wenn ich eine Sünderin sei, dann wäre er, der das Sündenbett mit mir teilt, doch auch nicht besser, wurde Bischof Albuin ungehalten. ›Wenn zwei das Gleiche tun, wäre es noch lange nicht dasselbe‹, oder so ähnlich drückte er sich aus. Ich dürfte mir nicht anmaßen, über einen Herrn, wie Graf Bernhard es sei, ein Urteil zu bilden. »Und was sagt Bernhard dazu?«, will Kunhilde wissen. »Der hat nur schallend gelacht und als ich zu weinen anfing, sagte er: ›Wenn du einmal eine alte Matrone bist, der die neckische Spiele im Bett nichts mehr bedeuten und du deinem Gefährten auch keinen Lustgewinn mehr verschaffen kannst, dann ist es noch früh genug für dich, an dein Seelenheil zu denken. Außerdem ist es vor allem für schöne Frauen nicht gut, wenn sie sich zu viele Gedanken machen.› «

»Das ist auch eine Moral«, entrüstet sich Wolfram, und Kunhilde legt ihren Arm um Addila, deren Augen in Tränen schwimmen. »Ich würde gerne sagen, daß die Männer bei uns anders sind, aber du weißt so gut wie ich, wie es darum bestellt ist. Doch so wie es auf beiden Seiten Böses gibt, ebenso wird es auch Gutes geben. Du bist diesen Weg gegangen, den die Norne dir bestimmten. Möge die göttliche Freya in der Gestalt der Gefion[56], deine weiteren Schritte lenken, damit du dir selber treu bleibst und die Selbstachtung nicht verlierst.« Kunhilde lenkt nach diesen Worten ihre Schritte der bescheidenen Unterkunft zu.

Wolfram jedoch hat der jungen Frau noch etwas zu sagen: »Auf dem Weg hierher kamen wir auch durch den Wethigau. Dort wurde darüber gesprochen, daß edel gesonnene Sachsenführer sich anschicken, den Grafen von Schiedera, deinem früheren Peiniger, für seine Untaten zur Rechenschaft zu ziehen. Wenn das geschehen ist, dann wäre doch der Weg zum Hof deiner Eltern für dich frei, vorausgesetzt natürlich, daß du den Grafen Bernhard verlassen willst.«

Addila blickt vor sich auf den Boden. »Ich weiß nicht, ob ich ihn verlassen möchte. Auch wenn er mich oft erniedrigte, eigentlich ist er ja sehr gut zu mir.« Leise sprach sie diese Worte und greift in niedlicher Verlegenheit in den Schnee um mit den Händen eine Kugel zu formen, die sie dann aber gleich zerdrückt. Verstehend nickt der alte Wolfram. »Mein liebes Kind, wie und mit wem du leben willst, das mußt du selber entscheiden. Du bist ja frei in deinen Entscheidungen, wenn ich das richtig sehe. Den Rat eines alten Mannes solltest du beherzigen: Um von dem trügerischen Glanz der Karolinger auch einen Schimmer abzubekommen, dafür solltest du dich nicht wegwerfen.

---

[56] Unter dem Namen Gifion tritt die Liebesgöttin Freya auch als Beschützerin der Jungfrauen auf.

KAPITEL XIII

in Weihnachtsfest mit den Christen zu feiern, davon ist Widukind im Herzen weit entfernt. Es wurde von ihm und seinen Begleitern erwartet, der Christmette in dem großen Gotteshaus zu Fritzlar beizuwohnen, wo der Priester von der Geburt des Gottessohnes sprach und davon, daß mit diesem hohen Kind der Friede in die Welt gekommen sei. Es sei hier nicht der Friede gemeint, der den Kriegern die Waffe aus den Händen nimmt, es wäre der Seelenfriede mit Gott gemeint. Was die Menschen für sich und dem Zusammenleben daraus machen würden, das müßten sie und ihre weltlichen Fürsten unter sich entscheiden. So hatte es salbungsvoll aus dem Munde eines Mönchs geklungen.

Als sie die Kirche verließen, hatte Heermann den Engernhäuptling nachdenklich angesehen und leise seine Meinung kundgetan. »Ich glaube es werden noch einige Jahre mit solchen Christfesten ins Land gehen, bis du dir diese Weihnachtsbotschaft zu eigen gemacht hast.« Der zu Füßen der Hermanisburg geborene Bauernsohn konnte nur ahnen, wie recht er mit seinen Worten hatte.

Nun hat Widukind Ort und Kloster Fritzlar schon weit hinter sich gelassen. Während er auf dem Rücken seines Fiolo in gleichmäßigem Trab dahinsprengt, gehen seine Gedanken zurück zu den ruhigen Tage in diesem Frankenort, der seinem eigentlichen Namen Friedeslar bisher durchaus gerecht wurde. Heermann ist mit dem Rest der Männer dortgeblieben, und Abbio, dem die Stunden der Muße zu lang geworden waren, machte sich auf, um Büraberg und die Umgebung zu erkunden.

Der Engern-Edling aber hat es eilig, die in ihm aufgekeimte Idee in die Tat umzusetzen. Wie er weiß, ist der im Grenzland hoch angesehene Abt Sturmius an diesem Morgen des christlichen Stephanustages in Fulda aufgebrochen, um in Fritzlar an der Beisetzung des verstorbenen Bischofs teilzunehmen. Nach allem, was Widukind von diesem Priester hörte, traut er diesem zu, den Weg für ein friedliches Zusammenleben zwischen Franken und Sachsen zu ebnen. Da es schwierig, wenn nicht gar unmöglich, sein dürfte, in Fritzlar an den Abt heranzukommen, und dann auch noch ein Gespräch mit ihm zu führen, wie Widukind es beabsichtigt, hat er sich dazu entschieden dem hohen Kirchenmann entgegen zu reiten.

Vom Weg an der Flanke des Eschenberges aus sieht Widukind die etwa zwanzig Mann starke Reitergruppe herannahen. Er ist der Meinung, hier den richtigen Standort zu haben, um den Abt und seine Begleiter zu erwarten, denn auch sie können ihn schon von weitem sehen. Seine Aufmerksamkeit gilt denen, die vom Tal heraufkommen, dabei bemerkt er zu spät die von rückwärts auf ihn zupreschenden Reiter. So oder so hätte er auf Gegenwehr verzichtet, denn er will seine selbstgeplante Friedensaktion nicht durch unüberlegtes Handeln gefährden.

Ruhig blickt er den sechs Kriegern entgegen, die ihn nun umzingeln und macht durch Gesten seine friedlichen Absichten klar. Dennoch setzt ihm der Reiter, dessen Äußeres den Anführer vermuten läßt, das Schwert auf die Brust und fordert ihn auf, die Waffen abzugeben. Der Mann spricht die Sprache, die hier in den Gebieten, wo seit eh und je mehrere Sprachräume aufeinanderstoßen, verstanden wird. Es ist ein Gemisch aus mehreren hier gebräuchlichen Sprachen, das auch von Widukind verstanden wird. Der Engern-Edling ist jetzt froh, sein gutes Schwert, das der Vogt von Markloh eigens für ihn schmiedete, gegen einen ganz normalen Sax eintauschte, bevor er sich auf den Weg ins

Frankenland begab. »Ich komme in friedlicher Absicht, um mit dem Abt von Fulda zu sprechen. Wenn sich aber sechs Krieger wie ihr vor einem Bewaffneten wie mich fürchten, so nehmt ruhig meine Waffe. Vergeßt aber nicht, sie mir zurückzugeben.«

»Hört euch diesen Hütebuben an«, höhnt der Anführer, »den Abt will er sprechen. Ob der große Sturmius sich nicht auch vor ihm fürchtet?« Tatsächlich ähnelt der Sohn Warnekins in seinem jetzigen Aufzug eher einem Viehtreiber, als einen Verhandlungspartner des mächtigen Abts. In bedrohlicher Haltung fährt der Krieger ihn an: »Runter vom Pferd, ich werde dir beibringen, wie du den ehrwürdigen Herrn Abt in gebührender Weise zu begegnen hast.«

Als die Gruppe, in deren Mitte der Kirchenfürst reitet, in ihrer Nähe angekommen ist, wird Widukind mit Nachdruck aufgefordert, sich bäuchlings in den Schnee zu legen. Zur Unterstützung seiner Forderung setzt der Anführer ihm das Schwert zwischen die Schulterblätter. Doch der Engern-Edling bleibt kerzengerade stehen. »Vor keinem Menschen habe ich mich bisher zu Boden geworfen! Das werde ich auch jetzt nicht tun.«

»Was geht hier vor?«, will der Abt wissen, der aus dem Pulk heraus sein Pferd vor die Streitenden lenkt. »Wir erwischten diesen Viehtreiber hier, wie er sich euch entgegenschleichen wollte«, erklärt der Wortführer der Frankenkrieger, mit achtungsvoller Verbeugung in Richtung des Abtes. »Von Schleichen kann überhaupt keine Rede sein«, verteidigt sich Widukind. »Ich wollte euch offen entgegenreiten, um eine Botschaft von Hiltrud, der Pfalzgräfin von Huxori, zu überbringen.« Er ist sich des Wagnisses bewußt, daß er mit der Nennung dieses Namens eingeht. Hat er in der Person dieses Abtes jenen barmherzigen Sturmius vor sich, von dem Hiltrud so warmherzig gesprochen hatte, dann ist er auf dem richtigen Weg. Vorausgesetzt natürlich, der hohe Kirchenmann ist im Herzen das geblieben, was er damals war. Sollte das nicht der Fall sein, dann muß Widukind mit schlimmen Folgen rechnen.

Prüfend schaut Sturmius den jungen Sachsen für einen Augenblick an, dann bedeutet er seinen Begleitern vorauszureiten. Er werde ihnen mit dem Fremden folgen. »Sollen wir ihm nicht wenigstens die Hände fesseln, hochwürdiger Herr?«, versucht der fränkische Anführer sich wichtig zu machen. »Wenn einer mit mir reden will, ob er nun Sachse oder Franke, Christ oder Heide ist, dann bedarf es keiner Fesseln. Und auch keiner erzwungenen Verneigungen, wie du sie mit deinem Schwert erreichen wolltest.« Sich Widukind zuwendend, will der Abt wissen: »Was verbindet dich mit der Frau, deren Name du eben genannt hast?«

»Sie ist die Mutter meines Halbbruders, wenn ihr mich so fragt. Doch ich muß euch gestehen, daß ich diesen Namen nur erwähnte, um mit euch ins Gespräch zu kommen. Ich hoffe, diese Täuschung wird mir verziehen, denn wenn ich gesagt hätte, ich bin der Sohn des Kriegsherzogs Warnekin, der im vergangenen Monat von den Franken auf hinterlistige Weise getötet wurde und dessen Schwester bei den christlichen Nonnen gefangengehalten wird, dann hätten eure Begleiter ein Gespräch zwischen uns sicher gar nicht zugelassen.« Der Abt betrachtet den jungen Sachsen jetzt intensiver. »Du bist also Warnekins Sohn und Erbe. Nun, ich kann verstehen, daß du Zorn in deinem Herzen trägst, doch sage mir, was dich zu mir führt? Da du alleine gekommen bist, wirst du Verhandlungsbereitschaft sinnlosem Blutvergießen vorziehen, und das ist gut so.«

»Ob ich richtig gehandelt habe, werde ich erst wissen, wenn meine Schwester Ravena wieder in ihre sächsische Heimat zurückgekehrt ist.« Diese Worte Widukinds klingen abweisend und schroff. Sturmius geht jedoch nicht darauf ein. Er fordert in ruhigem Tonfall den Sachsen-Edling auf, alles zu erzählen, was sich um den Tod seines Vaters und der Entführung seiner Schwester zugetragen hat. Dieser schildert das Geschehene in knappen Worten. Nachdem der Abt mit etlichen Fragen nachhakte, ist er ziemlich gut informiert. Die kurze Zeit, in der Sturmius schweigend vor sich niederschaut, glaubt Widukind mit dessen Erinnerung an Hiltrud erklären zu können. Durch seine Schilderung von der Brunisburg und den dort lebenden Menschen, hatte er wohl auch die Erinnerung bei seinem Gesprächspartner aufgefrischt. »Ja, die bairische Herzogentochter wurde von ihren christlichen Mitmenschen arg enttäuscht, nun lebt diese Frau schon so lange unter Heiden. Ich frage mich ob sie nicht doch ab und an etwas vermißt. Als spräche er mit sich selber, so sagt der Abt diese Worte.

Sich dem neben ihm reitenden Widukind zuwendend, sagt er im Ton der Überzeugung: »Glaube mir, wenn sie nicht vorher schon in aller Stille über den Verlust der christlichen Tröstungen geweint hat, spätestens auf ihrem Sterbebett wird Hiltrud sich dem einzigen, dem wahren Gott wieder zuwenden, wenn ihr dann noch genügend Zeit dazu bleibt. Ich werde dafür beten, daß Gott ihr diese Gelegenheit schenken möge.«

Eine kleine Denkpause läßt Widukind ihm, dann aber sagt er zu dem frommen Mann: »Wer aber betet für Ravena, wenn sie fern der Heimat in ein Leben hineingezwungen wird, das sie nicht will. Wie kann man erwarten, daß der Glaube an etwas, das man nur mit dem Herzen erfassen kann, sich durch Zwang übertragen läßt? Glaubt ihr wirklich daß eure Lehre so von uns angenommen wird?« »Du kommst also zu mir, um die Freiheit deiner Schwester zu fordern?« »Weil ich von euch ein Zeichen erwarte, deshalb bin ich hier. Zeigt mir, daß die Repräsentanten der christlichen Kirche nicht Hand in Hand mit der Gewalt des fränkischen Königs einhergehen wollen. Ich bin alleine und ohne Billigung eines Thingrates hierhergekommen, weil ich meinen sterbenden Vater versprochen habe, sein Erbe zu übernehmen. Dies besteht für mich an erster Stelle aus dem, was die Verantwortung für unser Volk ausmacht. Wenn es möglich ist, dann möchte ich meine künftige Rolle darin sehen, einen unblutigen Weg zwischen Franken und Sachsen wie auch zwischen Christen und Heiden zu finden. Woher soll Vertrauen kommen, solange ihr eure Missionare zusammen mit den Kriegern König Pippins zu uns schickt, und gutheißt, daß unsere Leute getötet werden, weil sie ihren altüberlieferten Traditionen treu bleiben wollen. Bevor es kein Ende findet, daß unsere Mädchen und Frauen von den Franken entführt werden, um dann in christlichen Klöstern unter Zwang auf eure Interessen abgerichtet zu werden, solange dies alles sich nicht ändert und von euch hohen Herrn der Kirche keine Hand kommt, die sich uns friedlich statt drohend entgegenstreckt, kann es eigentlich nur einen blutigen Weg geben.«

Die Miene des Abtes zeigt keinen Zorn, wenn sein Blick auch um einiges finsterer geworden ist. »Als ich in deinem Alter war, da gab es für mich kein höheres Ziel, als all meinen Mitmenschen die frohe Botschaft unseres Herrn Jesus Christus zu überbringen. Dieses Ziel habe ich auch heute noch vor Augen, jetzt mehr denn je. Die Euphorie von damals ist jedoch längst dahin. Sie mußte der Realität weichen. Glaube mir, mit vielem von dem, was uns von der weltlichen Macht aufgezwungen wird, bin auch ich nicht einverstanden, aber deshalb werden wir unser höchstes Ziel nicht aus den Augen verlieren. Ach ja, ... als einfacher Mönch damals in der primitiven Klause habe ich mich wohler gefühlt, als jetzt, mit all der Verantwortung, die mir aufgebürdet wurde.« Seufzend blickt Sturmius bei diesen Worten zum fernen Horizont.

Nichts an seinem Wesen deutet bei diesen Worten auf den mächtigen Kirchenmann hin, der er doch ist. Widukind erinnert sich jetzt deutlich an Hiltruds Erzählung über jenen einsamen jungen Priester in der winterlichen Klause, der nun allerdings um einige Erfahrungen reicher geworden ist. Der Abt hat seinen Blick dem Sachsen-Edling wieder zugewandt. »Du hast die Schwelle zum Mannesalter kaum überschritten und redest, wie ich es von deinem Vater erwarten könnte, wenn er noch leben würde. Gewiß du hast in letzter Zeit einiges miterleben müssen, wodurch dir diese anklagenden Worte in den Mund gelegt wurden. Deine Reden lassen den Schluß zu, daß man dich sorgsam auf eine Führungsrolle vorbereitet hat.«

»Zwei Männer versuchten, mir das Wissen zu übermitteln das ich für meine zukünftigen Aufgaben brauche: Mein Vater, der die Überlieferungen unseres Volkes wie kaum ein anderer kannte und der uralte Wolfram, der seine Erfahrungen auch in der christlichen Welt sammelte. Eigene Erlebnisse, die, wie ihr wißt, innerhalb der letzten Mondwende auf mich einstürmten, zeigten mir schnell, wie realistisch die Lehren dieser beiden waren.

Sturmius treibt sein Pferd an, denn sie liegen inzwischen ein gutes Stück hinter der Begleitmannschaft zurück. »Es ist der Kampf zwischen zwei Welten, den du nun miterlebst. Du kannst dich auf Dauer nicht allem neuen verschließen, kannst den Lauf der Zeit nicht anhalten«, mit den Worten wendet sich der Abt wieder dem jungen Sachsen zu, der sein tänzelndes Pferd zurückhalten muß, um mit Sturmius auf gleicher Höhe zu bleiben.

»Es ist mir durchaus bewußt, daß manches was früher gut war, heute der Erneuerung bedarf. Der Übergang kann leider nicht reibungslos vor sich gehen. Doch es sollte niemand behaupten, alles was wir von unseren Ahnen übernommen haben, müsse jetzt einfach der Vergangenheit angehören. Mit den alten Göttern und Überlieferungen haben unsere Vorfahren bislang gut gelebt...«

Sturmius unterbricht den Engern Edling: »Als Teil der Erneuerung, von der du selber sprichst, kommt nun auch der Christengott zu euch. Ihr könnt das durch euren Kampf verzögern, aber nicht aufhalten. Laß dir daß von mir gesagt sein! Ganz sicher ist es nicht der Wille unseres Gottes, wenn sein Friedensreich mit Feuer und Schwert verbreitet wird. Glaube mir junger Sachse, nicht nur ich, auch viele meiner Mitbrüder sind tief betrübt über die Verwicklungen zwischen unserem Gottesstaat und der weltlichen Macht. Bonifatius, meinen großen Lehrer trieb die Verzweiflung darüber zu den Friesen, obwohl oder gerade, weil er wußte, was ihn dort passieren konnte. Er fand dort ja auch den Tod, doch das gehört nicht hierher.« Bei dem klaren Winterwetter ist in der Ferne jene Erhebung zu erkennen, auf der sich das Kloster Frideslar mit seinen Nebengebäuden, gegen den Horizont abzeichnet.

»Du erwartest also von mir ein Zeichen, ein Entgegenkommen. Ich nehme an, dir geht es erst einmal um die Freilassung deiner Schwester. Nun, möglicherweise kann ich da etwas tun. Ob sich dadurch aber das Verhältnis zwischen uns Christen und euch Heiden etwa zum Guten wendet, möchte ich bezweifeln. Das Blutvergießen zwischen Franken und Sachsen wird deswegen auch kein endgültiges Ende finden. Aber auch mir liegt daran, das Mädchen wieder heim zu ihrer Mutter schicken zu können.«

Widukinds Herz schlägt höher, sein Weg war also nicht umsonst. »Gewiß können wir nicht von einem einzigen Akt der Gerechtigkeit die Änderung des Weltgeschehens ableiten, ein Anfang zum Besseren währe es allemal.«

Bestätigend nickt der Abt. »Dein Ritt mir entgegen soll dich nicht reuen. Trotz des hohen Amtes, das ich bekleide, bin ich immer noch ein einfacher Mönch, der sich lieber um Einzelschicksale kümmert. Die Auseinandersetzungen mit den Mächtigen der weltlichen Macht überlasse ich gern denen, die sich dazu berufen fühlen. Warte also die Beisetzung des Herrn Bischofs ab, dann werde ich mit dem Grafen Bernhard über deine Schwester sprechen.«

Noch eine Weile reiten die beiden ungleichen Männer nebeneinander her, um sich über weitere Zukunftsprobleme zu unterhalten. Als sie sich dann trennen, ist Widukind froh, diesen wertvollen Menschen kennengelernt zu haben.

Eine große schwarze Fahne mit weißem Kreuz darauf hängt über dem Portal des Domes. Vom Klosterberg über das weite Land, tönt dumpfer Trommelklang, der in gewissen Abständen vom Schall mehrerer Hörner unterbrochen wird. Auf dem Weg, der von Büraberg kommend durchs Edertal zum Klosterberg hinaufführt, bewegt sich die Prozession mit dem toten Bischof langsam vorwärts.

Dort, wo Widukind, Abbio und Everhard stehen, um den Leichenzug zu beobachten, fällt der Berghang ziemlich steil zum Flußtal ab. Bei diesem klaren Frostwetter hat man einen weiten Blick in das jetzt tiefverschneite Chattenland, das fest in den Händen der Franken ist. Eine wahre Augenweide dieser Blick über das weißerstarrte Hügelland, durch das sich die Schlangenlinie des Ederflusses dunkel abzeichnet. Doch Widukinds Blick geht immer wieder verstohlen zu dem Müller, der etwas abseits an einem Baum lehnt. Besorgt tritt der Engern-Edling dann auf Everhard zu. »Was ist mein Freund, geht es dir nicht gut? Du hast doch nicht getrunken?« Zerknirscht antwortet der Müller, »habe ich nicht, aber eine panische Angst ist in mir, daß ich mich wieder vergesse.« »Mensch, reiß dich zusammen, wir sind hier praktisch in Feindesland. Da darf sich keiner von uns einen Fehler leisten.« Nach kurzem Überlegen spricht Widukind weiter. »Dieses Nichtstun hier bekommt dir anscheinend nicht. Reite also zur Eresburg und warte dort auf uns. In spätestens zwei Tagen werden wir dir folgen können, nehme ich an.« Dann aber schaut er interessiert dem Leichenzug entgegen.

Zwei Pferde, denen schwarze Schabracken übergelegt wurden, ziehen den zweirädrigen Wagen mit dem Sarg, in dem die Gebeine des toten Bischofs ruhen. Diesem Gespann vorweg reitet ein Herold mit den Insignien des teuren Verstorbenen. Dem Leichengefährt folgen nebeneinander reitend der Prior von Fritzlar, Graf Bernhard und Sturmius, der Abt vom Kloster Fulda. Ein Mann unter den Zuschauern, die in Widukinds Nähe stehen, scheint sich gut mit den Trauergästen auszukennen. Er nennt seinen Zuhörern die Namen der Vorbeiziehenden, als der Leichenzug sich nähert. Hellhörig wird der Sachsen-Edling, als der Name Swanahild fällt. Eine Frau, die einen Schimmel reitet und von zwei Reitern flankiert wird, ist damit gemeint.«

Während alle anderen Frauen sich hier in warme Kopftücher oder Pelzmützen hüllen, wird der Kopf dieser Dame nur von wallendem schulterlangen Haar bedeckt, dessen Schwärze von auffälligen Silbersträhnen durchzogen ist. Ihre natürliche, hoheitsvolle Erscheinung, der nach Widukinds Empfindung etwas Geheimnisvolles anzuhaften scheint, als währe sie ein fleischgewordenes Wesen aus der sächsischen Sagenwelt, zieht die Blicke aller Anwesenden auf sich. Man gewinnt bei ihr den Eindruck, als könne die winterliche Kälte sie nicht berühren.

»Sie trägt nicht mehr das Kleid der Novizen, es scheint, als würde sie doch keine Nonne werden«, ist aus dem Kreis der hier Heimischen zu hören.

»Diese Frau wird, wie meine Mutter, auch in hohem Alter ihre Ausstrahlung nicht verlieren«, denkt Widukind, tief beeindruckt. Auch während der weiteren Zeremonien schweift sein Blick und seine Gedanken immer wieder zu jener Dame ab, die seinem Wissensstand nach Grifos Mutter ist.

Schleppend geht die Zeit in dem beengenden Raum der Büraburg dahin, und immer noch ist es Kunhilde nicht gelungen, ihre Tochter zu sehen. Auch wenn sie des öfteren bei den Hütten drüben weibliche Gestalten sah, konnte sie nur vermuten, daß eine davon Ravena war. Deutlich hat man sie darauf hingewiesen, daß diese Hütten und ihre Umgebung für sie verbotenes Klostergebiet ist. Dingolf war am Nachmittag, als aus dem verbotenem Bereich hinter dem Zaun Frauenstimmen zu hören waren, zu weit in diese Richtung vorgedrungen. Doch allzuschnell wurde er von den Wachen zurechtgewiesen und zurückgeschickt.

Leichtes Schneetreiben hat wieder eingesetzt, als in der Abenddämmerung die Beisetzungsgäste heimkehren. Neben dem Grafen Bernhard reitet Swanahild durch das breite Tor in den Festungshof ein. Wie Kunhilde feststellt, befinden sich beide in angeregter Unterhaltung. Vor dem Haus der weltlichen Macht hier in der Festung, steigt Bernhard vom Pferd und tritt auf Swanahild zu, die ebenfalls ihren Schimmel gezügelt hat. Von der Höhe des Pferderückens herab spricht sie auf den Kommandanten ein. »Wenn ich auch deine Gefangene bin, Bernhard, so werde ich doch, wenn es sein muß, dein Gewissen sein oder du müßtest mich töten. Dein einmal gegebenes Wort an den Abt Sturmius kannst du nicht zurücknehmen. Durch deine Ehrenhaftigkeit hast du dich stets von deiner karolingischen Umgebung abgehoben.«

»Das ich deinen Tod nicht will, das weißt du nur zu gut. Und was mein Zugeständnis an den Abt betrifft, so werde ich mich daran halten. Auch wenn ich zugeben muß, daß es mir nicht leicht fällt, den Sohn des sächsischen Kriegsherzogs einfach...« Er unterbricht seine Worte, als der Schimmel, auf dem Swanahild sitzt, ein wenig zur Seite tänzelt und dadurch die Sicht des Grafen auf Kunhilde frei wird. Diese hatte sich scheinbar lässig an einem nahen Baum gelehnt, um die Unterhaltung der beiden verfolgen zu können. Einen heißen Stich verspürt sie, als Bernhard von ihrem Sohn zu sprechen begann.

»Aha, da ist ja die tüchtige Handelsfrau aus dem hohen Norden.« Die so Angesprochene hat das Gefühl, als klänge etwas wie Hohn in Bernhards Stimme mit. »Ich möchte, daß ihr mit dem alten Mann in mein Haus kommt, sobald es euch möglich ist.« Nach dieser Aufforderung des Grafen weiß Kunhilde, daß eine wichtige Entscheidung bevorsteht. Ein freundlicher Gruß von Swanahild, die sich in Richtung des Klosters entfernt, unterbricht ihre, sich überschlagenden Gedanken für einen Augenblick. Wie ein Schatten folgt Pfalzgraf Worad der Reiterin. Er dürfte für die Bewachung der einsamen Frau zuständig sein. Während er Swanahild folgt, blickt der Franke sich noch einmal um, und Kunhilde ist sich sicher, daß der Blick, den sie zu spüren bekommt, nichts Gutes verheißt.

Ziemlich mißmutig ist auch der alte Wolfram. Das Leben hier in der Festung gefällt ihm gar nicht, und das Reißen in den morschen Knochen macht ihm zu schaffen. »Mir ist fast alles recht, wenn ich nur aus diesem feuchtkalten Loch herauskomme, das sie uns in ihrer Gastfreundschaft, als Bleibe angeboten haben«, knurrt er, als Kunhilde ihm von der Aufforderung des Grafen Bernhard in Kenntnis setzte.

Nun stehen sie in der Halle des Karolingers und harren der Dinge, die auf sie zukommen werden. Bernhard wischt sich mit dem Handrücken über den Mund, während er die letzten Bissen seines Mahles zerkaut. »So, so, Handelsleute seid ihr, ha? Da habt ihr einen alten Esel ganz schön an der Nase herumgeführt.« Ob es nun gespielte Ironie oder ehrliche Höflichkeit ist, kann Kunhilde im Augenblick nicht unterscheiden, als er mit einer Verbeugung auf einen fellbedeckten Stuhl weist. »Bitte nehmt doch Platz, erlauchte Herzogin, oder wie nennt man bei den Sachsen die Frau des Kriegsherzogs?«

»Sagt ganz einfach Frau Kunhilde.« Mit erzwungener Ruhe sagt sie dies und nimmt den angebotenen Platz ein. Unaufgefordert geht Wolfram auf die Bank in unmittelbarer Nähe des Feuers zu, und läßt sich dort nieder. Ohne Umschweife kommt er dann zur Sache: »Ihr wißt also, wer wir sind. Dann wird euch auch bekannt sein, welches der wahre Grund unseres Hierseins ist.« »Ich bin informiert«, nickt Bernhard, der nun mit auf den Rücken gekreuzten Händen einige Schritte geht. »Ihr habt einen günstigen Zeitpunkt für eure Reise hierher gewählt. Der Tod des Bischofs führte einen mächtigen Fürsprecher eurer Sache hierher. Ich spreche von den Abt Sturmius, an dem sich euer Sohn gewandt hat, der ebenfalls eine List gebrauchte, um ungehindert in unser Gebiet vorzudringen. Ich glaube, Frau Kunhilde, ihr könnt stolz sein, auf diesen euren Zögling. Er hat dem Kirchenmann gegenüber die rechten Worte gefunden und Mut wie auch Umsicht bewiesen, als er diesem klaren Wein einschenkte, wie man so sagt.

Von dem, was sie da über Widukind und den Abt hören, weiß weder Kunhilde noch Wolfram etwas. Deshalb schweigen beide und warten darauf, daß Bernhard weiterspricht. »Sicher ist auch meine Anwesenheit hier für euch von Vorteil, denn aus der Tatsache, daß meine Friedelfrau eine der euren ist, könnt ihr ersehen, wie ich zu den Sachsen stehe. Oft werde ich von König Pippin aufgefordert, an nötiggewordenen Feldzügen teilzunehmen. Dann hat der Pfalzgraf Worad hier das Sagen und der ist nicht gut auf alles zu sprechen, was von jenseits unserer nördlichen Grenzen kommt. Gerade jetzt, wo uns die Nachricht vom gewaltsamen Tod des Grafen Theoderich erreichte, der sein Lehrmeister im Waffengebrauch war, sinnt er auf Rache.« »Niemand kann Widukind oder einen von uns für den Tod dieses Mannes verantwortlich machen«, stellt Kunhilde fest. Eben noch hat sie auf ein gutes Ende dieser Aktion gehofft, doch als Bernhard den Namen des Frankenanführers, der letztendlich von Grifo besiegt wurde, erwähnt, nimmt ein ungutes Gefühl von Kunhilde Besitz. Von dem gewaltsamen Tod des Grafen Theoderich müssen die Franken ja irgendwann erfahren und daß sie dafür Rache nehmen würden, damit muß man rechnen.

Dem Eingang den Rücken zuwendend, schaut die Frau aus Wigaldinghus sorgenvoll in die flackernden Flammen des Herdfeuers. Plötzlich springt Wolfram von seiner Sitzgelegenheit auf, als wäre er ein junger Mann. Seinen Augen folgend, erblickt Kunhilde die geheimnisvolle Swanahild, die ein junges Mädchen vor sich her in den Raum schiebt. »Ravena!« Nicht sehr laut, aber aus tiefster Seele kommt dieser Name aus dem Mund der Mutter, die ihre Tochter endlich wiedersieht. Mit einem Aufschluchzen wirft sich Ravena in Kunhildes Arme. Stumm drückt diese das lang vermißte Kind an ihre Brust und streichelt das üppige Blondhaar.

»Haben sie dir etwas angetan, mein Kind?« Mit diesen Worten löst sie sich etwas und schaut Ravena besorgt an »Nichts, was ich nicht wieder vergessen könnte, wenn ich wieder zu Hause bin.« In Ravenas grünblauen Augen schimmern Tränen, doch um ihre Lippen spielt ein melancholisches Lächeln. »Dieser Dame habe ich sehr viel zu verdanken«, sagt Ravena, während sie auf Swanahild deutet. »Sie scheint selber nicht glücklich zu sein. Irgendwie ist sie auch eine Gefangene, doch sie kümmert sich um das Wohlergehen anderer, als ob alles Leid um sie herum von ihr getilgt werden müßte.« Ihr etwas unsicherer Blick fällt auf Graf Bernhard, denn sie hat Bedenken, dieser könnte ihr die eben gesprochenen Worte verübeln. Der jedoch setzt sein bekannt ironisches Lächeln auf. »Ja, ja, wie gut, daß es Swanahild gibt.«

In diesem Augenblick hat Kunhilde eine Idee, wie sie dieser geheimnisumwitterten Frau möglicherweise eine Freude machen kann. »Ist es erlaubt, mit der Dame ein paar Worte ohne Zuhörer zu wechseln?« Diese Frage richtet sie an Bernhard, der, noch immer lächelnd, erwidert: »Nur zu! So wichtige Geheimnisse wird es zwischen euch nicht geben, als daß ich es nicht gestatten dürfte.« Die zwei Frauen, die sich nicht nur im Äußeren von einander unterscheiden, begeben sich vor die Tür des Hauses.

Fünf Sommer ist Swanahild älter als Kunhilde. Gleich einem wilden Rosenstock, der sich das Entfalten, wie auch das immer wieder neue Erblühen, nicht verbieten läßt, auch dann nicht, wenn man ihn hinter Gitter zwingt, so einen Eindruck gewinnt der Betrachter von der Frau aus dem Süden. Kunhilde dagegen verkörpert eigentlich die unnahbare Fürstenfrau, die ihre Gefühle beherrscht und über den Dingen steht. Daß sie während dieser Tage im Frankenland eine andere Rolle spielte, beweist nur ihr Durchsetzungsvermögen. Beide fallen jedoch, jede auf ihre Art, trotz des reifen Alters durch natürliche Schönheit auf.

»Du hast einen Sohn, der Grifo heißt?« Als Kunhilde diese Frage stellt, sieht sie am Wachfeuer vor dem Haus die Nonne stehen, die sich stets in Swanahilds Nähe aufhält. Die Wächterin ist also nicht fern. »Richtiger wäre wohl zu sagen, ich hatte vor längerer Zeit einen Sohn, auch wenn meine Erinnerung an ihn noch sehr lebendig ist.« Die Fränkin sagt dies im gedämpften Ton. Die vielen Jahre, in denen sie von ihren eigenen Leuten belauert und bespitzelt wurde, haben sie vorsichtig werden lassen.»Wenn du jene Frau bist, die ihren Sohn zusammen mit einer jungen Verwandten in der Festung des Baiernherzogs Odilo zurückgelassen hat, dann kann ich dir sagen, daß dieser Mann lebt.« Ihre Zurückhaltung vergessend, umfaßt Swanahild die Schultern der Sächsin.»Das kann doch nicht wahr sein! Dann hat man mich all die Jahre belogen.«

Die Nonne am Feuer ist aufmerksam geworden und schaut interessiert zu den beiden Frauen hinüber. Kunhilde legt ihr besänftigend eine Hand auf die Lippen und sagt leise:»Die Menschen deiner Umgebung nehmen auch heute noch an, daß Grifo damals umgekommen ist. Ich habe ihn nur einmal persönlich gesehen, aber sein jetziges Leben spielt sich im weiteren Sinne, innerhalb unserer Gemeinschaft ab. Deshalb höre ich des öfteren von ihm.« Swanahild hätte sicher gern jede Einzelheit über das jetzige Leben ihres Sohnes erfahren. Hiltrud jedoch berichtet in der Kürze der Zeit nur das Wesentliche und läßt Einzelheiten aus, die der Mutter nur neue Sorgen bereitet hätten. In ihrer Freude über diese Lebensnachricht gibt sie sich mit dem, was sie hört zufrieden. Ein wehmütiges Lächeln liegt in ihrem Gesicht, als sie sagt:»Wie gerne würde ich ihn noch einmal wieder sehen, aber mein damaliger Schwur, den ich leistete, damit die Kirche ihre Hand schützend über ihn und Hiltrud hält, bindet mich auch heute noch.«

Kunhilde schaut kurze Zeit sinnend vor sich nieder, bevor sie sagt: »Dieser Schwur war doch eigentlich gegenstandslos nach Lage der Dinge, so wie du sie kanntest!« »Da gibt es immer noch Hiltrud, von der bei uns bekannt ist, wo sie lebt. Es ist noch gar nicht so lange her, als Graf Theoderich hier in der Feste zur Berichterstattung bei Graf Bernhard weilte. Es war ihm wohl ein Bedürfnis, auch mich mit seiner Aufwartung zu beglücken. Triefend vor Hohn sagte der Mann, von dem ich nichts als Gemeinheiten kenne, ›meine liebe Nichte Hiltrud sei als Christin zu einem Heiden ins Bett gestiegen. Trotz alledem stünde sie noch unter dem Schutz der Kirche, da ich mein Leben, meine Freiheit dafür verpfändet habe. Irgendwann aber würde sie auf den Scheiterhaufen der Sachsen enden.‹ « »Nun hat er selber die verzehrenden Flammen gespürt, bevor er starb, auch wenn dieses Feuer nicht für ihn sondern zur Abschiedszeremonie eines lieben Toten brannte. Es handelte sich ja um Warnekins Totenfeuer, aus dem Grifo einen brennenden Zweig gerissen hatte, um über ihn zu kommen. Bei uns sagt man, die schicksalbestimmenden Norne sorgen auf ihre Art für ausgleichende Gerechtigkeit, oder sie überlasen es den Geistern der Finsternis im anderen Leben.«

Swanahild kann auf Kunhildes Worte nicht eingehen. Trotz der schlimmen Erlebnisse in ihrer Vergangenheit ist sie weit davon entfernt, ihrem Gott den Respekt zu versagen. Die Zeit ihrer ungestörten Unterhaltung geht zu Ende. Kunhilde legt ihre Rechte auf die Schulter der Fränkin. »Ich hoffe, wir werden jetzt zusammen mit meiner Tochter die Heimreise antreten können, um soweit wie möglich in Freiheit unser Leben zu fristen. Welches Los aber wird dir beschieden sein?«

In ihren Augen ist ein wenig vom Glanz früherer Tage zurück gekehrt, und Swanahilds Stimme klingt munterer als zuvor, während sie sagt: »Du hast mir neuen Lebensmut gegeben. Ich weiß jetzt, daß Grifo lebt, und auch Hiltrud wurde vom Schicksal nicht so hart getroffen, wie ich befürchten mußte. Meine Gefangenschaft werde ich mit Geduld ertragen. Solange Bernhard für mich als Kerkermeister verantwortlich bleibt, wird es mir nicht schlecht ergehen. Er ist wie Grifo ein Sohn Karl Martells. Seine Mutter war eine Hörige und starb im Kindbett. Erbansprüche an die Karolinger hat er nicht, und mit dem Platz, den sie ihm im Leben eingeräumt haben, ist er zufrieden. Als gehorsamen Befehlsempfänger seines Königs, würde ich ihn sehen, der nach seinen eigenen Moralvorstellungen zu leben versucht.«

»Du warst die Lebensgefährtin des mächtigen Karl, den man den Hammer nannte, der den riesigen Menschenhorden aus den Ländern der aufgehenden Sonne das Fürchten lehrte. An deinem und an Grifos Schicksal kann man ersehen, was es mit dem Respekt auf sich hat, der selbst einem toten Vater versagt wird, wenn Machtgier und Habsucht im Spiele sind. Da geht es einem mächtigen Heerführer nicht besser, als dem elendsten Liten.«

Widukind vertritt die Meinung, man müsse sich für die Lebensgewohnheiten und Sitten seiner Gegner interessieren, um ihn besser einschätzen zu können. An diesem Tag jedoch nach der Beisetzung, da Fritzlar noch im Zeichen der Totenfeier für den verstorbenen Bischof steht, wartet er eigentlich nur auf Nachricht vom Abt Sturmius. Aus verständlichen Gründen war ihnen untersagt, direkt zur Feste Büraberg zu reiten. Schließlich handelt es sich da um eins der wichtigsten Bollwerke gegen die Sachsen. Es war deshalb vereinbart worden, Widukind und seine Leute sollten zu einer Zeit, die ihn noch mitgeteilt werden würde, unterhalb des Hellberges auf Kunhilde und Ravena treffen, die dann mit den sie begleitenden Männern, aus Büraberg dort ankommen würden. Ein frohes Wiedersehen wird es dort zwischen der befreiten Ravena und ihm geben, und die oft so ernst blickenden Augen seiner Mutter werden endlich einmal wieder strahlen. Wolfram in seiner unnachahmlichen Art hat dann sicher wieder einen seiner witzig-ironischen Kommentare parat, während Dingolf mit breitem Grinsen daneben steht. So malt sich der junge Häuptling das Zusammentreffen mit den Seinen aus, doch bei den Christen heißt es: ›der Mensch denkt, doch Gott lenkt.‹

Von seiner Erziehung her hat Widukind warten gelernt, geduldig hockt er auf einen Baumstumpf am Rande des Kirchplatzes. Sein Fiolo, der von ihm am langen Zügel gehalten wird, zupft von einem Busch den Rest des verwelkten Laubes. Plötzlich aber ist es mit der Ruhe vorbei. Aus einem Gebäude unmittelbar neben der Kirche zerren zwei Männer eine Gestalt hervor, in der Widukind Everhard, den Müller, erkennt. Ahnend, was geschehen ist, geht es dem Edling durch den Kopf: Dieser verfluchte Suff hat also wieder einmal seinen Willen gelähmt und statt zur Eresburg zu reiten, hat er das Weinlager des Klosters gefunden.

»He Männer!«, ruft Widukind, »der Mann ist einer von uns. Ich werde für den Schaden, den er angerichtet hat aufkommen.« Doch die Franken weisen ihn zurück. »So einfach ist das nicht, mit diesem Kerl werden sich die höheren Herrn befassen müssen. Der muß doppelt bestraft werden. Erst säuft er den Meßwein aus und dann schläft er auch noch in der Sakristei ein.« Der Prior tritt, umgeben von einigen Kirchenmännern, hinzu und läßt sich das Vorgefallene erklären. Daraufhin weist er seine Leute an: »Bringt ihn zur Feste. Graf Bernhard, dem die weltliche Gerichtsbarkeit hier obliegt, soll im Namen des Königs über ihn urteilen.« Alle Versuche Widukinds, den Müller freizubekommen, schlagen fehl.

»Für diese Tat würde auch ein Christ schwer bestraft.« Hoheitsvoll und ohne jedes Mitgefühl für den armen Trunkenbold spricht der Leiter des Klosters: »Ob nun sein Leichtsinn oder seine Gier nach berauschenden Getränken ihn dazu brachten, sich an Kirchengut zu vergreifen, ist nicht von Belang. Er soll seiner verdienten Strafe zugeführt werden.« Als er sich schon zum Gehen abgewandt hatte, stockt der Fuß des Priors, und er wendet sich Widukind noch einmal zu. »Da fällt mir ein, ich sollte dir vom hochwürdigen Abt Sturmius ausrichten, zu der Zeit der zweiten Vesper[57] würden deine Leute in der Festung aufbrechen. Er läßt dich und alle, denen seine guten Wünsche etwas bedeuten, grüßen. So sollte ich es weitergeben. Der hohe Herr hat es übernommen, eine Missionsklause in einem Weiler in Grenznähe, der sich Kobeke nennt, einzuweihen.«

»Dann sind sie ja schon unterwegs«, entfährt es dem Sachsen-Edling. Er ist ärgerlich über die gleichgültige Art, mit der die für ihn doch so wichtige Sache von dem Kirchenmann abgetan wird. Der Prior jedoch entfernt sich in Richtung seines schönen Hauses. Für Widukinds Begriffe ist dieser Bau ein hochherrschaftlicher Palast, wenn er auch an die Größe der Kirche nebenan nicht herankommt.

Wenn jetzt die Misere mit dem Müller nicht passiert wäre, dann könnte der Engernhäuptling mit seinen Begleitern unverzüglich auf-

---

[57] etwa 9:00 Uhr.

brechen. Da die zweite Vesperzeit schon um einiges überschritten ist, sind seine Leute aus Büraberg möglicherweise schon am Hellberg angekommen. Nun, sie werden sicher dort eine Zeit lang auf ihn warten. Aber er kann doch nicht den Müller einfach seinem Schicksal überlassen. Abbio und Gerald kommen mit ihren Pferden, die sie am Zügel führen, auf ihn zu. Kurz erklärt Widukind ihnen was passiert ist, dann sagt er: »Reitet ihr auf schnellstem Wege zum Hellberg, um meine Mutter und Ravena zu erreichen. Setzt dann zusammen mit ihnen die Reise in Richtung Eresburg fort. Ich werde euch, sobald es mir möglich ist, mit dem Müller folgen.«

Den Einwand Abbios, er solle doch erst mit zum Treffpunkt kommen, um sich dann später für Everhards Freilassung zu verwenden, lehnt Widukind ab. »Ich habe ihn hierher mitgenommen, obwohl ich um seine Schwäche wußte. Wenn ihm nun etwas passiert, dann würde ich mir die größten Vorwürfe machen.« »Das hat sich dann der Säufer selber eingebrockt.« Das sind grollende Worte Abbios, während er sein Pferd antraben läßt. Der junge Häuptling aber denkt an jenes kleine Mädchen, das seine Mutter nicht kennenlernte. Für das Menschenkind gibt es nur den Vater, der in der kurzen Zeit ihres Lebens mehr betrunken als nüchtern war. Doch davon weiß ja die Kleine nichts. Sie wird ihren Papa liebhaben, so wie sie ihn mit ihren kindlichen Sinnen erfassen kann. Was also soll Widukind sagen, wenn später einmal diese fragenden Kinderaugen auf ihn gerichtet sind, wenn er jetzt nicht alles versucht, um Everhard mit zurückzubringen.

Das spöttische Lächeln in Bernhards Zügen verstärkt sich noch, als er hört, welchen Vergehens der Sachse angeklagt wird. »Säuft der Kerl den Mönchen den Wein weg und schläft dann in deren geweihten Räumen seinen Rausch aus.« Während der Graf sich an seine gerötete Nase greift, klingt seine Entrüstung etwas gekünstelt. »Ich hörte, wirkliche Säufer haben ein unheimliches Gespür dafür, wo sie ihren ach so großen Durst löschen können.« Von fränkischen Kriegern flankiert, steht Widukind in der Nähe und hört die Worte des Franken. Die Wachen von Büraberg hatten ihn vor dem großen Tor ergriffen. Gefesselt wurde er dann mit Everhard auf den Festungshof gebracht.

Graf Bernhard wendet sich nun dem Engern-Edling zu. Auf seine Frage, wer er sei und was ihn hierherführt, antwortet Widukind: »Ich bin der Sohn jener Frau, die als Händlerin in euren Mauern weilte und vor kurzer Zeit mit ihrer Tochter, einem alten und einem jungen Mann gen Heimat gezogen ist. Auf eure Frage, warum ich hierhergekommen bin, muß ich euch sagen, daß ich mich für diesen armen Tropf verantwortlich fühle. In aller Form bitte ich euch für ihn um Gnade.«

Nachdem der Frankenanführer sich eine Zeitlang Widukinds Argumente für die Freilassung des Müllers anhörte, geht er, nachdenklich schauend, mit hinter dem Gürtel verhakten Daumen auf ihn zu. Direkt vor ihm stehend, schaut der Franke den Engernhäuptling in die Augen. »Ich habe mit dem Abt Sturmius über dich gesprochen. Du hast übrigens großen Eindruck bei ihm hinterlassen. Seiner Meinung nach wirst du einer der Großen unter den Sachsenfürsten sein. Voraussetzung dafür ist natürlich, das deine Götter oder wie ihr sagt, die Norne, dir ein Leben bescheren, das lang genug ist.« Er scheint keine Antwort zu erwarten und spricht nach kurzer Pause weiter: »Ich habe mich entschieden. Der Kerl, dem deine Fürbitte hier gilt, dem werden wir eine gehörige Tracht Prügel besorgen, damit ihm künftig nur noch klares Wasser ausreicht, wenn ihm der Sinn nach Trinken steht.« Er wendet sich den umstehenden Männern zu und ruft: »Alle Festungsinsassen, sollen bei der Strafmaßnahme anwesend sein.«

Auf das Hornsignal hin kommen von der Seite der Kirche die Frauen des Klosters und aus dem Hause des toten Bischofs einige Mönche. Von der weltlichen Seite her strömen die Krieger herbei, die in dem tristen Einerlei ihres Grenzdienstes nun eine Abwechslung erwarten. Graf Bernhard tippt den Engern-Edling vor die Brust. »Du aber wirst vor dieser Versammlung einen Eid darauf leisten, daß du niemals mit deinen Kriegern diese Festung angreifen wirst.« Wieder sein spöttisches Lächeln aufsetzend, spricht er weiter. »Ihr werdet euch hier so oder so nur blutige Köpfe holen, denn diese Mauern sind zu stark, und unsere

Krieger sind den euren allemal weit überlegen. Dein Eid soll für mich der Beginn eines friedlichen Zusammenlebens versinnbildlichen. Du hast von Sturmius ein Zeichen verlangt, jetzt fordere ich eins von dir!«

Es hat stärker zu schneien begonnen. Dicke Flocken fallen vom Himmel und behindern die Sicht, als wollten die Götter dieses Schauspiel, das sich auf dem Festungsplatz zwischen Kirche und Kommandantenhaus abspielte, nicht sehen. Wie ein Schaf zur Schlachtbank, so läßt Everhard sich zu einer der Pferdetränken bringen, über die man ihn bäuchlings legt. Rücksichtslos werden ihm Rücken und Hintern entblößt. Ehe Graf Bernhard dem Mann mit dem strafenden Stock ein Zeichen zum Zuschlagen geben kann, drängt sich eine Frau zu ihm durch. Die langen Haare sind jetzt mit Schneeflocken bedeckt, da sie keine Kopfbedeckung trägt. Sie greift nach der Schulter des Grafen und Widukind hört die Frage, die sie ihm stellt: »Bernhard, bevor du dieses makabere Spiel beginnst, sage mir, wo ist der Pfalzgraf Worad mit seinen Reitern?«

Erstaunt schaut der Angesprochene in die Runde. »Er hat von mir keinen Auftrag bekommen. Dessen bedarf es eigentlich auch nicht, wenn er mit seinen Männern einen Erkundungsritt unternehmen will. Doch sag mir Swanahild, warum fragst du in so dramatischer Weise? Es kann doch nicht die Sehnsucht nach Worad sein.« »Mir scheint, du bist berauscht von deinem eigenen Machtgefühl. Was ich befürchte, das weißt du nur zu gut. Hüte dich, wenn das Wort, das du gegeben hast, gebrochen wurde.

Mit einem Achselzucken wendet sich der Graf wieder dem Strafvollstrecker zu. Seine Handbewegung genügt, und der geschmeidige Stock saust auf den Rücken des Müllers nieder. Nach dem zweiten Schlag schon geraten die zuschauenden Krieger in Stimmung und klatschten den Rhythmus zum schlagenden Arm. Bernhard scheint sich wie König Salomon aus längst vergangenen Zeit zu fühlen. »Es geht hier nicht um den jämmerlichen Säufer und auch nicht um die paar Krüge Wein. Nein, mir liegt daran, dem kommenden Anführer des aufsässigen Sachsenvolkes, der du, Widukind, ja wahrscheinlich sein wirst, aufzuzeigen, wie die Franken in Zukunft mit aufmüpfigen Untertanen umgehen werden.«

Von kalter Wut ist Widukind durchdrungen. Seine schneidende Stimme übertönt den Lärm ringsum. »Es ist genug, ich habe dich verstanden. Mach ein Ende!« Der Zorn sprühende Blick seiner Augen treibt die Ironie aus dem Gesicht des Franken. Von seinen Kameraden angefeuert, schlägt der Mann mit dem Stock immer noch auf Everhard ein und übersieht in seinem Eifer Bernhards Zeichen zur Beendigung der Bestrafung. Da kommt, wie eine Furie, Swanahild über ihn. Mit einer Beweglichkeit und Kraft, die ihr niemand zugetraut hätte, entreißt sie ihm den Stock und stößt ihm zur Seite, so daß er Mühe hat, auf den Beinen zu bleiben. »Jetzt habt ihr euer Fest gehabt, ihr sogenannten Christen!«, schreit sie in die johlende Menge der Frankenkrieger.

Nachdem Bernhard sich Ruhe verschafft hat, sagt er zu Widukind: »So, Sachse! Jetzt also kommt dein Auftritt. Oder willst du, daß ich euch beide in den Kerker werfen lasse, bis du zur Einsicht kommst? Der Zorn in Widukind hat klarer Überlegung Platz gemacht. Er sieht ein, wie wenig ihm und dem Müller jetzt starke Worte helfen würden. Außerdem ist seit Swanahilds Auftritt eine tiefe Unruhe in ihm. Sollte ihre Sorge um die fehlende Anwesenheit des Pfalzgrafen Worad, hier etwas mit seiner Mutter und Ravena zu tun haben? Er will nur noch fort von hier, mit den Seinen in die Heimat zurückkehren und erst einmal seine innere Ruhe wiederfinden. Dieser Eid, er wird ihn leisten, auch wenn es ihm schwerfällt. Wenn diese Festung einmal von sächsischer Seite angegriffen werden sollte, dann dürfte es dafür ja auch noch andere Anführer geben.

Es ist Abend als Widukind auf seinen Fiolo die Umrisse des Hellberges vor sich sieht. Für den Reiz der verschneiten Landschaft im Licht der untergehenden Sonne hat er heute keinen Blick. Auf einen provisorischen Schlitten zieht sein Pferd den böse zugerichteten Everhard hinter sich her. Swanahild, hatte einen der Mönche aufgefordert, die

Wunden des Müllers zu versorgen. Die Stockschläge hatten keine Knochenbrüche verursacht, es gibt jedoch viele aufgeplatzte Striemen. Nun, diese Wunden würden wieder heilen. Wie aber wird es um die tiefe Verletzung in seinem Inneren bestellt sein. Auf dem Weg durch die Flußauen der Eder, wo die Geräusche des Pferdes wie auch des Schlittens vom tiefen Schnee gedämpft werden, hört Widukind ein unterdrücktes Schluchzen, das sicher nicht nur von den Wundschmerzen herrührt.

Aus der Abenddämmerung heraus taucht ein Reiter zwischen den Bäumen unterhalb des Hellberges auf. Als er näher herangekommen ist, erkennt Widukind seinen Knappen Gerald. Er reitet nicht wie sonst, forsch drauf los, sondern eher zögerlich, auch seine Haltung ist nicht so lässig wie sonst. Von einer schlimmen Ahnung erfüllt, schaut der Edling ihm entgegen. Auch die Stimme des Knappen klingt anders. »Widukind sei stark, es ist etwas Furchtbares geschehen!« Eine Klammer scheint sich um das Herz des Edlings zu schließen. »Sind sie überfallen worden? Mensch, rede was ist geschehen?«

Stockend kommen die Worte von Gerald, als wäre seine Zunge plötzlich gelähmt. »Wolfram und Dingolf sind tot, deine Mutter und Ravena... Aber komm und sieh selber.«

Schmerz und Grauen durchdringen seine Sinne, als er den Ort des Überfalles erreicht. Im nachhinein wird er sich nicht mehr an Einzelheiten des Bildes erinnern, das sich ihm dort bietet.

Es ist sicher gut, daß des Menschen Wahrnehmungsvermögen, seine Empfindungen, seine Gefühle über einen bestimmten Grad des vor allem seelischen Schmerzes nicht hinausreicht. Sonst würde manch schlimmes Geschehen bei dem Betroffenen sicher zum Wahnsinn führen. Wenn Widukind in diesem Augenblick mit seinen Sinnen alles würde erfassen können, was sich hier an Entsetzlichem abspielte, er würde nicht verhindern können, daß seine Seele aufschreit, wie immer sich dies auch äußern mag. An einer steilen Felswand, die dürftigen Schutz gegen das Winterwetter bietet, wurde ein Feuer entzündet. Auf Felldecken liegen dort Kunhilde und Ravena.

Kein Wort kommt über die Lippen des Sohnes, als er neben seiner Mutter auf die Knie sinkt. Sie liegt mit geschlossenen Augen da, ihr

Mund ist leicht geöffnet. Stoßweise kommt ihr Atem. Erst als Widukind seinen Kopf an ihre Wange legt, öffnet sie die Augen. Wie ein Hauch nur kommt es aus ihrem Munde. »Mein Sohn, ich glaubte schon, sie hätten auch dich...« Ein schmerzhaftes Seufzen unterbricht ihre Worte. Erst nach einiger Zeit spricht sie weiter. »Ravena, sie wäre besser tot, diese Bestien haben sie...«

Widukind legt ihr zwei Finger auf den Mund. »Denk nicht mehr daran, Mutter. Hast du starke Schmerzen?« Sie schüttelt leicht den Kopf. »Ich werde bald keinerlei Gefühle mehr haben, aber was wird aus Ravena und aus dir?« Es ist nur ein Flüstern, und ihr Sohn würde nichts verstehen, wenn er sich nicht nahe über das Antlitz seiner Mutter gebeugt hätte. »Du kannst doch nicht von uns gehen! Wir brauchen dich«, kommt es voll Inbrunst von ihm, und seine Tränen fallen der Mutter auf die bleichen Wangen. Da sie die Augen wieder geschlossen hat, drückt Widukind ihr einen zärtlichen Kuß auf den Mund und sagt leise: »Schlaf erst einmal, damit du wieder zu Kräften kommst.« Behutsam legt er ihren Kopf zurück, den seine Hand vorher gehalten hatte.

»Ravena, Schwester!« Als ob sie aus zerbrechlichem Gut bestünde, versucht er in kniender Stellung ihren Oberkörper zu heben und an sich zu drücken. Ihre Augen sind weit geöffnet, doch sie scheint ihn nicht wahrzunehmen. »Ravena! Was ist mit dir? So sprich doch!« Panik kommt in Widukind auf. Er schüttelt sie etwa so, wie man jemand aus tiefen Schlaf wachrütteln würde. Plötzlich weiten sich ihre Augen. Sie schaut ihren Bruder an, als sieht sie in ihm den Leibhaftigen. »Was willst du? Laß mich doch endlich tot sein. Tot... Tot...« Dabei versucht sie, sich von ihm zu befreien, doch die Schmerzen ihrer Verletzungen scheinen sie zu lähmen. Sie fällt wieder in erlösende Ohnmacht.

Nun ist auch Widukind nahe daran, den Verstand zu verlieren. Er erhebt sich und wäre in den dunklen verschneiten Wald hineingelaufen, wenn ihn nicht ein Hindernis zu seinen Füßen aufgehalten hätte, über das er fast gestolpert wäre.

Wie angewurzelt bleibt er stehen, es ist der Körper seines alten Lehrers Wolfram, der ihn behindert. Widukind starrt in die leblosen Augen seines hochverehrten Freundes. Es hatte noch niemand hier die

Zeit gefunden, diese erloschenen Augen zu schließen. Ohne sich dessen bewußt zu werden, beugt der junge Edling sich nieder. Mit sicherer Hand drückt er diese Augen für immer zu. So oft schon sah er diesen Blick voller freundschaftlicher Ironie auf sich ruhen, aber gelegentlich auch mit belehrendem Ernst. »Mein Alter, ohne Abschied machst du dich davon.« Es ist nur ein Murmeln. Jenes Lachen, das so oft in seinen Augen stand, wenn er mit Wolfram sprach, muß nun heißen Männertränen weichen.

Nur einige Schritte bis zu einer hohen Buche, die ihre Äste in den finster gewordenen Himmel streckt, geht er. Mit der flachen Hand schlägt Widukind gegen den mächtigen Stamm. Will er so seinen Schmerz, seine tiefe Verzweiflung und die grenzenlose Enttäuschung durch diesen hochaufragenden Baum, den Göttern zur Kenntnis bringen? Möglicherweise ist es das Vermächtnis Wolframs, daß sich die Schultern des jungen Häuptlings wieder straffen. Er darf sich jetzt nicht gehenlassen! Noch einmal blickt er auf den Leichnam des klugen Freundes nieder, dessen Blut den Schnee unter seiner Brust rot färbte. Da fällt ihm jener Reim ein, den Wolfram bei einer entsprechenden Gelegenheit prägte:

Bist du einmal vom Schicksal arg geschunden,
dann lecke nicht zu lange deine Wunden.
Im Sumpf von Selbstmitleid bist du sehr schnell verschwunden.
Zieh dich heraus an deinem eigenen Schopf.
Die Hilfe der anderen schlag' dir aus dem Kopf.
Wenn du dich darauf verläßt, bleibst du ein armer Tropf.

Er hat sich auf die Unterstützung und das Wort des Abtes Sturmius verlassen. Die Folgen dieses Vertrauens sieht er hier mit Grauen.

Abbio, der sich seit Widukinds Anwesenheit hier am Ort der Tragödie in seiner Nähe aufhielt, fand bisher keine Worte, die er an ihn hätte richten können. Nun tritt er leise und zögerlich an die Seite des Verzweifelten. Mit unsicherer Stimme sagt er: »Widukind, ich weiß nicht, ob es dir jetzt hilft, aber wenn du jemand brauchst, der zu dir

steht, ... ich meine einen wirklichen Freund, dann möchte ich es sein.«
»Ich danke dir, Abbio. Es ist gut zu wissen, daß jemand da ist, auf den man sich in dieser Welt der Gewalt verlassen kann. Wir werden ganz sicher beide noch erfahren, was echte Freundschaft wert ist.

Finster vor sich nieder starrend, hockt Gerald vor seinem toten Weggefährten. Er hat ihm den letzten Dienst erwiesen, nun kann er ihn nur noch zurück ins Sachsenland bringen, um Dingolfs Leiche dort der Erde zu übergeben, wo er über so viele Jahre heimisch war. Als Widukind an seine Seite tritt, erhebt sich Gerald. Traurig sagt er in dumpfem Tonfall: »Wir haben doch immer alles gemeinsam gemacht, nun ist er auf seiner letzten, langen Reise allein.« Stumm nimmt ihn Widukind in seine Arme, und keiner der Krieger schämt sich seiner Tränen.

Ein trauriger Zug bewegt sich auf die Grenze zu, die den Machtbereich der Franken vom Sachsenland trennt. Noch in der Nacht sind sie aufgebrochen, denn schlafen hätte doch keiner können. Sie haben sich so gut wie es möglich war um die Wunden der beiden Frauen gekümmert. Widukind mußte jedoch feststellen, daß auch der beste Wunderheiler das Leben seiner Mutter nicht würde erhalten können. Das Schwert eines dieser traurigen Helden, die ihre Waffe auch gegen Frauen erhoben hatten, war tief in ihren Oberbauch eingedrungen. Sie ist also mitten ins Leben getroffen worden, wenn die Wunde selbst auch zu heilen ist, so wird doch der nicht zu stillende Blutfluß, unausweichlich ihren Tod herbeiführen. »Ich würde gern in dem Land sterben, das wir immer noch unsere Heimat nennen können«, flüsterte sie, als Widukind ihr mit unendlicher Traurigkeit einen festen Verband anlegte, um so das stetige Sickern des Lebenssaftes so weit wie möglich aufzuhalten.

Lebensbedrohende Verletzungen gibt es bei Ravena nicht. Ein gebrochenes Bein so wie etliche Stich und Kratzwunden sind äußere Anzeichen dessen was die Schwester Widukinds, nach ihrer eben erst wiedererlangten Freiheit erleben mußte. Abbios ist der Meinung sie müßte versucht haben, vor ihren Peinigern zu fliehen.

Als er mit den Männern von Fritzlar aus am Ort des Schreckens angekommen wäre, sei von den Kerlen nichts mehr zu sehen gewesen. Ravena habe mit zerrissenen Kleidern in einem Gebüsch gelegen. »Als ob die Ärmste in die Klauen einer wilden Bestie geraten wäre so sah es aus! Bei allem was mir heilig ist, wenn ich einen von diesen entmenschten Kreaturen erwische, dann kann ihm kein Winseln mehr helfen!« Der Gestik Abbios ist bei seinen Worten zu entnehmen, wie ernst es ihm ist. Sachlicher fährt er dann fort:»Frau Kunhildes Fuchswallach hat einen der Kerle erwischt und in den Boden gestampft. Wir fanden ihn oder vielmehr das, was von ihm übriggeblieben ist, in der Nähe. Als wir ankamen, stand das treue Tier neben Ravena, als ob es Wache halten wollte.«

Als einzige würde also Widukinds Schwester diesen brutalen Gewaltakt überleben. Wie sie aber vom Gemüt her mit dem fertig werden würde, was man ihr angetan hat, das muß die Zukunft zeigen. Zur Zeit jedenfalls ist ihr Bewußtsein fern aller Wirklichkeit.

Alle Beteiligten drängten nun darauf, dieses ungastliche Land so schnell wie möglich zu verlassen. Die zwei Frauen sind vorsichtig auf dem Ochsenkarren untergebracht worden. Die vorherige Fracht, nämlich jene Tauschwaren, mit denen sich Kunhilde und Wolfram im Frankenland als Handelsleute ausgewiesen hatten, sind bei dem Überfall bis auf einige Tierfelle gestohlen worden. Auf den behelfsmäßigen Schlitten, den der Müller jetzt nicht mehr benötigt, wurden, in Felldecken verpackt, die Leichen von Wolfram und Dingolf transportiert. Widukind wollte die Toten auf keinen Fall hier in diesem Land der Erde übergeben, wo er die tiefste Enttäuschung seines Lebens erfahren hatte.

Kurz vor Aufbruch ergab es sich, daß Abbio durch sein Eingreifen die Selbsttötung Everhards verhindern konnte. Dieser hatte über lange Zeit stumm das Elend mit angesehen und sich selber einen Anteil der Schuld für das Geschehen zugesprochen. Dem Tendelhoferben war aufgefallen, wie der Müller sich in Richtung des dichten Waldes entfernte. Diesem folgend, sah er seine Ahnung bestätigt. Abbio konnte dem Müller gerade noch das Messer entreißen, das er sich in die Brust stoßen wollte.

Widukinds harter Tadel traf den unglücklichen Mann nach der mißglückten Tat: »Es wäre für dich der billigste Weg gewesen, um dich aus der Verantwortung zu stehlen. Wenn du auch für nichts anderes Sorge zu tragen hast, so aber doch für das Leben deiner kleinen Tochter! Daran solltest du denken, wenn dir wieder einmal in den Sinn kommt, irgendwelche Irrwege zu beschreiten.« Kleinlaut erwidert Everhard: »Für meine Tochter verantwortlich zu sein, daß ist eigentlich selbstverständlich, auch wenn selbst das für mich noch zu viel war. Jetzt aber trifft mich auch noch die Schuld an dem Schrecklichen, das hier geschah. »Wärest du doch gleich hierhergeritten, und hättest dich nicht erst um mich gekümmert. Was immer die Franken auch mit mir gemacht hätten, es wäre meine gerechte Strafe gewesen.«

»Dann wären wir auch zu spät gekommen. Der Prior von Fritzlar hat uns zu spät über die Abreise unserer Leute aus Büraberg in Kenntnis gesetzt. Möglich ist auch, daß meine Mutter und Ravena es besonders eilig hatten, aus der Frankenfeste fortzukommen. Sie könnten also schon vor der angegebenen Zeit der zweiten Vesper aufgebrochen sein. Wie es auch immer gewesen sein mag, wenn jemand von uns Mitschuld an dieser Tragödie trägt, dann bin ich es. Ich habe diesen Abt Sturmius vertraut und dabei das Leben der Menschen aufs Spiel gesetzt, die mir neben meiner Geva am meisten bedeuten.«

Der Totenschlitten wird von Kunhildes Pferd gezogen, das über eine Leine von Widukind geführt wird, der wie immer auf Fiolos Rücken sitzt. Auch der Schimmel scheint sein Verhalten der allgemeinen Stimmung anzupassen, als spüre er den Schmerz seines Herrn.

Abbio lenkt den Ochsenkarren, in dem jetzt auch Everhard mitfährt, da er wegen seiner Verletzungen nicht reiten kann. Von Gerald angeführt, der auf seinem Pferd den Weg erkundet, bewegt sich der trostlose Troß durch die beginnende Nacht. Jeder ist mit seinen eigenen schweren Gedanken beschäftigt, während das letzte Tageslicht allmählich schwindet.

Am frostklar werdenden Himmel zeigen sich immer mehr Sterne. Nachdem sich die letzten Schneewolken verzogen haben, taucht die fast volle Scheibe des Mondes die bergige Landschaft in ein mildes Licht.

Will Baldur, der Gott des Lichts, die aufgewühlten Gemüter mit diesem stimmungsvollem Bild zur Ruhe kommen lassen? Doch wer von den Menschen, die hier unterwegs sind, kann jetzt mit seinen Sinnen die Schönheit der Schöpfung erfassen? Wer von ihnen könnte jetzt Dankbarkeit für die Geschenke der Natur empfinden?

In seiner tiefen Verbitterung grübelt Widukind vor sich hin. Konnte er sich so in einem Menschen täuschen, wie es ihm allem Anschein nach bei diesem Sturmius passiert ist? War etwa alles, was passierte ein abgesprochener Handel zwischen den Männern der Kirche und denen der weltlichen Macht um den Grafen Bernhard? Oder hatte es der Abt doch ehrlich gemeint? Dann müßte er seine Macht der fränkischen Führung gegenüber nicht richtig eingeschätzt haben. Wird Widukind jemals erfahren, wie es zu diesen schrecklichen Taten kommen konnte?

Es ist wie ein Versprechen, das er den Göttern, den Opfern dieses heimtückischen Überfalls und sich selber gibt: Nicht primitive Rache will der Edling üben, denn das würde nur immer wieder neues Blutvergießen nach sich ziehen. Aber alles fränkische, alles christliche, das seine Heimat, sein Umfeld zu vereinnahmen droht, wird von ihm bekämpft werden, solange seine Hand noch eine Waffe halten kann.[*]

Gern würde Widukind jetzt dem Abt von Fulda entgegentreten, um diesem die bittere Enttäuschung ins Gesicht zu schleudern. Nichts ist geblieben von der aufkeimenden Hoffnung auf ein friedliches Nebeneinander. Da fällt ihm ein, der Klostervorsteher von Fritzlar hatte gesagt, Sturmius befände sich zur Zeit in der Ansiedlung mit dem Namen Kobeke. Dieser Ort liegt an der gleichen alten Römerstraße, auf der sie im Augenblick gen Norden ziehen. Um zur Eresburg zu gelangen, wo sie Schutz und Hilfe für die Verwundeten finden wollen, müssen sie an

---

[*] Anmerkung des Autors: Über dreißig Jahre werden ins Land gehen, in denen auf Seiten der Sachsen wie auch der Franken Ströme von Blut fließen. Not und Elend werden die Hütten vor allem der Armen heimsuchen, denn damals wie heute tragen sie die Hauptlast der Kriege. Vieles hätte sicher vermieden werden können. Manch ein Leben hätte nach glücklicheren Jahren in Frieden ein Ende finden können, wenn nicht Verrat, Vertrauensbruch und moralische Verkommenheit den ehrlichen den wahren Zielen im Wege gestanden hätten.

einer vor ihnen liegenden Wegkreuzung abbiegen. Sie müßten dort also den Weg nach Kobeke verlassen. Widukind überlegt noch, ob er den Umweg über den Ort einschlagen soll, um die Auseinandersetzung mit Sturmius zu suchen, als er Geralds Stimme hört. »Da kommt ein Reitertrupp auf uns zu. Wenn die Streit haben wollen, dann nehmen wir aber einige von denen mit in den Tod.« Eine Gruppe von acht Reitern kann auch Widukind inzwischen erkennen. Abbio hat seinen Platz auf dem Karren verlassen und besteigt sein Pferd, um beweglicher zu sein. Auf dem Gefährt steht Everhard mit einer Streitaxt bewaffnet, und auch Widukind ist kampfbereit, wenn es sein muß.

In achtbarer Entfernung hält der Trupp an, und ein einzelner Reiter schert aus und direkt auf Widukind und seine Leute zu. Es ist der Abt Sturmius. Freundlich und offensichtlich ahnungslos ruft der Mann schon von weitem: »Nun junger Sachse, dann bist du also auf dem Weg, die deinen zurück in die Heimat zu geleiten.« Voller Groll erwidert der Engern-Edling: »Ja, nur noch fort aus diesem Land! Doch ich bringe nur Ermordete, Vergewaltigte und Verletzte heim. Sprecht niemals wieder von eurem Gott zu mir, nicht von Barmherzigkeit oder Nächstenliebe. Was meinen Leuten angetan wurde, das haben Menschen zu verantworten, die auf euren Gott getauft wurden.«

Ehrliches Entsetzen steht in den Zügen des Abts, als er hört und sieht, was geschehen ist. Aus dem wortgewandten Kirchenfürsten ist in kurzer Zeit ein demütiger Mensch geworden, dessen Schultern von schwerster Last niedergedrückt werden. »Mein Gott, wie kann ich diese Bürde tragen, was kann ich zum Troste sagen?«, Sturmius sagt diese Worte laut, doch sie sind nicht für die Menschen hier bestimmt. »Wie sollen sie jetzt verstehen, daß ich nur das Beste wollte und keinen Argwohn hegte, als ich mich auf das Wort des Grafen verlassen habe.«

Sein Blick sucht den des Engern-Edlings. »Worte würden dir den Glauben an das Gute im Menschen jetzt sicher nicht zurückgeben. Was nützt es den Opfern dieser Greueltaten, wenn sie wüßten, daß ich mich irrtümlich auf bestimmte Menschen verlassen habe, so wie du dich auf mein Wort verließest. Eines nur solltest du dir jetzt eingestehen, Menschen, die dem Bösen zugetan sind, gibt es bei euch genauso wie es bei uns Getaufte gibt, die den Weg der Verdammnis gehen.« Sturmius muß einsehen, daß er ebenso gut hätte schweigen können, denn eine Wirkung erzielte er mit seinen Worten nicht. Trotzdem spricht er weiter: »Ob nun die Führung der fränkischen Krieger direkt an diesen Untaten durch gegebene Befehle beteiligt ist, das möchte ich bezweifeln. Eher möchte ich annehmen, daß sie sich nur durch Gleichgültigkeit schuldig machten. Die eigentlichen Täter, das werden Menschen gewesen sein die keinen Befehl brauchten, um solche Verbrechen zu begehen. Ich kann mich nicht davon freisprechen, die Verhältnisse im Frankenlager verkannt zu haben. Diese Tatsache trifft mich schwer, aber ich bitte euch, lastet die Schuld nicht unserer Kirche und ihren Priestern an.« Seine ehrliche Entrüstung über das Vorgefallene, die nimmt Widukind dem Kirchenmann ab, aber dadurch ändert sich nichts.

»Versucht nun nicht, irgendwelche haltlosen, verkommenen Kerle in den Vordergrund zu schieben. Daß es fränkische Krieger waren, die zwei unserer Männer erschlagen, meine Schwester vergewaltigt und meine Mutter so schwer verletzt haben, daß sie auch bald sterben wird, darüber dürfte es zwischen uns keinen Zweifel geben. Wenn diese Franken auch keinen ausdrücklichen Befehl gehorchten, so glaube ich doch nicht, daß sie eine schwere Strafe zu erwarten haben, weil sie einige Heiden erschlugen und eine ungetaufte Sächsin vergewaltigten. Sollte bei euch ein Höriger im Revier seines Fürsten einen Rehbock erlegen, um den Hunger seiner Familie zu stillen, er würde sicher härter bestraft.«

»Du bist verbittert, mein Sohn. Das kann ich gut verstehen. Aber handele nicht im Zorn, das würde dir nur noch mehr Unbill einbringen. Vertraue darauf, daß unser Gott letztendlich über alle Ungerechtigkeiten sein Urteil fällt. Glaube mir, die christliche Kirche ist stärker als du anzunehmen vermagst, und ihre Priester wollen für alle Menschen nur das Beste erreichen.« »Leere Worte!«, denkt Widukind, aber im Laufe seines ereignisreichen Lebens wird er noch erfahren, wie stark diese Kirche wirklich ist.

»Wie ihr wißt, haben auch wir unsere Priester, wenn es auch eurer

Ansicht nach Götzendiener sind. Die aber würden sich niemals mit kriegerischen Mächten zusammentun, die unseren heiligen Stammesgesetzen unserer Ethik zuwider handeln. Alles, was sich außerhalb unserer Moralvorstellungen befindet, ist verpönt und das nicht nur vor dem Froste, sondern auch vor jedem Stammeshäuptling. Bei uns Heiden gehört das, was ihr Seelenleben nennt, untrennbar auch zum Weltlichen dazu, so wie Körper und Geist in diesem Leben zueinander gehören. Wenn sich bei uns jemand schuldig macht, in welcher Form auch immer, dann kann er nicht von der einen Seite verurteilt und von der anderen gedeckt werden, weil eben diese Seite in dessen Handeln ihre Vorteile sieht. Ehe ihr uns neue Lebensformen aufzwingt, prüft doch erst einmal, was ihr von den unseren lernen könnt.«

Sich der verzweiflungsvollen Gegenwart vergegenwärtigend, macht Widukind eine wegwerfende Handbewegung und spricht weiter: »Aber was rede ich, dadurch wird kein zerstörtes Leben wieder hergestellt.« Er treibt sein Pferd direkt neben das des Abtes und schaut ihm in die Augen. »Einen friedlichen Weg wollte ich finden, seht euch das erschütternde Ergebnis noch einmal an. Wir werden dieses Land verlassen mit unseren Toten und Verwundeten. Aber verlaßt euch darauf, ich werde wiederkommen, nicht als Racheengel aber um Gerechtigkeit zu fordern.«

Im Aufbruch begriffen, schaut Widukind noch einmal zurück. Er sieht, wie Sturmius die rechte Hand erhebt und damit das Zeichen des Kreuzes in Richtung des sächsischen Zuges nachvollzieht. Mit einem Schulterzucken drückt der Edling seinem Fiolo die Hacken leicht in die Flanken, um den unterbrochenen Weg fortzusetzen.

KAPITEL XIV

ieser, an tragischen Ereignissen, so reiche Winter neigt sich dem Ende zu. Neues Leben erwacht zaghaft in der Natur. Auch in den Menschen sollte jetzt neue Daseinslust erwachen. In Widukind aber will keine Freude aufkommen, nicht über die nun wärmenden Sonnenstrahlen und nicht über das zögerliche Aufbrechen der Knospen. Dieses Frühlingserwachen, er verspürt es nicht. Zuviel hat er in der zurückliegenden kalten Zeit verloren, das für dieses Leben kein Wiedererwachen finden kann. Nur der Zwang in ihm bewirkte, daß er diesen Weg über den großen Elbestrom einschlug. Er will seinen Lebensweg so gehen, wie er ihn vor jenen schlimmen Ereignissen plante und sich nicht in blinden Rachegefühlen verrennen. Sehr frisch noch ist die Erinnerung an jene Tage, die aus einem fröhlichen jungen Burschen einen ernsten Mann machten.

Als der Zug der Überlebenden und Verletzten mit den Toten den steil bergan führenden Festungsweg zur Eresburg hinauf gezogen waren, erklang von den Zinnen der Burg der schaurige Ton des Totenhornes. Gerald war vorausgeritten, um dem Burggrafen Ullrich von der Ankunft Widukinds und seiner Begleitung zu berichten. Nachdem sie das mächtige Burgtor passiert hatten, erinnerte sich der Engern-Edling den Erzählungen Kunhildes, und er sagt zu Abbio: »Im Jahr vor meiner Geburt zog mein Vater Warnekin als Sieger in diese Festung ein, er hatte sie vor den Franken gerettet.«

Als er seine Mutter im Festungshof behutsam von dem Gefährt heben wollte, mußte Widukind feststellen, daß sie tot war. Ein Mutterherz hatte in aller Stille aufgehört zu schlagen. Ohne, daß er ihre Hand halten oder ihren Kopf in seinen Schoß betten konnte, war sie von ihm gegangen. Sie fand dann für die Zeit des dortigen Aufenthaltes ihren Platz unter der Irmisul, wo der Froste ihren Geist den Göttern anempfahl. Auf diesem Platz, der die heilige Säule umgibt, sollte an dem Abend eigentlich die Feier der Sonnenwende stattfinden, doch kurzerhand wurde dieses Freudenfest auf die Höhe verlegt, die dem Eresberg gegenüberliegt. So ergab es sich, daß am gleichen Abend auf zwei Bergen, die nur von der Ansiedlung Horhusen getrennt sind, zwei große Feuer brannten. Eines davon eben auf dem Festungsberg zur Totenehrung, während auf der anderen Höhe ein Freudenfeuer zu Ehren Baldurs entzündet worden war, der vom Frühlingsbeginn an, in von Tag zu Tag längerwerdenden Zeiträumen, mit seinem Sonnenwagen über den Himmelsweg gleitet, bis dann im Zenit des Sommers, dem beständigen Rhythmus der Zeit folgend, die Tage wieder kürzer und die Nächte länger werden

Trotz seiner tiefen Traurigkeit verspürte Widukind an jenem Abend das symbolische dieser beiden Feuer. Alles, was ihn mit der Zeit des behüteten Elternhauses verband, endete mit dem Tode seiner Mutter. Aber er wollte sich nicht von dem Schmerz um das Verlorene unterkriegen lassen. Den Weg von den Flammen des Leids und der Trauer zu den flackernden Feuern der Freude, den muß er wiederfinden, wenn es vorher auch ein Tal der Traurigkeit zu durchwandern gilt

Der Leichnam Kunhildes hat seinen Platz dort gefunden, wo das Herz Warnekins zu Beginn des letzten Winters der kühlen Erde übergeben wurde.

Die sterblichen Überreste des alten Wolfram ruhen jetzt auch in der

Nähe seiner Hütte auf der hohen Wacht. Mit Unterstützung einiger Männer von der nahen Babilonje wälzte Widukind einen großen Granitstein auf das Grab des Freundes. In der Folgezeit wird ihn die Pflicht sicher auch öfter in dieses Gebiet des Lidbekegaues führen, denn er ist dort ja der Häuptling. Dann möchte er in Augenblicken der Ruhe auf diesen Stein sitzen, um Zwiesprache zu halten mit dem Geist des weisen Lehrers.

Der tote Dingolf wurde von seinem Weggefährten heimgebracht nach Wigaldinghus. Bei der Kälte, die in der Zeit herrschte, gab es keine Probleme wegen der langen Reise, denn des Winters eisiger Hauch hatte den Leichnam konserviert. Neben den Leuten, die hier ihr Zuhause haben, standen auch zwei junge Mädchen an der Grabstatt des jungen Kriegers. Mit einer von ihnen hatte Dingolf eine gemeinsame Zukunft geplant. Nun haben es die Norne anders gerichtet. Der Froste sprach zu den Trauernden von der Herrlichkeit und dem Frieden Walhallas, den jeder Mensch erwarten könne, wenn er ein redliches Leben geführt hat. Für Hilda, der vorher so resoluten Tochter des Schorlebauern, aber war das nur ein schwacher Trost.

Die Toten fanden also ihre Ruhe, und den Trauernden wird der Zeitenlauf die Tränen trocknen. Ravena aber muß mit ihren schlimmen Erinnerungen leben, soweit ihre geschädigten Sinne Vergangenes und Gegenwärtiges erfassen. Zeiten, in denen ihr Verstand klar zu sein scheint, wechseln bei ihr mit Tagen, da sie nur geistesabwesend vor sich hinstarrt und ihren eigenen Bruder nicht erkennt.

Während einer Phase des klaren Verstandes sagte sie zu Widukind: »Nach Wigaldinghus will ich nicht zurück, der Vater ist nicht mehr da. Wie ich von Mutter erfahren habe, ist er bei meiner Entführung ums Leben gekommen. Nun ist sie bei meiner Befreiung ebenfalls getötet worden. Warum lebe ich noch? Was soll ich noch mit meinem elenden Leben?« In der Babiloje bei dem Ehepaar Wallburga und Adelar bekam sie eine vorläufige Bleibe. Von allen anderen Erwägungen, die Widukind anstellte, war dies die beste Lösung für seine kranke Schwester. Ihr gebrochenes Bein war schlecht verheilt. Somit bestand zu allem Unglück auch noch die Gefahr einer körperlichen Behinderung. Die treuherzige

Wallburga versprach dem Edling beim Abschied: »Wir werden alles, was in unserer Macht, steht für Ravena tun. So können Adelar und ich unsere Dankbarkeit beweisen für all das Gute, das ihr uns angetan habt.«

»Gewinne erst einmal Abstand zu allem, was in letzter Zeit über dich hereingebrochen ist. Hernach kannst du dann mit kühlerem Kopf an deine Aufgaben heran gehen.« Das war der Rat seines betagten Anverwandten Roderich vom Limberg, als Widukind davon sprach, seine schon lange geplante, Reise nach Jütland aufzuschieben.

So hat der Edling es dann auch gehalten. Da er sich nun auf den Weg gemacht hat, ist es ihm jedoch nicht möglich, am diesjährigen Allthing in Markloh teilzunehmen. Das Strafgericht über den Grafen von Schidera, den Vogt vom Buckigau und dem von Adikehusen, wird also ohne ihn stattfinden. Nun, der Wigaldinger ist fest davon überzeugt, daß diese Missetäter ihre gerechte Strafe bekommen werden.

Die Burg Plune[58] im Utingau, dem Mittelpunkt des Nordalbingerlandes[59], das ist sein Ziel. Dort wird Genoveva, die Tochter des Burgherren, auf ihn warten, so hofft er jedenfalls. Eine leise Angst klingt in der Hoffnung auf die Erfüllung seiner großen Liebe mit. Es muß sich noch zeigen, ob Gevas Vater Siegfried seine einzige Tochter dem jungen Wigaldinger zur Frau geben wird. Als der Fürst aus dem Norden im letzten Frühjahr nach dem Allthing in Wigaldinghus zu Gast war, da bestand zwischen den beiden Vätern noch keine Einigkeit über einen derartigen Familienzusammenschluß. Man war so verblieben, daß Warnekin mit seinem Sohn zusammen die Reise ins Land der Nordmänner[60] antreten wollte, wenn es an der Zeit wäre. Die beiden Väter hätten dann die Höhe der Auslösung für die Braut ausgehandelt.

Nun aber haben die Götter anders entschieden. Widukind muß als

---

[58] heute: Plön.
[59] Nördlich der Elbe: Nördlichster Sachsenstamm.
[60] Bezeichnung aller Stämme oberhalb der Elbe.

sein eigener Brautwerber auftreten. Die liebliche Geva hatte ihm versprochen, ihren Vater davon zu überzeugen, daß es für sie keinen anderen Mann geben konnte als ihn. Dieses Versprechen gab sie ihm vor fast einem Jahr nach einem berauschendem Liebeserlebnis. In Widukind flammt heißes Begehren auf, während er daran denkt. Nur die strahlende Frühlingssonne und vielleicht einige Tiere des Waldes nahe seines Heimathofes sahen wie sie im süßen Liebeskampf miteinander gerungen hatten. Es gab damals keinen Besiegten, nein, sie waren zwei Sieger, die danach in seliger Ermattung verschmolzen. Ein Leben lang mit Geva vereint sein, das war auch jetzt noch Widukinds Ziel. Würde auch sie diesen Wunschtraum noch träumen, dessen Erfüllung er in der langen Zeit ihrer Trennung trotz aller verlustreicher Geschehnisse entgegenfieberte?

Der unaufhaltsam erstarkende Frühling hat auch hier am See des Winters letzte Kraft gebrochen. Zwischen den gelblich braunen Schilfhalmen, die im sanften Wind leicht schwanken, zeigt sich schon zart sprießendes Grün und die Trauerweiden am Ufer beginnen ihre bis ins Feuchte hinein reichenden Strähnen mit Weidenkätzchen zu schmücken. Auf der glitzernden Fläche des weitverzweigten Gewässers baden Enten ihr buntes Gefieder in dem kühlen Nass, während Schwärme von Möwen darüber lärmend ihre Kreise ziehen. Auf einer Landzunge, die in den See hineinragt, sieht Widukind amgegenüberliegenden Ufer die Befestigungsanlagen der Burg Plune. Dort wird er sie wiedersehen, die Fee seiner Träume! Wenn sie ihm gleich vom Burgtor aus entgegen läuft, wird es endlich einen Lichtblick geben für sein, im letzten Winter, doch sehr gemartertes Gemüt.

So nahe vor Augen scheint ihm das Ziel der langen Reise und doch muß der treue Fiolo noch eine weite Bucht umrunden, bevor seines Reiters Ungeduld ein Ende findet.

Zum See hin ist die Burg gegen etwaiges Hochwasser mit Erdwällen geschützt, und dem Lande zu sorgen starke Palisadenzäune für Sicherheitgegen menschliche Angriffe. Ein Wassergraben trennt die höhergelegene Landzunge mit der Befestigung von dem Festland. An dem Steg, der darüber zum Burgtor führt, zügelt Widukind sein Pferd. Vom

Wachtturm her, der aus mächtigen Baumstämmen neben dem Tor errichtet wurde, ruft eine kräftige Männerstimme: »He, Fremder! Was führt dich zu uns?«

»Dem Burgherrn und seiner Tochter bin ich kein Unbekannter«, erwidert Widukind, und als er seinen Namen genannt hat, ertönt ein Lachen, von dem der Engern-Edling nicht sicher ist, ob es höhnisch geklungen hat. Ein Flügel des wuchtigen Tores öffnet sich. In der Öffnung erscheint ein Mann, der etwa in Widukinds Alter sein dürfte. »Sei willkommen Widukind. Ich bin Godefried, Gevas Bruder.«

Nichts von dem, was Widukind sich in sehnsuchtsvollen Stunden ausmalte, geschah. Keine Geva, die ihn stürmisch um den Hals fällt, kein wohlwollender Vater Siegfried, der ihn väterlich auf die Schulter klopft. Nur ein steifer Willkommensgruß dieses Godefried. Den suchenden Blick des Ankommenden richtig deutend, erklärt ihm der Sohn des nordischen Königs: »Unser Vater ist mit Geva fortgeritten. Du kannst gern ihre Rückkehr erwarten.«

Der Wigaldinger kann seine Enttäuschung nicht verbergen. »Aber Geva und auch euer Vater, sie wußten doch, daß ich kommen würde...«

»Sie sprachen davon, aber sicher waren sie sich nicht darüber, daß du die Reise antreten würdest, denn die Kunde vom Tode Herzog Warnekins erreichte uns vor einiger Zeit. Unser Vater war daraufhin der Meinung, es würde sich für dich jetzt einiges ändern.«

»Nicht nur das Sterben meines Vaters, auch der Gewalttod meiner Mutter und einige Ereignisse außer diesen haben mein Leben verändert. An meiner Einstellung zu deiner Schwester aber hat sich nichts geändert.«

Godefried schaut den Gast mit einem Blick an, der eher Abweisung als Freundlichkeit verheißt. »Weswegen du kommst, das weiß ich. Doch darüber ist das letzte Wort noch nicht gesprochen.«

Das Gespräch der Männer wird von einer jungen Frau unterbrochen, die aus dem reedgedecktem Haus heraustritt. Während sie Widukind nach altem Brauch den Willkommensschmaus und einen Becher mit Hollunderwein reicht, betrachtet die herbe nordische Schönheit voller Interesse den Edling aus dem Engernland. »Ihr solltet euer Gespräch drinnen am warmen Herdfeuer fortsetzen. Die Frühlingsbrise, die über den See pfeift, ist noch ziemlich unfreundlich.« Ja, der frische Hauch ist hier zum kalten Wind geworden, genauso ist ihm auch der Empfang hier entgegengeschlagen. Nur die Worte dieser Frau mit den hellblonden Haaren, die in einem Kranz um ihren Kopf geschlungen sind, lockern die Stimmung ein wenig auf. Eine stattliche Person ist sie, die von Godefried als Themud, sein Weib, vorgestellt wird. Seinen Besitzerstolz unterstreicht der Nordsachse noch, indem er ihr einen derben Klaps aufs stattliche Hinterteil versetzt. Von der Körpergröße her steht sie ihrem Mann nicht viel nach. Ihre betont weibliche Formen und die rosige Gesichtsfarbe lassen darauf schließen, daß sie in der Lage ist, einem Mann einiges zu bieten.

In der behaglichen Wohnhalle der Burg lockert sich die Stimmung allmählich auf. Die Gastgeber erfahren bei einem ausgiebigen Abendschmaus einiges über die Schicksalsschläge, von denen die Wigaldinger heimgesucht wurden. In Themuds blauen Augen schimmern Tränen, als sie Widukinds Worten lauscht. Auch Godefried ist sichtlich erschüttert von dem, was er hört. Für kurze Zeit ist es still zwischen den Dreien, nachdem Widukind seine Schilderung beendet hat. Dann erhebt sich Godefried und legt Brennholz auf das Feuer der Esse nach. Umständlich stochert er mit dem Schürhaken im Feuer. Für Widukind sieht dies sehr nach Verlegenheitstun aus, zumal das ja eigentlich Frauenarbeit ist. »Alle diese Geschehnisse, so schlimm sie auch für dich und deine Leute sind, bestärken meinen Vater und auch mich in der Überzeugung daß es nicht gut wäre, Geva in dein Haus zu geben. Wie du weißt, hängt der alte Siegfried seit dem frühen Tod unserer Mutter sehr an Geva, und er hütet sie wie seinen Augapfel.« Godefried schaut dem neu aufflammenden Feuer zu, während er dies sagt. Dann jedoch wendet er sich plötzlich seinem Gast zu, und seine Worte klingen hart und unpersönlich, als er sagt: »Für alle wäre es besser, wenn du zurück zu deinem Heimathof reitest und dir eine Frau aus deiner Umgebung ins Haus holen würdest. Unsere Geva wird dem Vogt von Utin[61] auf seinen

---

[61] heute: Eutin

großen Hof folgen. Ich möchte nicht unhöflich sein, aber es wäre sicher besser, du wärst fort, wenn der Vater und Geva heimkommen.«

Widukind erhebt sich. Seine Umgebung scheint in diesem Augenblick in Eis zu erstarren. »Wann werden sie zurückkommen?« Kalt klingt die Stimme und starr ist der Blick des Engern-Edlings bei diesen Worten. In der Hoffnung eine unangenehme Begegnung vermeiden zu können, antwortet Godefried: »Zur Zeit der Mittagssonne werden sie hier sein. Du kannst also die Nacht hier bei uns verbringen, dich für die Heimreise stärken und dann im Licht des neuen Tages aufbrechen.«

»Auf eine Gastfreundschaft, die du dir abringen mußt, werde ich verzichten. Sage mir nur eines, ist es auch Gevas Wille, den Vogt von Utin zum Manne zu nehmen? Oder sind es die Interessen deines Vaters und deine eigenen, die sie in das Bett dieses Mannes zwingen?«

Als verstünde er die Bitternis seines Gastes nicht, antwortet Godefried. »Es ist gewiß ärgerlich für dich, diesen weiten Weg unternommen zu haben, um dann unverrichteter Dinge heimkehren zu müssen. Du weißt doch so gut wie ich, daß die Väter entscheiden, welcher Mann die Tochter an seinen Herd holen darf.«

»Das soll mir dann der Vater selber sagen und keiner wird mich hindern, Geva zu fragen, was aus dem Versprechen im letzten Frühjahr geworden ist. Euch aber werde ich nicht länger zur Last fallen.« Themuds aufrichtig gemeinten Beschwichtigungsversuche fruchten nicht. Widukind wendet sich dem Ausgang zu. Ihre Bitte, er möge doch die Nacht über in der Burg bleiben, schlägt er mit den Worten ab: »Der Sohn des Kriegsherzogs Warnekin wird eher unter dem Dach eines erklärten Feindes schlafen, als die Gastlichkeit eines Stammesgenossen, wie ein Almosen anzunehmen.«

So manche Nacht schon hat Widukind unter freien Himmel zugebracht und oft schon hat er versucht, bei klarem Wetter wie jetzt die Sterne zu zählen. Nach solcherlei Spielen aber steht ihm jetzt nicht der Sinn. »Die Götter meinen es nicht gut mit mir in letzter Zeit, womit habe ich ihren

Zorn auf mich gezogen?«, so grübelt der tief enttäuschte vor sich hin, während er in der Nähe des Sees, an einer windgeschützten Stelle, versucht Schlaf zu finden. Fest in seine Felldecke eingerollt, vernimmt er das leise Schnauben seines Fiolo, es erinnert ihn daran, daß er immer noch einen verläßlichen Freund hat. Leise ruft Widukind nach ihm. Augenblicklich hört Fiolo auf, an den kahlen Zweigen des Weidenbusches zu knabbern und wendet sich seinem Herrn zu. Die weichen Nüstern Fiolos berühren sanft seine Schläfe. »Komm zur Ruhe aufgebrachtes Herz, ich werde über dich wachen«, mag das in der Sprache der Menschen heißen. Doch von dem, was Menschen reden, davon hat Widukind erst einmal genug. Lieber will er sich auf dem verlassen, was ihm dieser vierbeinige Begleiter vermittelt.

Irgendwann ist er doch in einen unruhigen Schlaf gefallen, aus dem Fiolo ihn weckt. Sein aufgeregtes Scharren mit den Vorderhufen und das verhaltene Wiehern deuten auf eine sich nähernde Gefahr hin. Sofort ist der Edling auf den Beinen. Abwehrbereit hält er sein Schwert in der Hand. Der Mond ist jetzt hinter einer Wolkenbank verschwunden. Dadurch wird die dürftige Sichtmöglichkeit noch verringert. Widukinds Sinne sind aufs Äußerste angespannt, als er das Fauchen hört. Doch auch Fiolo steht zum Sprung bereit, als der geschmeidige Körper eines Wolfes mit einem mächtigen Satz hinter dem Buschwerk hervorspringt. An dem Pferd vorbei versucht der Angreifer, den Menschen zu erreichen. Die weißen Zähne des weit aufgerissenen Maules sind trotz der Dunkelheit zu erkennen. Ehe der junge Krieger jedoch dazu kommt, sich selber zu verteidigen, wird der Wolf von Fiolos Vorderhufen getroffen. Jaulend landet er im Gebüsch, doch schnell rappelt sich das Tier wieder auf und versucht, dem Pferd an die Kehle zu springen. Es wird ein Sprung ins Leere, denn blitzschnell hat Fiolo sich auf die Hinterhand aufgerichtet. Einen kurzen aber heftigen Kampf liefern sich die beiden, von der Größe her, so unterschiedliche Gegner. Auch Fiolo bekommt seine Blessuren ab, doch letztendlich sucht der Wolf mit eingezogener Rute das Weite. Die Mähne kräftig schüttelnd und ein befreiendes Schnauben von sich gebend, läßt der gute Apfelschimmel die Sache auf sich beruhen. Widukind aber ist mit dieser

Begebenheit noch nicht fertig. War jener Wolf etwa der Wolfshund, den er in dem Verschlag der Burg gesehen hat? Welch triftigen Grund muß dann Gevas Bruder haben, den Freier seiner Schwester loszuwerden?

Quälend langsam war die Zeit des Wartens vergangen, bis Widukind einige Reiter auf die Burg zukommen sieht. Jetzt erkennt er den Voranreiter, Siegfried den Fürsten der Nordalbinger, Gevas Vater. Doch sie gehört nicht zu seiner Begleitung, wie der Engern-Edling bald feststellen muß. Von seinem Warteplatz in Burgnähe begibt er sich nun an den Steg, der zum Tor führt, um dem nordischen Fürsten entgegenzutreten. Der zügelt seinen großen Braunen. »Widukind kommst du gerade an? Das trifft sich ja gut.«

»Die Zeit, die ich hier schon verbracht habe, würde ich gern aus meiner Erinnerung streichen. Deshalb fordere ich euch auf, mir zu sagen, warum mir Geva vorenthalten wird. Ich war doch einig mit ihr über unsere gemeinsame Zukunft. Auch ihr wart vor einem Jahr einer Vereinigung unserer Familien gegenüber nicht abgeneigt, Fürst Siegfried. Was also hat diesen Sinneswandel bei euch hervorgerufen?«

»Ho, ho, junger Freund!«, tönt der so Angesprochene, »das klingt, als wärst du hier der Landesherr und nicht ich.« Wer ihn nicht kennt, der würde diesen Landesfürsten eher für einen Mann halten, der als Köhler im tiefsten Wald haust. Sein Haupt und Barthaar, von feurigem Rot umwuchert den ganzen Kopf, so daß nur Augen und Nase von seinem Gesicht zu erkennen sind. Die stämmige Figur ist in einem Umhang aus Otterfell gehüllt. Schon vor einem Jahr, als Siegfried mit seiner Tochter in Wigaldinghus weilte, wunderte nicht nur er sich über den krassen Gegensatz zwischen den beiden. Jetzt fallen ihm die Worte seiner Mutter wieder ein, die sie damals gesprochen hatte: »Man sollte nicht glauben, daß ein äußerlich so grobschlächtiger Mann wie er, ein so zierliches und liebreiches Wesen zeugen kann, wie es Geva ist.« Sein Vater Warnekin hatte scherzend darauf geantwortet. »Wie gut, daß du dich nicht darüber wunderst, wieso unsere Ravena ein so schönes Kind ist.«

Unbeirrt versucht Widukind, sein anklagendes Verhalten zu rechtfertigen. »Wenn ich es eurer Meinung nach an der nötigen Höflichkeit mangeln lasse, dann solltet ihr euren Sohn fragen, warum er es so eilig hatte, mich als Gast wieder loszuwerden. Bei uns im Engernland ist es nicht üblich, daß man dem Besucher schon beim Eintreffen baldige Abreise anempfiehlt.«

»Was sich zwischen euch jungen Hitzköpfen abspielt, davon weiß ich nichts. Auf jeden Fall werden bei uns Streitigkeiten zwischen befreundeten Menschen, am heimischem Feuer in aller Ruhe und Offenheit besprochen und, wenn möglich, beseitigt. Komm also in das Haus, damit wir über alles reden.« Der nordische Fürst sagt dies in einem Ton, der keinen Widerspruch duldet. Auch Widukind will sich endgültig Klarheit über das Verbleiben Gevas verschaffen. Da sie nicht mit ihrem Vater zur Burg Plune zurückgekommen ist, könnte die Entscheidung darüber, mit wem sie ihr künftiges Leben teilen wird, schon ohne den Engern-Edling gefallen sein. Bei diesem Gedanken scheint sich etwas in Widukinds Brust zu verkrampfen, doch er will seine Gefühle jetzt im Griff behalten.

Als er nun wieder den Burghof betritt, gilt sein Interesse erst einmal dem Wolfshund. Leise knurrend liegt er in seinem Zwinger, während der Kopf des Tieres auf den Vorderpfoten ruht. Als Widukind mit seinem Pferd, das er am Zügel führt, näher an den Verschlag herantritt, versucht der Wolfshund mit drohenden Gebärden einen Sprung gegen die Umzäunung zu vollführen. Aber schon im Ansatz gibt er diesen Angriffsversuch mit winselndem jaulen auf. An seinem Gehabe ist die Bewegungseinschränkung durch Verletzungen deutlich zu erkennen. Der Engern Edling sieht es als Tatsache an, daß dieses Tier in der Nacht auf ihn gehetzt wurde. Zunächst verliert er jedoch kein Wort darüber.

»Nun mach nicht so ein Gesicht, als ob dir sämtliche Felle fortgeschwommen wären«, tönt der Hausherr und schlägt dem jungen Mann auf die Schulter, so daß dieser einen Teil der Honigmilch verschüttet, die Themud ihm gereicht hatte. Laß dir von der holden Maid hier«, damit ist Themud gemeint, »eine anständige Vesper vorsetzen. Ich habe derweil noch einiges zu erledigen. Wenn ich zurückkomme, dann werden wir miteinander reden. Sollte es zwischen uns dann nicht zur

Einigkeit kommen, nimms nicht so tragisch. Ein junger Mann wie du kann Frauen haben wie Sand am Meer.«

»Nicht irgendeine, sondern Geva möchte ich in mein Haus holen.« Widukinds Worte werden von Siegfried nur mit einer Geste der Ungewißheit beantwortet. Dann wendet sich der Nordalbinger zum Gehen. Von Zorn und Ungeduld erfüllt, bleibt der Edling aus Wigaldinghus mit Themud allein in der Burghalle zurück.

Auf seine Frage, wo denn Godefried sei, antwortet die junge Frau: »Er ist heute beim Morgengrauen fortgeritten, wohin, das kann ich dir nicht sagen. Wie du weißt, ist es für uns Frauen nicht so wichtig zu wissen, was die Männer tun, soweit es uns nicht selber betrifft.« Trotz seiner miserablen Stimmung kann Widukind die aufreizende Art nicht übersehen, mit der Godefrieds Frau sich bewegt. Sie hat heute auf das Schultertuch verzichtet, das sie am Vortage trug. Es ist ja auch ziemlich warm in dem Raum mit dem großen Herdfeuer. Ihr Kleid ist nur über der linken Schulter mit einer Kupferfibel zusammengehalten. Als sie sich nun vorbeugt, um dem jungen Mann aus dem Engernlande die Schüssel mit dem Hirsebrei zu reichen, den sie soeben zubereitet hat, gewährt die üppige Schönheit ihm so einen tiefen Einblick in die aufreizende Pracht ihres Busens. Das runde Gesicht mit den rosigen Wangen und kecken Blauaugen ist von ungebändigten Blondlocken eingerahmt, da sie ihr Haar heute nicht zu einem Kranz geflochten hat. Fürwahr, ein betörender Anblick, dem auch Widukind sich nicht verschließen kann. Das eigentliche Ziel seiner Wünsche und Träume, das den Namen Geva trägt, scheint ihm unerreichbar fern. Er wäre trotzdem jetzt nicht in der Lage, bei einer anderen Frau Trost zu suchen. Aber muß er deshalb blind für die Reize dieser Frau sein?

Als Themut ihm nun gegenüber sitzt, mit dem Saum ihres Rockes spielend, macht sie den Eindruck eines jungen Mädchens, das jetzt zugeben muß, nicht mehr unbescholten zu sein. »Daß der Vogt von Utin Geva zur Frau fordert, daran bin ich nicht unbeteiligt.« Unaufgefordert beginnt sie zu erzählen, als schulde sie Widukind diese Erklärung. »Mein Vater und meine Mutter sind Liten und als solche auf Gnade oder Ungnade vom Fürsten Siegfried abgängig. Eigentlich ist er ein guter und gerechter Herr. Nur einmal, soweit ich mich erinnere, war er hart zu meinem Vater, als dieser erwischt wurde, wie er im Winter einen toten Hasen heimbringen wollte. Das erste Fleisch seit langer Zeit wäre es für uns gewesen. Vater wurde vor unseren Augen ausgepeitscht und ich schwor mir dies dem hohen Herrn einmal heimzuzahlen. Doch seitdem hat sich vieles geändert.« Genüßlich lehnt Themut sich zurück. Eine Geste, die verdeutlicht, wie wohl sie sich in diesem Hause fühlt. »Jetzt, da ich zur Fürstenfamilie gehöre, gibt es für mich keinen Grund an vergangene Zeiten zu denken. Auch mein Vater hat nun seinen Hass auf den Herrn Siegfried längst vergessen. Wie das bei armen Leuten so ist, erhoffen sie sich für ihre Kinder einmal ein besseres Leben. Verständlich ist für mich auch, daß die Eltern über die Verbindung mit einem Mann aus begüterten Kreisen ihre eigene Situation zu bessern versuchen. Als ich älter geworden war und man sehen konnte, daß ich ein...« Themut hat offensichtlich Schwierigkeiten, die rechten Worte zu finden. Durch Gesten weist sie jedoch auf ihre reichlich vorhandenen Rundungen hin. »Daß aus mir eine gut gebaute Frau würde, nach der die Burschen sich die Hälse verdrehen, da versuchte mich meine Mutter von den Jungen aus unserer Umgebung fernzuhalten. Im Mond der fallenden Blätter[62] kam dann der Vogt von Utin und Godefried während einer Sauhatz zu unserer ärmlichen Kate. Ich mußte den beiden zu trinken bringen. Von ihren Pferden herab betrachteten die Männer mich mit Blicken, wie ich sie vorher noch nie gespürt hatte. Gerade so als würden mir die Kerle mit ihren Augen die Kleider ausziehen. Der Vogt sagte etwas, das ich nicht verstanden habe. Was Godefried darauf antwortete, konnte ich aber verstehen. ›Wenn du die Kleine für dich haben willst, dann werde ich, wie es üblich ist, vorher das Recht der ersten Nacht an ihr ausüben.‹ Ja, das hat er dann auch später wahrgenommen. An dem Tag aber ritten sie davon, ohne uns weiter zu behelligen.

Einige Tage später kam Godefried zu uns. Nachdem er mit meinen Eltern gesprochen hatte, kam meine Mutter zu mir und sagte stolz:

[62] November

›Mein liebes Kind, die Schönheit mit der die Götter dich segneten, wird uns Glück bringen. Du sollst die Frau des Utiner Vogts werden.‹ War es die Hoffnung auf ein neues, besseres Leben? Oder einfach nur Neugierde? Ich folgte dem Sohn und Erben unseres Herrn ohne Bedenken, außerdem blieb mir auch keine andere Wahl. Erst als ich merkte, daß er nicht den Weg zu dieser Burg einschlug, wurde ich unsicher. Auch das, was er zu mir sagte, und die Blicke, mit denen er mich betrachtete, machten mir Angst. In eine einsame Fischerhütte am See brachte er mich. Sie war unbewohnt. Godefried hatte hier alles für seine Zwecke vorbereitet.

»Dort nahm er mich gegen meinen Willen, ich wußte ja noch gar nicht recht, was mit mir geschah. Aus der ersten Nacht wurden mehrere und, was mir anfangs unangenehm war, das begann mir bald Vergnügen zu bereiten.« Themud spricht über diese Dinge, wie man von alltäglichen Geschehnissen sprechen würde. Widukind aber muß sich eingestehen, daß ihm durch die Worte dieses sinnlichen Weibes ganz schön eingeheizt wird.

Unbeirrt spricht sie weiter. »Während einer leidenschaftlichen Umarmung sagte Godefried zu mir, er würde nicht zulassen, daß ich so etwas in den Armen eines anderen Mannes erleben könnte. Der Vogt von Utin solle sich eine andere Frau suchen. Es kam also nach einigen Tagen zum Streit zwischen den beiden Rivalen, den Herr Siegfried erst einmal mit einem Machtwort beendete. Als der Vogt erzürnt fortgeritten war, versuchte der Vater, den Sohn davon zu überzeugen, daß es besser wäre mich freizugeben. ›Wir dürfen uns mit dem Vogt von Utin nicht überwerfen, so stark ist unsere Macht in diesem Landesteil nicht. Hier ist er unser stärkster Verbündeter.‹ Doch Godefried wollte nicht auf mich verzichten. Um eine Beendigung dieses Streites herbeizuführen, lud Herr Siegfried den Vogt bald danach zu einem Festmal in diese Halle ein. Geva und auch ich, waren gemeinsam für das leibliche Wohl der Männer zuständig. Dabei fiel mir auf, daß des Vogts Interesse von mir auf die Tochter des Herrn Siegfried gewechselt war.

Das Angebot als Entschädigung für mich, größere Ländereien anzunehmen, lehnt der Vogt mit den Worten ab: ›Grund und Boden habe ich selber genug. Gebt mir Geva, meine frühere Werbung habt ihr ja abgeschlagen, nun aber hat mein Antrag ein anderes Gewicht.‹ Siegfried und auch Godefried sahen betreten zu Boden. Geva aber stand zur Säule erstarrt da: ›Ich bin vergeben, daß weiß hier jeder. Der Mann, dem ich gehöre, der wird mich in sein Haus holen, wenn es Frühling ist.‹

Herr Siegfried nahm seine Tochter väterlich in den Arm und sagte freundlich aber bestimmt: ›Tochter, du weißt, daß ich für dich nur das Beste will, doch über deine Zukunft mit Widukind ist noch nicht das letzte Wort gesprochen.‹

Mit treuherzigem Blick schaut Themud den Engern-Edling an, als sie ihn mit Worten über den Verlust seiner Liebe hinwegtrösten will: »Wenn die schöne Geva dem Utiner in sein Haus folgt, glaube mir, dann tut sie es bestimmt nicht aus freien Stücken.« Ehe sie weitersprechen kann, kommen Siegfried und sein Sohn Godefried herein. In den Mienen der beiden Männer kann Widukind jedoch keine Hoffnung für die Verbindung zwischen Geva und ihm entdecken.

Siegfried tritt auf Widukind zu und legt ihm die Rechte auf dem Arm. »Ich hörte von dem Unglück, mit welchem die Götter deine Familie heimgesucht haben. Es ist sicher schlimm für dich, in so kurzer Zeit Vater und Mutter zu verlieren, und dann noch das grausame Schicksal deiner Schwester mitzuerleben. Es tut mir aufrichtig leid, Widukind. Ich würde gern dazu beitragen, dich wieder glücklich zu sehen. Meine Bedenken aber, dir meine Tochter zur Frau zu geben, sind durch das, was ich hörte, noch größer geworden.«

Der junge Mann aus Wigaldinghus hatte eine heftige Antwort auf den Lippen, aber er beherrscht sich. Zurückhaltend kommen dann die Worte von ihm: »Für mich war die Verbindung mit Geva eine abgemachte Sache. Auch ihr, Fürst Siegfried, habt in Wigaldinghus keinerlei Ablehnung verlauten lassen, als eure Tochter von unserer gemeinsamen Zukunft sprach. Ich hatte vielmehr den Eindruck, ihr würdet diese Verbindung begrüßen. Sagt mir doch einmal den wahren Grund für diesen Gesinnungswandel. Bin ich denn ein anderer geworden durch das, was die Franken meiner Familie angetan haben. Was habe ich getan, daß ich schon bei meiner Ankunft dazu aufgefordert werde, bald wieder zu verschwinden? Warum hetzte man den Wachhund auf mich, als ich mein Schlaflager im Freien aufschlug, um keine Gastlichkeit annehmen zu müssen, die mir offensichtlich nicht gern gewährt wurde?«

Diese Anschuldigungen, die an Godefried gerichtet sind, scheinen ihn auch zu treffen, denn er schaut betreten zu Boden, während sein Vater darauf eingeht. »Ich habe erfahren, was hier geschehen ist und muß mich für das Benehmen meines Sohnes entschuldigen. Was den Wolfshund anbetrifft, so handelt es sich da wohl um ein Mißverständnis, denn unsere Leute lassen das Tier des öfteren in der Nacht außerhalb der Burg frei laufen. Sie haben nicht gewußt, daß du dich noch in Burgnähe aufhalten würdest.« Trocken wirft Widukind ein: »Dann verdienen sie aber einen heftigen Verweis für ihre Unachtsamkeit. Sie sollten doch Kenntnis darüber haben, wenn ein Fremder sich in unmittelbarer Nähe der Befestigungsanlagen aufhält.«

Siegfried muß einsehen, daß er seinen Gast nicht überzeugen konnte. Er übergeht die Worte. »Einzig die Sorge um das Wohlergehen meines Kindes hindert mich daran, mein Einverständnis zu eurer Verbindung zu geben. Es ist nun einmal so, ihr steht direkt im Krieg mit den Franken. Wir sind eure Verbündeten und werden es auch bleiben. Doch das ist eine Sache unter uns Männern. Wenn ich dir in dieser Zeit meine Tochter gebe, dann lasse ich sie dem Feind entgegenziehen. Wie gefährlich es ist, ein Mitglied eurer Familie zu sein, daß haben doch die Ereignisse der letzten Monate überdeutlich gezeigt Es hat nichts mit Feigheit zu tun, aber ich liebe meine Tochter und auch Godefried hängt an seiner Schwester. Wenn sie in das Haus des Vogtes von Utin geht, dann bleibt sie in unserer Nähe. Es ist gut zu wissen, daß wir sie dann auch weiterhin beschützen können, wenn es nötig ist.«

Bitteres Lachen entringt sich der Kehle des Engern-Edling. »Die Götter verhöhnen mich, und die Norne spielen mir einen Streich nach dem anderen.« Er sieht nicht den mitfühlenden Blick aus Themuds blauen Augen, und er will nicht daran glauben, daß Siegfried nur aus Sorge um seine Tochter diese Entscheidung trifft. Eine Möglichkeit, ihn umzustimmen, sieht Widukind nicht. »Sagt mir nur noch, wo ihr Geva verborgen haltet. Es wäre doch nicht mehr als recht und billig, wenn ich sie noch einmal sehen könnte. Ich möchte doch nur wissen, ob eure Tochter sich mit der Entscheidung ihres Vaters gegen mich abfindet.«

Mit besänftigender Geste sagt Siegfried: »Wir wollten es Geva nicht so schwer machen, deshalb habe ich sie auf den Hof meiner Schwester gebracht. Metha, so heißt sie, hat sich seit dem Tode ihrer Mutter stets um Geva gekümmert. Auf seinem Weg hierher wird morgen der Vogt von Utin dort am Hof vorbeikommen, um Geva und Metha mitzunehmen. Genieße aber derweil unsere ehrlich gemeinte Gastfreundschaft und versuche doch auch meinen Standpunkt zu verstehen. Auf keinen Fall möchte ich, daß du im Zorn von uns gehst. Dem Andenken deines Vaters sollten wir die Freundschaft unserer Familien bewahren.«

»In diesem Zusammenhang solltet ihr euch nicht auf meinen Vater berufen, er würde euch eben so wenig verstehen wie ich.« Ja, er wird diese Nacht hier in der Burg verbringen, auch wenn sich alles in ihm dagegen sträubt. Sonst könnte er die letzte Möglichkeit versäumen, Geva zu sehen.

Das Feuer auf der Esse ist großflächig abgedeckt, so daß es auch während der Nacht noch etwas Wärme abgibt. In der Nähe dieser Wärmequelle sind an der Stirnseite der Burghalle die Schlafstellen der Hausbewohner eingerichtet. Burgbesatzung und Liten haben in den Ställen und Wirtschaftsgebäuden ihre Ruhemöglichkeiten. Gerne hätte auch Widukind in einem der Ställe bei seinem Pferd geschlafen, aber das hätte Siegfried als Beleidigung aufgefaßt. Eine dralle Magd, die vorher Themud bei den häuslichen Arbeiten geholfen hatte teilte mit dem Hausherrn die Schlafmatte. Braucht Siegfried sie um seine nachlassende Körperwärme auszugleichen oder spielt auch jetzt noch die Fleischeslust bei ihm eine Rolle? Was geht es den Gast aus dem Engernlande an!

So sehr sich Widukind auch bemüht, er kann keinen Schlaf finden. Der genossene Met würde ihn normalerweise träge machen. Er hat mit den Männern der Burg reichlich davon getrunken. Dabei hat er sogar

385

mit Godefried angestoßen, jedoch ist seine Stimmung dadurch nicht besser geworden. Er kann die Augen schließen, um die Dunkelheit in der Halle für sich selber noch undurchdringlicher zu machen. Gegen die Geräusche aber, da kann er nichts tun, so sehr er sich bemüht, sie zu überhören.

Themud und Godefried haben sich eng aneinandergeschmiegt. Sie scheinen ihrem Gast, mit dem sie das Lager teilen, gern genügend Platz einräumen zu wollen. Auf der anderen Seite des Herdaufbaues, wo Herr Siegfried mit der Partnerin seiner Nächte anscheinend auch keinen Schlaf findet, hört es sich an, als ob zwei Gegner miteinander ringen. Widukind weiß jedoch nur zu gut, um welche Art Ringkampf es sich dabei handelt.

Das Paarungsverhalten der Menschen ist ihm von Kindheit an ebenso vertraut, wie das der Tiere und gehört zum Leben dazu, wie alles, was das Dasein ausmacht. Oft in vergangenen glücklichen Jahren, wenn der Vater nicht gerade mal wieder Krieg führen mußte, sah er bei der Morgenvesper die leuchtenden Augen seiner Mutter, dazu das selbstgefällige Lächeln Warnekins. Er, der Sohn, wußte dann, warum dies so war, denn ihre Laute der Inbrunst, der Lust und Befriedigung waren ihm vertraut.

Jene Worte, die der alte Wolfram ihm einmal sagte, als sie über dieses Thema sprachen, fallen ihm in dieser schlaflosen Nacht wieder ein: »Die Fortpflanzung, mit allem was dazugehört, ist die natürlichste Sache der Welt, wenn sie unter Menschen vollzogen wird, die zusammengehören. Mit dem, was an neuzeitlichen Aussichten auf uns zukommt, wird aus dem, was eigentlich nur schön sein sollte, eine peinliche Angelegenheit gemacht. In aller Heimlichkeit sollte es getan werden. Wenn man dabei überrascht wird, das wäre peinlich. Gesprochen werden sollte darüber nur hinter vorgehaltener Hand nach Meinung dieser aufgeklärten Menschen. Es sollte mich dann nicht wundern, wenn dadurch der Reiz des Verbotenen sich auf manche Menschen so auswirkt, daß es vermehrt zu Vergewaltigungen und anderen Schändlichkeiten kommt. Wenn Liebende die rechte Einstellung zueinander haben, dann sehen sie jeden einzelnen Liebesakt als etwas Besonderes an, das nur sie beide angeht. Auch wenn sich bei uns das Geschlechtsleben innerhalb der Hausgemeinschaft ohne Heimlichkeiten abspielt, so ist man doch auf gewisse Intimität bedacht. Ein Schelm ist der, in dem wollüstige Gefühle aufkommen, wenn er dabei nur Zaungast ist.

Grinsend hatte der weise Mann den Jüngling angesehen, als er sagte: »Wenn du also auf diesem Gebiet deine erste Großtat vollbringst, dann mußt du nicht unbedingt darauf aus sein, Zeugen dabei zu haben, denn so berauschend kann auch bei dir der Vorgang nicht sein, durch den ein Knaben zum Mann wird.« Nun, das erste Mal liegt nun schon geraume Zeit hinter ihm. Nein, es ist nicht die große Erfüllung gewesen, als er von einem Mädchen verführt worden war, daß ihm drei Sommer an Alter und Erfahrung voraus hatte.

Ein Hochgefühl erfüllter Liebe, das erfuhr Widukind erst im Einklang mit Geva. Werden die Norne ihnen Gelegenheit geben, so etwas noch einmal zu erleben? Ein fast körperlicher Schmerz durchfährt ihn, als in diesem Augenblick in seiner unmittelbaren Nähe, Themud und Godefried ihrem geschlechtlichen Höhepunkt zuzustreben scheinen. Die Wonneseufzer der Frau vermischen sich mit den Tönen der Lust aus des Mannes Kehle. Beide geben sich keine Mühe, den Ausbruch ihrer Gefühle zu dämpfen. Sie werden jetzt nicht an den einsamen jungen Mann denken, der neben ihnen liegt, dem nun die Sehnsucht nach seiner Geva mit aller Macht überkommt.

Wie gern würde Widukind ihre zarten Brüste streicheln, den warmen Leib spüren und dem Druck ihrer Schenkel nachgeben. Die Felldecke fester über die Ohren ziehend, legt er den Kopf in die Armbeuge, um sich vor den Geräuschen, die auf ihn einstürmen, zu schützen. Er darf nicht mehr an Geva denken, sonst gibt es für ihn kein Halten mehr. Hinausstürmen möchte Widukind, frische Luft einatmen und nur die Stimme der Natur hören, doch hinter ihm würde dann das Hohngelächter von Siegfried und Godefried ertönen.

Es wird ruhiger in der Halle. Die Paare werden entspannt und ermattet sein, und auch das aufgewühlte Gemüt des Mannes aus Wigaldinghus sollte allmählich zur Ruhe kommen. Über lange Zeit noch dämmert er zwischen Schlaf und Wachen dahin. Traumbilder wechseln einander ab. Themuds üppigen Busen sieht er, dann tauchen Gevas traurige Augen vor ihm auf und die höhnisch grinsende Fratze eines Mannes, den er nicht kennt.

Wie jede, so weicht auch diese Nacht dem neuen Morgen, der auch für Widukind nichts Erfreuliches bringt. Wieder hat man ihn und Themud allein gelassen. Sie geizt auch heute nicht mit ihren Reizen. Bei ihm aber wird dadurch die Sehnsucht nach Geva nur noch größer.

Als zur Mitte des Tages Siegfried und Godefried in Begleitung eines Fremden in den Burghof eintrafen, da glaubte Widukind zu wissen, wer dieser dritte Mann war. Das grinsende Gesicht aus seinem Wachtraum war ihm wieder bewußt geworden. In seiner Phantasie verschmolz diese Erscheinung mit der Person des Mannes, der ihm dann als Vogt von Utin vorgestellt wurde.

Dem Edling aus Wigaldinghus wurde nun unmißverständlich klargemacht, daß es für ihn keinen Weg zu Geva geben würde. Auf keinen Fall wollte der Vogt einem Treffen zwischen seiner zukünftigen Frau und Widukind zustimmen. Es sei für ihn schon ärgerlich genug, wenn er wegen dem, was zwischen Geva und dem jungen Mann aus dem Engernland gewesen war, eine Frau aus zweiter Hand nehmen müßte, so hatte der feiste Mann sich ausgelassen.

Resigniert kehrte Widukind der Burg den Rücken, nachdem man ihn dort so abweisend behandelt hatte. Er fragte sich, wieso der Vogt, der doch ein Untergebener des Landesherrn Siegfried war, diesem gegenüber eine solche Arroganz entgegenbringen konnte. Eine Antwort auf diese Frage würde er wohl nicht bekommen. Der Wunsch Widukinds, die Frau noch einmal zu sehen, die er eigentlich zu seinem heimatlichen Hof mitnehmen wollte, erfüllte sich nicht. Jetzt, da Widukind die Burg Plune am See hinter sich gelassen hat, ist eine unsägliche Traurigkeit und Kälte in ihm.

Weder die nun schon wärmende Sonne, noch das Frühlingserwachen der aufkeimenden Natur, auch nicht das Zwitschern der Vögel können den tief enttäuschten Reiter aus seiner dumpfen Lethargie reißen. Fiolo scheint die schlechte Laune seines Herrn zu spüren. Mit hängendem Kopf trottet er dahin, als gäbe es kein festes Ziel. Zurück nach Wigaldinghus zu kommen, damit hat es Widukind nicht so eilig. Was erwartet ihn dort schon, auf das er sich freuen könnte? Was gibt es überhaupt noch für ihn, daß dieses Leben lebenswet macht? Soll er sich jetzt mit all seiner aufgestauten Wut in den Kampf gegen die Fränkische Schwertmission stürzen, um dabei möglicherweise den Tod zu finden?

In dieses schwermütige Brüten hinein, taucht vor seinem geistigen Auge das Antlitz Wolframs auf. Mit leichter Ironie, die der weise Mann bei solchen Gelegenheiten zu entwickeln pflegte, vermittelt die Phantasie dem einsamen Reiter jenen Vers:

Nun hat's dich wiedermal erwischt.
Nichts was du wolltest erfüllte sich.
Verzweifelst schier an diesem Leben.
Mutlos, kopflos, zornig willst du dich,
deshalb in tödliche Gefahr begeben

Was glaubst du denn, nun denk mal nach,
warum ward dir ein Dasein in Verantwortung gegeben?
Kannst dich nicht einfach nun von dannen stehlen!
Gibst du dich auf, so trage auch die Schmach.
Nimms wie ein Mann, dein momentanes Ungemach!

Widukind erinnert sich, daß Wolfram diese gereimten Worte an den demoralisierten Warnekin gerichtet hatte, nachdem dieser von einer blutigen Schlacht heimgekehrt war, bei der unter anderen, sein Bruder Edelhard den Heldentod gefunden hatte.

Im Abendsonnenschein erblickt Widukind am Rande eines wild wuchernden Waldes das Lager einer Reisegruppe. Ein Zelt aus Tierhäuten, in dem eine Hand voll Menschen bequem Platz finden könnten, ist dort aufgeschlagen. Davor steht ein einachsiger Wagen, der mit einer bunten Plane überdeckt ist. Das dazugehörende Ochsengespann weidet in der Nähe. Gleichgültig allem gegenüber, wie er es seit seinem Aufbruch von Plune ist, will Widukind jetzt an dem Lager vorbeireiten, als eine freundliche Stimme ihm zuruft: »He, Fremder, ihr werdet doch nicht weiterreiten, ohne von unserem Wein und Brot gekostet zu haben.«

Eine Frau mit hüftlangen schwarzen Haaren, die auffällig gekleidet ist, rief ihm diese Einladung zu. Sie dürfte zehn Sommer mehr gesehen haben als Widukind. Der zügelt mit mürrischem Blick sein Pferd. Ohne daß er sich dessen recht bewußt wird, kommen von ihm die Worte: »Ja, gute Frau, ich nehme gern an, was ihr mir zu bieten habt, denn ich habe unendlich viel Zeit. Es wartet niemand auf mich.« Ein Mann taucht hinter dem Reisewagen auf. Wahrhaftig ein Riese von Gestalt, mit struppigem Bart und Haupthaaren. Wortlos mit unterwürfiger Verbeugung nimmt er dem Ankömmling die Zügel seines Pferdes ab. »Olek wird das schöne Tier gut versorgen. Er kann weder hören noch sprechen, ist aber zuverlässig und treu.«

Ein junges Mädchen, das seine Entwicklung zur Frau noch nicht abgeschlossen hat, kommt aus dem Zelt. Der Trank, den sie ihm reicht, brennt wie Feuer in seiner Kehle, und das Fladenbrot ist alt. Doch das ist nicht so wichtig. Eine seltsame Lust, etwas Verrücktes zu tun, ist in ihm. Diese beiden Frauen, die Ältere wie auch die Junge, scheinen ihm in dieser Stimmung gerade recht zu sein, um sich für die Gemeinheiten, die ihm widerfahren sind, zu entschädigen.

Für die große Enttäuschung, die ihn niederdrückt und sein Gemüt zur Rebellion bringt, wurde Widukind bei dieser Gelegenheit gewiß nicht entschädigt. Nein, alles andere als das. Nur ungern und, verbunden mit einem Gefühl der Scham, erinnert er sich hinterher der Geschehnisse in dem Zelt der fahrenden Leute. Wolfram, der über einen gewaltigen Erfahrungsschatz verfügte, hat einmal gesagt: »Auch die schlimmsten Enttäuschungen, die du dir selber bereitest, gehören zu deiner Entwicklung dazu und sollten dich reifer machen. Dir selber dein törichtes Handeln einzugestehen, damit du Lehren daraus ziehst, nur das ist wichtig.«

Aber ersteinmal verdrängt der Mannestrieb in ihm alle Bedenken. Während er aus einem glitzernden Krug, dessen Material Widukind nicht kennt[63], von der feurigen Flüssigkeit trinkt, die ihm immer mehr

---

[63] Glas war bei den Sachsen bis dahin noch unbekannt.

den Verstand benebelt, erzählt die ältere Frau von sich und versucht dabei, auch etwas über ihren Gast zu erfahren.

Diese Leute haben einen weiten Weg hinter sich. Sie kommen aus einem Land, von dem man hier kaum etwas weiß. Widukind hat Mühe, die Aussprache mit dem fremdländischen Akzent zu verstehen, doch die Südländerin mit der dunklen Stimme unterstützt ihre Worte mit vielen Gesten. Ihre Mutter sei eine sogenannte Marketenderin bei den Kriegshorden Leons[64] des byzantinischen Herrschers gewesen. Nach ihrem gewaltsamen Tode habe sie den Reisewagen und das Gespann ihrer toten Mutter übernommen. Bald habe sie fliehen müssen, und der taubstumme Olek, dem sie das Leben gerettet hatte, wäre ihr ständiger Begleiter geworden. Ähnlich sollte es auch bei Afra, ihrer jungen Freundin, gewesen sein. Beide verdankten demnach dieser Frau ihr Leben. Zum Dank dafür waren sie ihr hörig geworden und teilten das Leben dieser Abenteuerin.

Vom Genuß des berauschenden Getränks einerseits aufgepeitscht und zum anderen willenlos gemacht, erliegt der unerfahrene Sachsen-Edling den Verführungskünsten des raffinierten Weibes. Wieviel Zeit in Trunkenheit und dem Taumel der Sinneslust vergangen ist, kann Widukind im nachhinein nicht sagen. Er weiß nur, daß die Körper beider Frauen ihm zur Verfügung gestanden haben: Die Ältere abgebrüht und hemmungslos. Afra, die Junge, auch schon verdorben, aber doch mit Zurückhaltung und einem Rest von Schamgefühl.

Soweit Widukind sich erinnern kann, hat er die Leiber der Frauen genossen und dabei Zorn, Menschenverachtung und Niedergeschlagenheit aus sich herausgelassen. Aber eine wirkliche Befriedigung, nein, die fand er nicht. Um sich solchermaßen zu erleichtern, dafür bedarf es nicht der zur Verfügungstellung irgendeines weiblichen Körpers. Oft, wenn Widukind sich mit leichtem Abscheu dieser Begebenheit erinnert, denkt er: »Niemand sollte sich so erniedrigen müssen, nicht eine Frau und auch kein Mann, um, aus welchen Gründen auch immer, den

---

[64] Als Leon III 717-741 Herrscher in Byzanz.

Körper eines anderen zu benutzen oder den eigenen benutzen zu lassen, wenn keine wirklichen Liebesgefühle dabei sind.«

Den Ring, den er seiner Geva an den Finger stecken wollte, und einige wertvolle Sachen mehr, büßte Widukind bei diesem Abenteuer ein. Es war der Preis für die genossene käufliche Liebe. In Widukind sträubt sich etwas dagegen, dieses Wort, das eigentlich nur die sauberen Gefühle zwischen Menschen zum Ausdruck bringen soll, in diesem Zusammenhang zu mißbrauchen.

Die kalte Klinge eines Messers, das seine Brust berührt, lassen ihn schlagartig zu klarem Verstand kommen! Die Lederschnur mit dem Ring des fränkischen Grafen Theoderich wollte die ältere Frau durchschneiden!

Er trägt den Reif bereits solange an der Brust, seit der sterbende Graf ihm das Schmuckstück mit dem Flammenkreuz auf der Brunisburg übergab. Schnell hatte er der Frau das Messer entwunden und sie niedergezwungen, um sie dann in Schach zu halten. Zu seinem Erstaunen findet er von der jungen Afra Unterstützung, um nun endlich aus dem Lager fortzukommen. Von der Älteren aufgefordert, sie solle Olek zu Hilfe holen, sagt das Mädchen: »Es ist genug, du hast reichlich Beute gemacht. Davon können wir eine ganze Weile leben. Laß ihn ziehen, auch Olek will es so.«

Der andere Ring den er Geva als Zeichen ihrer Zusammengehörigkeit schenken wollte und die verschiedenen Wertsachen, die Widukind eigentlich seinem künftigen Schwiegervater hatte schenken wollen, stellen einen ziemlichen Wert dar. Wenn es denen, die auf so unsaubere Weise in den Besitz der Kostbarkeiten gelangten, möglich ist, diese gegen Dinge des täglichen Gebrauchs einzutauschen, dann brauchen sie für lange Zeit keine Not zu leiden. Doch so leicht wird ihm der Abschied dann doch nicht gemacht. Plötzlich kommt der große taubstumme Mann in das Zelt, schlägt Widukind das Messer aus der Hand und ehe er es mit seinem umnebelten Kopf recht erfassen kann, hat Olek ihn niedergeschlagen. Als er wieder zu sich kommt, sitzt er mit unter dem Bauch seines Pferdes gefesselten Beinen im Sattel und seine Hände sind so gebunden, daß er die Zügel gerade noch führen kann. Seine »Gastgeber«

stehen vor ihm. Die ältere Frau sagt: »Wenn es nach mir gehen würde, dann könntest du dieses Lager nicht lebend verlassen. Ich habe nichts gegen dich, es hat mir sogar Spaß gemacht mit dir. Aber ich mußte zu viele schlechte Erfahrungen machen, um nun leichtsinnig zu handeln. Meine beiden menschenfreundlichen Begleiter wollen jedoch, daß du lebst. Ich wurde also überstimmt und muß es hinnehmen. Du mußt uns aber bei deinen Göttern schwören, nichts gegen uns zu unternehmen.«

Mißmutig, mit mehr Zorn auf sich selber, als auf die drei, die ihm eine so üble Niederlage beigebracht haben, gab Widukind dieses Versprechen. Es drängt ihn, fortzukommen von diesem Ort, an dem er so tief gesunken ist. Vor sich selber ausspucken möchte der Edling, doch das ändert nichts. Er muß sich selbst beweisen, daß dies nur ein einmaliger Ausrutscher war. Die Wertgegenstände, mit denen er dieses unrühmliche Abenteuer bezahlte, die werden zu ersetzen sein. Doch da fällt ihm ein, daß dazu auch jenes Amulett gehörte, das Geva ihm einst schenkte. Mit ihr hat er also auch das wertvollste Erinnerungsstück, diese Muschel mit dem Bernsteinherzen, verloren. Ein Grund mehr für ihn, wütend auf sich selber zu sein. Mit kräftigem Schnauben schüttelt Fiolo seinen Kopf mit der üppigen Mähne und schreitet forsch aus. Es scheint ihm wichtig zu sein, zwischen diesem, Ort der Niederlage seines Herrn, und den eigenen Hufen, möglichst rasch Abstand zu schaffen.

Nun hat Widukind den mächtigen Elbefluß schon weit hinter sich. Bevor er den Strom durchquerte, hat er Fiolo so tief ins Wasser gelenkt, daß die dünnen Lederfesseln an seinen Händen und Füßen aufgeweicht wurden, um sich so ihrer entledigen zu können. Seine Sinne sind wieder frei, der Rausch und dessen Nachwirkungen verflogen. Eine bessere Stimmung hat er aber trotzdem nicht. Ausgebrannt und leer in seinem Inneren reitet er über das flache Land, quert den Weserfluß und sieht irgendwann das Land mit den sanften Hügeln vor sich liegen. Fiolo hat seine Gangart unaufgefordert beschleunigt. Wittert er seine gewohnte Umgebung, seinen Stall?

Zwischen den Bäumen hindurch taucht auf der Anhöhe jenseits der Hunte ein vertrautes Bild vor seinen Augen auf: Wigaldinghus, sein Heimathof. Die Eichen, Weiden und Birken haben hier schon einen leichten Grünschimmer in ihrem Geäst. Es ist das erste Anzeichen des prachtvollen Blätterkleides, das sie bald tragen werden. Ist der Frühling hier in der Heimat weiter fortgeschritten als anderswo oder hatte Widukind auf seinem langen Weg vorher keinen Blick dafür?

Nun hat der Edling es doch eilig in den Bereich des großen Langhauses zu gelangen, wo er unbeschwerte Jahre verbracht hatte, die nun so unendlich weit hinter ihm liegen. An der Tränke im Innenhof steht ein abgehetztes Pferd. Ehe der Heimkehrende seine Überlegungen darüber, wer das arme Tier so getrieben haben mag, zu Ende bringen kann, sieht er am Windfang, vor seinem Elternhaus ein weibliches Wesen. Er kann es nicht fassen! Narren ihn die in letzter Zeit so arg geschundenen Sinne? Die Frau, deren rötlich-braune Haarpracht ebenso wie der weite helle Umhang hinter ihr herflattert, fliegt förmlich in seine Arme. Widukind preßt sie an sich, umklammert das feengleiche Wesen, als befürchte er, aus einem Traum zu erwachen, wobei sie ihm wieder entrissen würde. »Geva, meine Geva, wie ist das möglich?« Die schöne junge Frau nimmt seinen Kopf in beide Hände. Während ihr Tränen über die Wangen rinnen, küßt sie ihn auf Augen und Mund. »Hast du etwa geglaubt, ich würde dich einfach aufgeben? Als ich erfuhr, daß mein Vater dich fortgeschickt hat, da gab es für mich keine andere Lösung, als zu fliehen.«

Gerald, der Überlebende von seinen beiden Knappen, ist herbeigeeilt. Er übernimmt das Pferd seines Herrn. Der kann verständlicherweise kaum einen Blick von dem bezaubernden Wesen in seinen Armen lassen. Für eine freundliche Geste in Geralds Richtung reicht es allerdings. Dann begeben sich die beiden Liebenden ins Haus. Es gibt so viel zu erzählen, und etliche Küsse und Liebkosungen gilt es nachzuholen. Als sie sich aber allein auf dem Flett des Hauses gegenüberstehen, wo vor gar nicht so langer Zeit Mutter Kunhilde ihren Wirkungskreis gehabt hat, werden die Züge des Edlings plötzlich ernst. Er schaut vor sich auf den Boden, und seine Hände fallen schlaff von Gevas Schulter. Sie glaubt, die Erinnerung an seine tote Mutter habe ihn in diesem Augenblick eingeholt. Geva hat sich bei ihrer Ankunft hier in aller Kürze von Gerald berichten lassen, was geschehen war.

Mitfühlend versucht sie auf Widukind einzugehen, doch fast schroff unterbricht er sie: »Ich habe dir einiges zu gestehen. Wenn du auch dann noch bei mir bleiben willst, dann werde ich der Göttin Freya ein großes Opfer darbringen.« Wortlos hört Geva an, was Widukind zu sagen hat. Er schont sich und seine Zuhörerin nicht. Röte überfliegt ihr liebliches Gesicht, als er unverblümt von dem spricht, was er in jenem Zelt mit den beiden Abenteuerinnen erlebt hat und die Zähne ihres Oberkiefers graben sich in die Unterlippe.

Als er seine peinliche Beichte beendet hat, schweigen alle beide eine Zeit lang. Geva wendet sich dem Herdfeuer zu. Sie stochert mit dem Schürhaken in der Glut und legt gedankenverloren einige Holzscheite nach. Dann wendet sie sich ruckartig wieder dem Edling zu. »Ich glaube, wenn du dich, statt mit den zwei Weibern auf der Matte zu wälzen, selber befriedigt hättest, dann müßtest du jetzt nicht so ein schlechtes Gewissen haben. Der Sinn des Geschehens aber wäre der gleiche geblieben. Ich bin gewiß nicht erfreut über das, was ich soeben hörte.« Wenn sie dies nicht gesagt hätte, dann würden die Tränen in ihren Augen überdeutlich von der Traurigkeit zeugen, die Geva jetzt empfand.

Tapfer versucht sie mit Worten vor sich aber auch vor ihm, eine Erklärung für den Tritt ins Lasterhafte zu finden und seine Schuld abzuschwächen. »Du warst vom Schicksal niedergeschmettert. Dem, was die Franken deiner Familie angetan haben, stehst du im Augenblick hilflos gegenüber. Die Enttäuschung, die in Plune über dich kam, tut ein Übriges. Dein Leben war für dich nur noch ein Protest gegen die Norne und jeder Strohhalm war dir recht, an dem du den Versuch machen konntest, den Unbillen des Lebens ein Erlebnis der Selbstbestätigung entgegenzusetzen. Durch das Verhalten eines brünstigen Hirsches, der dabei auch noch sein Geweih verlor, erreichtest du aber das Gegenteil.« Schweigend schaut sie ihn daraufhin an, seine Zerknirschtheit geht ihr ans Gemüt. Eine wegwerfende Handbewegung macht sie und legt ihm dann beide Hände um den Nacken. »Was nutzt es, wenn wir uns deswegen das Leben noch schwerer machen. Deine Knabenschaft hattest du ja sowieso nicht mehr. Laß es uns also vergessen. Jetzt ist es aber endgültig vorbei mit solchen Abenteurern!«

Sie liegen sich in den Armen. Worte des Verzeihens bedarf es nicht. Das wohlige Gefühl wirklicher bedingungsloser Liebe strömt ins tiefste Innere der Beiden und verdrängt erst einmal allen Schmerz, alle Sorgen um das Morgen. Durch die Geräusche einer im Hof ankommenden Reitergruppe lassen sie sich nicht stören. Erst als ein Mann in das Haus eintritt, schauen sie ihm entgegen. Siegfried, Gevas Vater, steht da und sieht das engumschlungene Paar. Doch der Zornausbruch den Widukind erwartet, zu dem kommt es nicht. »Ich habe also die Wahl, meine Tochter ganz zu verlieren oder mich mit ihrer Manneswahl abzufinden.« Wenn auch kein Groll in Siegfrieds Worten liegt, so aber doch eine gewisse Niedergeschlagenheit.

In beschwörendem Ton sagt Widukind: »Findet euch doch damit ab, Vater Siegfried, daß Geva zu mir gehört. Wenn ihr eure Tochter liebt, dann widersetzt euch doch nicht ihrem Glück. Nun da sie gewählt hat, werde ich sie nicht gegen ihren Willen fortlassen.« Seine Geste unterstützt die Worte, indem er die junge Frau fest an sich zieht.

»Ich muß es wohl einsehen«, sagt Siegfried, »doch ich bin nicht nur Vater. Vor allem bin ich Landesherr, und da muß man auch Entscheidungen treffen, die den persönlichen Wünschen und Interessen entgegenstehen.«

Was Siegfried mit diesen Worten sagen will, das erfährt Widukind, als sich die Männer an der großen Tafel, bei einem Krug voller Met gegenübersitzen. »Du mußt wissen, daß der Utingau eigentlich nicht zu meinem Reich gehört«, beginnt Siegfried seine Erklärung. »Auch andere Gaue, die von hier aus nördlich des Elbestroms liegen, haben sich freiwillig dem Dänenlande angeschlossen. Sie erkennen mich als ihren obersten Landesherren an, ohne daß irgendwelche feste Bindungen bestehen. Der Wortführer dieser Gauhäuptlinge ist der Vogt von Utin. Die Burg Plune mit ihren Besitzungen gehört zu seinem Gebiet. Es war der Erbsitz meiner Frau Ida, Gevas Mutter, die mir allzu früh genommen wurde. Wer versteht schon immer den Ratschluß der Götter? Weil Ida es damals so wollte, haben wir unseren Winterwohnsitz von der Dänenfestung Haithabu nach Plune verlegt. Da nun der Utiner im Süden meines Reiches großen Einfluß ausübt, ist es für uns wichtig, gut mit ihm zu stehen.«

Der Dänenfürst legt eine Pause ein und blickt zu seiner Tochter hin, die, wie es scheint, schon in die Rolle der Hausfrau von Wigaldinghus geschlüpft ist. Nachdem Geva ihrem Vater ein spitzbübisches Lächeln gönnte, spricht Siegfried weiter: »Ich weiß nicht, wieweit du bisher mit den Gegebenheiten in meinem Lande vertraut warst. Jetzt aber wirst du beurteilen können, welche Schwierigkeiten auf uns zukommen, wenn wir uns mit dem Vogt überwerfen.«

Geva wischt sich die von der Hausarbeit mehligen Hände ab, dann tritt sie hinter Widukind. Indem sie sich an seinen Rücken lehnt, steht in ihrem anmutigem Gesicht wieder dieses schelmische Lächeln. »Du hast noch nicht alles gesagt, König aller Nordmänner.« Eine etwas unwillige Handbewegung macht Siegfried daraufhin. »Du weißt so gut wie ich, daß nur Jütland, der Kern des Dänenreiches, mich als König anerkennt. Für alle anderen Gaue des Nordens bin ich nur ein gewählter Fürst auf Zeit.« Sich an Widukind wendend, spricht er weiter: »Ich hatte früher den Wunsch, König eines starken nordischen Reiches zu werden, das vom hohen Norden bis zum Elbestrom reichen sollte. Ein mächtiger Herrscher mit uneingeschränkter Machtfülle wollte ich sein. Heute glaube ich, klüger gehandelt zu haben, indem ich den Vogten und Gauhäuptlingen viele Entscheidungsmöglichkeiten gelassen habe. So, wie das auch bei euch der Fall ist.«

»Nun, wie ihr wißt, gibt es bei uns weder König noch regierende

Fürsten, das ist auch gut so für ein friedliches Leben innerhalb unserer Grenzen. In dieser kriegerischen Zeit jedoch, da uns Gefahr von außen droht, da wäre es doch besser für uns, einen starken Anführer zu haben. Das war auch die Meinung meines Vaters, noch auf dem Sterbebett.

Mit ernstem prüfenden Blick schaut Siegfried den Engern-Edling an.»Ich weiß, daß es die Vision Warnekins war, dich, seinen Sohn, zum Anführer aller Sachsen zu machen. Er kann dies nun nicht mehr erleben. Wenn du selber dieses Ziel jetzt auch vor Augen hast, dann laß dich warnen.« Resolut unterbricht Geva ihren Vater.»Nun sitzt ihr erst kurze Zeit zusammen, habt noch nicht einmal die Sorgen der eigenen Familien im Griff, aber schon macht ihr euch Gedanken um weltbewegende Angelegenheiten!«

Nach bewährter Hausfrauenmanier setzt sie jedem der Männer eine irdene Schüssel mit Hirsebrei vor. Da es Zeit ist für die Abendmahlzeit, finden sich auch die restlichen Hausbewohner ein. Deshalb müssen Siegfried und Widukind ihr Gespräch, erst einmal zurückstellen.

Die mächtige Speisetafel ist nach langer Zeit mal wieder bis zum letzten Platz besetzt. Warnekins und Kunhildes Plätze haben Siegfried und Geva eingenommen. Von der Hausmagd bis zum Hütejungen haben sich wie üblich alle hier eingefunden, die auf diesen Hof ihr Leben fristen, zur wichtigsten Mahlzeit des Tages. Bei dieser Gelegenheit werden dann für gewöhnlich die täglichen Ereignisse durchgesprochen. Der Hausherr teilt danach auch die, für den nächsten Tag anstehen Arbeiten ein. In Wigaldinghus muß sich diese Ordnung jetzt erst wieder einstellen, mit neuem Haus- und Hofvorstand. In der Vergangenheit hatten die Leute hier oft auf Warnekins leitenden Einfluß verzichten müssen, wenn ihn andere Pflichten in Anspruch nahmen. Dann war es Kunhilde gewesen, die diesem großen Anwesen vorgestanden hatte. Ihre leitende Hand und Tatkraft fehlt hier nun auch schon einige Monde, doch in dieser Zeit handelte man bei allem so, als wäre es auf Geheiß der bisherigen Herrschaft geschehen. Die Geister Warnekins und Kunhildes sind noch immer gegenwärtig.

Jetzt erst, da sie am Tisch neben Gerald sitzt, erkennt Widukind in der jungen Frau, die vorher bei der Zubereitung der Speisen seiner Geva zur Hand gegangen war Rose eine der Töchter des Scholenbauern. Der Knappe Gerald nimmt den Blick seines Herrn wahr und sagt mit leichter Unsicherheit: »Ich habe dein Einverständnis vorausgesetzt.«

»Ist schon recht. Jetzt, da es gilt, die Felder zu bestellen, da können wir jede helfende Hand gebrauchen, und du mußt dich nicht mehr mit dem Wachhund des Scholenhofes auseinandersetzen.« Widukinds letzte mit gewisser Ironie gemachte Bemerkung können nur einige der Anwesenden verstehen. Denen entlockt die Erinnerung an das peinliche Erlebnis der beiden Freier während der Reise nach Markloh ein Lächeln. Nur Gerald kann darüber nicht lachen. Sicher denkt er jetzt an den Freund, der damals von dem Hofhund des Scholenbauern gebissen wurde. Inzwischen aber ist der junge Dingolf getötet worden, als er Mutter und Schwester seines jungen Herrn in ihrer Not zur Seite stehen wollte.

Auch Widukind ist schnell wieder ernst geworden. Er heißt Rose in Wigaldinghus willkommen und verspricht, bei ihrem Vater, dem Scholenbauern, die nötigen Formalitäten zu erledigen. »Wie ich versprochen habe, so sollst du in den Stand der Freien versetzt werden. Wenn hier alles seinen geregelten Verlauf nimmt, dann werden wir im Mond der starken Sonne[65] in den Threwithigau reisen. Dort sollst du von unseren Besitzungen einige Hufe gutes Land als Lehen bekommen. Ich hoffe, du wirst der Stammvater eines starken Bauerngeschlechts in dem Lande sein, wo Engern-Sachsen und Westfalen einander begegnen. Es ist mir wichtig, dort in der Nähe der Hasefurt[66] verläßliche Freunde zu haben.

Das Ziel der Reise liegt zu ihren Füßen. Ein weites Talbecken dehnt sich vor Widukind und Geva aus, als sie, aus dem tiefen Wald des Hohne herauskommend, ihre Pferde verschnaufen lassen. »Mein Vater zeigte

---

[65] August.
[66] heute: Osnabrück.

mir dieses schöne Land in dem Sommer, bevor er dann im Herbst von den Franken getötet wurde.« Während er spricht, schweift der Blick Widukinds, wie damals, weit bis zum fernen Horizont, wo jenseits des Tales der Osning mit seinem dunkel bewaldeten Rücken eine klare Trennungslinie zwischen Himmel und Erde zeichnet.

Auch Geva schaut sich interessiert um. »Ja, es ist schön hier«, sagt sie, doch dann gewahrt die junge Frau einen noch höheren Berg zu ihrer Rechten. »Von dort müßten wir noch mehr sehen können.« Ehe Widukind sie zurückhalten kann, hat die Schöne ihre braune Stute in die Richtung gelenkt und galoppiert den schmalen Pfad entlang, der Höhe entgegen. So ist Geva nun einmal, die Laune geht mal wieder mit ihr durch. Diese Späße gehören zu dem, was Widukind an seiner zukünftigen Frau liebt. Jetzt aber möchte er sie zurückhalten. »He, das ist der verbotene Berg Ymirs!«, ruft er ihr nach und treibt Fiolo an, um Geva einzuholen. Aber der Weg ist so schmal, daß er, ohne sie zu gefährden, nicht vorbeikommen kann. Im Stakkato der trommelnden Pferdehufe gehen Widukinds warnenden Rufe unter. Geva treibt lachend ihr Pferd dem felsigen Steig zu. Widukind hält es nun für vernünftiger, keinen Versuch mehr zu unternehmen, sie einholen. Als sie das Bergplateau erreichen, sind beide Pferde abgekämpft, und Schaumflocken zeugen von der hinter ihnen liegenden Strapaze. Geva streicht sich ausgelassen die langen Haare aus dem Gesicht. Widukind aber ist ärgerlich. »Du weißt genau, daß ich es nicht mag, daß Pferde zu Höchstleistungen getrieben werden, wenn es nicht notwendig ist. Außerdem ist dies ein verbotener Berg!«, schimpft er. Doch wie sie dort mit zerzauster Haarpracht und geröteten Wangen auf dem Pferd sitzt, so kann Widukind sie nur lieben.

»Verbotener Berg sagst du? Dann sollten die Schafe das aber auch wissen.« Geva sagt dies und zeigt mit ausgestrecktem Arm in die Richtung, der Widukind den Rücken zuwendet. Tatsächlich weidet dort in einer Gipfelmulde, die mit saftigem Gras und niedrigem Buschwerk bewachsen ist, eine ansehnliche Schafherde. »Zu einer solchen Schar von Tieren gehört normalerweise auch jemand, der sie hütet.«, denkt Widukind und hält danach Ausschau. Derweil möchte Geva von ihm wissen, was es denn mit dem Verbot, diesen Berg[66] zu betreten, auf sich habe.

»Man nennt ihn hier den Berg des Ymir[67]. Du kennst die Geschichte aus unserer Götterwelt, Dieser Berg nun soll der Torso dieses Unholds sein. Die Wunden, die ihm von den Alfen beigebracht wurden, wären jetzt endlos tiefe Spalten und Höhen. Menschen, die sich hier heraufwagten, würden von diesen Öffnungen verschluckt und nie mehr wiedergesehen.«

»Hu, da kann einem ja Angst und Bange werden«, ist der Kommentar der jungen Frau. Von Einschüchterung ist bei ihr jedoch nichts zu spüren. Als sie sich anschickt, ihr Pferd auf den felsigen Grat zu lenken, der die begrünte Mulde an dieser Seite eingrenzt, verstellt Widukind ihr den Weg. »Was auch immer die Wahrheit sein mag, Tatsache ist, daß Menschen in diesem Berg verschollen sind. Wir sollten also vorsichtig sein.«

Ihre Pferde am Zügel führend, beginnt das junge Paar vorsichtig das Gelände zu erkunden. An einer Stelle, wo der Felsen steil in Richtung der flachen Ebene abfällt, bleibt der Engern-Edling stehen, wobei er Geva ein Zeichen gibt, ebenfalls stehenzubleiben. Da schallt von einem erhöhten Felsgebilde aus, das sie vor sich sehen, die Stimme eines Mannes zu ihnen herüber: »Bleibt wo ihr seid, wenn euch das Leben noch etwas bedeutet.« Von dort, woher die Warnung kommt, haben sich einige Tannen mit ihrem Wurzelwerk in die Gesteinslücken hineingekrallt. In ihrer Deckung muß der Rufer stehen. Da Widukind ihn nicht entdecken kann, ruft er dem Unsichtbaren zu: »Wenn du es gut mit uns meinst, dann besteht kein Grund, dich zu verbergen. Wir kommen in friedlicher Absicht.«

---

[66] Es handelt sich um den sogenannten Piesberg. Früher wurden Stollen zur Gewinnung von Bodenschätzen hineingetrieben, dann Steinbruch, heute städtische Mülldeponie.

[67] Ein gräßlicher Riese, der von den Asen besiegt wurde. Sie rissen ihn in Stücke und schleuderten die Teile seines Körpers in den Kosmos.

Einige Steinbrocken poltern am Steilhang abwärts. Der Unbekannte wird sie losgetreten haben. Gleich darauf erblicken Geva und Widukind eine seltsame Gestalt, die sich auf dem Grat vor ihnen, vom blauen Sommerhimmel abhebt. Diese menschliche Erscheinung wirkt als würde daran etwas fehlen, sie ist irgendwie verzerrt. »Ich bin kein erfreulicher Anblick für meine Mitmenschen!«, ruft der Fremde, »sagt mir, wer ihr seid und was euch hierherführt.« Bereitwillig klärt ihn Widukind auf. Er spricht auch von dem übermütigen Abstecher seiner jungen Frau, dem sie ihr Hiersein zu verdanken haben.

Ein höhnisches Lachen erklingt daraufhin, dann folgen die Worte: »Übermut, Neugier und Leichtsinn aber auch Habgier, das sind die Freunde Ymirs. Sie treiben so manch ein Opfer in seinen fauligen Rachen.« Behende wie ein Tier der Wildnis springt der Mann durch das unwegsame Gelände, umgeht so den steilen Hang und steht bald vor dem Paar aus Wigaldinghus. Nun erkennen die beiden, daß diesem Mann der linke Arm von der Schulter an fehlt. Seine linke Gesichtshälfte ist fürchterlich entstellt und nur die rechte Seite seines Schädels ist mit langem Haarschopf bewachsen. Nein, dieser Mensch ist alles andere als schön. Widukind spürt, daß Geva Mühe hat ihr Entsetzen zu überwinden.

Zwei ungleiche Augen betrachten die jungen Leute. Eines in dem zerstörten Teil des Gesichts ohne Lid- und Augenbrauen, wie der Blick eines riesigen Frosches. Das andere, offensichtlich gesunde, fast verborgen unter dem schwarzen Haarbusch, der ihm darüber hinabhängt. »Warnekins Sohn bist du also. Ich habe unter ihm gekämpft. Es war ein glorreicher Sieg damals, als wir die Eresburg vor den Frankenhorden retten konnten.« Sein Blick heftet sich auf Geva. Die Züge des Mannes verzerren sich, wahrscheinlich soll es ein Lächeln sein. Doch bei der Entstellung sieht es mehr nach einer Äußerung des Schmerzes aus. »Zu der Zeit war ich noch ein stattlicher Mann, etwa so alt, wie jetzt dein Begleiter ist, der mir sagte, er würde Widukind heißen. Du mußt dich nicht fürchten, auch wenn ich wie ein Ungeheuer aussehe, ich bin keines.«

Ein böiger Wind kommt auf, und aus der Richtung des Sonnenuntergangs künden aufragende Wolkenstürme ein Sommergewitter an. »Reitet zurück dorthin, wo die Schafe weiden. Hier wird es gefährlich, wenn Gott Donar erst beginnt, seine Macht zu zeigen. Ich werde euch folgen.« Aus dem strahlenden Firmament dieser warmen Jahreszeit ist schnell ein wolkenverhangener Himmel geworden. Von ihrem Standort aus, der hier die ganze Umgebung überragt, können sie das Toben der Naturgewalten, das jetzt in breiter Front über das Tal zwischen Osning und Wiehengebirge hinzieht, beobachten. In der Nähe einer Felswand am Rande der Grünfläche sind die Pferde unter einigen leicht verkrüppelten und vom Wind zerzausten Buchen angebunden. Unter einem grottenartigen Felsüberhang, zu dem sie der entstellte Mann führte, haben Geva und Widukind Schutz gefunden.

»Seit die Norne mich zu diesem häßlichen Krüppel gemacht haben, lebe ich hier über viele Monde allein, hüte die Schafe meines Bruders und erkunde die Schlünde dieses Berges. Die Schmerzen meiner Verletzungen sind längst erträglich geworden. Die Blicke der Menschen aber, die mich verächtlich, spöttisch oder auch mitleidig anschauen, die kann ich noch immer nicht ertragen.« Bei den Worten des Einsiedlers schaut Geva errötend auf die Spitzen ihrer Bundschuhe, und auch Widukind fragt sich, ob der Blick mit dem er diesen Mann betrachtete, Anlaß zu solchen Worten gegeben hätte. Wohl nur, um aus der Verlegenheit heraus etwas zu sagen, fragt er: »Du hütest die Schafe deines Bruders. Ist er ein Bauer, der hier in der Nähe seinen Hof hat?« »Es ist Hasdag, von der Haseinsel.«

Die Gewitterwolken haben inzwischen auch den Berg Ymirs erreicht. Gewaltige Wolkentürme schieben sich ineinander. Dazwischen zucken Blitze wie gewaltige Schwertstreiche auf die Erde zu oder sie schlagen in den nächsten Wolkenballen und verlieren sich. Die Zeitabstände zwischen den Blitzen und dem darauf folgenden Donnergrollen werden immer kürzer. »Ich muß die Schafe weiter in die Mulde hineintreiben, sonst könnte ich noch welche verlieren, wenn sie in Panik den Abhang hinabstürzen.« Widukinds Hilfe lehnt er ab. »Sie würden vor Fremden davonlaufen, und man würde nur das Gegenteil von dem erreichen, was man will.« Er solle nur auf seine schöne junge Frau aufpassen.

Eng aneinandergeschmiegt erleben die beiden in der Felsennische den Machtbeweis Donars, des Gottes über die Naturgewalten. Inzwischen sind sie ein Paar geworden, daß keinen Zweifel an einen gemeinsamen Lebensweg, in Freud und Leid, mehr zuläßt.

Viermal hat der Mond gewechselt seit sie in Wigaldinghus dem Vater Siegfried klargemacht hatten, daß Geva und Widukind nun endgültig zusammengehören. Er mußte es wohl oder übel einsehen. Eine Nacht ist er dann noch bei dem jungen Paar zu Gast gewesen, dann hat sich der König aus dem Dänenland aufgemacht, die sächsischen Heiligtümer zu besuchen. Er, wie auch sein Volk, verehrt schließlich die gleichen Götter wie es die Engern, Westfalen und Ostfalen tun. Beim Abschied von Wigaldinghus hatte Widukind ihn gebeten dabeizusein, wenn sie den Bund fürs Leben besiegeln. Dies sollte auf dem Berg des Gottes Baldur geschehen, der nahe der Haseinsel im Threcwitigau liegt. Geva fühlt sich dem Gott der Sonne und des Lichts besonders verbunden. Für Widukind ist sie ja auch ein Kind der Sonne. Außerdem ist Waifar, der dortige Froste, ein Sproß der Wigaldingersippe, wie Widukind auch. Es gibt also mehrere Gründe für diese Reise des Paares in den Gau, der von Osning und Wiehengebirge eingegrenzt wird. Eine Zusage an der Zeremonie, auf dem Berg Baldurs teilzunehmen, hat Siegfried nicht gegeben. »Es wird meiner Anwesenheit nicht bedürfen, wenn ihr vor den Göttern eure Hände ineinander legt. Vorher habt ihr mich ja auch nicht gefragt.«

Für diese mit leichter Ironie gesprochenen Worte bekam der Dänenfürst einen Wangenkuß von seiner Tochter. »Wir würden uns freuen, wenn du dabei sein könntest. Dann werde ich auch nach Plune kommen, wenn du Lutrudis endgültig zu deiner Frau machst.« Auf Gevas letzte Andeutung reagierte Siegfried etwas ungeduldig. »Wer sagt dir, daß ich sie zu meiner Frau machen will?« Geva hatte nachsichtig gelächelt. »Du würdest dadurch ein großes Problem lösen, von dem du gestern selber gesprochen hast. Vergiß endlich den Vorwand, du wärest es dem Andenken unserer toten Mutter schuldig, ledig zu bleiben. Wenn Mama dich aus der anderen Welt heraus beobachtet, dann weiß sie auch, daß du mit Lutrudis schläfst.« Nun war Siegfried sichtlich erbost und antwortete: »Was geht es dich an! Naseweises Weibsbild! Bin ich nicht alt genug geworden, um selber zu wissen, was ich zu tun und zu lassen habe?« Die Hand zum Gruß erhebend, ist er dann fortgeritten. Geva aber fühlte sich keinesfalls gemaßregelt. Lachend hatte sie zu Widukind gesagt: »Ich bin sicher, er wird sie doch zu seiner Frau machen.«

Der Wigaldinger Sproß hatte von dem Streitgespräch zwischen Vater und Tochter nichts verstanden, deshalb sagte er zu seiner künftigen Lebensgefährtin: »Nun gehöre ich fast zu deiner Familie, solltest du mich nun nicht endlich darüber aufklären, was dein Vater nun vorhat? Schon gestern fielen Andeutungen in dieser Richtung, die ich nicht verstanden habe.«

»Aber mein Lieber, es gibt da nichts, was du nicht wissen dürftest. Ich hatte nur gehofft, mein Vater würde dieses Thema selber aufgreifen.«

Sie erklärte ihm, jene Frau, die allem Anschein nach als Magd im Hause des Dänenfürsten tätig sei, wäre schon seit langem seine Geliebte. Die Frau mit den Namen Lutrudis sei die Schwester des Vogtes von Utin. Sie wäre Siegfried total verfallen, daran könne auch ihr Bruder nichts ändern. »So, wie sich das Verhältnis der beiden jetzt darstellen würde«, meinte Geva, »sei es für die Frau aber auch für deren Bruder, den Vogt, erniedrigend. Weil seine Schwester sich in meinen Vater verliebte, wurde der Vogt hin und her gerissen. Er wollte mich aber nur dann zur Frau, wenn seine Schwester nicht meinen Vater zum Mann nehmen würde. Weil ich ihn jedoch nicht wollte, bestand er darauf, daß Siegfried und Lutrudis sich trennten oder in aller Form ein Paar würden.

Dann kam es zu dieser Begegnung mit der schönen Themud, und wieder zog der Utiner den kürzeren, wie du ja weißt. Nun bestand er endgültig darauf, mich in sein Haus zu bekommen. Wenn ich nun eingewilligt hätte, dann wäre der Vogt zufrieden gewesen, mein Bruder Godefried sowieso, und der liebe Vater hätte weiter mit seiner Geliebten schlafen können, ohne sich binden zu müssen.«

»Bei solchen Problemen kann Frya, die Göttin der Liebe, doch wirklich verzweifeln. Um nun den Frieden zwischen euren beiden Häusern zu sichern, würde dein Vater also gut daran tun, die Schwester des Vogts zu ehelichen.« war Widukinds Feststellung, worauf Geva ein lakonisches, »so ist es,« von sich gab.

Schnell hatte sich der normale Lebensablauf auf dem Hofgut der Wigaldinger wieder eingestellt. Nachdem das reife Korn eingebracht war, haben sie sich dann auf den Weg zum Berg Baldurs gemacht, dieses Ziel haben sie nun fast erreicht.

Es hat den Anschein, als ob sich das Unwetter über den verbotenen Berg hier konzentrieren würde. Dunkle Wolken hüllen die Umgebung ein. Am Rande des Hanges, der zum Hasetal abfällt, ist ein hoher Baum von einem stechenden Blitz getroffen worden. Berstend teilt er sich in voller Länge und bildet ein bizarres Bild gegen den wolkenschwangeren Horizont. Blitz und Donner sind jetzt eins und tosen in einem einheitlichen Inferno.

Geva drängt sich noch enger an Widukind und flüstert ihm ins Ohr: »Müssen uns die Götter denn so zürnen, nur weil ich mein Pferd im Übermut hier heraufgetrieben habe? Ich tat es doch nur, weil ich so unsagbar glücklich war.« Wortlos zieht er sie in seine Arme. In dem Kuß der beiden liegt alle Liebe, die Menschen einander zu geben vermögen. Für diese Zeit ist das Toben der Naturgewalten um sie herum vergessen.

Doch Donar selbst scheint ihnen diese Innigkeit zu mißgönnen. Grelles Aufblitzen und ohrenbetäubender Donnerhall sind eins. Widukind ist aufgesprungen. »Der Blitz ist dort niedergegangen, wo die Schafe stehen!«, ruft er aus. Als ob dies das Signal gewesen wäre, prasseln dicke Regentropfen auf die Erde nieder, die mit Hagelkörnern vermischt sind.

Nachdem beide dem Wolkenbruch eine Zeitlang machtlos zuschauten, sagt Widukind besorgt: »Wo mag nur der Schäfer sein? Ich werde ihn suchen«. »Warte doch bis das Unwetter nachgelassen hat. Du änderst nichts, wenn du voreilig losstürmst und bringst dich nur selber in Gefahr.« Er braucht ihren flehenden Augen nicht lange nachzugeben, denn nach kurzer Zeit schon wird es heller. Der Regen läßt nach, bis die letzten dunklen Wolken in der großen Ebene verschwunden sind und es kehrt wieder Ruhe ein.

Zusammen suchen sie nun den Schäfer. Die Schafe haben das Unwetter anscheinend schon vergessen. Sie stapfen durch die großen Wasserlachen, mit denen die Weidefläche übersät ist, und zupfen an den Grasbüscheln, die herausragen. Vereinzelt hebt eines blökend den Kopf und schaut zu den Fremden hin, die, nach dem Vermißten ausschauend, die Herde umrunden.

An der Seite der Mulde, wo felsige Abbrüche Gefahr für Mensch und Tier bedeuten, scheint Ungewöhnliches geschehen zu sein. Ein starker Schafbock mit wuchtig gewundenen Hörnern steht dort wie ein zorniger Wächter. Sein aufgeregtes Blöken erschallt im ganzen Tal. Ein am Boden liegender Mensch ist es, den dieses Tier zu bewachen scheint. Widukind erkennt den Schäfer! Doch als er zu ihm gelangen will, senkt der Schafbock seinen behörnten Kopf und setzt zum Sprung an. Geva hat sich mit einem kräftigen Ast bewaffnet und lenkt durch Rufen und Gebärden die Aufmerksamkeit des Tieres auf sich. Leicht verkrümmt auf der linken, eben der so stark entstellten Seite, liegend, rührt sich der Schäfer nicht, als Widukind neben ihm kniet. Der Schafbock hat seine Angriffslust aufgegeben, so tritt auch Geva an die Seite des im nassen Gras liegenden Mannes.

Erschüttert stößt der Edling hervor: »Er ist tot, vom Blitz erschlagen!« Die junge Frau schüttelt verständnislos den Kopf. »Aber man sieht doch nichts, er müßte doch verbrannt sein!« »Es gibt Blitze, die töten und zerstören, ohne daß Feuer entsteht.[69]«

»Er starb, als wir uns küßten.« Als Geva dies sagt, läßt sie sich neben Widukind nieder, stützt sich auf dessen Schulter ab und betrachtet

---

[69] Bei kalten Blitzschlägen wird das zentrale Nervensystem des getroffenen Menschen zerstört. Das führt in der Regel zum Tode.

den Niedergestreckten. Er lächelt, als würde er im Schlaf von schönen Dingen träumen. Jetzt da seine Verletzungen nicht zu sehen sind, kann man feststellen, welch stattlicher Mann er vorher war. »Wie mag es zu den Verstümmelungen gekommen sein, mit denen er leben mußte.«

»Wir werden Hasdag, den Bauern auf der Haseinsel, danach fragen. Als Bruder des Schäfers wird er es wissen«

Nachdenklich, ja sorgenvoll, schaut Widukind dann in den nun wieder strahlenden Sommerhimmel. Das, was ihm jetzt durch den Kopf geht, wird er doch besser für sich behalten: Wieder ist in seiner Nähe ein Menschenleben auf tragischer Weise dahingerafft worden. Kann es denn sein, daß die Götter so ihre Opfer fordern, damit er selber weiterleben kann? Wie viele Leichen werden seinen Lebensweg noch säumen, bis die Norne auch seinem Leben ein Ende setzt?

Der Berg, der dem Gott des Lichtes und der Sonne geweiht ist, liegt unmittelbar oberhalb des Talbeckens, in dem der Hasefluß ein großes Sumpfgebiet entstehen ließ. Sanft steigt das Hügelland aus Richtung der aufgehenden Sonne an, bildet dann mit einer markanten Erhöhung den eigentlichen Berg Baldurs, um dann zum Hasetal hin ziemlich schroff abzufallen.

Ein Steingebilde, das schon von weitem sichtbar ist, bildet den Mittelpunkt des Heiligtums. Große Findlinge markieren das letzte Stück des dort hinaufführenden Weges. Der Sonnenwagen des Gottes Baldur steuert dem Ende der heutigen Reise zu. Im Widerschein des sinkenden Strahlenkranzes leuchtet der Hintergrund des Bergrückens. Die Steinpyramide, deren oberes Ende einen nach oben offenen Halbkreis bildet, zeigt sich dem ankommenden jungen Paar als geheimnisvoller Altar des Lichtgottes, der sie in seiner schönsten Erscheinung empfängt. Angesichts dieser im vergehenden Abendsonnenschein liegenden Ver-

ehrungsstätte kommen von Geva leise die Worte: »Baldur, der Gott der Sonne, scheint uns gnädiger zu sein, als es Donar auf Ymirs Berg war.«
Widukind wird durch den Hörnerklang einer Antwort enthoben. Auf dem Sockel der schlanken Pyramide stehen zwei Männer, die mit lautem Schall den Gästen ein Willkommen darbieten. Zwei wuchtige Türflügel öffnen sich im Unterbau dieses Monumentes, und in dem Eingang erscheinen zwei Männer. Beide sind Widukind bekannt. Geva jedoch kennt nur einen von ihnen, ihren Vater Siegfried, der andere ist Waifar der Froste vom Threcwitigau.

König Siegfried ist prächtig anzuschauen im himmelblauen Leibrock, der mit einem Gürtel aus kupfernen Kettengliedern zusammengehalten wird. In einer reichverzierten Scheide steckt der unvermeidliche Sax. Das schneeweiße Fell eines Eisbären hängt um seinen Schultern, und auf dem weißbehaarten Haupt prangt ein bernsteinverzierter Metallreif.

»In Wahrheit, eine königliche Erscheinung«, stellt Widukind fest.

»Ja, mein Vater versteht es, sich selbst darzustellen«, erwidert Geva mit wissendem Lächeln, »er sagte einmal, das Auftreten eines Königs würde Macht oder Ohnmacht seines Reiches widerspiegeln. Wie du siehst, ist das Dänenreich ein glänzendes Imperium.«

»Du solltest deinen Vater nicht verhöhnen«, tadelt Widukind seine Braut, »dieser große Auftritt gilt doch dir, seiner Tochter.«

Auch Waifar, der Froste, hat seine festliche Robe angelegt. Der weiße Leibrock aus grobem Leinen reicht ihm bis zu den Füßen. Darüber trägt er einen beigefarbenen Umhang, der mit einer handgroßen, metallisch glänzenden Fibel auf der linken Schulter befestigt ist. Nur ein Kranz von grauen Haaren umringt den kahlen Schädel des großen Mannes. Widukind erinnert sich beim Anblick des Froste einer Erzählung Wolframs über die Römer, jenes starken Volkes aus vergangenen Zeiten. So wie Waifar heute aussieht, so könnte er sich auch den damaligen Cäsar vorstellen.

Widukind und Geva sind davon ausgegangen, daß sie unangemeldet hier ankommen würden. Vor allem aber gedachten sie ohne großes Aufsehen den Segen der Götter für ihr Lebensbündnis zu erflehen und dabei Waifars Dienste, als Mittler zu den Mächten des Lichts, in Anspruch zu nehmen. Nun wissen sie, durch Siegfrieds Anwesenheit wird alles einen festlichen Rahmen bekommen.

Als sie jedoch durch das Tor hindurch in den Felsensaal treten, da verschlägt es Widukind die Sprache. Bruno von Huxori, Victor von Vlothove, Abbio vom Trendelhof, Roderich vom Limberg, Heermann vom Hof bei der Herrmaniusburg, Adelar der Vogt von der Babilonje, Gerald der Knappe, dazu einige der Sattelmeyer, die dem Hause der Wigaldinger verpflichtet sind und drei Gauvorsteher aus den umliegenden Gauen sind in dem weitläufigen Gewölbe versammelt.

Als hätten sie es vorher eingeübt, erklingt aus kräftigen Männerkehlen das Lied, das auch Widukind bei solcher Gelegenheit schon gesungen hat:

> Als Junker warst du zu jedem Spaß bereit.
> Es weiß doch jeder, was man so treibt.
> Die Lagerstatt an deinem Feuer, sie ist für Zwei gedacht.
> Jetzt ist sie ausgefüllt da du sie mit der Holden teilst.
> Iß nun zu Haus stets deinen Hirsebrei.

> Hast dein Herz verloren an eine schöne Maid.
> Die Zeit der Liebeleien ist nun vorbei.
> Wir wünschen euch Beiden, daß ihr glücklich seid.
> Der Weg den du mit ihr gehst, führe euch zum Alfenhain.
> Iß nun zu Hause stets deinen Hirsebrei.

Ein herrlicher Männergesang, denkt Widukind, als er zusammen mit Geva in die Hände klatscht. Wenn da nicht die tiefe Baßstimme des Grafen von Vlothove herausgeklungen hätte, die sich so gar nicht in die rechte Melodie einordnen wollte.

Dieser unverwüstliche Haudegen ist es auch, der als erster das Wort ergreift. »Ich habe es doch vorher gewußt! Dieses Milchgesicht kann mehr, als nur leidlich mit dem Sax umzugehen. Zu dieser schönen Blume aus dem Norden kann ich dich nur beglückwünschen.« Nachdem er diese Worte an Widukind gerichtet hat, wendet sich der Graf nun der schönen Braut zu. Geva verzieht schmerzlich das Gesicht, als Victor ihr in seiner überschwenglichen Art die Hand drückt. Mit einem Augenzwinkern in Widukinds Richtung sagt er dann: »Sollte dieser junge Mann einmal schlimme Sachen über mich erzählen, dann glaubt ihm einfach nicht. Er will dadurch nur erreichen, daß ich ihm bei euch nicht gefährlich werden kann.«

Auch der Engern-Edling stimmt in das Lachen ringsum mit ein. »Wenn ich damit gerechnet hätte, euch hier anzutreffen, dann, werter Graf, hätte ich meine Braut vorgewarnt. Nun, sie wird den Schock überwinden.«

Besonders herzlich begrüßen sich Bruno, der Pfalzgraf von Huxori, und sein Halbbruder Widukind. Dankbar nimmt dieser die Grüße von Brunos Mutter, Hiltrud, entgegen. Einen Kranz, kunstvoll aus getrockneten Blumen gebunden, überreicht Bruno der Braut im Namen seiner Schwester Edeltraud.

Nachdem dann alle Hände geschüttelt worden sind und freudige Begrüßungsworte ausgetauscht wurden, überreicht Waifar einen riesigen Tonkrug an Geva und sagt: »Nicht als Froste, sondern als Mitglied der Wigaldingersippe, der du ja nun auch angehörst und mit deiner liebreizenden Art bereichern wirst, bitte ich dich, die Runde zu eröffnen.« Resolut greift Geva zu und nimmt einen kräftigen Zug von dem aus Weizenkorn, Honig und verschiedenen Beeren hergestellten Met. So wie es auch die Männer zu tun pflegen, wischt sie sich danach mit dem Handrücken über den Mund und reicht den Krug an Widukind weiter.

Der greise Roderich vom Limberg ergreift das Wort, als der Humpen wieder beim Froste angekommen ist. »Es tut meinem alten Herzen gut zu sehen, wie aus der Asche der Vergänglichkeit immer wieder der Grundstock zur Erneuerung erwächst. Es sind noch nicht sehr viele Monde ins Land gegangen, seit wir uns aus traurigem Anlaß trafen. Nun sehe ich zwei Augenpaare, die strahlend und voll Zuversicht an der Schwelle eines gemeinsamen Lebens stehen. Glaubt mir, die ihr heute als schönes Paar unsere Augen erfreut, alle, die hier vor euch stehen, sind gern dem Ruf König Siegfrieds gefolgt. Ja, wir alle wollen Widukinds Palladine sein und ihm folgen, in guten und in schlechten Zeiten.«

Es bedarf keines Kommandos, daß alle Männer in diesem Augenblick ihr Schwert gegen die Felsendecke strecken. Die Geste der Unterordnung wird vervollständigt, indem alle, außer Siegfried und Waifar, ihre linke Hand aufs Herz legen. Es ist das Zeichen dafür, daß sie ihre persönlichen Interessen in Zukunft den Belangen dieser Waffenbruderschaft unterordnen werden. Widukind ist sich der Verantwortung bewußt, die ihm aus dem Versprechen dieser Männer erwächst und dankt gerührt für das Vertrauen.

Die eigentliche Feier, bei der die Götter in das Geschehen mit einbezogen werden sollen, wird später unter freiem Himmel stattfinden. Somit hat Widukind Gelegenheit, mit Waifar über den Tod des Schäfers auf dem Berg Ymirs zu sprechen. Als Widukind seinen Bericht abgeschlossen hat, schaut der Froste nachdenklich zu Boden, bevor er sagt: »Drei Sommer und eben so viele Winter sind vergangen, seit ich vor den Frankenschwertern aus dem Ittergau fliehen mußte, unter deren Knute das Christentum verbreitet wird. Von dem Schrecklichen, das vor fünf Sommern auf der Haseinsel geschah, habe ich wohl gehört, kann aber nichts Genaueres sagen. Von den Schafen auf dem verbotenen Berg wußte ich nichts. Die Menschen hier aus der Umgebung würden sich wohl kaum da hinaufwagen. Man hörte, daß in der Vergangenheit mehrere Menschen dort verschollen sind. Das Land jenseits des Berges, das wir Honebruck nennen, gehört zu Hasdags Besitz. Er hat dort den größten Teil seines Viehbestandes stehen. Ich könnte mir schon vorstellen, daß er von dort aus seine Schafe auf den verbotenen Berg treibt. Zu unseren Göttern hat er sowieso nicht mehr das beste Verhältnis. Ich glaube, er pflegt Kontakte zu den Franken.« Widukind nimmt sich vor, diesem Hasdag auf der Haseinsel am nächsten Tag einen Besuch abzustatten.

Eine laue Sommernacht kündigt sich an. Als Zeichen dafür, daß Gott Baldur auch in der Nacht seine Rolle als Beherrscher des Lichts gerecht wird, leuchtet am Himmel die Sichel des zunehmenden Mondes. Matt schimmert das Firmament, nachdem das letzte Licht des vergangenen Tages von milder Dunkelheit geschluckt wurde. Je weiter die Nacht vorschreitet, um so heller erstrahlen die unzähligen Sterne. Nur einzelne Schäfchenwolken unterbrechen das gleichmäßige Bild. Man möchte meinen, die Götter hätten eigens für diesen feierlichen Akt einen angemessenen Baldachin über die Erde gespannt.

Bevor die Feier ihren Höhepunkt am Feuer des Froste finden wird, hat das junge Paar Gelegenheit, sich in einer kleinen Grotte, die ihnen von Waifar zur Verfügung gestellt wurde, vom Staub der Reise zu befreien. Zu diesem Zweck ist ein Steintrog mit frischem Quellwasser gefüllt. Als die beiden glauben allein zu sein und sich ihrer Kleider entledigt haben, da ist es nicht nur das erfrischende Wasser, das ihre Lebensgeister beflügelt! Haut an Haut ganz und gar ineinander aufgehend, genießen sie was jeder den Anderen geben kann!

Nach all der genossenen Süße, würde weder er noch sie sagen können, wer sich dem anderen in die Arme geworfen hat. Die Flammen der Leidenschaft hüllte das Liebespaar eine Zeit ein, für die es keinen Maßstab gibt.

Geva ist froh über die spärliche Beleuchtung ringsum, als sie ins Freie treten. Sonst müßte sie befürchten, jeder würde ihre geröteten Wangen und die glänzenden Augen mit den verdächtigen Rändern sehen. Niemand hatte ihr bislang gesagt, daß die von der Liebe verklärten Züge einer Frau nach genossener Leidenschaft immer einen großen Reiz ausstrahlen.

Neben der Pyramide, in dessen Sockel sich der Eingang zum Felsensaal befindet, wurde vor langer Zeit aus großen Steinquadern der Opferaltar errichtet. In dieser Nacht jedoch soll den Göttern kein lebendes Wesen als Opfer dargebracht werden. Vielmehr will im Schein des Feuers der Froste den Segen der hohen Mächte auf dieses junge Paar herabflehen.

Widukind steht voll zu den Traditionen seiner Ahnen und legt großen Wert darauf, daß die alten Rieten beibehalten werden. Jetzt allerdings kann er sich nicht recht auf das Geschehen konzentrieren. Ist das, was sich vorher in der kleinen Grotte zwischen Geva und ihm abspielte, nicht wichtiger gewesen, als diese Zeremonie vor all den Menschen? Dieses Versprechen immerwährender Treue, das sie sich unter vier Augen gegeben haben, wird nach seinem Verständnis vor den Göttern ebenso Bestand haben, wie die öffentliche Handreichung über der Flamme unter Anleitung des Froste.

Während Waifar zum Abschluß von den Strafen spricht, die etwaige Untreue oder sonstige Zuwiderhandlungen innerhalb ihrer häuslichen Gemeinschaft nachsichziehen, gehen Widukinds Gedanken ihre eigenen Wege. Das mächtige Reich des römischen Cäsaren ist inzwischen zerfallen. Auch der früher so große irdische Machtbereich des Göttervaters Wotan, der auch Odin genannt wird, schrumpft immer mehr. Wie lange wird dieser Froste, der wie Cäsar aussieht, seine Domäne noch halten können? Sollte der Götterwelt um Wotan das gleiche Schicksal hier auf Erden beschieden sein, wie es Jupiter und die anderen Götter Roms hinnehmen mußten?

Da nun der Froste seine Aufgabe erfüllt hat, schlagen alle anwesenden Krieger mit ihren Schwertern auf die Schutzschilde oder was immer sie erwischen können, um Lärm zu erzeugen. Die scheppernden Geräusche hallen weit ins Land hinein und verstummen erst, als in großen Steingutkübeln herangeschafft wird, wonach sie lechzen und sie sicher sein können, genügend Stoff für ihre durstigen Kehlen zu bekommen.

Geva und Widukind begeben sich in den Kreis der Freunde und Gönner. Auch von den Höfen in der Umgebung sind Männer und Frauen hierher auf den Berg des Lichtgottes gekommen, um den Sohn Warnekins und seiner jungen Frau, Glück zu wünschen. Mehrere Bäuerinnen erscheinen in Begleitung von Liten, die allerlei Eßbares und die nötigen Getränke bringen.

Gern hört Widukind, wie beliebt und geachtet sein Vater hier war. Ein leises Unbehagen verspürt er aber, als von den großen Erwartungen gesprochen wird, die man ihm, dem Erben des starken Engernfürsten, entgegenbringt. Für einen Augenblick will der Edling dem Trubel entfliehen. Er muß an seine arme Schwester Ravena denken, die sicher gern heute dabei gewesen wäre, wenn, ja wenn diese schrecklichen Ereignisse ihr früher so heiteres Gemüt nicht zerstört hätten.

Gerade hat Widukind sich von der Stätte des Feierns etwas entfernt, als er im Schein des Feuers die Gestalt eines Mannes sieht. Abseits von den plaudernden Menschen hat dieser, wie es scheint, die Vorgänge beobachtet. Jetzt, da er weiß, daß er entdeckt wurde, versucht der Fremde sich in die Dunkelheit zurückzuziehen. Da ruft der Edling ihn an: »He, bleib stehen, wenn du nichts Böses im Schilde führst!«

Als der Feuerschein die Züge des Mannes beleuchtet, ruft Widukind überrascht: »Everhard! So tritt doch näher, du bist ebenso willkommen, wie alle anderen.« Jetzt erst wird er auf das Kind in den Armen des Müllers von der Poggenmühle aufmerksam. »Es freut mich bei dieser Gelegenheit, dein Töchterchen kennenzulernen.« Everhard hält das in eine Felldecke gehüllte Kind eng an seine Brust gedrückt, als er sagt: »Ich könnte gut verstehen, wenn du mich hier nicht sehen willst. Zuviel Unglück ist durch meine Schuld über deine Familie gekomen. Ich war in der Babilonje als Herr Siegfried dort eintraf...« Everhard scheint zu überlegen, ob er weiter sprechen soll, doch dann sagt er: »Frau Wallburga, die Herrin in der Babilonje, hat mir fünf Schafe geschenkt, damit ich sie auf der Weide an der Mühle halten kann. Dafür mußte ich ihr in bestimmten Abständen etwas Milch bringen. Dann fragte sie mich immer, wann ich das letzte Mal betrunken war. Ich konnte ihr immer sagen, daß der letzte Rauschtrunk jener war, den ich den Mönchen in Fritzlar gestohlen habe.«

Geva hat inzwischen die Bäuerin, mit der sie über die täglichen Sorgen sprach, verlassen und tritt zu dem Müller hin. Vorsichtig nimmt sie diesem das Bündel ab, aus dem ein blondes Lockenköpfchen hervorschaut. Auch Victor und Abbio sind aufmerksam geworden. »Der Everhard, er hat immer noch diese gute Nase, um zu wissen, wo es etwas zu trinken gibt.«

»Paß auf, daß du nicht deine lästerliche Zunge verschluckst!« Zornig geht Widukind auf Victors Ironie ein. Der Müller will sein Kind wieder an sich nehmen, um die Gesellschaft zu verlassen. Geva jedoch weicht mit einem Lächeln aus und drückt das nun weinende Mädchen an sich. Widukind umfaßt freundlich die Schultern Everhards. »Bleib, du kannst doch mit der Kleinen nicht in der Nacht zurückreiten.«

»Ich wollte meiner Auri doch nur zeigen, wem sie es zu verdanken hat, daß es ihren Vater noch gibt. Eure Feier wollte ich ganz gewiß nicht stören«

Widukind legt dem Verunsicherten eine Hand auf die Schulter. »Ebenso wie Abbio, Heermann und der großmäulige Graf sollst auch du mein Palladin sein, wenn du es willst. Um nichts mußt du denen nachstehen und wenn dich jemand wegen Schwächen hänselt, die du längst überstanden hast, dann zahle es ihm mit gleichen Mitteln heim.«

Derweil hat Geva mit der kleinen Auri geschäkert, bis deren helles Stimmchen zu frohem Gekicher anhob. Offensichtlich fühlte sie sich an der weichen Frauenbrust wohler, als in der harten Armbeuge ihres Vaters, zu dem das Töchterchen nur zögerlich zurückkehrte.

Der Morgen nach dieser nächtlichen Feier sieht Widukind und Geva schon in aller Frühe, munter in der frischen Luft flanierend. Rings um die Aufbauten, die hier zu Ehren Baldurs auf der Kuppe des Berges stehen, hatten sich die mehr oder weniger berauschten Gäste zum Schlafen niedergelegt. Einige hüllten sich in Felle oder Decken, um die Kühle der Nacht nicht zu spüren. Andere haben im Schutz von Buschwerk das Spiel der körperlichen Liebe genossen, um dann eng umschlungen einzuschlafen. Im Rausch der Gefühle und des Mets haben einige es versäumt, ihre Kleider zu ordnen und bieten so ein neckisches Bild. Geva bekommt bei diesem Anblick große Augen und sagt: »Na, bei dem genossen Met wird sich mancher einen kalten Hintern geholt haben, mehr aber auch nicht.«

»Aber mein Liebes, du bist doch die Tochter seiner Majestät, des Königs Siegfried, bitte denke daran!«, kommt es in komischer Entrüstung von Widukind, worauf sie nur eine lakonische Antwort hat: »Ja, von wem habe ich denn dieses Benehmen?«

Nicht immer sind diese, die sich so einander Wärme geben, auch ein Paar fürs Leben. Zu allen Zeiten war es so, daß dort, wo ausgelassen gefeiert wird, auch die flüchtige Liebe eine Rolle spielt. Doch wo die Sinne mit oder ohne Stimme Hilfsmittel aufgepuscht werden, wo der Leichtsinn des Augenblicks triumphiert, sind wir allzuschnell bereit, unseren Neigungen nachzugeben. Wir sagen, das sei menschlich, auch wenn dieses Verhalten dem der Tiere ziemlich nahekommt. Im Sinne der Liebesgöttin Frya ist das sicher nicht, und auch dem Christengott kann dieses Tun nicht gefallen. Oft bleibt nur ein fader Nachgeschmack, wenn Körper von einander Besitz nahmen, ohne die Stimme des Herzens gehört zu haben.

All die Schläfer werden plötzlich geweckt, als ein Reiter sein Pferd mit trommelnden Hufen den Berg hinauftreibt. Der schnell herbeigeeilte Engern-Edling erfährt, daß der Mann aus der Babilonje kommt. Durch seine Botschaft wird Widukind von den Sorgen wieder eingeholt, die er für kurze Zeit verdrängt hat.

Widukind erfährt, daß seine Schwester Ravena, die auf eigenen Wunsch in der Babilonje versuchen wollte, die leidvollen Ereignisse im Frankenland zu vergessen, verschwunden ist. Fernab von ihrem gewohnten Lebensraum sollte ihr verwirrter Geist wieder zu sich finden. Die Verletzungen des brutalen Überfalls sollten durch Walburgas kundiger Behandlung verheilen, so hoffte Widukind. Nach seinem Besuch bei Hasdag, dem Bauern auf der Haseinsel, wollte er zur Babilonje reiten und Ravena mit seiner holden Geva zusammenführen. Sie kannten sich von einigen gegenseitigen Besuchen und waren einander sehr zugetan. Jetzt darf es keine Verzögerung geben. Er wird gleich aufbrechen, um seine Schwester zu suchen. Die Unterredung mit Hasdag muß warten.

Everhard hatte die Nachricht von Ravenas Verschwinden aus einer Entfernung, die seiner Bescheidenheit entsprach, mit angehört. Als Widukind dann aufbrechen wollte, sprach der Müller ihn an: »Ravena hat gern mit Auri gespielt, wenn ich meine Tochter mit in die Festung gebracht habe. Beim letzten Mal, es war die Zeit der Vollmondnächte, da hörte ich, wie Ravena zu meiner Kleinen sagte, ›wenn ich in meinem Steinbau auf dem Berg wohne, dann mußt du mich besuchen.‹ Auri konnte ihre Worte natürlich noch nicht verstehen, aber sie lachte und klatschte vergnügt in ihre kleinen Händchen. Ja, sie haben sich gut verstanden, die beiden.«

Daraufhin fordert Widukind den Müller auf, mit ihm zu reiten. Unterwegs würden sie überlegen, um welch steinernes Haus, das auf einem Berg liegt, es sich bei Ravenas Geplauder mit der kleinen Auri gehandelt haben mag, denn es ist anzunehmen, daß seine Schwester sich dorthin geflüchtet hat.

Zusammen mit Bruno, Adelar, Abbio und Everhard reitet Widukind so schnell die Pferde nur laufen wollen über den Wiehengebirgskamm zur Bergfeste in Lidbekegau. Auriane, Everhards kleine Tochter, war in der Obhut Gevas zurückgeblieben. In Begleitung vom Grafen Victor und einigen anderen Leuten werden sie etwas gemächlicher zur Babilonje reiten.

Für die blühende Landschaft ringsum hat jetzt kaum einer von den Reitern um Widukind einen Blick. Auch der Edling selber, der sonst gern die Aussicht von den Höhen über das weite Land genießt, ist mit seinen Gedanken beschäftigt. Was mag im Kopf seiner Schwester vorgegangen sein, als sie den sicheren Hort in der Babilonje verlassen hat? Fieberhaft versucht er immer wieder, sich daran zu erinnern, welches steinerne Haus seine Schwester früher kennengelernt haben könnte. Sie muß sich dort wohlgefühlt haben, wenn ihr verwirrter Geist den Drang weckte, dorthin zu gehen. Hätte Ravena trotz ihres labilen Zustandes der Feier auf dem Berg Baldurs beiwohnen sollen? Muß Widukind sich den Vorwurf machen, sich zu wenig um seine Schwester gekümmert zu haben, in der Zeit, da sich die Liebe zwischen Geva und ihm erfüllte? Wie er auch hin und her überlegt, bevor Ravena nicht gefunden wird, werden alle Fragen offenbleiben.

Beide Flügel des Festungstores stehen offen, und der Wächter auf dem Wachturm hat das Horn, mit dem er Widukinds Ankunft meldete, kaum von den Lippen genommen, als die Reiter schon in den Festungshof preschen. Walburga kommt ihnen völlig aufgelöst entgegen.

»Herr Widukind, was müßt ihr jetzt von mir denken. Ich habe Ravena gehütet, als wäre sie mein eigenes Kind. Nur schlafen muß ich ja auch mal.« Widukind beruhigt die Frau des Vogtes ersteinmal, um dann zu erfahren, wie sich Ravenas Verschwinden abgespielt hat. »Sie konnte ja nur unter starken Schmerzen gehen. Wie sie auf das Pferd gekommen ist, möchte ich nur wissen.« Zerknirscht versucht Walburga in ihrer Aufregung, möglichst klar zu berichten. »Der Großknecht vom Quernhof hat ein Techtelmechtel mit unserer Magd Adelheid. Er hat sie am späten Abend nach der Arbeit besucht. Sein gesatteltes Pferd hat der Bursche am Schafstall dort drüben stehenlassen.« Walburga legt eine kleine Pause ein, schlägt mit dem Fuß gegen einen am Boden liegenden Holzscheit und spricht mit grimmiger Miene weiter: »Ich habe ihn einmal mit der Heugabel verscheucht. Da mußte er, um verschwinden zu können, erst noch seinen Gaul satteln. Ravena muß die Gelegenheit beim Schopf gefaßt haben, als sie das Pferd dort stehen sah. Irgendwie ist sie trotz ihrer Verletzungen in den Sattel gekommen. Ich habe mir die Torwache vorgenommen. Die Kerle sagten, es wäre beim stärksten Gewitter gewesen, als ein Reiter aus der Festung geritten ist. Wegen des starken Regens hätte er sich in eine weite Decke gehüllt. Daß der Reiter eine Frau war, darauf sind die Tölpel nicht gekommen. Alles, was Beine hat, habe ich dann losgeschickt, um deine Schwester zu suchen, aber bis jetzt hat es noch nichts genützt. Die Spuren des Pferdes sind vom Gewitterregen weggespült.«

Für Vorwürfe ist jetzt keine Zeit. Widukind teilt die vorhandenen Leute ein, um alle in Frage kommenden Orte abzusuchen, an denen Ravena sich aufhalten könnte. Er selber reitet mit Heermann den Weg von der Babilonje, unterhalb des Glüsenberges, durch die Niederungen der Masch, auf den Limberg zu. Mit beklemmendem Gefühl im Herzen, denkt er an die Möglichkeit, sie könnte sich in dem sumpfigen Land am Fuße des Wiehengebirges verirrt haben.

Heermann, der Bauernsohn aus Schiedera, reitet in seiner Begleitung. Als sie aus nördlicher Richtung auf den Limberg zuhalten, neigt sich der Tag seinem Ende entgegen. Hinter dem flachen Gebirgszug ist die Sonne bereits untergegangen, und zwischen den Wolkenbänken, die darüber aufsteigen, dringt leuchtend das Abendrot hervor. Auf dem runden Buckel des Berges zeigt sich ein steinerner Aufbau, der zum Teil von mächtigen Eichen verdeckt wird. Roderich, der bei den Wigaldingern als Sippenältester anerkannt wird, hat hier seine Burg. Zu dem Langhaus und einigen Nebengebäuden, die wie üblich zum größten Teil aus Holz bestehen, hat er damit begonnen, ein Haus aus Steinen zu bauen. Aus dem in unmittelbarer Nähe liegenden Steinbruch mußten Roderichs Leute die Quader schlagen. So sollte nach und nach ein starker Bau entstehen, der Wind und Wetter, aber auch etwaigen Feinden trotzen sollte. Ein guter Anfang ist inzwischen gemacht. Zur nördlichen Ebene hin ist eine hohe Mauer mit Zinnen entstanden, an der sich stufenförmige Winkel anschließen, die auf ihre Vollendung warten.

Beim Anblick dieses Bauwerkes, das sich gegen den Abendhimmel abhebt, zügelt Widukind seinen Fiolo. »Dieses Bild erinnert mich an eine Begebenheit mit Ravena und meinem Vater. Als Kinder haben wir ihn einmal begleitet, als er Mitglieder unserer Sippe besuchen wollte. Auch damals gab es auf einem Berg ein steinernes Haus. Es war Abendzeit und Warnekin sagte, wir würden es an dem Tag nicht mehr bis...«

Heermann, der sein Pferd neben Widukind lenkt, schaut erwartungsvoll. »Könnte es denn sein, daß Ravena sich nach so langer Zeit an jenes Haus erinnerte und nun in ihrer Verstörtheit dort Zuflucht sucht?«

Der Engern-Edling geht nicht auf die Frage ein. Zu sehr ist er jetzt in seinen eigenen Gedanken vertieft, die er laut ausspricht: »Wenn ich nur wüßte, wohin wir damals geritten sind, wen wir aufsuchen wollten, dann müßte ich auch darauf kommen, wo dieses Haus steht.« Alles Grübeln bringt nichts ein, es will ihm nicht einfallen.

Als Widukind und Heermann das Anwesen des Roderich auf dem Limberg erreichen, stellen sie fest, daß Geva, die sich der Tochter des Müllers angenommen hat, und ihre Begleiter vom Berg Baldurs hier inzwischen eingetroffen sind. Sie wollen die Nacht in dieser Burg verbringen, um am nächsten Morgen zur Babilonje weiterzureiten.

Gepa, die Bäuerin auf dem Limberg und Tochter des alten Roderich, sorgte dafür, daß alle zu essen und zu trinken bekommen. Danach findet Widukind Gelegenheit, mit seiner Geva ungestört einige Zärtlichkeiten auszutauschen. Dabei spricht er zu ihr von den Vorwürfen die er sich macht, weil er Ravena nicht in die Feier ihrer Vereinigung mit einbezogen hat: »Krank wie sie ist, habe ich sie der Pflege mehr oder weniger fremder Menschen überlassen und nur an mein eigenes Glück gedacht«, stößt er zerknirscht hervor. Geva aber legt zärtlich eine Hand an seine Wange und versucht ihn zu beruhigen. »Du konntest doch nicht mehr für sie tun, nach so einem brutalen Erlebnis, da brauchte Ravena vor allem Ruhe. Auf unserer Feier hätte sie sich ganz sicher nicht wohl gefühlt.«

Trotz der einsetzenden Dunkelheit hat Widukind keine Ruhe, die Nacht auf dem Limberg zu verbringen. Als er mit Heermann den Hof des Roderich verlassen will, tritt der betagte Hausherr noch einmal auf ihn zu: »Es tut mir leid mein Junge, daß die schöne Feier so ein Ende genommen hat. Da zeigt sich mal wieder, wie nahe Freud und Leid beieinander liegen.«

Der Edling dankt seinem Großonkel und mit Blick auf das im Werden befindliche Bauwerk aus Stein sagt Widukind: »Deine stolze Burg macht Fortschritte. Wenn sie fertig ist, wird sie stärker sein als unsere Babilonje.« Roderich nickt: »Stärker schon, nur bei weitem nicht so groß. Sie kann im Kriegsfalle nur dazu dienen, einer kleinen Anzahl von Menschen Schutz zu bieten, während die herkömmlichen Volksburgen Mensch und Vieh aus der ganzen Umgebung aufnehmen können. Aber wie du weißt entstehen im Frankenland viele solcher Burgen. Ob ich die Fertigstellung dieser kleinen Feste noch erlebe, das wissen nur die Götter. Du aber wirst wahrscheinlich als Kriegsherzog der oberste Verteidiger des Engernlandes sein. Als solcher solltest du überlegen, an welchen Stellen dieses Landes, neben der Eres- und der Syburg weitere so stark befestigte Anlagen gebaut werden sollten. Ich bin nicht so weit herumgekommen, aber hier im Land zwischen Osning und Wiehengebirge da wäre mir schon klar, wo ich anfangen müßte. Wichtig ist ja auch zu wissen, wo der zum Bau notwendige Bruchstein gewonnen werden könnte, so daß man ihn nicht so weit transportieren muß.«

Widukind ist etwas ungeduldig, denn er möchte seine Zeit jetzt nicht nur mit Reden verschwenden. Aus Höflichkeit geht er aber doch auf Roderichs Worte ein: »Wo sind deiner Meinung nach die geeigneten Stellen, eine feste Burg zu bauen?«

»Im allgemeinen sind es Orte, wo schon unsere Vorfahren begonnen haben, ihre Fliehburgen anzulegen, wie zum Beispiel Teckelnborch und Iborch«, beginnt Roderich. »Dann gibt es oberhalb der Brockholthöfe einen Berg, dort wurde vor langer Zeit einmal ein kleines Bauwerk aus dem Stein errichtet, den man an der einen Flanke des Berges abbauen kann. Das Land gehört unserer Sippe. Die Besitzverhältnisse unter uns Wigaldingern sind jedoch nicht ganz geklärt. Unsere lieben Verwandten vom Hof Tadenhusen haben, gierig wie sie sind, das Land an sich gerissen und aus dem Steinbau einen Schafstall gemacht.«

»Das ist es!« ruft Widukind plötzlich aus, und Roderich schaut ziemlich entgeistert, weil er die Zusammenhänge nicht kennt. »Dort müssen wir nach Ravena suchen!«

Trotz der ziehenden Wolken gelingt es dem Mond, den beiden Reitern so viel Licht zu spenden, daß sie ohne große Sichtbehinderung ihren Weg finden. Vom Lidbekegau aus sind sie in den Graingau gelangt, wo das hügelige Land zum großen Teil von Mischwald bewachsen ist. In den Niederungen gibt es auch undurchdringliche Sumpfgebiete, doch für Menschen, die mit der Natur zu leben verstehen, bedeutet dies kein Hindernis.

Das Licht des anbrechenden Tages hat die Scheibe des Mondes verblassen lassen, und aus den bewaldeten Tälern steigt der Dunst in den Morgenhimmel. Ein Bergkegel der innerhalb des Osninggebirges seine Eigenständigkeit zu behaupten scheint, zieht Widukinds Blick an. Bei genauerem Hinsehen erkennt man einen Aufbau, als wäre der Berg mit einem Häubchen gekrönt. »Ja, so habe ich das Bild in Erinnerung, nur daß wir es damals im Abendlicht sahen.«

Während sie auf ihr Ziel zureiten, versucht Widukind die Kindheitserinnerungen aneinander zu reimen. »Sechs Sommer werde ich damals alt gewesen sein, als Ravena und ich in unserem großen Rollwagen saßen. Mit zwei Pferden war er bespannt, die mein Vater lenkte. Ein Gewitter zog auf. Der Berg lag noch im Schein der Abendsonne, während sich in unserem Rücken der Himmel verfinsterte. Mit näher kommendem Blitz und Donnergrollen wuchs bei uns Kindern auch die Angst. Bei Unwettern war Ravena immer ängstlich, damals war es besonders schlimm. Dann haben wir dieses Steinhaus gesehen, das noch im hellen Licht erschien, während es um uns herum dunkler wurde.«

Eine Pause des Nachdenkens legt der Edling ein, bevor er weiterspricht: »Ja, so war es. Vater sagte wir würden es an dem Tag doch nicht mehr bis zum Tadenhof schaffen, deshalb lenkte er das Gespann von dem Fahrweg aus über einen schmalen Pfad in Richtung des Berges. Der Weg war sehr schlecht. Als es dann steil aufwärts ging, erreichte uns das Gewitter. Ein Blitz hatte in unserer Nähe einen Baum getroffen, und bei dem Donnergetöse scheuten die Pferde. An dem Hang kippte unser Wagen um. Ich bin ziemlich weich in irgendeinen Busch gefallen, Ravena aber war unter das Gefährt geraten. Nachdem Vater sie befreite, stellte er fest, daß sie sich am Fuß verletzt hatte. Sehr schlimm war es wohl nicht, aber laufen konnte Ravena nicht. Warnekin machte die Pferde von dem umgestürzten Wagen los und befestigte die Zügel an einem Baum. Dann hat er Ravena auf den Arm genommen und ist mit ihr bergan gestiegen. Da es inzwischen in Strömen zu regnen begonnen hatte, hüllte er sich und sie in eine weite Decke ein. Ich bin hinterher gestapft und wurde naß bis auf die Haut.

Die Hütte auf dem Berg erwies sich als ein altes halb zerfallenes Bauwerk. Wenn ich mich recht erinnere, waren es drei Mauern, die ein Viereck bildeten, das zu einer Seite offen war. Als Dach waren einige Baumstämme und Zweige darübergelegt. Irgendwie mußte man das Ganze abgedichtet haben, denn wir waren darunter vor dem Regen geschützt. Auf einer Heuschütte hat Vater dann Ravena gebettet und ist, als der Regen nachließ, fortgegangen. Er kam mit den Pferden zurück, und in der einen Hand hielt der Vater einen erlegten Hasen, den er uns freudestrahlend zeigte. An einem Lagerfeuer hat er ihn gebraten.

Es war ein schönes Erlebnis, so mit unserem Vater den Abend zu verbringen. Ich weiß noch, daß es nach dem Unwetter wieder schön geworden ist. Es gab einen herrlichen Sonnenuntergang, und später zeigte sich ein klarer Sternenhimmel, dessen wichtigste Merkmale Warnekin uns bei der Gelegenheit erklärte. Seit dem lernte ich es, mich nach den Sternen zu orientieren. Auch Ravena muß die Erinnerung an diesen unvergleichlichen Abend in sich bewahrt haben. Sie ist in seinen Armen eingeschlafen und erst am Morgen erwacht, als er begann ihren geschwollenen Fuß mit kalten Umschlägen zu kühlen. So liebevoll und fürsorglich haben wir den Vater Warnekin selten erlebt. Für die Gefühle den Kindern gegenüber war bei uns die Mutter zuständig. Auch sie war sehr sparsam mit Zärtlichkeiten, wenn ich so zurückdenke.

Der Berg und die weite Umgebung war in strahlendes Sonnenlicht getaucht, als wir in der Frühe die Reste von dem Hasen kalt verzehrten. Ravena muß sich trotz ihres verletzten Fußes wie im schönsten Elfenschloß gefühlt haben. Genau kann ich es nicht mehr sagen, aber ich glaube, daß ihre Augen gestrahlt haben, als sie etwa diese Worte sagte: ›Wenn ich groß bin, dann möchte ich hier oben in einem schönen Haus aus Stein wohnen.' Wenn mir vorher die Erinnerung an diese Begebenheit gekommen wäre, dann hätte ich auch früher gewußt, wo ich Ravena suchen muß.«

Inzwischen haben Widukind und Heermann die Kuppe des Berges erreicht. Weidende Schafe zwischen den hochstämmigen Laubbäumen und dem wuchernden Buschwerk bestätigen die Aussage Roderichs, die Tadenhofer würden dieses Gelände für ihre Tiere nutzen. Die Zeit scheint hier oben stehengeblieben zu sein. Die verwitterten Steinmauern mit dem primitiven Dach aus Baumstämmen und Erde entspricht genau der vorherigen Beschreibung Widukinds. Sogar die Feuerstelle vor der Hütte ist noch vorhanden. Sicherlich wird hier ein gelegentlich anwesender Schäfer seine Mahlzeit zubereiten.

Auf einem trockenen Baumstamm sitzt Ravena im Schein der Morgensonne. Ein Schaflämmchen hat sich mit den Vorderpfoten auf ihren Schoß abgestützt und nuckelt genußvoll an einem ihrer Finger. Zwei weitere Lämmer tummeln sich in der Nähe, während das Mutterschaf die Zweige eines in voller Blüte stehenden Hollunderbusches abknabbert.

Ravena wendet sich den Ankommenden mit einem freundlichen Lächeln zu, als ob sie diesen Besuch erwartet hätte. »Ich kann euch leider noch nichts anbieten, es ist alles noch im Werden.«

»Schwesterlein, mach dir nur keine Sorgen, es wird alles in Ordnung kommen.« Mit diesen Worten nimmt Widukind sie in die Arme und küßt liebevoll ihre Stirne.

Plötzlich stehen in Ravenas Augen Tränen. »Hier möchte ich bleiben, fern von allen bösen Erinnerungen. Nirgendwo bin ich Vater näher als an diesem Ort.« Mit dieser Gefühlsregung scheint auch das klare Denken bei Ravena wieder einzusetzen. »Bruderherz, wenn du wirklich etwas für mich tun willst, dann sorge dafür, daß diese Hütte wohnlich hergerichtet wird, damit ich auch im Winter hier leben kann.«

»Aber hier gibt es kein Wasser, und die Besitzrechte sind auch nicht geklärt«, versucht Widukind einzuwenden. Jedoch mit einer Handbewegung wischt Ravena seine Einwände beiseite. »Wegen der Eigentumsrechte wird dir schon was einfallen. Wenn es hier keine Möglichkeit zum Trinken geben würde, dann könnten auch die Schafe nicht leben. Gen Mittag entspringt in der Schlucht, die Quelle, von der ein Bach gespeist wird. Dort befindet sich auch das Pferd des Großknechtes. Bitte sorge dafür, daß er es zurückbekommt, denn die Tochter Warnekins ist schließlich keine Pferdediebin.«

»Schwesterchen, ich will ja all deine Wünsche erfüllen. Soweit das in meiner Macht liegt, soll alles geschehen, damit wir dich endlich wieder glücklich sehen. Es braucht aber eben alles seine Zeit.« Heermann hebt eine Hand, um auf sich aufmerksam zu machen: »Wollen wir nicht erst einmal zu der Quelle gehen, nach dem Pferd sehen und auch unsere Tiere dort tränken?« Der Edling stimmt zu. So hat er etwas Zeit, um Ravenas Wünsche zu überdenken.

Als sie sich weit genug entfernt haben, um von der jungen Frau nicht mehr gehört werden zu können, beginnt Heermann wieder zu reden: »Es liegt mir daran, mit dir allein zu reden. Zur Zeit habe ich manchmal das Gefühl, überall wo ich auch bin, fehl am Platze zu sein. Als getaufter Christ kann ich mich nicht unter den Christen, die ich kennenlernte, wohlfühlen. Es gibt dort nur wenige Menschen, die meinen Vorstellungen von der Lehre Christi entsprechen. Dazu gehören, wie du weißt, Swanahild und Sturmius, der mich bekehrte. Bei den Leuten, zu denen ich von Geburt her gehöre, fühle ich mich auch nicht mehr wohl...« Widukind unterbricht ihn: »Aber als Ältester bist du doch der Erbe des Hofes, bei der Hermanisburg.« Heermann schüttelt den Kopf. »Auch wenn mein Vater Wego mir verziehen hat, daß ich dem alten Götterglauben abgeschworen habe, wird er es doch nie verstehen. Als Hoferbe komme ich also nicht mehr in Frage und bin froh, daß mein Bruder Hugbert an meine Stelle tritt. Siehst du, und so war ich bislang ohne Ziel, ohne Pläne für die Zukunft. Gern habe ich mich bereit erklärt, dein Paladin zu sein. Jedoch mit dem Schwert an deiner Seite gegen Christen kämpfen zu müssen, das kann ich nicht mehr. Jetzt aber glaube ich meine Aufgabe gefunden zu haben. Ich möchte deiner Schwester das Lachen wieder lehren, ihre Wünsche erfüllen, soweit es mir möglich ist, hier mit ihr leben, so lange sie es will.«

Widukind ist von dem Vorschlag seines Begleiters sichtlich bewegt. »Du versetzt mich in Erstaunen, Heermann. Dieser Edelmut bedeutet mir mehr, als das Anerbieten deiner Schwerthand. Die Frage ist nur, wie Ravena darauf reagiert. Du weißt, wie sie von Männern behandelt wurde. Ob sie sich nun einem doch mehr oder weniger fremden Mann in dieser Einsamkeit anvertrauen wird, daß weiß ich nicht. Denke bei deiner Entscheidung auch an ihren Zustand. Es scheint, als ob bei dem kleinsten Ärger, der kleinsten Unannehmlichkeit, ihr klarer Verstand aussetzt. Du hast es ja schon miterlebt. Ich könnte mir vorstellen, daß die Götter manch gequälten Menschen diese Gnade zuteil werden lassen, damit neuer Schmerz nicht mehr an sie herankommen kann.«

»Als wir sie eben verließen, war sie meiner Meinung nach vollkommen klar. So wird es doch sicher auch sein, wenn wir zurückkommen. Dann werden wir sie fragen«, ist Heermanns schlichte Antwort.

So geschieht es dann auch. Nachdem sie die Quelle und auch das Pferd gefunden haben, kehren sie zu Ravena zurück. Widukind erklärt ihr in kurzen Zügen, was er von Heermann weiß und wie er ihn kennenlernte. Während ihr Bruder noch redet, schaut die schöne junge Frau den Mann von der Hermanisusburg aufmerksam an. Auch Heermanns Blick ist unverwandt auf sie gerichtet. Ja, sie ist schön, mit blondem Haar, das von unzähligen Locken gekräuselt wird. Die grünlich schimmernden Augen blicken jetzt klar, sind nicht verschleiert, wie in der Zeit, da ihr Geist verwirrt war. Ein anziehendes Wesen ist sie, und Heermann spürt es, er ist eben ein Mann. Ein Mensch mit allen Neigungen und Gefühlen, mit denen die Schöpfung ihn ausgestattet hat. Aber er würde sich eher die Hand abhacken, als diese in ungebührlicher Weise nach Ravena auszustrecken.

So mit seinen Gedanken beschäftigt, hat er Widukinds letzten Worte nicht verstanden und ist etwas verwirrt, als ihn Bruder und Schwester erwartungsvoll ansehen. »He, Träumer! Hast du jetzt Angst bekommen vor dem eigenen Mut? Es war deine Entscheidung. Wenn deine Meinung noch die Gleiche ist wie vorher, dann solltest du Ravena fragen.« Leicht schüttelt Widukind die Schulter des anderen, während er dies sagt. Heermann beeilt sich zu sagen:»Ja, ich möchte gern dein Beschützer sein, Ravena, und der schwerste Fluch soll mich treffen, wenn ich jemals dein und deines Bruders Vertrauen mißbrauche!«

Eine kurze Zeit des Schweigens folgt diesen Worten. Sich von dem Manne, der ihr soeben sein Leben zu Füßen gelegt hat abwendend, schaut Ravena Widukind an, dann treffen sich ihre Augen wieder mit denen Heermanns. Sie geht auf Heermann zu, reicht ihm die Hand und sagt: »Du wirst es nicht immer leicht mit mir haben. Ich hoffe, du mußt deinen Entschluß nie bereuen.«

Bei Ulf, dem Bauern von Tadenhof und seiner Familie, wird Widukind nicht besonders freundlich aufgenommen. Als dann gar noch die Rede davon ist, sie sollten von dem Land, auf dem ihre Schafe weiden, etwas abgeben, da ist zu befürchten, daß sie die Gesetze der Gastfreundschaft vergessen. »Wir sind Wigaldinger wie ihr«, legt Ulf los. »Das Gebiet des Brockholter Berges gehört unserer Sippe, und der Tadenhof liegt dem besagten Gebiet am nächsten. Also ist es selbstverständlich, daß wir das Land in Besitz genommen haben. Ihr könnt nicht alles, was ihr haben wollt, an euch reißen, nur weil eure Familie mächtiger ist als unsere.«

Solche Reden hat Widukind erwartet. Deshalb geht er auch völlig gelassen darauf ein. »Niemand will hier etwas an sich reißen. Ich bitte euch doch nur darum, den Bereich um jene Steinhütte meiner kranken Schwester zur Verfügung zu stellen, so lange sie dort leben will. Natürlich bin ich bereit, euch dafür in angemessener Form zu entschädigen.«

Nach einigem Hin und Her einigt man sich darauf, Ravena das Nutzungsrecht für das Gebiet einzuräumen. Eine Herde von dreißig Schafen aus dem Bestand des Tadenhofes tauscht Widukind gegen einen Bullen und vier junge Milchkühe ein. Diese Tiere gehören zur Herde vom Quernhof, und Ulf verspricht sich davon eine gute Auffrischung für seinen Rinderbestand. Da Widukind, als Erbe seines Onkels Edelhard, Verfügungsgewalt über die Herde des zur Babilonje gehörenden Hofgutes hat, wird er die entsprechenden Weisungen erteilen.

Ein weiteres Zugeständnis, das seine freundlichen Verwandten vom Tadenhof ihm abverlangen, lehnt Widukind jedoch ab. Gern hätten sie nämlich sein Einverständnis, daß dieses gesamte Gebiet, dessen Besitzrechte nicht geklärt sind, jetzt endgültig dem Tadenhof zugesprochen werden würde. Damit wäre zwar nichts endgültig geklärt, aber beim nächsten Sippenthing würde die Stimme Widukinds für diese Entscheidung sehr wichtig sein.

Heermann braucht Werkzeug und tatkräftige Hilfe doch Widukind will die Großzügigkeit der Tadenhofleute nicht weiter strapazieren. Deshalb beschließt er von der Babilonje oder dem Quernhof einige Männer mit den erforderlichen Dingen zum Brockholter Berg zu schicken. Sie sollen Heermann helfen, dort oben eine wohnliche Stätte für Ravena zu bauen[70]. Seine Zukunftssorgen unterdrückend, nimmt der Edling aus Wigaldinghus seine Schwester lächelnd in die Arme. »Ich hoffe, du wirst hier deinen Frieden finden. Mögen die guten Asen deine Tage und Nächte beschützen.« Dann schwingt er sich auf seinen Fiolo, um den weiten Weg, den die Norne ihm weisen werden zu vollenden. Ja, der vor ihm liegende Weg wird gewiß über manch eine Kampfstätte führen. Die Zeichen der Zeit verheißen wenig friedvolles, doch Widukind hat das Vermächtnis Warnekins angenommen und wird seine Pflicht erfüllen. Sein Lebensziel aber wird er nicht aus den Augen verlieren, nämlich für alle Menschen die ihm vertrauen, ein Dasein ohne Gewalt und Not zu schaffen und endlich auch für sich selber den Frieden der Seele zu erlangen.

---

[70] Später wurde dort die Ravensburg gebaut, deren Bergfried steht heute noch.

Personenregister

Warnekin: ⚬ 712 † 765
Gewählter Kriegsherzog der Engern-Sachsen, die man auch die Angrivarier nannte.Häuptling über den Largau. Er hatte sein Stammgut in Wigaldinghus (Wildeshausen) und weitere Besitzungen in verschiedenen Gauen. Er war Vater von Widukind,und Ravena. Seine Vaterschaft über einen weiteren Sohn möge der Leser dem Text des Buches entnehmen.

Kunhilde: ⚬ 716 † 766
Prinzessin von Rügen, Gemahlin von Warnekin und Mutter von Widukind und Ravena.

Widukind: ⚬ 747 † 8??
Als Nachfolger seines Vaters wurde er von der großen Stammesversammlung zum Kriegsherzog der Engern-Sachsen gewählt. Er war Erbe aller Besitzungen seines Vaters und seines Onkels Edelhard. Den größten Teil seines Daseins widmete er dem Freiheitskampf seines Volkes gegen Unterdrückung und Schwertmission.

Genoveva:
(Geva) ⚬ 750 † 802
Gattin Widukinds, Tochter des Dänenkönigs Siegfried. Eine große Liebe verband sie mit dem sagenumwobenen Angrivarier-Herzog. Das Glück war ihr jedoch nicht hold. Der Sage nach, soll sie in dem Dorf Belm b. Osnabrück beerdigt worden sein.

Ravena: ⚬ 745 † 804
Widukinds Schwester. Nach Entführung und anderen schlimmen Erlebnissen führt sie ein Leben in der Einsamkeit, die ein zum Christen gewordener Mann mit ihr teilte.

Edelhard: ⚬ 710 † 753
Älterer Bruder von Warnekin. Teilte sich einige Zeit

mit ihm das Amt des Kriegsherzogs der Engern-Sachsen. Häuptling im Lidbeckegau. Dort und in Westfalen besaß er mehrere Höfe. Im Kampf gegen den Frankenkönig Pippin III. starb er bei Rehme an der Weser den Heldentod.

Bruno I.: ⚲ 710 † 765
Pfalzgraf über Villa Huxori (Höxter) und der Brunisburg. (Den Grafentitel haben besonders im alten Cheruskerland viele Edlinge beibehalten oder übernommen, da er bei den Sachsen nicht üblich war.) Zudem fungierte er als Gauvorsteher im Wethigau. Seine Mutter Odrada war eine sächsische Edlingstochter. Er war Vater von Edeltraut, und für seinen Erben, der den gleichen Namen trug, stand er ebenfalls als solcher ein, auch wenn er ihn nicht gezeugt hatte.

Bruno II.: ⚲ 768 † 810
Nachfolger seines gleichnamigen »Vaters« als Gaugraf von Huxori. Halbbruder von Widukind und anfangs sein Kampfgefährte.

Hiltrud: ⚲ 720 † 798
Als bairische Herzogstochter geboren, im Umfeld Karl Martells aufgewachsen. Später verschlug es sie ins Sachsenland, wo sie die Frau von Bruno I. wurde. Ihre Kinder waren Bruno II. und Edeltraud.

Edeltraud: ⚲ 750 † 774
Tochter von Bruno I. und Hiltrud. Verzichtete auf die Liebeswerbung von Widukinds Freund Abbio, und suchte für kurze Zeit bei den christlichen Franken ihr Glück.

Grifo (Remo): ⚲ 729 † 772
Sohn von Karl Martell und dessen Friedelfrau Swanahild. Von den eigenen Verwandten verstoßen, fand er als getaufter Christ seinen Frieden bei den heidni-

schen Sachsen. Er wurde unter dem Namen Remo als Froste von Huxori bekannt.

Swanahild: ⌐ 714 +8??
Nichte von Hiltrud. Lebte am Hof des Herzogs Grimoald von Baiern bis zu dessen gewaltsamen Tode. Dann wurde sie, durch Fügung eines unbarmherzigen Schicksals zur Mätresse Karl Martells. Um ihren Sohn und Hiltrud zu schützen, trat sie nach dessen Tod in ein Kloster ein, ohne jedoch das Gelübde abzulegen.

Karl: ⌐ 689 † 741
Man nannte ihn Martell, »den Hammer«. Hausmeier (Major-Domus) des merowingischen Königshauses, dem ursprünglichen Herrschergeschlecht der Franken. Diesen überwiegend schwachen Königen wurde von den Anulfingern bzw. Karolingern nach und nach die Macht über das Frankenreich entzogen. Karl Martells geschichtsträchtigste Tat war der Sieg über den muslemischen Heerführer Abel-ar-Rachman. Andere Taten, bei denen er rücksichtslos gegen etwaige Widersacher vorging, selbst wenn sie zu seinen Verwandten zählten, werden nur bedingt in Geschichtsbüchern erwähnt.

Pippin III.: ⌐ 714 † 768
Wurde »der Kurze« genannt. Teilerbe seines Vaters Karl Martell, Hausmeier von Neuistringen. Er entriß dem merowingischen König Cildrich endgültig die Macht. Nachdem sein Bruder auf seinen Machtanteil im Frankenland verzichtet hat, wurde Pippin mit wohlwollender Unterstützung durch Papst Stephan II. zum fränkischen König gekrönt.

Karlmann: ⌐ 713 † 754
Nach dem Tod seines Vaters Karl Martell neben Pippin III. Teilhaber an der Macht im Frankenland. Er dankte aus unbekannten Gründen schon 747 ab, um

	fortan ein Mönchsleben im Kloster San Silvesto zu fristen.
Grimoald:	⌂ 695 † 728
	Herzog von Baiern. Fiel dem rücksichtslosen Machtstreben Karl Martells zum Opfer, der bei dieser Gelegenheit die Herzogin Pilitrud und deren Nichte Swanahild in seinen persönlichen Einflußbereich gezwungen hat. Notgedrungen wurde so auch über Hiltruds Schicksal verfügt.
Hukbert:	Teilte sich bis zu dessen gewaltsamen Tod die Macht in Baiern mit Grimoald. Beide gehörten dem Geschlecht der Agilofinger an.
Odilo:	Übernahm später die Macht im gesamten Herzogtum Baiern, die ihm jedoch zunehmend von Pippin III. beschnitten wurde.
Sturmius:	⌂ 710 † 779
	Ein Mönch, der zu höherem geboren war, mit dem Herzen am rechten Fleck. Aus der schlichten Klause im Buchenwald von Haerulfisfeld (Bad Hersfeld) heraus, stieg er zum Abt des großen Klosters Fulda auf.
Abbio:	⌂ 748 † 800
	Erbe und Sohn des Trendelhofbauern Eckbert. Er wollte den Weg des Vaters nicht fortsetzen und wurde zu Widukinds treuestem Begleiter.
Hedwig:	Die »Kräuter-Hedi« kennt die heilende Kraft von Kräutern aus der Natur. Sie erweist sich als wahre Freundin von Edeltraut, der Schwester des Pfalzgrafen Bruno I.
Victor:	⌂ 705 † 782
	Graf von Vlothove. Kam auf undurchsichtigen Wegen nach Vlothove und zu seinem Grafentitel. Er stand aber bis zu seinem dramatischen Tod treu an der Seite Widukinds, auch wenn sie nicht immer einer Meinung waren.

Wolfram:	⌑ 688 †766
	Ein Mann mit großem Erfahrungsschatz, von dem Widukind, als sein Schüler, in reichem Maße profitierte.
Dingolf:	⌑ 747 † 765
	Treuer Gefolgsmann Widukinds, im wahrsten Sinne des Wortes bis in den Tod.
Gerald:	⌑ 748 † 8??
	Vom Knappen des Engern-Edlings zu dessen Freund aufgestiegen, wurde er von seinem Herren mit einem Lehen im Nettetal des Threcwitigaues belohnt. Er gründete dort mit seiner Frau Rosa ein neues Bauerngeschlecht.
Hilda:	War dem Knappen Dingolf in Liebe zugetan. Nach dessen Tod wurde sie Verwalterin auf Widukinds Hof Wigaldinghus.
Rosa:	Liebte Gerald und gründete später mit ihm eine gute Bauernsippe.
Ludolf:	Bauer vom Schorlenhof und stellvertretender Häuptling vom Largau. Vater von Hilda und Rosa.
Buto:	Vogt von Markloh. Als solcher Gastgeber des alljährlichen Allthings, aber auch ein hervorragender Schmied.
Alwin:	Ein mutiger Bursche aus Markloh.
Dago:	Schmied und treuer Gefolgsmann.
Ullrich:	Burggraf auf der Eresburg. Aufrechter Kämpfer für die Eigenständigkeit der Sachsen.
Friederun:	Gräfin auf der Eresburg. Steht ihrem Mann Ullrich tatkräftig zur Seite.
Bernfried:	Froste auf der Eresburg.
Hartmut:	Hauptmann der Burgwache auf der Eresburg.
Mauricius:	Fränkischer Mönch. Kaplan am Hofe der Anulfinger.
Theoderich I.:	Fränkischer Gaugraf mit besonderem Auftrag. Er war in der Wahl seiner Mittel nicht wählerisch.
Ruthart:	Markgraf der Franken und Marschall der Sacra-Francisca.

Eckbert:	Herr vom Trendelhof. Vater von Abbio, bei dessen Geburt seine Frau starb. War dies der Grund für die negativen Charakterzüge, die sich bei dem, nach immer größerem Besitz strebenden Bauern offenbarten?
Ottmar:	Graf von Schidera. Wurde zum Verräter an seinem eigenen Volk. Als Mittelmann zwischen Franken und Sachsen betrog er seine eigenen Leute bei den Tributzahlungen. Er lebte nur für seine Gelüste und Neigungen.
Gepa:	Sie wurde von dem gewissenlosen Grafen Ottmar auf dessen Lager gezwungen. Fand sich irgendwann mit dem Leben einer willigen Liebhaberin ab.
Rupert:	Häuptling vom Buckigau und Verbündeter des Grafen von Schiedera. Auch ihm war jedes Mittel recht für die Befriedigung seiner eigenen Begierden.
Rother:	Froste vom Hohenstein. Eine unglückliche Liebe machte ihn zum Einsiedler. Doch er bewahrte sich die Herzensgüte und war sehr kritisch bei der Vollstreckung von Todesurteilen.
Adelar:	Vogt der Babilonje und Verwalter des Quernhofes.
Wallburga:	Stant ihrem Mann, dem Vogt Adelar, mit Rat und Tat zur Seite. Ihre Ratschläge waren jedoch eher Befehle.
Everhard:	Müller von der Poggenmühle. Flüchtet sich, nachdem ihm das Unglück getroffen hatte, in verhängnisvolle Alkoholsucht. Doch Widukind läßt ihn nicht fallen.
Auriane:	Die Tochter des Müllers Everhard.
Wego:	Bauer, dessen Hof unterhalb der Hermaniusburg liegt. Hier findet sich die Sammelstelle für jene Tiere, die als Tributzahlung an die Franken geliefert werden.
Heermann:	Ältester Sohn von Wego. Verfiel einer Frau, die seinem Naturell nicht entsprach, doch die Norne zeigten ihm später einen anderen Weg.
Ida:	Bäuerin auf dem Hof des Wego. Mutter von Heermann, Ida und Hugbert.

Hugbert:	Jüngster Sohn auf dem Hermaniushof, den er später an Heermanns Stelle erbte.
Bernhard:	Einer der unehelichen Söhne Karl Martells, der mit der fürstlichen Erbfolge keine Probleme hatte. Unter Pippin III. wurde er zum hervorragenden Heerführer. 765-770 war er Kommandant der Feste Büraberg.
Adila:	Tochter des Bauern Wego an der Hermaniusburg und Frau des Grafen Bernhard.
Worad:	Pfalzgraf der Franken. Unter Bernhard in Büraberg als Anführer der Sacra-Franciska eingeteilt. Der Verdacht einer Untat lastet auf ihm.
Eusebius:	Klosterbruder in Fritzlar. Er war für die Tributlieferungen zuständig.
Albuin:	Erster und einziger Bischof von Büraberg. Sein eigentlicher Name war Witta.
Ulf:	Bauer von Tadenhusen. Ein Vetter Warnekins, der danach trachtete, sich und seine Familie zu bereichern.
Anita:	Ulfs Frau.
Wernher:	Sohn des Ulf von Tadenhusen. Steht seinen Eltern in deren Raffgier um nichts nach.
Roderich:	Edler vom Limberg. Widukinds Großonkel, mit reichen Grundbesitz im Wiehengebirge. Er war ein würdiger Vertreter seines adeligen Standes.
Siegfried:	Dänenkönig und Schutzherr der Nordalbinger-Gaue. Vater von Geva.
Godefried:	Sohn des Dänenkönigs und Bruder von Geva.
Themut:	Godefrieds Frau. Mit ihren Reizen läßt sie das Herz eines Mannes höher schlagen.
Waifar:	Froste von Baldurs Berg im Threcwitigau.
Hasdag:	Bauer von der Haseinsel, nach dem Unglück das seinen Bruder Reinher ereilte. Eine unglückliche Liebe beeinflußte sein Leben.
Afra:	Zusammen mit ihrer älteren Begleiterin aus Byzanz

	zieht sie durch die Lande. Sie betreiben auf ihre Art das älteste Gewerbe der Welt.
Ehrenfried:	Häuptling im Threcwitigau

Der Folgeband

»Widukind, Rebell seiner Zeit«

erscheint
voraussichtlich
im Dezember '99

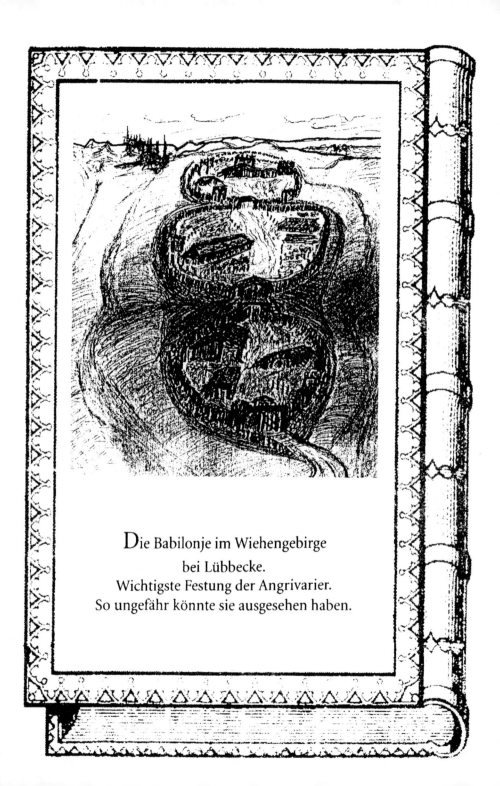

Die Babilonje im Wiehengebirge
bei Lübbecke.
Wichtigste Festung der Angrivarier.
So ungefähr könnte sie ausgesehen haben.

So etwa dürfte die Wittekindsburg im Ruller-Nettetal, nach der Vorstellung des Autors ausgesehen haben.